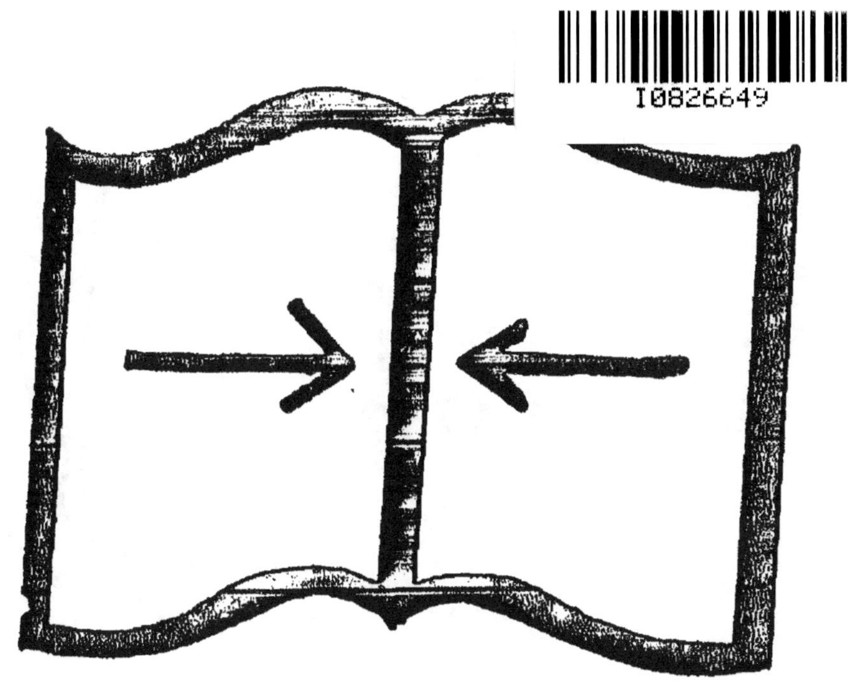
I0826649

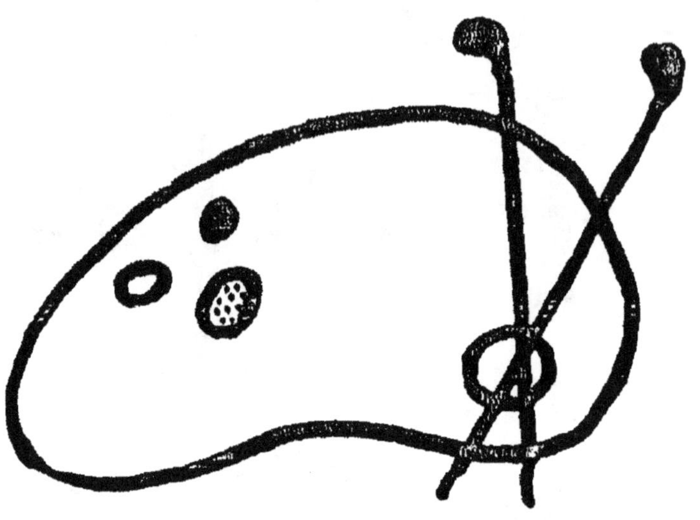

Couvertures supérieure et inférieure
en couleur

RESTIF DE LA BRETONNE

LES CONTEMPORAINES

OU AVENTURES DES PLUS JOLIES FEMMES DE L'AGE PRÉSENT

LES

CONTEMPORAINES MÊLÉES

ÉDITION PRÉCÉDÉE

DE LA VIE DE RESTIF, D'UNE ÉTUDE SUR RESTIF ÉCRIVAIN

SON ŒUVRE ET SA PORTÉE

D'UNE BIBLIOGRAPHIE RAISONNÉE DE SES OUVRAGES, ET DE NOTES

PAR

J. ASSEZAT

PARIS

G. CHARPENTIER ET Cie, ÉDITEURS

13, RUE DE GRENELLE, 13

Paris. — Imp. E. CAPIOMONT et V. RENAULT, rue des Poitevins, 6.

LES CONTEMPORAINES

MÊLÉES

OUVRAGE DU MÊME AUTEUR

PUBLIÉ DANS LA BIBLIOTHÈQUE CHARPENTIER

A 3 fr. 50 le volume

LES CONTEMPORAINES

OU AVENTURES DES PLUS JOLIES FEMMES DE L'AGE PRÉSENT

LES CONTEMPORAINES DU COMMUN

ET

LES CONTEMPORAINES PAR GRADATION

Édition accompagnée de Notes

PAR J. ASSEZAT

1 vol.

F. Aureau. — Imprimerie de Lagny.

RESTIF DE LA BRETONNE

LES CONTEMPORAINES

OU AVENTURES DES PLUS JOLIES FEMMES DE L'AGE PRÉSENT

LES

CONTEMPORAINES

MÊLÉES

ÉDITION PRÉCÉDÉE

DE LA VIE DE RESTIF, D'UNE ÉTUDE SUR RESTIF ÉCRIVAIN
SON ŒUVRE ET SA PORTÉE
D'UNE BIBLIOGRAPHIE RAISONNÉE DE SES OUVRAGES, ET DE NOTES

PAR

J. ASSEZAT

PARIS
G. CHARPENTIER ET Cie, ÉDITEURS
13, RUE DE GRENELLE, 13

VIE DE RESTIF

I

Nicolas-Edme Restif (1) naquit le 23 octobre 1734 (2) à Sacy près Vermenton, dans le département de l'Yonne, ancienne province de Bourgogne. Son père, qu'il a peint sous les couleurs les plus avantageuses

(1) Nous suivons l'orthographe que Restif, après l'avoir abandonnée un instant, a reprise dans ses derniers ouvrages. M. Monselet, en préférant Rétif (*Rétif de la Bretonne, sa vie et ses amours*, Aubry, 1858), se fonde sur l'avant-propos de la *Vie de mon Père*, où il est dit : « Notre nom s'écrit indifféremment *Restif*, *Rectif* ou *Rétif* », mais il donne en *fac-simile* un projet de traité pour la publication de *Monsieur Nicolas*, où l'auteur écrit lui-même, d'une façon très courante, Restif. C'est du reste l'orthographe régulière avant la réforme du XVIIIe siècle que Restif attribue et reproche très violemment aux Didots.

(2) Tous les biographes disent le 22 novembre. C'est Restif lui-même qui a propagé cette erreur en la consignant dans la première ligne de *Monsieur Nicolas*. Elle a été rectifiée par M. Sylvain Puychevrier, dans une communication faite au *Bulletin du Bouquiniste*, de l'acte de baptême de l'auteur, conservé dans les registres de la paroisse de Sacy.

dans un livre qui tranche beaucoup sur le ton ordinaire de ses productions (1), était cultivateur après avoir abandonné par obéissance filiale un beau parti à Paris. Il s'était marié deux fois ; il avait eu sept enfants d'un premier lit ; Nicolas-Edme fut le premier des sept qu'il devait avoir également du second. En se rappelant les vertus de son père et la douceur par laquelle sa mère, Barbe Ferlet de Bertro, savait corriger ce que son caractère avait de trop pétulant, M. Nicolas s'étonna plus tard de si peu ressembler à ses parents. Devançant une théorie de l'hérédité mise en avant dans ces dernières années (2), « je fus, dit-il, sans doute conçu dans un embrassement chaud, qui me donna la base de mon caractère : s'il eût été accompagné de dispositions vicieuses, j'étais un monstre ; la preuve de la pureté du cœur de mes parents, c'est ma candeur native. » Nicolas-Edme Restif ne fut pas un monstre, mais il fut un tempérament quelque peu exceptionnel. Dominé toute sa vie par l'érotisme, l'histoire de sa vie est, avant tout, comme l'a bien compris M. Monselet, l'histoire de ses amours.

Dès l'âge de quatre ans il se peint comme poussé par l'instinct « vers les filles dont la couleur ressemblait à la rose ». A onze ans il n'avait plus rien à apprendre, il était père, sans le savoir, il est vrai. Il devait aller loin sur cette pente et les listes successives qu'il donne de ses enfants naturels, si elles ne sont pas imaginairement grossies par cette sorte de manie de paternité qu'on voit s'accentuer davantage à mesure

(1) *La Vie de mon père*, 2 vol. in-12. 1779.

(2) *Phrénogénie* ou données scientifiques modernes pour doter, *ab initio*, ses enfants de l'organisation phrénologique du génie et du talent supérieur, par Bernard Moulin (1868). Restif est revenu plusieurs fois sur cette façon de doter les enfants de certaines qualités *ab initio*.

qu'il avance en âge pour éclater finalement avec une violence exagérée dans les *Posthumes* (1), son dernier livre, atteignent un chiffre invraisemblable, presque tout entier composé de filles, retrouvées successivement, la plupart sous les galeries du Palais-Royal.

Et c'est au village que commence cette odyssée galante! Rien n'est plus gracieux, mais rien n'est moins déguisé, que ces premiers souvenirs de jeunesse où le jeune berger timide, et que les innocents baisers des petites paysannes font d'abord rougir, parce qu'on lui dit qu'il a « *une fille à la joue* », se montre à nous, s'enhardissant peu à peu, et se vengeant des premiers cris « *V'qui M. Nicolas? v'qui l'Sauvége!* » en devenant le plus téméraire — toujours naïvement et, comme il le dit, instinctivement — des joueurs aux jeux dramatiques du *Loup*, de la *Belle mère*, de la *Pucelle*. Aussi combien plus tard il a raison, jetant un regard sur ce passé, de s'écrier : « Hé! l'on parle de l'innocence de la campagne! Il n'y a de mœurs que chez les gens instruits de la ville et des champs! »

Il n'y en avait pas à Sacy, à Nitry, à Courgis, à Vermenton, et comme par une fatalité qui tenait à l'homme lui-même plus qu'au temps et aux lieux où il vécut, il n'y en eut nulle part autour de Restif, pas plus à la campagne qu'à la ville, pas plus au collège que dans le monde, pas plus dans son enfance que dans son âge mûr ou dans sa vieillesse.

Son père n'était cependant pas un paysan tout à fait grossier, ni tout à fait pauvre. Il était, avons-nous dit déjà, venu à Paris dans sa jeunesse, il avait été sur le point d'y devenir quelque chose comme notaire ou procureur; il était dans son village

(1) Le duc *Multipliandre* des *Posthumes* paraît être l'expression de son idéal masculin.

chef de la juridiction, soit à peu près ce que nous appelons maintenant juge de paix, et petit notaire; il possédait plusieurs métairies parmi lesquelles celle de La Bretonne, dont son fils prit le nom plus tard; il était allié à de bonnes familles, entre autres aux Cœurderoi, « dont il y a encore des présidents au Parlement de Bourgogne » fait remarquer le fils avec un certain orgueil (1), mais quatorze enfants! Cette charge pesa dès l'enfance sur le petit Nicolas et comme tant d'autres de nos jeunes campagnards, encore aujourd'hui, il n'eut de première instruction que celle qu'il put acquérir en fréquentant l'hiver l'école de maître Jacques, à Vermenton.

Quoiqu'il fit parfois l'école buissonnière, ce pourquoi ses deux frères aînés, l'un déjà curé de Courgis, l'autre encore séminariste, ne lui ménageaient pas le fouet « pour effacer le péché originel par la douleur », il ne perdit pas tout à fait son temps, et s'il ne sut bien lire qu'à onze ans, il lut dès lors avec une sorte de fièvre qui le poussait à aller réciter ses lectures aux ouvriers de la ferme, aux batteurs en grange, aux bonnes femmes du village. Tous s'extasiaient sur son savoir et le vantaient à tel point, que le père se décida à le mettre en pension à Joux.

Il n'y resta pas longtemps; il y gagna la petite vérole; la convalescence fut longue, et quand la santé lui revint il fut prévenu qu'il allait recevoir une visite qui déciderait définitivement de son sort : celle du cousin Jean Restif, avocat à Noyers. « Je l'ai sup-

(1) Cet orgueil se fait jour dans la *Généalogie* mi-plaisante, mi-sérieuse, que Restif a donnée de ses aïeux et que nous reproduisons en note, à titre de curiosité, car nous ne croyons pas que, quoi qu'on en ait dit, l'auteur fût bien persuadé de sa réalité.

plié de venir, lui dit son père, pour te juger à l'égard de l'avenir comme il a jugé ton frère aîné, aujourd'hui curé de Courgis. Et tout ainsi que j'ai fait la règle de ma conduite de ce qu'il m'a dit pour mon fils aîné, de même ferai-je pour toi, t'exhortant, mon enfant, à graver dans ta tête ce qu'il dira à ton sujet pour ne l'oublier jamais. »

Jean Restif, « cet homme respectable et d'une vertu rigide », arriva pour la fête de Sacy, « mis plus que simplement, un vieux habit de drap gris, ses souliers coupés à cause des cors aux pieds », et l'interrogatoire commença immédiatement : « Mon petit cousin, que lisez-vous ? — La *Bible*, monsieur l'avocat, et mon père nous la lit tous les soirs (1). — Qu'y avez-vous remarqué ! » Restif répond, d'abord mal, puis un peu mieux, puis bien, puis il se montre tout entier, et quand le père demande enfin au juge sévère : « Quelle est votre opinion ? En ferai-je un laboureur ? » Ce juge répond « Non ! » Quant à en faire un prêtre comme son aîné, moins encore, « il aime les femmes ; ce n'est pas vice, mais c'est un penchant qui est toujours prêt à le devenir : comme la pauvreté, *qui n'est pas vice*, tient les pauvres toujours à la veille d'être fripons. » La conclusion fut qu'on ferait instruire l'enfant « dont le fond était propre à l'étude » et qu'on verrait après ce qu'il serait à propos d'en faire.

En conséquence, les vendanges terminées, son père le

(1) Les Restif avaient, lors de la Réforme, embrassé la religion protestante. Une partie de la famille s'était expatriée lors de la révocation de l'édit de Nantes. L'autre, à laquelle appartenait la branche dont sortait notre auteur, était revenue au catholicisme lors des dragonnades. On y avait cependant conservé, comme on le voit ici, l'une des plus caractéristiques habitudes du protestantisme : la lecture de la Bible en commun.

conduisit à Paris, chez l'abbé Thomas, le second de ses fils, alors sous-maître des enfants de chœur de Bicêtre. Le jeune Restif, sous la férule de ce frère janséniste et dont il s'est toujours plaint, ne fut pas des plus heureux. Il aurait même été très malheureux et presque abandonné s'il n'y avait eu dans l'établissement quelques jeunes servantes et deux Mères qui n'avaient rien des maximes rigides du jansénisme, cause cependant des efforts suivis de succès de l'archevêque Christophe de Beaumont pour disperser les prêtres de cette maison; dispersion à la suite de laquelle notre jeune « confesseur de J.-C. » dut retourner à Courgis.

Il avait alors quatorze ans. Ce fut à ce moment que, dans une cérémonie religieuse, il se sentit pris d'un violent amour pour Jeannette Rousseau, la seule des femmes qu'il ait aimées qu'il n'ait pas possédée (1) et la seule, par conséquent, dont le souvenir le poursuivit jusqu'au tombeau, à tel point qu'à soixante ans passés, se trouvant libre, il pensait à la demander en mariage (2), après une séparation de 46 ans. Nous devions signaler cette singularité de son existence. Peut-être n'a-t-il toute sa vie, comme on l'a dit de Don Juan, que cherché partout les fragments de cet idéal impollu et inaccessible qu'il crut avoir atteint un autre jour dans madame Parangon et qui lui échappa, par cela même qu'il l'avait atteint.

L'abbé Thomas lui continuait ses leçons de latin. Il en profitait pour écrire dans cette langue toutes ses

(1) « Dix ans plus tard, écrit-il, il m'eût fallu la posséder ou mourir. »

(2) Ce ne fut qu'une intention, quoique quelques biographes, Gérard de Nerval entre autres, prétendent que ce mariage eut lieu en effet.

impressions, toutes ses rêveries. Il achevait ainsi vers quinze ans un poème en l'honneur de ses « douze premières maîtresses », poème que l'abbé saisit un jour et conserva longtemps, d'abord pour s'en faire une arme, ensuite pour s'humilier lui-même et qu'il brûla enfin. Mais il avait commencé par le communiquer au père. Il y eut à ce propos une belle scène (1).

« Quoi, à peine né, dit « ce père respectable », vous ne respirez qu'après la lubricité la plus raffinée!... Il ne vous suffit pas d'une fille, d'une femme, il vous en faudrait douze!... O ciel! qui l'aurait pensé, à voir l'hypocrite modestie que vous avez toujours eue sur le visage! Quel sera l'étonnement et le chagrin de votre mère. — Cette pauvre mère qui comptait vous voir atteindre par votre mérite encore plus que par la science les garçons du premier lit, va bien rabattre de ses espérances!... Jamais m'a-t-on mandé à Auxerre quand mes deux aînés y étudiaient, pour m'exposer de pareilles turpitudes? Moi, leur père, j'ai rougi devant eux d'être le vôtre. Il me semblait que je partageais votre infamie!... Je voyais leurs regards et leur surprise me reprocher un second mariage que de premiers enfants blâment toujours et qu'ils peuvent aujourd'hui blâmer puisqu'il a produit des fruits tels que vous... Vous venez, par vos écrits et par vos actions, de faire rougir votre père. »

Pendant cette véhémente apostrophe, le jeune poète pensait en lui-même: « Hô, si mon père savait tout! » et se promettait de ne plus retomber dans la même

(1) Restif répond ailleurs, dans une note, à ces reproches : « Est-on coupable, dans le délire et la fièvre? » Ce qu'il ajoute de très sensé, c'est que son frère n'aurait pas dû provoquer une pareille explication, s'il avait été bon frère et bon chrétien.

faute. Serment d'ivrogne! De ce jour, jusqu'au dernier, ce péché sera le sien. Même en moralisant, il côtoie l'immoralité (un néologisme son contemporain, qu'il n'avait pas trouvé et qui lui déplaisait), quand il n'y tombe pas, sans s'en douter, tout à plat.

On voit par ce qui précède que, quoique Restif n'ait commencé à être homme de lettres, dans le vrai sens du mot, qu'assez tard, il écrivait depuis sa plus tendre jeunesse. Il avait la vocation, il devait à son jour entrer dans le cercle et prendre sa part de cette ronde turbulente où se mêlèrent tant de grands penseurs et tant de petits esprits dont le rapprochement fortuit donne à la fin du XVIIIe siècle un caractère si original et si contrasté.

Après la scène que nous avons rapportée, il y eut difficulté pour les frères de vivre ensemble. Restif resta quelque temps cependant encore sous la tutelle de l'abbé Thomas. Pour y échapper il voulait à toute force se marier, mais son père lui persuada que de pareils désirs, avant dix-sept ans, étant encore trop prématurés, il fallait songer à choisir un état. On se rencontra un jour à Vermenton chez un parent éloigné avec un maître imprimeur d'Auxerre et sa femme, qui devait devenir pour M. Nicolas la céleste Colette (1); à la suite de cette entrevue, il fut décidé que le jeune homme entrerait comme apprenti dans l'atelier de M. Parangon au mois de juillet 1751.

Le départ, les conseils, l'arrivée, les gaucheries, les naïvetés du nouvel apprenti, les mystifications des ouvriers, tout cela prend dans le récit de Restif, qu'on lise ce récit dans *Monsieur Nicolas* ou dans le *Paysan per-*

(1) Le nom réel de cette dame que Restif n'a jamais divulgué dans ses ouvrages est connu, mais la famille existant encore aujourd'hui à Auxerre, nous croyons devoir le taire.

verti, l'aspect d'une photographie dont l'exactitude ne saurait être trop louée. Quoique nous devions plus tard nous étendre davantage sur cette particulière qualité du talent de notre auteur, nous ne pouvons ne pas dire dès ce moment que cet écrivain si fécond, qu'on a présenté comme si inventif et si varié, n'a jamais rien inventé et n'a jamais pris la plume que pour raconter des faits généralement vrais dans leur ensemble et toujours copiés d'après le modèle vivant, dans les détails.

Sa passion pour sa maîtresse qui s'était déclarée dès la première entrevue fut exaspérée par les fréquents rapports que son bon caractère et ses complaisances établirent entre elle et lui, mais madame Parangon était vertueuse ; si elle était flattée de deviner cet amour qui n'osait se déclarer, elle savait en éloigner toujours l'expression catégorique. Pendant ce temps, le jeune Nicolas, employé à porter les lettres des ouvriers à leurs maîtresses, mis de moitié dans certaines parties et sachant déjà trop de l'amour pour en sacrifier le « physique » au « moral » (1) se laissait aller à son penchant ; toutes les grisettes d'Auxerre y passèrent à leur tour. « C'est, dit-il, que j'étais moins amant d'une femme que des femmes et plus épris du sexe que de l'individu, quelque charmant qu'il fût. »

Un jour cependant, un jour, toutes les précautions de madame Parangon, toutes les timidités de Nicolas furent inutiles. Un cordelier débauché et défroqué, qui

(1) Restif, dans une note du *Pornographe*, essaie d'expliquer le mot de Buffon auquel il est fait ici allusion : *De l'amour le physique seul est bon, le moral n'en vaut rien.* Selon lui, Buffon aurait voulu dire non pas que le moral de l'amour n'est qu'une illusion, mais que ce moral est ce qui cause tous les maux de l'amour, « et en cela, ajoute-t-il, on ne saurait trop être de son avis. »

tient dans le roman du *Paysan perverti* une place trop considérable, mais qui, en réalité, eut une grande influence démoralisatrice sur Restif, lui avait fait perdre à peu près tout respect humain. Excité sinon directement, au moins par une sorte de raillerie à consoler « cette belle veuve » (M. Parangon était en voyage) l'apprenti ne put résister à une pareille tentation. D'après ses aveux mêmes il y eut quelque chose comme un viol, et ce qui tend à le faire croire, c'est qu'il ne s'est jamais vanté d'avoir obtenu plus tard de bonne grâce ce qu'il avait obtenu un jour par la force ou le hasard, et que, depuis ce moment, il a joint dans ses souvenirs respectueux Colette et Jeannette Rousseau, dont il a fait les grandes figures de ce Calendrier fameux rédigé dans sa vieillesse, où chaque jour commémore une femme, chaque dimanche deux, et chaque fête, trois.

Il obtint du reste un pardon qu'il sollicitait avec larmes. Bien plus, madame Parangon sut trouver un moyen de le tenir en respect en flattant sa passion même. Elle lui fit croire qu'elle lui donnerait sa sœur en mariage. Il la crut, et lorsqu'elle fut morte, ce qui arriva peu de temps après, alors qu'étant passé *maître* il travaillait à Paris, il attribua le refus de M. Parangon de consentir à ce mariage à la haine que celui-ci lui avait vouée après avoir découvert son « crime », ce qui ne l'empêcha pas d'accepter des mains de ce même homme une autre femme avec laquelle il passa la vie la plus malheureuse et la plus troublée.

Cette période de la vie de Restif est celle sur laquelle, quoiqu'il s'y étende longuement, il a accumulé le plus de nuages. Je ne crois pas qu'il ait menti sciemment en faisant de M. Parangon un débauché de la pire espèce, ni d'Agnès Lebègue, une fille aussi perdue qu'il nous la dépeint. Il a bien certainement jugé les choses ainsi, après coup, sans quoi on ne s'expliquerait pas son mariage. Il a dû y avoir là une de ces surprises des sens dont il s'est repenti plus tard et alors que trouvant des torts chez les autres il n'a plus voulu en voir chez lui-même. Son séjour à Paris pendant son compagnonnage, n'avait pas contribué à réformer ses mœurs, il y avait vécu misérable. Il s'y était associé avec deux autres ouvriers, comme lui, de l'Imprimerie Royale. « Les charges du ménage, raconte-t-il, étaient partagées entre nous. Boudard, comme le plus entendu, allait à la boucherie : je portais le rôti au four et j'allais avertir de nous le rapporter, j'achetais en outre les racines, les légumes, le charbon, le bois. Chambon mettait le pot-au-feu, le soignait : nous lavions notre vaisselle tous les huit jours le dimanche après diner. Cet accord subsista jusqu'à ce que deux femmes... »

Toujours les femmes ! Et quelles femmes ! L'une des plus honnêtes d'entre elles qu'il obtient par surprise, dans l'obscurité, lui conte, le prenant pour « l'abbé » qu'elle attendait, que sa tante avec laquelle elle vit, « mange... les rats... de l'Oratoire !... qu'elle paie un sou pièce les gros, deux liards les petits, au garçon portier... » Les autres sont des maîtresses d'hôtel garni qui croient se devoir à tous leurs locataires. Les autres... mais n'allons pas plus loin. Quoique Restif ait fait de Zéfire l'un des épisodes les plus dithyrambiques de ses souvenirs, cette peinture passionnée se termine à la mort de cette fille par une révélation assez révoltante pour que nous nous croyions obligé de la taire.

La rage du mariage persiste toujours malgré cette débauche (1) permanente ; il veut épouser tout le

(1) Débauche de femmes uniquement. « Jamais, dit Restif,

monde. Après Zéfire, Suadèle; après Suadèle, une Anglaise, Henriette Kircher. Avec celle-ci la chose va même assez loin, il y a un simulacre de cérémonie religieuse et il se croit aussi bien marié que « s'il avait été à Gretna-Green », jusqu'au moment où il trouve sa sa chambre vide et une lettre où on lui dit :

MONSIEUR,

Notre mariage est rompu, je ne saurais donc plus demeurer avec vous. Je m'en retourne dans mon pays avec ma chère tante qui veut bien encore me servir de mère. Adieu, monsieur ; oubliez-moi, comme je vous oublie et tranquillisez monsieur votre père.

HENRIETTE KIRCHER.

Dégoûté par ce dernier déboire, car la fille s'était fait passer pour une riche héritière, poursuivant un procès qu'un mariage seul pouvait lui faire gagner, Restif se décide à quitter Paris. Il retourne à Auxerre, à Courgis, va à Dijon où il travaille quelque temps, tout en s'apercevant, suivant une de ses réflexions d'alors, que « les mœurs sont un collier de perles : ôtez le nœud, tout défile » (1); revient à Paris, n'y reste pas et repart le 7 novembre 1759 pour Auxerre où il rentre chez M. Parangon, par les conseils duquel

je ne me suis pris de vin. J'ai deux ou trois fois seulement expérimenté philosophiquement l'ivresse. »

(1) Il connut à Dijon, entre autres filles, une servante d'auberge à laquelle, contre son habitude, il n'offrit pas le mariage, mais qu'il voulait s'attacher comme gouvernante, décidé qu'il était alors à reprendre sa première direction vers la prêtrise. Dans son *Calendrier*, au nom de cette fille, il fait cette très profonde réflexion : « Cependant, où en serais-je si j'étais curé ? »

il prend pension chez la mère d'Agnès Lebègue. Celle-ci devient sa femme, *pour de bon*, le 22 avril 1760.

« J'étais beau, ce jour-là, s'écrie-t-il, en se rappelant ce grave passage de son existence ; j'étais beau, ce jour de ma mort morale ; on loua ma figure en disant qu'Agnès ne me méritait pas. Arrivés à l'église, le fatal serment de mariage fut prononcé. Un mot frappa mon oreille, au moment où jetant les yeux sur ma cousine Edmée, je la voyais en prières à l'écart : *Enfin, la voilà donc mariée !*... Et moi je pensais tristement : « Infortuné ! te voilà donc lié !... Je revins de l'église avec le sentiment pénible que j'étais perdu ! Et je l'étais... »

Il avoue cependant un peu plus tard qu'il avait bien ce que sa conduite méritait. S'il s'en était toujours souvenu il n'aurait pas sans doute écrit son roman : la *Femme infidèle*, où il ne ménage plus aucune attaque contre son épouse.

Celle-ci, qui très probablement eut aussi quelque chose à se reprocher, a eu au moins la sagesse de ne point répondre à ces attaques violentes par des attaques semblables. Lorsque Restif mourut, quoique le divorce eût été prononcé entre eux, pendant la révolution, elle crut devoir ne point souiller sa mémoire. Nous demandons pardon d'anticiper ainsi sur les événements, mais comme nous ne reparlerons plus de madame Restif, nous placerons ici la lettre qu'elle écrivit en 1806 à Cubières, qui lui avait demandé quelques renseignements biographiques pour mettre à la tête d'une édition de l'*Histoire des compagnes de Maria* :

» Paris, 18 octobre 1806.

Je suis trop charmée, monsieur, de l'honneur que vous m'avez fait, par la demande de quelques traits qui puissent être insérés dans l'éloge de mon mari, pour ne pas y répondre avec empressement; mais des malheurs, que toute la prudence humaine ne pouvait prévoir, m'ayant séparée de cet homme de mérite dès 1784, je ne puis me livrer au plaisir que j'aurais à chanter ses louanges, si le démon de la discorde n'avait pas empoisonné l'esprit de cet homme naturellement bon. Cela fut cause que, durant vingt années, je n'eus aucune connaissance ni de ses affaires ni de sa conduite : en vain je lui écrivais, on interceptait mes lettres. Ainsi tout ce que je puis dire, c'est que durant tout le temps que j'ai passé avec lui, j'ai eu la satisfaction de voir dans mon mari un homme fort utile au public, de plusieurs manières. J'ai vu avec admiration plus de vingt pères de famille ne subsister un nombre d'années considérable que sur le travail que leur procurait cet auteur si laborieux. Il donnait toujours la préférence aux pères et mères chargés de nombreuse famille, car il était fort charitable. Si un vieillard, homme ou femme, lui demandait l'aumône, il le conduisait dans une petite auberge pour lui faire donner un ordinaire et une chopine de vin. Pour refuser un homme âgé, il aurait fallu qu'il n'eût rien eu sur lui; etc.

» Veuve Restif, née Lebègue. »

Le « démon de la discorde » dont parle sa femme n'avait pas pour Restif le même nom. Il eût été heureux probablement si sa femme l'avait laissé vivre à sa fantaisie, sans lui faire aucun reproche, se bornant à le recevoir, lorsque, fatigué de ses maîtresses de passage, il serait revenu au logis. Il l'eût été davantage s'il n'avait pas craint les représailles et, avec son œil toujours éveillé sur ces points délicats, cru voir qu'après les avoir provoquées elles répondaient à son appel. Il était heureux de rencontrer des femmes « ayant dans le cœur une disposition adorable à la générosité ». Il ne pouvait se faire à l'idée que la sienne pût être ainsi pour d'autres que pour lui. La jalousie avec tous ses accessoires de colères, de ruptures s'ensuivit presque aussitôt, et ce fut lui qui s'en plaignit le plus, tout en donnant à sa femme les plus justes sujets de plainte.

Deux enfants, deux filles, vinrent au monde dans les intervalles de tranquillité. La mère les mit en nourrice en Bourgogne. Pendant un voyage qu'elle y fit pour les voir, tout changeait comme par un coup de théâtre dans la vie de Restif. Elle avait laissé à Paris un pauvre ouvrier de l'imprimerie du Louvre, elle allait retrouver à son retour un homme décidé à devenir littérateur.

Voici ce qui s'était passé :

Le directeur de l'imprimerie, « l'*arabe* Anisson Duperron, » n'était pas très aimé des ouvriers. Il les payait mal et s'enrichissait, croyaient-ils, à leurs dépens. Quand « cet ours » surprenait Restif en train de lire, quoique ce fût l'un de ses meilleurs compositeurs, il lui rabattait la demi-journée de 25 sous. Le pauvre diable n'osait se plaindre ; il enviait ceux de ses camarades qui trouvaient dans des relations féminines intéressées qu'il méprisa toujours une vie plus douce. « La probité de mon père, dit-il, sauva la mienne je me rappelais en pleurant ce titre de l'honnête homme que lui avait donné le canton, et je me disais : — Mourons plutôt que d'y porter atteinte. » Il accueillit donc avec enthousiasme la proposition qui lui fut faite d'entrer comme prote chez Quillau où il devait gagner 18 livres par semaine, outre une copie de tous les ouvrages, ce qui pouvait valoir 300 livres. Ce nouveau poste ne lui fit pas cependant négliger les aventures amoureuses qui lui arrivaient si facilement quand il ne les cherchait pas et qu'il cherchait quand elles tardaient trop à venir.

Ce fut une de ces chasses aux aventures qui décida de son sort. Il y avait rue Saint-Honoré un marchand de soieries qui avait deux filles. L'une d'elles, l'aînée, avait « le genre de figure de madame Parangon ». La voir, l'aimer, le lui écrire, ce fut l'affaire du premier jour. Restif avait pris cette habitude de porter, dans ses habits de travail, qui ressemblaient un peu à ceux des commissionnaires, les lettres qu'il adressait à toutes les jolies femmes qu'il rencontrait et qu'il suivait, ou qu'il voyait dans leur comptoir. Mais Rose Bourgeois était tenue de près, on ne pouvait l'aborder. L'amant veut jouer le rôle de Sylphe (1). Il réussit à déposer ses missives sans être aperçu. Son agilité corporelle et la promptitude de son coup d'œil lui permettent de se dérober aux recherches pendant plusieurs semaines. Mais le père averti fait faire bonne garde ; un beau matin, trois garçons de magasin saisissent le sylphe, et après avoir voulu le mener chez le commissaire, se contentent de le remettre aux mains de M. Rousseau.

Protestations d'amour épuré, délicat, honnête. Père sensible et sans doute amateur de littérature, qui se prend de tendresse pour l'épistolier, et qui finalement lui dit, comme les coquettes de théâtre disent *je ne vous défends pas d'espérer* : « Mon cher ami, je sens ce que vous valez par vos lettres et par vos réponses. Faites vous connaître ; tirez parti de vos talents ; vous en avez et venez me voir dès que vous aurez quelque chose d'avantageux à m'apprendre. L'amour peut faire en vous des miracles, je l'ai vu à vos expressions. Ma fille est belle ; elle a plus de qualités que de beautés ;

(1) Il y a dans les *Contemporaines* une nouvelle intitulée le *Mari silphe.*

si vous la méritez un jour pourquoi ne l'auriez-vous pas ? »

Restif part sans dire, sans se rappeler peut-être, qu'il est marié, mais il ne revient pas, si ce n'est plus tard, pour saluer la maison vide de ses hôtes par ces paroles : « *Salve, ô Domus, quæ me fecisti scriptorem* ! »

Il l'était déjà — en vers — quoiqu'il ait dit un jour en signant la préface de la *Confidence nécessaire*,

Pour moi Phœbus est sourd et Pégase est

RESTIF.

Il avait écrit des volumes de poésies aux filles d'Auxerre et à celles de Paris, il va le devenir en prose, c'est-à-dire de la manière qui convient le mieux à l'expression non plus de ses sentiments passionnés mais de ses investigations dans le domaine du réel. Il va s'adresser au public. Il est en droit de terminer l'histoire de cette première partie de son existence, en la qualifiant de honteuse, parce que c'est celle « de sa nullité, de sa misère, de son avilissement ». Nous l'allons voir maintenant aux prises avec un autre genre d'occupation où le travail de la pensée modérera quelque peu, sans l'éteindre tout à fait, sa fougue sensuelle.

II

Nous sommes en 1765. Restif vient de dépasser la trentaine. Il a beaucoup vu, beaucoup lu. Il sait assez de latin, un peu de grec, un peu d'anglais. Il se trouve tous les jours en présence de nouveaux ouvrages dont les auteurs l'éblouissent parfois, « surtout ce grand nigaud de Voltaire, que Royou traite en petit garçon ; et que je trouvais, dit-il, inimitable et si élevé au-dessus de ma sphère, qu'il étouffait en moi jusqu'à la velléité d'écrire ». Il finit cependant par en rencontrer qui lui semblent moins difficiles à égaler. Madame Riccoboni est encore d'une élégance trop soutenue, mais madame Benoît, de Lyon !... C'est devant l'*Élisabeth* de cette muse de province qu'il se frappe le front et se dit : « Mais j'écrirais bien aussi un roman ! » Qu'il y a de modestie dans cet aveu ! Notre romancier qui va faire tant de tapage n'entre pas dans la carrière avec la haute ambition d'égaler les plus grands, il se fait humble, il descend jusqu'à madame Benoît ! Il n'a point eu de peine à valoir mieux que son modèle. C'est que s'il n'avait pas l'habileté de facture, il avait au moins quelque chose à dire.

Mais quoi ? Il se figure d'abord que le roman est œuvre d'invention. Il cherche, il veut créer, il se perd. C'est alors qu'il s'examine, qu'il regarde autour de lui et qu'il fait cette nouvelle découverte : le roman doit sortir de la vie réelle ; il a besoin d'avoir pour bases des faits vrais. Sur le vrai seul l'auteur peut échauffer sa verve. Et il prend ces faits dans sa propre vie, dans celle de ses amis, de ses voisins, partout où il les trouve. Et il écrit quatre volumes, pour débuter, sous ce titre : *La Famille vertueuse.*

Nous entrerons, plus loin (1), dans l'examen des progrès de l'idée et du talent chez Restif. Nous devons ici nous borner à l'exposé des faits de sa vie et nous ne nous attarderons pas aux réflexions. Pour son premier livre, Restif avait cru avoir besoin d'un conseil. Cet « Aristarq » fut Nougaret, tout jeune alors, débutant aussi, et que son élève finit bientôt par mépriser, non seulement à cause de sa médiocrité, mais surtout à cause de ses mœurs ! Restif, si peu retenu qu'il fût, ne comprenait pas le dévergondage à froid et il s'est toujours excusé de ses plus grands écarts sur la passion, la fièvre qui les lui faisait commettre quand sa raison les condamnait. Les relations littéraires durèrent donc peu, mais il y eut des relations personnelles à la suite desquelles Restif se crut autorisé à placer, partout où il en trouvait l'occasion, dans les notes de ses livres, dans les appendices aux *Contemporaines*, les plus virulentes injures contre ce *Mamonet*, ce *Gronavet*, ce *Regret*, ce *Negret*, ce *Progrès*, qu'il accusait de toutes les bassesses et de tous les vices.

Le censeur de la *Famille vertueuse* fut un certain M. Albaret qui n'aimait pas la métaphysique. Par dégoût des romans philosophiques de l'époque il trouva que celui de Restif avait « le double mérite d'intéresser et de remplir son titre ». « Cette approbation, dit Restif, m'éleva l'âme. » Il voulut alors dédier son œuvre à mademoiselle Rose Bourgeois, mais le père, qui était décidément un homme sage, lui écrivit de n'en rien faire. La veuve Duchesne paya cet essai 15 livres

(1) Voir page 47.

la feuille ; Restif en dirigea l'impression comme prote et correcteur chez Quillau, et il profita de l'occasion pour essayer sa réforme orthographique qui ne fut point appréciée et repoussa même, à ce qu'il crut, les chalands.

Après ce premier demi-succès, Restif quitta sa *proterie* chez Quillau et s'en fut faire un tour à Sacy pour se montrer dans son nouvel éclat d'auteur imprimé. Il n'y resta que le temps de voir sa famille et n'en rapporta qu'un sujet de roman fourni par son frère l'abbé Thomas : *Lucile*, qu'il écrivit en cinq jours et qu'il vendit trois louis. La *Confidence nécessaire*, d'abord refusée par un premier censeur, puis par un second, fut enfin acceptée par un troisième « qui était fou le matin, et ivre l'après-midi » et auquel Restif ne reproche ce trait de caractère que parce qu'il pense pouvoir l'accuser justement d'avoir empêché mademoiselle Hus d'accepter la dédicace qu'il lui voulait offrir « en reconnaissance du plaisir que sa beauté lui avait donné sur le théâtre ».

Tout cela ne soutenait guère une maison que le petit commerce de mousseline de la femme n'enrichissait pas. D'ailleurs les époux étaient plus souvent séparés qu'unis. Le libraire Rapenot logeait Restif au collège de Presles et lui donnait six livres par semaine. Sur ces six livres il y avait 4 livres 10 sous pour la pension, il restait 30 sous. « Je payais une bouteille à 10 à notre diner le dimanche, il me restait 20 sous : 3 sous pour une chemise, 1 sou pour un col, il me restait 16 sous ; j'en dépensais encore 4 et j'en épargnais 12 par semaine, pour le besoin, ou pour aller quelquefois au spectacle. » On voit que les maitresses qui lui prenaient encore des « demi-journées », ne l'aimaient pas du moins par intérêt.

Mais vient la *Fille naturelle*, mais vient le *Porno-*

graphe. Les difficultés avec la censure sont toujours vives, mais toujours surmontées. M. de Sartines lui-même lève l'interdit mis sur le dernier ouvrage, les censeurs Crébillon fils et Collé approuvent le *Pied de Fanchette* et le *Ménage parisien*, et suggèrent même quelques corrections à l'auteur. Crébillon en dit du bien à ses amis. Les presses gémissent sans relâche sous cette production emportée jusqu'au moment où paraît le *Paysan perverti*.

Pour le coup ce fut un éclat. Un magistrat, M. d'Eprémesnil alla jusqu'à croire que le *Paysan* était de Diderot. Restif ne se vante pas assez de cette méprise. S'il avait pu comprendre la distance qui le sépare du philosophe et combien les déclamations de son matérialiste Gaudet d'Arras sont éloignées des déductions serrées et logiques de l'*Encyclopédie* où il puisait une partie de son savoir, il ne se serait pas borné à mentionner ce fait sèchement et comme en l'air. Peut-être d'ailleurs se croyait-il supérieur à celui avec lequel on le confondait et s'est-il dit : Est-ce que Diderot aurait pu faire le *Paysan* (1) ?

Ce succès indéniable, puisque le roman tiré à

(1) Page 4432 de *Monsieur Nicolas* à propos des opinions de Diderot sur les castes indoues, Restif l'apostrophe ainsi : « Car je t'appellerai brute, ô Langrois Diderot, avec tes exclamations dans l'*Encyclopédie* contre les castes indiennes... Et si les *Brames* sont la raison, l'intelligence perfectionnée, effet de l'espèce, faut-il qu'ils s'abrutissent en s'alliant avec une espèce inférieure?... Les Brames ont été sages et justes en castant les hommes dans leur heureux pays, où les espèces étaient différentes; ils ont eu raison de perfectionner, au lieu de la détériorer, la race la plus parfaite, et Diderot a été un fou, un insensé, un ignorant, quand il les a condamnés sans savoir leurs raisons, etc. » Disons toutefois à sa décharge qu'il n'a pas toujours ainsi traité « l'homme de la montagne de Langres ».

3,000 exemplaires eut plusieurs éditions, fut souvent contrefait, fut traduit en allemand, où il eut quatre éditions, et en anglais où il en eut quarante-deux, mit Restif en lumière. Cet autre esprit vigoureux et chercheur, qu'on oublie trop, Mercier, s'enthousiasma pour le nouveau venu : la liaison avec M. Bultel Dumont, trésorier de France, devint plus intime ; les *Contemporaines* augmentèrent encore la renommée et les relations de l'auteur qui en vint à posséder une petite fortune. S'il rencontrait toujours de bonnes filles, ou d'éveillées marchandes ; si les actrices de l'Opéra-Comique (1) ou d'habiles intrigantes, comme Sara Debée, qu'il crut être la *Dernière aventure d'un homme de quarante-cinq ans* (2), lui donnaient sans cesse des distractions, il reconnaît cependant qu'il en était arrivé à « l'âge où on ne se soucie plus tant d'être aimé », et il se contentait d'aimer pour le seul plaisir de suivre sa

(1) Nous devons passer légèrement sur les tableaux animés que Restif ne ménage pas. Disons toutefois qu'avant même sa célébrité, il avait déjà quelques relations avec le monde artistique. Citons deux actrices de l'Opéra-Comique qu'il émerveilla par ses talents spéciaux et à l'une desquelles il dut, à la fin d'un souper à l'hôtel de Hollande avec l'ambassadeur de Venise, de se trouver le maître, dans l'obscurité, de la belle Guéant, du Théâtre-Français, dont il était depuis longtemps l'un des plus fervents admirateurs. Rappelons aussi, mais sans insister, une scène étrange, chez une entremetteuse où il fut choisi comme *géniteur*, ainsi que dirait Fourier, par une grande dame qu'il appelle Septimanie et qui n'était autre que la comtesse d'Egmont, princesse de Courtenay. Cela prouve seulement que les actrices et les grandes dames de ce temps-là tempéraient, comme on l'a dit, l'inégalité des classes inscrite dans les institutions sociales par les mœurs... les mauvaises.

(2) Gérard de Nerval, dans les *Confidences de Nicolas*, a mis agréablement en scène cet épisode. Il y est plus exact que dans ce qu'il raconte de madame Paragon et de Jeannette Rousseau.

vocation. Ce fut à ce moment qu'il eut quelques grandes dames, mais avec elles il est gêné, il est platonique et le plus souvent il ne les désigne que sous des noms supposés dont nous ne devons pas chercher à soulever le voile (1).

La haute société devenue curieuse, mais sentant bien qu'il y avait entre l'ouvrier parvenu et elle des obstacles difficiles à détruire, s'entendait à les tourner.

« Un jour de novembre 1789, dit M. Monselet, il reçut une invitation à dîner de M. Senac de Meilhan, intendant à Valenciennes, avec lequel il avait eu quelques relations d'affaires dans le temps. C'était un homme fort aimable, occupé lui-même de littérature et de poésie légère. Restif, cédant sans doute à ces considérations, se rendit chez lui, rue Bergère, à l'issue de l'Assemblée nationale. Il pouvait être trois heures. On attendait encore deux dames et plusieurs messieurs. A quatre heures et demie, tout le monde étant arrivé, on se mit à table. Restif fut placé entre une sorte d'amazone aux mouvements mâles, à la voix haute, au regard assuré, qu'on lui dit être une madame Denis, marchande de mousseline rayée, et une autre dame plus timide ou plus fière, à qui l'on ne donna point de qualité. Les autres convives étaient un petit homme, propret, en surtout de laine blanche, un beau garçon de vingt à vingt-cinq ans, à physionomie ouverte, un quatrième un peu boiteux et deux autres qu'il ne remarqua pas. On causa politique. La marchande de mousseline rayée demanda à plusieurs reprises : Que dit le peuple ? Elle fit beaucoup d'amitiés à Restif et lui demanda la permission d'aller le voir, ce qu'il n'eut garde de refuser. Bref, le repas fut des plus animés. Restif, d'ordinaire renfrogné et taciturne, devint fort éloquent dès qu'on le mit sur le chapitre de ses ouvrages. Il charma tout le monde par le feu et l'abondance de son élocution, surtout madame Denis, surtout l'homme à la physionomie ouverte.

(1) L'aventure de *Felisette* lui attira quelques désagréments avec M. de Lalande.

« Le lendemain, voici le billet qui lui fut remis de la part de M. de Meilhan : « Madame Denis, marchande de mousseline rayée, est la duchesse de Luynes; l'autre dame, la comtesse de Laval; le beau-fils qui se faisait nommer Nicodème, Mathieu de Montmorency; l'homme un peu âcre, un peu boiteux, l'évêque d'Autun; l'homme au surtout blanc Sieyès... C'est pour vous que cette compagnie est venue. On m'avait chargé de vous inviter (1). »

Cette aventure se répéta plusieurs fois, entre autres chez le duc de Mailly, chez le comte de Gêmonville. Restif était d'ailleurs un habitué des dîners que donnait Grimod de la Reynière, où il se rencontrait avec Pons, Duchosal, Viguier, Chénier, les frères Trudaine, Fortia de Piles, Larive, Saint-Prix, et *Monsieur Nicolas* contient le récit de l'un de ces dîners qui ne fut pas le moins excentrique. Il comptait ou avait compté en 1789 parmi ses amis, outre Mercier qui l'avait en grande estime, Crébillon fils, Collé, le docteur Guillebert de Préval, Pidansat de Mairobert, Beaumarchais qui avait voulu le mettre à la tête de son imprimerie de Kehl, le vicomte de Toustain-Richebourg, Lepelletier de Mortfontaine, intendant de Soissons, chez lequel il s'était rencontré avec la « belle marquise de Montalembert », Speranzac, Fontanes, avec lequel il eut quelques démêlés, mais qui fut un de ceux qui l'accompagnèrent au cimetière Sainte-Catherine (Montparnasse). La comtesse Fanny de Beauharnais fut une de ses dernières inspiratrices. Il y a place dans cet autre livre étrange : les *Nuits de Paris*, pour mesdames de Marigny, de Valimbert, pour le comte de Clermont-Tonnerre. Il avait donc fini par *se désenca-*

(1) Cette scène est racontée un peu plus longuement mais d'une façon moins agréable dans *Monsieur Nicolas*, p. 3177, 3178, 3179 et dans l'étude de Gérard de Nerval.

nailler, et lorsqu'arriva la Révolution, après trente ans d'une vie un peu décousue, mais qui, en somme, ressemble à celle de beaucoup de jeunes gens, après trente autres années d'un travail acharné, il avait amassé assez d'argent pour rappeler fièrement aux libraires ce qu'ils lui devaient, et assez de considération pour ne se croire pas indigne d'entrer à l'Institut lorsque la Convention l'organisa en 1795 (1).

Pendant ces mêmes années de travail, il avait marié ses deux filles. La première fut malheureuse, et il a peint d'une façon trop crue les détails de ses malheurs et les torts de son gendre, qu'il désigne souvent sous le nom de l'*Échiné*, dans *Ingénue Saxancour*. La seconde devint promptement veuve. Il vivait séparé de sa femme en attendant que le rétablissement du divorce permît à celle-ci de le réclamer en sa faveur, il n'avait plus, comme il dit, que quelques « aventurettes » lorsque les événements politiques vinrent le surprendre et que deux banqueroutes successives lui enlevèrent le peu qu'il possédait.

Ce fut un coup terrible, mais qui ne l'abattit pas. Il reprit le composteur, en même temps qu'il reprenait la plume. A ce moment, il n'a plus le temps, qu'il n'a jamais beaucoup pris, du reste, de réfléchir, et souvent, il compose à la casse sans copie (2), pour aller plus

(1) A ce moment, Restif fit placarder une affiche qui se terminait par ces mots : « M. Restif a sans doute été oublié dans la première formation de l'Institut national. On avait oublié l'article *Paris* dans l'*Encyclopédie*. »

(2) On a beaucoup exagéré en faisant pour Restif de cette façon de travailler une habitude. Pour peu qu'on ait une idée de ce qu'est le travail du compositeur on comprendra qu'un tel procédé n'est pas toujours le plus expéditif. Restif ne s'en servait que dans les cas exceptionnels qu'il avait soin d'ailleurs de signaler comme des accidents en mettant en marge : « composé à la casse, sans copie ».

vite. Il publie son *Théâtre* (3 volumes, 17 pièces), la *Semaine nocturne*, supplément aux *Nuits de Paris*, le *Palais-Royal* (2 volumes), l'*Année des Dames nationales*, douze volumes, où il jette pêle-mêle ses propres aventures et des renseignements souvent précieux sur la Révolution (1). Cet ouvrage le conduit jusqu'en 1794, moment cruel, où sentant la fin venir, l'inspiration manquer, il se replie sur lui-même et, comme un grand poète, notre contemporain, essaie de battre monnaie avec ses sentiments intimes, avec les secrets qu'il avait bien déjà fait pressentir, mais qu'il avait toujours déguisés, avec sa vie et celle des autres, écrites, comme il dit, « cyniquement, pour dépolitiquer un peu la nation, comme d'autres l'ont dépantinée et déballonnée ».

Restif qui soignait tant l'illustration de ses livres ne put donner que le sujet des planches qui devaient accompagner ses seize nouveaux volumes. Est-ce à cause de cela que l'effet de *Monsieur Nicolas* fut nul, en France ? Il n'en fut pas tout à fait ainsi à l'étranger. Il nous en est revenu un écho, et si la qualité des lecteurs peut suppléer quelquefois à la quantité, c'est dans ce cas ou jamais qu'il est permis de le croire.

Voici, en effet, ce que Schiller écrivait à Gœthe, le 2 janvier 1798 :

« Avez-vous lu par hasard le singulier ouvrage de Restif : le *Cœur humain dévoilé ?* En avez-vous du moins entendu parler ? Je viens de lire tout ce qui en a paru, et, malgré les platitudes et les choses révoltantes que contient ce livre, il m'a beaucoup amusé. Je n'ai jamais rencontré une nature aussi violemment sensuelle ; il est impossible de ne pas s'in-

(1) Les faits historiques disséminés dans l'œuvre de Restif et qui devraient faire partie des *Mémoires* du temps, n'ont jamais été recueillis. Pour peu qu'on nous y encourage, nous les réunirons un jour.

téresser à la quantité de personnages, de femmes surtout, qu'on voit passer sous ses yeux, et à ces nombreux tableaux caractéristiques qui peignent d'une manière si vivante les mœurs et les allures des Français. J'ai si rarement l'occasion de penser quelque chose en dehors de moi et d'étudier les hommes dans la vie réelle, qu'un pareil livre me paraît inappréciable. »

On voit par là que le « citoyen Gille », comme l'appelait la Convention, jugeait Restif comme nous désirerions qu'il fût jugé par tout le monde. Il trouvait chez lui deux choses essentielles et qui éclipsent toutes les autres : une individualité nette, tranchée; un peintre exact et coloré.

Restif traversa la Révolution sans s'y mêler autrement que comme spectateur. Il nous a conservé une longue et curieuse conversation de Mirabeau, il nous a dépeint dans la *Semaine nocturne* les effrois des rues de Paris pendant cette période agitée. Il a vu passer, et il les a croquées au passage, les figures de presque toutes les femmes qui ont joué un rôle; « Marianne-Charlotte Cordai, la vierge Renaud (1), la Genlis, la Teroueigne, la Rivarole, la Momoro, la femme Danton, la femme Hebert, la jeune Duplessis, femme de Camille Desmoulins (2), etc. » Il continuait ses promenades nocturnes qui furent parfois dangereuses et qui le firent arrêter dans une ou deux occasions. La seule fois où il courut quelque danger, ce fut quand, sur la dénonciation de son gendre, Augé, on l'accusa d'être l'auteur de trois libelles : *Moyens sûrs à employer par les deux ordres pour dompter et subjuguer le*

(1) Qui voulut assassiner Robespierre.

(2) M. Monselet a reproduit ces huit derniers portraits dans *Rétif de la Bretonne, sa vie et ses amours.*

tiers état. — *Domine salvum fac regem.* — *Dom B... aux États-Généraux.* Arrêté le 28 octobre 1789 à 10 heures 1/2 du soir, il fut traduit devant la commission du district de Saint-Louis-la-Culture. Il nia, il n'était d'ailleurs pas coupable et au sujet de *Dom B...*, il répondit :

« Nous ne sommes pas l'auteur de cette production dont nous n'avons lu qu'un passage (1) où nous somme cité comme auteur du *Pornographe;* nous savons qu'on en connait l'auteur, l'éditeur et le libraire. Il est bien gauche autant qu'atroce d'accuser son beau-père de ce qui n'existe pas ou de ce qui est connu pour être d'un autre, mais cette scélératesse a été commise à deux, par un colporteur, ancien domestique infidèle, chassé de chez un auteur et de chez un libraire, lequel l'a soufflée à Augé et à son partenaire. »

La dénonciation attribuait l'impression de cette dernière brochure à Maradan; Restif fit observer que Maradan était en effet son libraire ordinaire, mais qu'il n'était pas imprimeur. Il déclara en outre qu'on pouvait faire des recherches chez lui et qu'il était prêt à montrer tous ses papiers. L'affaire en resta là.

Quant à ce que disent les Biographies, générales ou autres, pour lesquelles Restif est un homme capable de tous les crimes et digne de tous les mépris, sur les avanies que lui fit la foule, sur l'assassinat de sa femme par son gendre, sur ses relations avec la police qui autorisait ses ouvrages — on ne voit pas trop dans quel intérêt — il faut considérer tout cela comme fables. Si Restif avait voulu demander du pain à quelque mé-

(1) Ce passage est ainsi conçu : « Le remède à tous ces abus serait, je crois, d'adopter le système du feu sieur de la Bretonne, grand écrivain moraliste : il a proposé dans son ouvrage intitulé le *Pornographe* de classer toutes les filles de joie, etc... »

tier déshonorant, il n'eût pas sans doute été obligé de travailler manuellement, malgré les infirmités que l'âge avait amenées avec lui; il n'eût pas obtenu en 1795 un secours de 2,000 francs sur la somme allouée par le gouvernement aux hommes de lettres dans le besoin; il n'eût pas été obligé de tenter une dernière partie, en publiant ce livre à peu près insensé, qui s'appelle les *Posthumes*, et à la fin duquel il dépeint ainsi sa triste situation :

« Que le lecteur sensible se représente un vieillard de 68 ans commencés, qui a tant travaillé pour l'utilité publique : utilité plus grande que celle de beaucoup d'autres ouvrages dont les auteurs se croient de grands hommes, pour avoir établi la distinction d'une ligne droite à une ligne courbe... Pour moi, je ne me suis jamais occupé qu'à indiquer à mes semblables, différentes routes de bonheur, surtout dans l'état du mariage qui est le plus ordinaire et celui de tous les hommes. Dans les *Contemporaines* j'ai tracé 272 de ces routes, 34 dans les *Françaises*, 45 dans les *Parisiennes*, 610 dans les *Provinciales*, plus de 60 dans le *Palais royal*, plus de 80 dans l'*Enclos et les oiseaux*. Voilà des productions véritablement utiles. Je ne parle pas de la *Vie de mon père*, du *Paysan* et de sa sœur pervertis, du *Nouvel Abeilard* et de tant d'autres ouvrages. Ils m'avaient procuré un avoir de 74 mille francs qui ont été engloutis par les assignats. Ainsi ont disparu l'espoir et la dernière ressource de ma vieillesse : Car que ferais-je à 68 ans?

» L'homme qui vient de s'épuiser pour imprimer cet ouvrage n'a que son prompt débit pour tout moyen de subsister, avec 3 orfelins en bas age. *Miseremini mei, miseremini mei, altem vos, amici mei* (vous dirait Job). Aidez-moi du moins à imprimer 4 ou 5 ouvrages mss, dont j'hypothèquerais sur la première rentrée pour les frais. O Corbeau (1)!... Suisse res-

(1) Je ne sais quel est ce bienfaiteur auquel Restif s'adresse. Corbeau de Saint-Albin était originaire du Dauphiné.

pectable, viens à mon secours, s'il est possible! Jamais on en eût autant de besoin. »

Cet appel désespéré joint à quelques mots dans la Préface en l'honneur du « magnanime général *Buonaparte*, ce sauveur de la nation française » et à l'entremise de Fontanes et de M. Le Comte, lui valurent au moment même où les *Posthumes* étaient saisies, une place au ministère de la police générale. Cette place est la cause probable des accusations portées contre lui, mais il ne put la remplir, il donna presque immédiatement sa démission, et en 1806 il mourait dans sa maison de la rue de la Bucherie (1), près de ses deux filles, Anne et Marion Restif (2), laissant à celles-ci des ballots de papiers imprimés et manuscrits, dont elles ne purent tirer qu'un médiocre parti, et en même temps le soin de le défendre contre les attaques auxquelles il s'attendait de la part de ses ennemis littéraires, car il n'en eut pas d'autres.

M. Monselet a retrouvé et publié une lettre que les deux sœurs écrivirent quelques jours après cette mort en réponse aux rédacteurs du *Journal de Paris* où avait paru un article malveillant et anonyme.

« Messieurs,

» La lecture de votre article sur notre père, M. Restif de la Bretonne, nous fait sortir de l'état d'accablement où nous a jetées le sentiment de sa perte pour rétablir quelques vérités.

» Plus instruites que vous, à cet égard, nous ne devons pas

(1) Les derniers volumes de *Monsieur Nicolas* portent cette indication : *Imprimé à la maison* et se trouvent à Paris chez la veuve Marion Restif, rue de la Bucherie, 27.

(2) Elle avait épousé un cousin du même nom que son père.

souffrir que le public qui fut toujours le confident de notre père, que ce public impartial qui a tant de fois daigné l'accueillir, soit abusé sur le compte de l'ami de la vérité.

» Notre respectable père a terminé sa vie à 72 ans, le 8 février, à midi, entouré de sa maison, composée de ses enfants, de sa domestique et de sa garde, sans souffrance, sans crainte. En le disant mort à 68 ans, vous avez sans doute daté de l'époque où il est devenu infirme (1).

» Jamais il n'a manqué d'un honnête nécessaire : ses enfants et petits-enfants, ses sœurs, ses amis et même ses voisins ne l'auraient pas souffert. Son infortune venait de malheurs et non d'un manque de conduite; quel homme fut plus laborieux et infatigable ? Certes, il ne pouvait être dans l'aisance, après avoir essuyé des banqueroutes et des remboursements en mandats; mais sa position, pour avoir été difficile, n'a point été humiliante. Le gouvernement d'un Empereur aussi humain que grand pourvoit à tout avec dignité.

» Si cet hommage public, que nous devons à la mémoire du plus digne des pères, est accueilli de vous, messieurs, notre reconnaissance égalera la considération distinguée avec laquelle nous avons l'honneur d'être vos très humbles servantes.

» A. RESTIF, femme VIGNON (2).

» M. Vve RESTIF D'ANNAY. »

Une telle lettre prouve au moins que les causes des dissentiments de Restif avec sa femme, n'avaient pas été toutes mises à son compte par sa famille. Nous avons retrouvé de notre côté une autre lettre de Marion Restif seule à l'occasion de la publication par

(1) Il avait gagné une hernie en portant quatre rames de papier.

(2) Elle s'était séparée d'Augé dès que le divorce avait été permis par la loi.

Dorat-Cubières-Palmezeaux de l'*Histoire des compagnes de Maria* ou *Episodes d'une jolie femme*, œuvre posthume de Restif accompagnée d'une notice de la façon de l'éditeur. C'est dans cette notice que se trouve la lettre d'Anne Lebègue que nous avons reproduite plus haut et qui est datée de 1806. Anne Lebègue était morte peu de temps après, et Cubières, dans son travail biographique, l'avait un peu trop lou... aux dépens de son mari. Marion Restif écrivit alors au *Journal de l'Empire* qui avait donné, le 1er février 1811, un article sur le livre de Restif et sur Cubières, article où l'on s'égayait beaucoup sur le compte de ce dernier (1), la lettre suivante :

« Quelque peine que j'éprouve à rappeler les malheurs de Restif de la Bretonne, mon père, je ne puis m'empêcher d'adresser hautement de vifs reproches à M. Cubières de Palmezeaux dont le ridicule ouvrage a été l'occasion d'articles affligeants pour une famille infortunée.

» J'ai d'autant plus à me plaindre de M. de Palmezeaux que l'ayant fait prier par M. Mercier *de ne rien publier sur mon père*, il n'a eu aucun égard à ma juste demande. Il n'a pas voulu non plus se rendre aux sollicitations que je lui ai fait faire par M. Guillaume de supprimer un écrit qu'il a mis en tête de sa notice et dans lequel, à travers des louanges outrées qu'il prodigue à mon père, il ose se servir de mon nom pour donner crédit à de scandaleuses injures dont tout le monde est révolté. Ma mère du fond de son tombeau rejette avec indignation un éloge tel que celui de M. Cubières

(1) On lui reprochait entre autres cette phrase : « Ah! messieurs les académiciens! vous dites que son style (de Restif) est lâche; c'est vous qui êtes des lâches!... » Cubières avait connu Restif chez madame de Beauharnais. Il exagère un peu son mérite, mais il écrivait d'après l'inspiration de madame Restif et il fait d'elle le modèle de toutes les vertus. Grâce à ce système d'éclectisme, il parvint, comme cela arrive toujours en pareil cas, à mécontenter tout le monde.

de Palmezeaux et lui dit par la voix de la plus faible des mortelles « qu'il sera toujours le maître de faire de l'esprit » tant qu'il voudra, pourvu que ce ne soit pas aux dépens de » la tranquillité et du bonheur des familles. »

M. Restif de la Bretonne (1). »

C'est dans la notice dont il est ici question que Cubières donne ce portrait physique de Restif :

« La taille de Restif de la Bretonne était moyenne, c'est-à-dire d'environ cinq pieds deux pouces; il avait le front large e découvert, de grands yeux noirs qui lançaient le feu du génie, le nez aquilin, la bouche petite (2), les sourcils très noirs, qui, dans sa vieillesse descendant sur ses paupières, formaient un mélange singulier qui rappelait à la fois l'aigle et le hibou. Je l'ai vu, dans les jours d'été, travaillant à une imprimerie avec l'habit d'ouvrier et par conséquent la poitrine découverte, velue comme celle d'un ours. Il n'y avait pas dans sa jeunesse un homme plus robuste que lui. L'ensemble de sa figure était admirable. Une dame fort honnête le voyant pour la première fois dans sa vieillesse s'écria : — Oh! la belle tête! et lui demanda la permission de l'embrasser. Restif ne se fit pas demander cette permission une seconde fois. »

Ce portrait peut passer pour exact. Il se rapporte à celui qu'a fait de Restif son dessinateur habituel,

(1) Cubières répondit le 16 février par quelques mots insignifiants. Il termine sa lettre ainsi : « Si dans la chaleur de la composition, il m'est échappé quelque trait contraire à l'honnêteté et à la probité de feu Restif de la Bretonne qui m'honora longtemps de son amitié, j'avoue que c'est malgré moi et que mes intentions en louant ce grand homme ont toujours été pures. »

(2) Restif qualifie lui-même sa bouche d'appétissante et dit que c'est ce qu'il a toujours eu de mieux.

Binet; il est surtout des plus ressemblants quand on le lit en regard de la petite figure en pied drapée dans un manteau et coiffée d'un chapeau à larges bords surmonté d'un hibou, qui est placée en tête des *Nuits de Paris*. Cette figure a été dessinée par Gaucher et se trouve au Cabinet des Estampes de la Bibliothèque nationale dans l'œuvre de cet artiste. On la retrouve sous différents costumes dans toutes les gravures de cet ouvrage et dans plusieurs de celles qui illustrent les autres livres de l'auteur.

Telle fut la vie de cet écrivain qui inaugura chez nous une époque littéraire toute nouvelle. Cette vie, telle que nous l'avons esquissée à grands traits, est instructive. L'homme était né avec des passions vives. Il a pu, pendant une assez longue jeunesse, — longue parce qu'elle avait été précoce, — se laisser entraîner à des excès de libertinage condamnables. Mais son plus grand tort a été surtout de n'avoir rien oublié de cette exubérante floraison de ses passions et d'avoir voulu en montrer la gerbe à tout le monde. Bien différent en cela de J.-J. Rousseau, dans lequel on ne peut avoir aucune confiance, il n'a pas *paré* sa marchandise. Il l'a étalée sur le marché avec la plus naïve bonne foi. Ç'a été une raison pour les critiques majestueux et prudhommes, de se voiler la face et de se frapper la poitrine. Mais dussions-nous passer pour trop faible et trop complaisant, nous croyons qu'on aurait mauvaise grâce à se plaindre de l'occasion que Restif nous a fournie de voir comme il le dit un « homme tout entier », un « cœur mis à nu ». A côté des gentillesses souvent scélérates des *Mémoires de Casanova*, à côté des amplifications rhétoriciennes de Desforges dans le *Poëte*, et tout en abordant les mêmes sujets délicats, il doit être mis à part, en ce qu'il ne nous donne pas l'idée d'un homme vicieux. C'est, comme

Schiller l'a bien compris, une nature violemment sensuelle, mais ses peintures ne sont pas licencieuses. Il ne s'y complaît pas, ne les excuse pas, et le plus souvent il se borne à relater les faits en latin ou en style de procès-verbal. Il est le seul de ceux qui se sont offerts à la curiosité du physiologiste, chez lequel on soit assuré de trouver l'homme intime, peint sans apprêt comme sans déguisement.

Celui-ci aurait pu finir érotomane dans une maison de fous, comme son contemporain le marquis de Sade, dont l'ouvrage l'avait tant bouleversé, qu'il avait essayé de le combattre avec ses propres armes (1). Il a été sauvé de cette extrémité par son perpétuel et exalté désir de servir l'humanité. S'il s'est trompé sur la voie réformatrice qu'il devait suivre, il n'en a pas moins été de bonne foi en s'y engageant. Cette bonne foi nous permet de n'être pas trop sévère sur les moyens qu'il a cru devoir employer. Un de ses triomphes, c'est l'essai que fit de son projet de règlement pour les prostituées, indiqué dans le *Pornographe*, l'empereur d'Autriche Joseph II (2). Un autre, comme nous le dirons prochainement, c'est d'avoir éveillé

(1) Dans l'*Anti-Justine*.

(2) Une lettre adressée à M. Monselet et signée du gendre, Louis Vignon, et des petits-fils, Augé et Victor Vignon, de Restif de la Bretonne, dit à ce propos : « Comme vous le dites fort bien, monsieur, l'empereur Joseph II fit exécuter dans tous ses États les admirables règlements du *Pornographe* ; mais de plus, il envoya tout de suite à l'auteur, son portrait enrichi de diamants, sur une tabatière dans laquelle était un diplôme de baron du Saint-Empire. Restif lui répondit aussitôt : « Le républicain Restif la Bretonne conservera pré- » cieusement le portrait du philosophe Joseph II, mais il lui » renvoie son diplôme de baron qu'il méprise et ses diamants » dont il n'a que faire. » Le même fait avait déjà été rapporté par Gérard de Nerval.

l'esprit d'amélioration sociale chez Fourier, chez Saint-Simon et chez plusieurs des utopistes du commencement du dix-neuvième siècle. Que les puristes et les « préjugistes », comme il les appelait, se plaignent de cette introduction de la fougue et des exagérations populaires dans la littérature, la philosophie et la politique françaises ; ce n'est pas à nous, fils du dix-huitième siècle, à nous en offenser. Quoique Restif n'ait pas eu personnellement à se louer de la Révolution, il avait contribué à la préparer au moyen de ses écrits destinés aux classes les plus inférieures, surtout aux femmes dont l'influence est si grande dans ces moments de trouble et de rénovation sociale, et au début du mouvement, il avait raison de réclamer la part qu'il y avait prise.

Mais nous nous laissons entraîner et c'est l'écrivain, plus que l'homme, que nous jugeons en ce moment. Cette tâche est réservée à la seconde partie de notre étude. Nous nous arrêterons donc ici.

Le seul tableau par lequel nous voulions terminer cette courte esquisse, c'est celui du pauvre vieillard, ayant conservé jusqu'à ses derniers jours le culte de ses premières et pures amours ; se promenant sur les berges de la Seine, relisant les inscriptions qu'il avait tracées à diverses reprises sur le parapet des quais pour se rappeler certains moments fortunés de son existence ; suivant des yeux l'inconstante Sara venant effacer celles de ces dates qui la concernaient ; remontant par ses souvenirs vers ses belles années ; choisissant parmi les noms de son *Calendrier* ceux qui lui semblaient les plus dignes ; bâtissant avec eux sur de nouvelles bases ces édifices de bonheur possible qu'il appelle ses *Revies;* pleurant madame Parangon, désirant toujours revoir la bonne Jeannette Rousseau, et, pensant parfois à cette Colombe d'Auxerre qu'il avait failli épouser, pour dire aux flots passants : « O fleuve qui viens de baigner le pied de la maison de celle que j'ai tant aimée, dis-moi si elle est heureuse ! »

Ce tableau, c'est l'homme, tel qu'il fut toujours, enthousiaste de la femme. Il lui faut pardonner beaucoup parce qu'il a beaucoup aimé. Ne sait-on pas que les grands amoureux sont les grandes dupes et par suite les vrais malheureux ?

NOTE

On a beaucoup raillé Restif sur son orgueil. Il est vrai qu'il lui est arrivé de dire : « Si..., je serais devenu aussi grand que Voltaire, et j'aurais laissé Rousseau bien derrière moi. » Mais sur sa descendance de l'empereur Pertinax, il faut lui rendre cette justice, qu'il ne la prenait pas trop au sérieux. C'est donc à titre de curiosité surtout que nous donnons l'arbre généalogique suivant, qu'il attribue à son grand-père Pierre Restif lequel l'aurait lu, suivant lui, dans un dîner où de petits nobles se targuaient trop haut de l'antiquité de leurs familles. Dans les dernières générations on trouvera la mention de faits vrais.

MA GÉNÉALOGIE

PRÉAMBULE DE LA MAIN DE PIERRE R. (1706)

Grands! qui vous enorgueillissez de vostre rang, de vostre naissance, du noble sang qui coule dans vos veines, lisez la Généalogie d'un pauvre Hère, que vous regardez avec cette morgue insultante, que le Noble monstre tousiours au Roturier. On a soigneusemens conservé ce précieux Tiltre dans sa Famille, et c'y fut une inviolable loi, que chaque Descendant inscrivist son nom sur l'antique rouleau de velin, où estoient ceux de ses Ancestres, lequel estoit roulé sur vn cylindre de bouis, enfermé dans vn coffret bien ciré de bois de noyer.

GÉNÉALOGIE

Pierre-Pertinax, aultrement Restif, descend en ligne directe, de l'Empereur Pertinax, successeur de Commode, et auquel succéda Didius-Julianus, eslu empereur, parce qu'il fut assés riche, pour tenir l'enchère à laquelle les Soldats avoient mis le souverain-pouvoir.

Or l'Empereur Helvius-Pertinax eut vn Fils posthume, aussi nommé Helvius-Pertinax, dont Caracalla ordonna la mort, vniquement parce qu'il estoit fils d'vn Empereur; Mais vn Affranchi, qui portait le prénom de son Maistre, s'offrit généreusement aux Assassins, qu'il trompa... Trait précieux, dont l'histoire du temps avoit sans doute fait mention, mais qui n'est parvenu jusqu'à nous, que par la généalogie de Pierre Pertinax.

Eschappé à la mort, Helvius-Pertinax se sauva dans les Apennins, où il vescut dans l'obscurité.

Vn jour qu'il visitoit les antres et les rochers de sa retraite sauvage, il découvrit une jeune Esclave qui chassoit devant elle quelques chèvres, et les faisoit entrer dans vne caverne. Il la suivit, sans en être aperçu, et pénétra sur ses [illegible] jusqu'au fond de l'antre. Mais quelle fut sa surprise, [illegible]squ'il entendit vne autre Femme parler à l'Esclave, et qu'il recognent la voix de Didia-Juliana, fille du successeur de son Père, également proscrite par Caracalla, et que toute la Ville de Rome croyoit massacrée par le Monstre, après en avoir esté violée! Il se monstra avec précaution, de peur de l'effroyer, et les deux Infortunés, charmés de se revoir, comprinrent qu'ils pourroient améliorer mutuellement leur sort. Helvius s'informa de la manière dont Didia-Juliana avoit eschappé au Tyran? Elle lui respondit : — Seigneur, je feus d'abord violée, et puis après Caracalla m'aloit esventrer, quand survint par aventure sa Mère Julie, laquelle l'ameusa vn-petit. Je profitai du moment, pour me saulver. Mais je feus veue par vne mienne Chambriere, laquelle courut vistement en avertir l'Empereur : Il quittoit sa Mère, la chambre estoit obscure; la Traistresse avoit esté mise nue, par les Soldats de garde, et violée comme moi; Caracalla la print pour moi; la saisit par les cheveux et sans l'entendre, lui fendit le ventre d'un seul coup; un Soldat lui coupa la tête, et le tout feut incontinent jeté aux Tigres et aux Lions de la ménagerie du Cirque. Je m'eschappai du Palais, parce qu'vn Centurion favorisa ma fuite; vne Esclave fidelle voulut suivre mon sort; nous sortimes de Rome, traversames l'Italie, et ne nous arrestames qu'ici, où je suis accouchée de cette Enfant, qui dort sur la mousse. Voilà toute mon histoire. — Pertinax en feut très touché! et comme il avoit vne cabane plus commode que l'autre, il y conduisit Didia-Juliana, lui donna des habits convenables, et l'espousa.

Leurs noms sont donc à la tête de la Généalogie, inscripts en langue latine, de leur propre main. En voici la Traduction, de la mienne, en resgard de l'ancien inlisible original :

Nous Helvius-Pertinax, et Julia Didiana, fils et fille d'Empereurs, nous estant vnis par le mariage, en présence des Dieux immortels, honorés au Capitole, et puissans partout, nous avons inscripts nos noms sur ce velin, pour servir de commencement à la Généalogie d'une nouvelle Famille patricienne, Notre Ascendance est assés cognue dans tout l'Univers, il est inutile de la rappeler; mais notre descendance devant estre cachée, nous voulons que nos Enfans, pour se exciter à la vertu, sachent qu'ils proviennent des Maistres d'vn Peuple roi du monde : Nous alons escrire ici nos noms; et nous ordonnons, par notre auctorité saincte et paternelle, à Vn-chaqu'un de nos Descendans, d'escrire les leurs à la suite, tant que le Nom Romain sera cognu dans le Monde. Et ainsi commençons à nous escripre de nostre main :

Helvius-Pertinax, engendra, de Didia-Juliana, 1
H.-Caesario Pertinax : 2

Lequel passa dans les Gaules, où il engendra, de Julia-Severa, fille de sa Mère et de Caracalla,
H.-Octavius-Pertinax, qui achepta des terres. 3

Lequel engendra, H. Claudius-Pertinax, 4
qui feut laboureur.

Lequel engendra, H. Titus-Pertinax, 5
qui feut dépouillé de toutes possessions.
Lequel engendra Maximus-Pertinax, 6
qui feut porcher.
Lequel engendra H. Augustulus-Pertinax, 7
qui feut berger.
Lequel engendra H. Julianus-Pertinax, 8
qui feut comme son Père.
Lequel engendra H. Constans-Pertinax, 9
qui feut comme son Père.
Lequel H. Carus-Pertinax, 10
qui feut muletier.
Lequel engendra H. Tacitus-Pertinax, 11
qui feut comme son Père.
Lequel engendra H. Decius-Pertinax, 12
qui feut maquignon.
Lequel engendra H. Honorius-Pertinax, 13
qui fut escuyer et duquel le Roi Chilpéric convoita la Femme.
Lesquels (Honorius et le Roi Chilpéric) engendrèrent (*ici plus ne se trouve le prenom d'Helvius*) Olibrius-Pertinax, 14
qui feut escuyer du Roi des Francs Clovis Ier.
Lequel engendra Merovæus Pertinax, 15
qui feut *Custos Venationum*, ou capitaine des chasses.
Lequel engendra Charibertus-Pertinax, 16
qui feut faict comte d'Auxerre.
Lequel engendra Chilpericus Pertinax, 17
qui se feit tondre, ainsi que sa femme et ses Enfans, raser, fesser, cloitrer, par les mains de saint Benigne de Dijon, de l'Abbaye duquel il se desclara serf, lui et toute sa Postérité, pour la salvation de son âme, et de celle des siens.
Lequel engendra Chlodovæus-Pertinax, 18
qui sceut esviter la tondeure, et s'enfuit avec le rouleau généalogique pour tout héritage; Lequel se maria dans la Ville des Bituriges, c'estadire Bourges, assés singulièrement. Il passait dans la place publique, fort-mal-vêtu, au moment où l'on poursuivoit vn Meurtrier, qui venoit de s'eschapper du gibet, à l'aisde de sa Famille, puissante et nombreuse. On prit le pauvre Chlodovæus pour le Cou-

pable. La Famille de Celui-ci, pour sauver son Parent, jura devant le Juge, que l'Homme qu'on lui présentoit, estoit le véritable Meurtrier, au lieu d'*Yvo-Teutobochus*, leur consangüin. Le Juge n'en estoit pas trop sûr : mais comme il s'agissoit de saulver un Homme du pays, en proscrivant un Estranger sans protection, il résolut de laisser pendre Chlodovæus, pour faire exemple. Le Descendant de trois Empereurs et d'vn Roi aloit donc estre pendu, lorsqu'une Fille publique, touchée de sa bonne-mine, sous des haillons, et surtout de sa jeunesse, voulut user en faveur du Patient, du privilége que les Prostituées avoient alors à Bourges, de saulver vn Homme de l'échaffaud, en offrand de l'éspouser incontinent, moyennant l'assurance de changer en bonne sa mauvaise conduite. Ce qui feut agréé des Berruchons, lesquels pensèrent que ce mariage les amuseroit autant qu'une exécution, et qu'ils n'y perdraient rien.

D'icelle conjonction issit Chlotarius-Pertinax, 19
qui feut galopin toute sa vie.

Lequel engendra Dagobertus-Pertinax, 20
qui feut marmiton chez vn Comte de Poitiers.

Lequel engendra Eginhardus-Pertinax-I, 21
qui feut cuisinier en chef du Roi Pépin-le-Bref,

Lequel engendra Hincmarus-Pertinax. 22
qui feut favori d'Emma fille de Charlemagne : De laquelle

Il engendra le Bastard Carlomannus-Pertinax, 23
qui print de grandes privautés avec la belle Judith, seconde femme de Louis-le débonnaire.

Lequel engendra Eginhardus-Pertinax II, 24
qui escrivit vne Chronique de nos Rois.

Lequel engendra Robertus-Pertinax 25
qui feut poëte.

Lequel engendra Théodoricus-Pertinax, 26
qui feut imbécille, et qui néantmoins escrivit les *Anecdotes du règne de Charles-le-Simple*, avant qu'il eût régné.

Lequel engendra Recardus Pertinax 27
qui feut fol, et fit vn beau Livre de ses faits et gestes, intitulé, Les *Mille-et-une-Folies*.

Lequel engendra Gontramnus-Pertinax, 28
qui feut ramoneur de cheminées.
Lequel engendra Rodericus-Pertinax, 29
qui faisoit pour les Hommes, ce qu'Hercule pour les chevaux d'Augias.
Lequel engendra Gondemarus-Pertinax, 30
qui feut chirurgien-pédicure.
Lequel engendra Ordonius-Pertinax, 31
qui feut médecin.
Ldquel engendra Ramirus-Pertinacissimus, 32
qui feut bourreau de Paris.
Lequel engendra Froïla-Pertinacissimus, 33
qui feut comme son Père.
Lequel engendra Grégorius, 34
qui étant trop jeune, feut supplanté par le Mari de sa Sœur, et se feit boucher.
Lequel engendra Garsias-Pertinax, 35
qui feut marchant de bœufs.
Lequel engendra Convallus, 36
qui feut vivandier de l'Armée et de la Cour, sous le Roi Henri-I.
Lequel engendra Ræmondus-Pertinax, dit Restif, 37
qui feut capitaine d'Infanterie.
Lequel engendra Ingulphus-Restif, 38
qui feut colonel de Cavalerie, puis par-après se feit templier.
Lequel engendra Edwinus Restif-*le-Testu I*. 39
qui feut général d'armée, et brigand, suivant l'usage.
Lequel engendra Edgarus-Restif-le-Testu-II. 40
qui feut comte de Metz.
Lequel engendra Aroldus-Restif-le-Testu III, 41
qui fut massacré à Tongres, dans une émeute.
Lequel avait engendré Calanus-Restif-l'orphelin, 42
que la Comtesse sa mère sauva du massacre, déguisée en mendiante.
Lequel engendra Diffus-Restif d'vne Gourgandine, qu'il espousa, par-après la mort de la Comtesse sa mère. 43
qui fut Vagabond.

Diffus engendra, Uraca-R. de la Fille du Chef d'vne Troupe de Bohemiens, 44
qui feut vaurien.
Uraca-R. engendra Grimus-Restif, 45
qui feut comme son Père et son Ayeul.
Lequel engendra Edmundus-I-Restif. 46
qui naquit en prison, huit jours après que son Père eut esté pendu et trois semaines avant qu'on pendist sa Mère.
Lequel engendra Hugo-Restif. 47
qui feut gasgne-petit.
Lequel engendra Guido-Restif, 48
qui feut garson-de-magasin d'vn Marchant de draps.
Lequel engendra Baldwinus-Restif. 49
de la Fille du Marchand, laquelle s'enmouracha de lui, parce qu'il estoit beau garson; lequel fit très bien ses affaires, en aunant en zigzag.
Lequel engendra Foulques-Restif. 50
qui negocia en Guinée, et feut le premier qui en rapporta la v. à Dieppe sa patrie, d'où elle feut à Naples.
Lequel avait engendré Marcel, 51
qui cacha le nom R. feut prévost-des-Marchants de Paris sous le Roi Jean et feut massacré regnant Charles-V.
Lequel avait engendré Balthazard-Restif, 52
qui resta orphelin sous la tutelle de son Oncle-maternel, conseiller au Parlement et financier.
Lequel engendra Jean-Pierre Restif Ier, 53
qui feut conseiller d'Estat.
Lequel engendra Hiérôme-Restif, 54
qui feut dévôt, déclama contre les vices des Prêtres, et feut banni.
Lequel engendra Guillaume-Restif, dit le Sainct, 55
de Josephette-Courtenaj sa cousine maternelle; icelui feut prévost de Nitri, et fermier des saincts Moines de Molesme, seigneurs dudict bourg.
Lequel engendra Alexandre-Cesar. 56
qui eut moult orgueil, et devint président au Parlement de Paris.
Lequel engendra Abraham-Isaac Restif, 57
qui se feit huguenot, et perdit la charge de son Père.

Lequel engendra Daniel-Habacuc-Restif, 58
qui feut massacré à la St-Barthelemi dans son hostel f.-b. St-G.

Lequel avoit engendré Charles-David-Emanuel-Restif, 59
né à Melün, qui feut Procureur, puis maistre-d'escole à Aucerre pour les Huguenots, sans appointements, et en feut dépossédé par Amyot, l'évêque, fils du boucher de son Père.

Lequel engendra Benigne-Machabée-Restifs, 60
qui se fit commissionnaire de vins, gasgna beaucoup, acheta le territoire de Villiers, et le fit bastir.

Lequel engendra Esdras-Nehemie-R. dit l'*Homme-juste*, 61
qui vescut paisiblement dans son bien.

Lequel engendra Urj-Eleazar-R. surnommé *Tintamare*, 62
qui abandonna sa terre de Villiers, et s'enfuit, pour esviter d'estre pendu, estant ministre.

Lequel engendra Elie Elisée-R. dict le *Dolant*, 63
d'Heliseone-Courtenai-la-Loge, issuë des Comtes d'Aucerre, par-après Empereurs de Constantinople; icelui feut converti à l'aage de 9 ans, à la sollicitation des Dragonades.

Lequel engendra, de Gisele-Courtenai, sa cousine, Pierre-II-Restif ou Pertinax, 64
qui est moi, Prévost de Nitri : et l'on m'a dit le *Sévère*.

Ce qui suit a été ajouté par mon Père et par moi :

Pierre engendra Edme-II-R. d'Anne-Marguerite Simon Cœurderoi, 65
lequel fut lieutenant a Sacj.

Edme-R surnommé l'*Honnête homme*, engendra Nicolas-Edme-Restif, dit *Monsieur Nicolas*, de Barbe-Ferlet-Bertro : C'est l'auteur de cet Ouvrage, qui renferme sa Vie, sans aucun déguisement : Il est le LXVIIme depuis le Sérénissime Empereur Pertinax.

RESTIF ÉCRIVAIN

SON ŒUVRE ET SA PORTÉE

I

Il y aura tantôt vingt ans que, dans une *Revue* qui fit, contrairement à tant d'autres, plus de besogne que de bruit (1), je terminais un article sur l'homme dont je parle encore aujourd'hui, par ces mots :

« On ne réimprimera pas Restif, il sera longtemps la seule propriété des curieux ; il a voulu trop faire, il s'est rompu à la tâche et n'a pu mener de front la réforme morale, la réforme orthographique, la réforme du roman, ses affaires de famille et le soin de son talent. Tout en a un peu souffert : les mœurs, ses affaires et son talent. Il n'a pu se livrer que pièce à pièce, de loin en loin, par éclairs ; ce n'est pas ainsi qu'on domine la postérité. »

Aujourd'hui que je démens moi-même ma pro-

(1) *Réalisme*, n° du 15 janvier 1857.

phétie, en réimprimant quelques pages de cet écrivain, je puis me rendre ce témoignage que je n'ai pas changé d'opinion sur son mérite littéraire, mais que je sens peut-être un peu mieux les causes de l'intérêt que présenteront ses livres à mesure qu'on s'éloignera du temps où il vivait. Ils peignent un monde disparu et ils n'ont pas été sans influence sur les événements qui ont suivi. C'est à ces deux points de vue que je vais essayer d'envisager l'œuvre après avoir raconté l'homme (1).

Lorsque Restif entra dans la vie littéraire, il avait, nous l'avons vu, un peu plus de trente ans, et ce fut d'abord sans grandes prétentions qu'il essaya d'écrire des romans où l'incorrection le disputait à l'inexpérience. Mais il avait l'outil en main; avec son intelligence et sa perspicacité il devait vite se rendre compte de ce qu'il pouvait en faire et, grâce à la passion qu'il mettait en toutes choses, il ne devait pas tarder à atteindre le maximum d'effet qu'il lui était réservé de produire. Aussi, ne sera-t-on pas étonné de le voir procéder par grands bonds et se faire presque tout de suite une place à part. Son premier livre est de 1767, son premier succès de 1769. C'est un roman : *le Pied de Fanchette;* et, la même année, le succès est doublé par une œuvre réformatrice : *le Pornographe.* Restif est alors maître de dire à peu près ce qu'il veut et, en 1775, *le Paysan perverti* lui donne définitivement le droit de se considérer avec quelque orgueil et l'excuse d'avoir cru cet orgueil justifié.

Ces succès ne furent sans doute pas de ceux qui placent un auteur parmi les classiques d'un genre quelconque, fût-ce du madrigal, du logogriphe ou

(1) Voyez l'étude sur la *Vie de Restif,* placée en tête de ce volume.

de l'École académique, mais pour n'être pas *au premier titre*, ils n'étaient point tout à fait de mauvais aloi. Il faut bien faire attention que la gloire littéraire, si l'on aime ce grand mot, est le résultat de causes très diverses et très variables, et ne dépend presque jamais de la valeur intrinsèque des ouvrages soumis au public, mais de nombre de circonstances extérieures. On représente la Renommée avec une trompette, quelquefois avec deux, selon une pensée délicate empruntée à Dante par Voltaire :

La Renommée a toujours deux trompettes :
L'une à sa bouche, appliquée à propos,
Va célébrant les exploits des héros,
L'autre est au cul, puisqu'il faut vous le dire.

Le bruit est, dans les deux cas, à peu près le même ; il est d'ailleurs toujours entendu : cela suffit, et à la foule qui ne distingue pas, et à l'auteur qui ne s'avoue jamais de quel côté vient le vent (1).

Ne cherchons pas de quel côté venait celui qui portait le nom de Restif aux échos ; peut-être à certains moments, rares, très rares, les deux trompettes ont-elles sonné à l'unisson. Ce qui est sûr, c'est que, dans le mélange des qualités et des défauts de l'écrivain, si les défauts l'emportent, il n'en est pas au moins de lui comme de tant d'autres, qui n'ont absolument que des défauts, et comme d'un plus grand nombre encore qui n'ont rien : ni défauts, ni qualités.

Les défauts de Restif sont l'emphase, la fausse éloquence, souvent la prétention à une érudition qu'il n'avait pas, parfois la grossièreté et plus fréquemment

(1) Voyez le très original en-tête du journal de Le Brun-Pindare : *la Renommée littéraire*, 1762.

encore la platitude. Ses qualités sont la naïveté et la recherche permanente de l'exactitude. Nous l'avons entendu dire (1) : *Io sono pittore*, et cela était juste. Il était peintre, non d'histoire, mais de genre, et c'est comme tel surtout qu'on le verra dans les extraits que nous avons réunis ici. Eh! les Teniers peuvent être méprisés par les Louis XIV, mais les Louis XIV sont finis et, progrès ou décadence, nous en sommes aujourd'hui à tenir compte dans nos jugements sur les artistes de leur talent d'interprètes plutôt que de la dignité de leurs conceptions. C'est que, depuis le XVIIIe siècle, nous sommes entrés dans la période de la critique au lieu d'être restés dans la période du sentiment; que nous voulons savoir et non plus simplement être touchés ou amusés et que, même dans nos écarts, dans ce qu'on appelle la passion du *bibelot*, on reconnait l'influence de cette cause toute-puissante.

C'est donc comme peintre que nous devons d'abord considérer Restif. Au moment où il débutait, la littérature dans tous les genres était dans une anarchie complète. Le roman, en particulier, avait passé déjà par tant de formes qu'il ne savait plus à laquelle s'arrêter. Les grandes et majestueuses compositions des Scudéri, des d'Urfé étaient absolument et à bon droit passées de mode. On n'écrivait plus d'un trait dix volumes sur les amours de *Clélie*, dame romaine; madame de Villedieu, qui en avait composé plus de vingt sur les amours des grands hommes et de tous les personnages illustres, avait, à son tour, lassé la patience des lecteurs. On avait oublié Sorel et le *Francion*, Scarron et le *Roman comique*, Furetière et le *Roman bourgeois*; Voltaire était venu couler dans ce moule ses idées

(1) Restif, *Contemporaines mêlées*, p. 390.

philosophiques qui, naturellement, devaient rendre l'intrigue et les personnages choses tout à fait accessoires. Crébillon fils avait enchéri et, sous prétexte de faire la satire des mœurs de la France, il avait transporté ses héros en Perse, et abusait des fées et des génies. Il continuait bien, en même temps, ses admirables scènes d'intérieur de marquis à comtesse, mais il s'agissait là d'un monde trop spécial et, si jolis que fussent le *Hasard du coin du feu* ou la *Nuit et le moment*, cela était trop raffiné pour être facilement imitable et devenir un genre populaire. La véritable tradition du roman, que Le Sage avait aussi détourné de sa voie en n'en faisant qu'une pièce à tiroirs, n'existait plus que chez l'abbé Prévost, Marivaux et madame Riccoboni. Diderot, qui devait nous laisser de si inimitables modèles, n'avait rien publié qu'une facétie imitée de Crébillon : les *Bijoux indiscrets*; et la *Nouvelle Héloïse*, de Rousseau, paraissait alors un chef-d'œuvre qu'on se serait fait scrupule d'imiter.

De tous ces maîtres, ce fut pourtant ce dernier que choisit Restif. C'est en cela que se fait sentir sur lui l'influence de l'époque. Or, cette influence, qui est toujours sérieuse, ne s'exerce jamais que corrigée et modifiée par le caractère propre de l'homme influencé. Il suit le courant, mais sans sacrifier sa personnalité, quand il en a une, et qu'elle s'est déjà développée dans le premier milieu où il a vécu.

Rousseau, quoique parti d'aussi bas que Restif, et peut-être même de plus bas, avait approché un certain monde et s'y était tout d'abord complu. Son roman s'en était ressenti, et quoiqu'il y eût mis son âme, il avait un peu travaillé à ne pas s'y dévoiler trop crûment. De là des accents vrais à côté de sentiments alambiqués, de là un certain *convenu*, en rapport avec les habitudes du temps, mais qui rend aujourd'hui la *Nouvelle Héloïse* bien difficile à lire. Restif, ne pouvant avoir la même science de la rhétorique, ne comprit pas tout de suite qu'il n'en avait pas le même besoin. Il crut trouver dans Rousseau une forme de style nécessaire pour agir sur la majorité des lecteurs, et c'est pour cela qu'il est trop souvent, comme son modèle, déclamateur et outré. C'est ce défaut surtout qui dépare le *Paysan perverti* et la plupart de ses autres ouvrages, et c'est certainement à cette cause qu'il faut attribuer ce surnom de *Rousseau du ruisseau* qui lui a été donné.

Rousseau, nous venons d'en dire un des pourquoi ; l'imitation. Ajoutons que ce n'est pas seulement l'imitation du style, mais aussi celle des idées. *Du ruisseau*, cela est aussi facile à expliquer. C'est surtout dans les classes populaires que Restif choisit ses sujets et ses héros et, à l'époque où il écrivait, le peuple était encore une caste trop méprisable pour que la bonne compagnie s'y intéressât. On n'a pas d'idée aujourd'hui du mépris naïf que faisaient alors les hautes classes de tout ce petit monde qui les faisait vivre. C'était patauger dans le ruisseau que d'attacher quelque importance aux amours d'une écaillère et aux sentiments pieux d'une femme de laboureur. Parler du peuple et en parler avec véhémence, c'était être de ce peuple et par conséquent de la borne, de la boue et du ruisseau. Les distances étaient énormes, il n'y avait que le vice qui les rapprochât.

Eh bien, ce fut justement le vice qui servit à les effacer. Longtemps le beau monde put jouir sans remords. Enlèvements de grisettes étaient peccadilles. Femmes de bourgeois devaient se trouver fort honorées de la recherche des seigneurs. Liberté était donnée aux filles d'opéra de tout faire sans s'inquiéter de la police et de ses règlements. De cela résulta une promiscuité d'abord fort réjouissante ; mais au bout de quelque temps, il fallut compter. Il se trouva que filles du peuple, bourgeoises et actrices avaient concouru à faire changer de mains, avec les capitaux employés à les séduire, l'influence sociale. La richesse et le rang étaient deux puissances, elles étaient seules ; la beauté et l'intrigue en furent deux autres qui s'y ajoutèrent. Immédiatement le tiers-état sentit que, dans ce désarroi, il y avait une place à prendre et, tandis que le roi découragé, disait : *Après moi le déluge!* il put répondre : *Après toi, moi!* après le règne d'un seul le règne de tous ; après le bon plaisir, la liberté ; après le despotisme des préjugés, leur examen d'abord; leur extermination ensuite.

C'est ce raisonnement non formulé, mais instinctif, qui fit alors la force des philosophes. C'est de lui qu'ils tirèrent leur domination sur les masses, auxquelles ils apportaient la formule du nouvel Évangile, les trois mots : *Liberté, égalité, fraternité*, enfermés d'abord dans une formule plus générale : *tolérance.*

Les obstacles qu'avait à soulever la philosophie étaient cependant encore assez formidables pour qu'il fût nécessaire de les attaquer par des efforts variés mais convergents. Des leviers, nombreux, pas toujours conscients de leur tâche, s'y appliquèrent. Si Voltaire est le premier et celui dont les secousses furent le plus souvent et le plus longtemps renouvelées ; si l'*Encyclopédie* fut un des plus puissants ; si Rousseau, malgré ses tergiversations, eut sa grande part d'action, il ne faut pas penser qu'ils auraient suffi sans l'aide de vulgarisateurs, maladroits peut-être, sans talents si l'on veut, mais aptes par cela même à satisfaire des lecteurs moins difficiles à recruter des adeptes qui font la véritable force d'une doctrine, parce qu'ils sont le nombre. Et qu'on ne reproche à personne de courir cette clientèle. Sans elle que serait une philosophie, que serait même une religion ? Croit-on que les mystères du christianisme soient compris par la millième partie de ceux qui se disent chrétiens et mourraient pour affirmer leur foi ?

Parmi ces apôtres de troisième ligne dont avait besoin l'idée nouvelle, nous plaçons Restif. Il s'adresse, comme on l'a dit dédaigneusement, aux femmes de chambre, il fait bien ; il parle aux mercières et aux marchandes de modes, pourquoi non, si ce qu'il leur dit peut détruire en elles certaines fausses appréciations et si personne autre n'ose se charger de ce soin ? Mais pour parler à de telles lectrices, il emploie leur langue ; il détaille leurs mœurs, il s'intéresse à leurs aventures ; quel crime de lèse-littérature ?

Oui, Restif vise le public moyen des marchands, des artisans, des petits bourgeois, et pour s'en faire comprendre et les attirer à lui, il les met eux-mêmes en scène et les fait agir et parler suivant leurs habitudes. C'est en cela qu'il est peintre et c'est de cela encore qu'on doit lui savoir gré.

L'œuvre dans laquelle il a surtout déployé ces qualités d'imitation avec le plus de variété est celle qui nous a fourni les extraits qui composent ces volumes. Malheureusement, des extraits ne peuvent pas donner le sentiment exact d'un ensemble. Nous ajoutons en note, dans un autre volume, la liste de tous les métiers ou de toutes les positions sociales que Restif a fait figurer dans les *Contemporaines*. S'il n'a pas de toutes ces héroïnes tiré une nouvelle spéciale, il les a au moins placées toutes dans le milieu qui leur convenait le mieux. Si leurs aventures ne sont pas partout une conséquence de leur état, elles ne sont jamais en contradiction avec lui. Il était d'ailleurs difficile de mieux montrer que, sous des formes extérieures différentes, le fond du cœur humain est le même et cette suite de 272 histoires, qu'on peut considérer toutes comme authentiques quoique sous des noms déguisés (1), est l'invitation la plus péremptoire aux lecteurs à ne voir dans la société, ni rangs, ni castes, mais des hommes et des femmes différenciés seulement par le mérite et la vertu.

La vertu est un mot dont Restif se sert fréquemment. Il se disait et se croyait sincèrement professeur de morale.

Nous avons déjà dit qu'il se trompait parfois sur ce point, mais ce n'est pas dans les conseils qu'il donne, c'est dans la manière dont il les présente. Ici encore il peut s'excuser sur sa qualité de peintre. Il ne vivait pas dans la tout à fait bonne société, et certaines licences de mœurs, voilées ailleurs sous de belles apparences, s'offraient à ses yeux avec toute leur crudité de tons. Il n'en pouvait être choqué et ne pensait pas que cela pût en choquer d'autres; mais, au fond, jamais il n'a cessé de recommander le mariage, le respect des parents, et aux femmes il a toujours dit : Aimez votre mari, nourrissez vos enfants. Cette dernière injonction, répétée sur tous les tons, n'a certainement pas été inutile dans la croisade entreprise à cette époque, croisade dont Jean-Jacques fut un des coryphées, en faveur de ce retour à une loi de la nature.

Le nom de Jean-Jacques me ramène à ce que je disais plus haut des raisons qui avaient pu le faire appliquer avec une épithète malsonnante à Restif. J'ai

(1) Pigoreau, *Petite bibliographie biographico-romancière*, insiste sur ce point et affirme que beaucoup de gens se sont reconnus.

signalé l'imitation du style, avec des incorrections en plus; mais le style n'est pas la seule préoccupation de Restif quand il s'attache à son prédécesseur. Il veut ou en combattre ou en affermir les idées; il y pense sans cesse. Rousseau est son but; il veut l'atteindre, le dépasser même, et plusieurs de ses livres n'ont pas d'autre raison d'être. Je parle, non du *Paysan*, qu'il prétend lui avoir été inspiré par la lecture de Richardson et qu'il dit être, pour certains critiques, supérieur à *Clarisse* et à la *Nouvelle Héloïse*, mais particulièrement de l'*Ecole des Pères*, d'abord intitulée : l'*Éducographe*, puis le *Nouvel Émile*, et d'un grand nombre de passages des *Contemporaines*, *de Monsieur Nicolas*, etc., où tantôt il loue emphatiquement Rousseau d'être de son avis quand il se trouve être du sien et le rabaisse non moins emphatiquement quand tous deux ils ne sont pas d'accord.

Cette obsession de la renommée de Rousseau est significative. L'exemple du succès qui avait accueilli un homme qui s'était présenté tard au combat, rien qu'avec son éloquence, et dont on s'exagérait le manque d'instruction première et la haine pour les protecteurs, fut alors un des plus puissants encouragements pour les débutants qui se croyaient dans les mêmes conditions. Cet exemple n'avait point été étranger à la vocation de Restif, et c'est pour cela qu'il y revient si souvent et qu'il accumule les affirmations quand il s'agit pour lui de défendre *Monsieur Nicolas* de n'être qu'une imitation des *Confessions*.

En cela, nous le croyons volontiers. Il y a deux genres d'hommes prédestinés à écrire leurs mémoires. Ceux qui ont occupé de grandes charges et ont été mêlés aux grandes affaires; ceux qui, partis de rien, se sont trouvés jetés dans un monde qui n'était pas le leur. Sur ce dernier point, Rousseau et Restif étaient dans la même situation. Tous deux étaient des déclassés, dans le bon sens du mot, c'est-à-dire qu'ils avaient monté d'une classe, tous deux devaient, en conséquence, se reconnaître un mérite exceptionnel et se croire tenus de faire part à la société tout entière de leur progression et de ses causes. Ils ont donc pu avoir chacun séparément cette même inspiration qu'ils ont d'ailleurs mise à exécution d'une façon si différente.

Ce qui nous fait admettre plus formellement encore le droit de priorité revendiqué par Restif, c'est qu'il n'a presque jamais fait autre chose, du moment où il a pris la plume, que des confessions : les siennes le plus souvent et quelquefois celles des autres.

Le *Paysan perverti* est une confession, malgré les incidents romanesques de la fable et surtout du dénoûment. Voici ce que Restif en dit lui-même dans *Monsieur Nicolas :*

« Je fis les premières lettres avec un plaisir infini, parce qu'en parlant de mon héros, je racontais les aventures de ma jeunesse, à mon arrivée à Auxerre, en 1751. Je ne me contentai pas de ces allusions : pour donner à mon livre ce fonds de vérité dont je m'étais fait un devoir en prenant la plume en 1766, je donnai à mon paysan perverti les aventures de Borne, le procureur du roi des eaux et forêts, et je les amalgamai au revers des miennes et de celles de quelques autres jeunes gens que le séjour de la capitale avait perdus. Une histoire terrible d'un jeune homme qui, s'étant déshonoré, n'osa plus se montrer et n'errait que la nuit, vint à mon secours pour achever celle du malheureux Edmond. Ainsi ce personnage romantique est un composé de vérités dont ma propre vie a fourni la moitié des détails et le reste, non moins vrai, je l'ai pris à d'autres. Je me disais en écrivant : « Il ne faut pas mentir : qui n'écrit que des mensonges s'avilit soi-même. » Les malheurs de ma sœur Marie-Geneviève, violée par un prêtre, mariée ensuite à un cocher de fiacre, me fournirent l'idée de la corruption et des malheurs d'Ursule... Qu'on imagine à présent comme je devais être affecté en écrivant une histoire dont ma sœur puînée et moi-même étaient la base principale. »

Ce livre qui, complété par la *Paysanne pervertie*, est un des trois dont le titre au moins a prolongé la mémoire de Restif, mérite sans doute, que nous nous y arrêtions un moment. C'est de lui que date dans notre littérature ce courant de réalité que Balzac recherchait avec tant de patience et qu'il rencontrait souvent. Quelques crudités le déparent sans le rendre d'une lecture vraiment dangereuse. Il faut d'ailleurs se rappeler que, dans ce temps, on pensait encore que la peinture du vice pouvait effrayer le jeune homme vertueux prêt à succomber, et que c'est sur cette idée fausse que le médecin Tissot écrivit son traité scabreux à l'usage de la jeunesse. Nous avons, depuis, compris qu'il était bien meilleur de cacher aux jeunes gens, aux hommes mêmes, ces écarts et ces imperfections de la nature humaine, de façon qu'en présence d'une action quelconque ils fussent embarrassés d'en reconnaître la nature et, par suite, obligés de demander des éclaircissements à un directeur de conscience autorisé.

Pour moi, d'une lecture assez approfondie de Restif, je suis sorti convaincu qu'il croit très naïvement et très sincèrement qu'il vaut mieux montrer le danger que de le dérober aux intéressés; qu'un homme et surtout une femme avertie en vaut deux; que l'on ne perd rien à savoir et qu'on peut tout perdre à ignorer, et je ne puis m'empêcher d'être un peu de son avis parce que rien ne me semble plus sensé que le petit discours de Diderot à sa fille quand il la crut en âge de comprendre et de raisonner (1).

Aussi, en reproduisant l'*Avis* de Pierre R***, placé en tête du recueil de lettres qui composent le *Paysan*, croyons-nous donner le meilleur résumé de cet ouvrage et indiquer le véritable sentiment de moralisation dans lequel il a été composé :

« Si j'ai rassemblé dans cette liasse tant de lettres de différentes personnes, jointes à celles d'un infortuné qui m'a coûté bien des larmes, c'est dans la vue de mettre ma famille et tous les gens de campagne au fait des dangers que la jeunesse court dans les villes. O mes enfants! restons dans nos hameaux et ne cherchons point à sortir de l'heureuse ignorance des plaisirs des grandes cités : le vice en donne le goût, l'irréligion excite à s'y livrer, le crime fournit des ressources, et la misère, l'infamie, le supplice des scélérats en sont quelquefois les suites. Profitez de la lecture de ces lettres où vous pourrez suivre toute la marche de la corruption qui s'empare d'un cœur innocent et droit : Vous y verrez d'abord le jeune paysan prospérer un peu, perdre ensuite petit à petit ses bons sentiments, devenir libertin, criminel, et de là tomber dans l'infamie, y entraîner une malheureuse sœur, la perdre tout à fait, se relever ensuite pour retomber plus bas. Mes enfants, un père et une mère respectables en sont morts de douleur et toute sa famille s'est vue

(1) Après lui avoir expliqué physiologiquement ce qu'était l'amour il conclut : « Dès lors, que signifie ce mot si légèrement prononcé : Je vous aime? Il signifie réellement : Si vous vouliez me sacrifier votre innocence et vos mœurs, perdre le respect que vous vous portez à vous-même et que vous obtenez des autres, marcher les yeux baissés dans la société, du moins jusqu'à ce que, par l'habitude du libertinage, vous en ayez acquis l'effronterie, renoncer à tout état honnête, faire mourir vos parents de douleur et m'accorder un moment de plaisir, je vous en serais vraiment obligé. »

plongée dans l'opprobre... Le malheureux se reconnut enfin et il se punit... mais ce fut en désespéré. Je l'ai vu et mon cœur s'est brisé, car ce malheureux c'était mon frère.

PIERRE R*** »

Tel est l'ensemble de la composition. Les détails sont pris, pour les trois premières parties, jusqu'à la scène de violence sur madame Parangon, dans les faits que nous avons déjà racontés de la vie de Restif. C'est alors qu'intervient l'histoire de la sœur enlevée par un marquis; l'arrivée du paysan à Paris, son duel et sa réconciliation avec le ravisseur dont il convoite la femme et auquel il laisse sa sœur; son mariage avec une « vieille » qu'on l'accuse d'avoir empoisonnée, sa condamnation aux galères dont il sort pour tuer sa sœur et se faire tuer lui-même.

Ainsi qu'on peut en juger, il y a là matière à bien des développements, rendus plus faciles d'ailleurs par la forme épistolaire. On y trouve de tout dans ce roman : des scènes mélodramatiques et des scènes champêtres; la peinture des tripots et celle de l'atelier : une parodie de la philosophie matérialiste, assez peu adroite pour avoir paru une apologie de cette philosophie, fait le fond des lettres du cordelier corrupteur, Gaudet d'Arras; lorsque le paysan se fait homme de lettres, Restif met sous son couvert toutes ses idées sur les écrivains de son temps et ses premiers rêves cosmogoniques. Tout cela forme un assemblage étrange, mais qui, véritablement, n'a pu sortir que d'une tête bourrée de faits, d'idées et d'observations.

Ce serait sans doute abuser de la patience du lecteur que de placer dans cette notice des échantillons des divers styles prêtés à ses personnages par l'auteur; cependant, on nous pardonnera quelques citations.

D'abord la lettre première, d'Edmond à Pierrot, son frère aîné :

« Mon cher frère,

» Je mets la main à la plume pour te dire que nous sommes arrivés heureusement, Georges et moi, et que l'âne de notre mère n'a aucun mal, quoiqu'il nous ait fait bien de la peine, car il a jeté notre frère et mon bagage dans un fossé, mais notre frère ne s'en ressent pas du tout et rien n'est gâté. Et comme nous sommes arrivés trop tard, Georges couche ici et demain il partira. O mon frère! si tu voyais quel boulevari et quel tapage, et quel remuement, et avec ça comme on est joyeux ici! tu serais tout étonné, car tout le monde y est brave et la moitié ne fait rien; on joue, on se divertit, on boit et les cabarets sont tout pleins. Nous avons vu tout ça, parce que le bon M. Parangon nous a dit d'aller nous promener un peu par la ville et un de ses apprentis nous a conduits tout partout. Ah! comme les églises sont belles! si tu voyais! si tu voyais! Il y a dans la cathédrale un saint Christofle qui a pour bâton un chêne de bien cinquante pieds de haut, qui ne lui vient qu'au menton : Oh! c'est curieux à voir! Et puis il y a une horloge bien haute, bien haute; et au cadran il y a une boule qui marque les lunes; quand il n'y en a point, elle est toute noire et dès qu'elle commence, la boule devient un peu dorée, et puis plus et puis plus, jusqu'à ce qu'elle soit pleine où elle est toute dorée, et puis elle diminue, elle diminue et redevient toute noire; et puis il y a des promenades plantées d'arbres qui sont comme le tilleul qui est devant notre église; et puis il y a une rivière, et puis des bateaux, et puis des coches, et puis des trains de bois flottés, et puis des moulins; je ne saurai te dire tout ce qu'il y a... Je te dirai que, comme j'écrivais mes deux autres pages, une demoiselle que je prenais d'abord pour madame Parangon (car, par malheur, cette dame n'est pas ici et je ne le savais pas), cette demoiselle, donc, est venue regarder par dessus mon épaule, et elle s'est mise à rire en disant : *Et puis il y a, et puis il y a, et puis son âne qui joue un rôle!* Elle a chuchoté je ne sais quoi à M. Parangon, qui est venu lire ma lettre, et qui a ri, et qui m'a dit qu'il m'apprendrait à mieux écrire que ça, et moi je n'en serais pas fâché, quoiqu'il m'ait rendu bien honteux; car je sens bien que j'écris mal, n'ayant jamais écrit de moi-même; car quand j'écrivais mes versions de latin, M. le curé me dictait et ne me laissait rien faire de mon estoc. Mais je finis bien vite, de peur que la rieuse ne vienne encore regarder, car j'entends M. Parangon qui lui dit : *Sa lettre est naïve, mais elle n'est pas si bête*. Je suis, mon cher frère, ton très humble et très obéissant serviteur et frère

» EDMOND R*** »

» J'assure de mes respects nos chers père et mère et je fais bien des compliments à nos frères et sœurs, ainsi qu'à Marie-Jeanne. »

Cette naïveté ne se soutient pas longtemps dans les lettres d'Edmond. Il devient bientôt raisonneur, et une fois qu'il a accepté les théories du cordelier Gaudet, il se mêle de tout critiquer, de vouloir tout réformer. Il a lu l'*Encyclopédie*, il a lu Buffon, il a lu Voltaire et Rousseau, il a lu toutes les élucubrations des rêveurs; et de tout cela il se forme un ensemble sans cohésion et en déduit une philosophie qui lui est propre et qui n'est qu'un mélange informe d'idées contradictoires que Restif essayera, plus tard, de coordonner dans la *Philosophie de Monsieur Nicolas*. Il finit naturellement par écrire et ses ouvrages n'ont aucun succès. Gaudet le lui annonce. Ce « dangereux ami » est lui-même l'auteur des articles de journaux contre Edmond; il ne veut pas qu'il fasse autre chose que sa fortune par les voies les moins avouables, et, en le décourageant, afin de l'amener à un mariage scandaleux, il lui écrit :

« Inquiet de ce que mon domestique n'a pu te parler ce matin, je me hâte de t'écrire pour te fortifier et te consoler.

Sans doute, tu viens de lire ton article dans trois ouvrages périodiques différents. Allons! de la fermeté! surtout ne leur réponds rien ou renonce au titre d'auteur : ces gens-là savent manier le sarcasme comme un maître en fait d'armes le fleuret, et tu serais honni, villipendé à chaque production de ta plume. Si le juste pèche sept fois par jour, le meilleur auteur bronche au moins sept fois par feuille, et la critique n'a jamais tort. Mon cher Edmond, l'on ne t'offrira pas des filles à fortune sur ton mérite transcendant en littérature; si tu te trouves dans un cercle, on ne s'écriera pas : — Tenez, voilà l'ingénieux auteur, l'agréable auteur! mais l'on dira d'un bas très haut : — Voulez-vous voir ce pauvre diable d'auteur si bien équipé dans le *Mercure*, dans *Fréron*, tenez, le voilà! — Effectivement, répondra-t-on, il a les yeux bêtes. Tu entendras cela, et peut-être perdras-tu patience, ce qui redoublera le ridicule. Ne vois personne pendant quelque temps, c'est mon avis.

» Adieu mon pauvre Edmond. »

Cette peinture de la critique, *qui n'a jamais tort*, décourage en effet le « pauvre Edmond »; si elle n'a pas découragé Nicolas-Edme Restif, c'est qu'il était mieux trempé que son héros et que, comme Gœthe peignant Werther, il tirait un roman de la réalité en se gardant bien de suivre cette réalité dans ce qu'elle avait de prosaïque. C'est là ce qui différencie profondément les confessions romanesques des confessions véridiques, Saint-Preux, de Jean-Jacques; Werther, de Gœthe; René, de Chateaubriand; Jacopo Ortiz, d'Ugo Foscolo; Adolphe, de Benjamin Constant; Émile, de M. de Girardin, Edmond, de monsieur Nicolas; le chantre d'Elvire, de M. de Lamartine, etc.

C'est à partir de ce passage que le *Paysan perverti* rentre dans la catégorie des œuvres d'imagination pure. L'auteur cherche un dénoûment et il le cherche bien noir, bien effrayant. Il ne faut pas oublier qu'il s'agit pour lui de retenir la jeunesse dans les campagnes pour l'arracher aux pernicieuses influences de la ville et des fauteurs de philosophies nouvelles qui y élisent domicile. Il doit donc accumuler les catastrophes. Nous avons déjà dit que de la conduite de son héros résulte une accusation fausse, mais qu'on pouvait croire vraie ; elle est suivie de la mort de ses parents, de son emprisonnement, de son repentir. Quand il retourne au village, il y vient incognito, se dérobant comme un misérable aux embrassements de sa famille, et se bornant à écrire à son frère, resté digne et vertueux, ce simple billet que bien des lecteurs alors considérèrent comme un trait de génie, et qui, préparé, amené dans le roman avec beaucoup d'art, y produit réellement un assez grand effet d'émotion :

« Avant-hier, j'ai baisé le seuil de ta porte, je me suis prosterné devant la demeure de nos vénérables parents. Je t'ai vu et les sanglots m'ont suffoqué. Ton chien est venu pour me mordre; il a reculé en hurlant dès qu'il m'a eu senti, comme si j'eusse été une bête féroce : tu l'as sans doute pensé toi-même; tu as lancé une pierre, elle m'a atteint ; c'est la première de mon supplice;... s'il n'est pas trop doux pour un parricide! Ta femme t'a appelé; vous êtes sortis ensemble pour aller aux tombeaux. Je vous devançais. Vous avez prié. Et tu as dit à ta femme : — La rosée est forte, la pierre est trempée, le serein pourrait te faire mal; allons-nous-en. — La rosée, c'étaient mes larmes! Adieu. »

Certes, ce roman n'est pas un modèle, mais si comme le dit M. Paul Lacroix (1), les quarante-deux éditions

(1) *Bibliographie et iconographie de tous les ouvrages de Restif de la Bretonne*, 1 vol. in-8°, Aug. Fontaine, 1875. Cet ouvrage considérable et plein de renseignements n'avait point encore paru lorsque furent imprimés la première partie de nos extraits.

anglaises ne furent qu'une mystification à laquelle Restif crut toute sa vie, il n'en est pas moins vrai qu'il y en eut sept en français, deux en allemand, que la traduction en anglais de Pauwel fut au moins commencée et que de nombreuses contrefaçons contribuèrent à répandre le livre, en province, en Suisse, en Allemagne. C'est que tout le monde s'accordait à y trouver, à côté d'inutilités et de fautes de goût, des parties d'une véritable inspiration et d'une nouveauté frappante.

La Harpe, dans sa *Correspondance*, dit : « C'est l'assemblage le plus bizarre et le plus informe d'aventures vulgaires (toujours ce reproche de vulgarité si commode à faire aux peintres de mœurs) mal menées et mal tenues, de caractères mal expliqués, de métaphysique la plus mauvaise et la plus déplacée, du plus mauvais style et du plus mauvais goût. C'est une suite de tableaux sans ordre et sans liaisons où l'on nous présente tour à tour un mauvais lieu, la prison, la Grève, une école de philosophie, une guinguette, un consistoire, une taverne, une église, le salon d'une femme de la cour et le galetas d'une prostituée. Rien n'est digéré, rien n'est motivé, rien n'est bien écrit et cependant, au milieu de ce chaos, on est tout étonné de retrouver des morceaux qui prouvent de la sensibilité et de l'imagination. »

Grimm est un peu moins difficile. Il parle de la *Paysanne*. « C'est à la lettre, dit-il, le complément du *Paysan* : le caractère de tous les personnages y est merveilleusement bien soutenu. Ce sont les peintures les plus vives des séductions du vice et du libertinage mises en contraste avec les mœurs les plus simples, les plus pures, les plus patriarcales et les suites les plus effrayantes d'une vie déréglée. Il y a dans ces tableaux une chaleur, une négligence, une vérité de style qui donne de l'intérêt et même une sorte de vraisemblance aux événements les plus extraordinaires et les plus légèrement motivés; la bonne foi de l'imagination de l'auteur est, si l'on peut s'exprimer ainsi, la magie de son talent, et l'illusion en est entraînante pour tous ceux du moins dont le goût n'est pas très susceptible; car le choix de ses sujets, et la bizarrerie de ses expressions doivent les blesser souvent; aussi les hait-il de toute son âme : Les puristes, dit-il quelque part, sont les ennemis nés de tout bien. Il assure qu'il a composé près de la moitié de cet ouvrage la larme à l'œil et le cœur gonflé; on peut le croire, il ne nous permet pas d'en douter. « Malheur! [ajoute-t-il, à la manière de Jean-Jacques, malheur à celui que ces lettres n'auraient pas ému, touché, déchiré; il n'a pas l'âme humaine, c'est une brute... » Une brute ou un puriste, à la bonne heure! »

Il y a sans doute dans cette appréciation un peu de ce ton de persiflage qui n'abandonnait jamais Grimm. Cependant, comme il n'écrivait pas pour être lu des Parisiens et de Restif en particulier, on peut croire qu'il pense en grande partie ce qu'il dit, et ce qu'il dit est ce que disaient à la même époque avec des nuances diverses les *Mémoires secrets*, la *Correspondance secrète* et surtout Mercier, le premier admirateur de Restif et celui qui resta le plus longtemps convaincu de sa valeur.

Le *Paysan perverti* n'a pas été réimprimé depuis la fin du dernier siècle, et on ne le connaît que par la charmante analyse qu'en a donnée M. Monselet, dans son livre sur Restif, livre auquel nous renvoyons le lecteur. Il faisait partie des ouvrages retranchés en 1825 par les inspecteurs de la librairie des catalogues des cabinets de lecture, au même titre que les *Lettres persanes* de Montesquieu. Le seul roman de Restif qui ait eu un regain de popularité et qui reparut en 1848 est d'un tout autre genre. C'est la *Vie de mon père*, qu'une imprimerie catholique a placée dans une collection de romans chrétiens.

Restif romancier chrétien! voilà sans doute de quoi étonner quelque peu, et cependant rien n'est mieux mérité que cet éloge, si c'en est un. Malgré tout ce qu'on en a pu dire, nous répétons que le *Paysan* était aussi pour son auteur une œuvre de propagande chrétienne, en ce sens que le beau rôle et les grands effets y tenaient à cette inspiration : la supériorité des doctrines religieuses conservées dans les campagnes sur celles de la philosophie enseignées dans les villes. Il a maladroitement cru donner plus de valeur à cette note en la faisant apparaître au milieu d'autres trop discordantes. Ceux qu'il prétendait servir ne l'ont pas compris et nous avouons qu'on pouvait s'y tromper. Mais dans la *Vie de mon père*, il n'y a pas de ces dissonances. D'un bout à l'autre tout est correct, tout est pur en même temps que tout est vrai. Et chose qu'on ne saurait trop faire remarquer, c'est que tout est écrit d'une façon très suffisamment soignée et que les « puristes » n'y trouveraient rien à reprendre, pas plus au point de vue du style que de la morale. Toutes les fois que Restif parle de sa famille et de son pays, il change complètement de manière. Sa forme devient noblement simple. Les discours qu'il prête à ses paysans se déroulent avec une emphase naturelle, si l'on peut accoupler ces deux mots, qui m'a toujours rappelé ce poème si particulier de Gœthe : *Hermann et Dorothée*.

A l'époque où parut la *Vie de mon père*, l'*Année littéraire* elle-même, par l'organe de Fréron fils ou de Geoffroy, qui le secondait ou plutôt lui gardait sa place, ne put s'empêcher de comparer Restif à l'abbé de Saint-Pierre, et de dire de lui : « C'est un écrivain très instruit qui fait penser et qui a des idées à lui, mérite rare dans un temps où les compilations sont si fort à la mode. Heureux le père digne d'avoir son fils pour historien! Heureux le fils qui consacre ses talents à la gloire de son père! »

La *Vie de mon père* sera sans aucun doute réimprimée dans l'avenir. En attendant, les lecteurs qui voudront se rendre compte de ce que peut être ce livre, en trouveront une sorte de complément dans la nouvelle qui termine ce volume des *Contemporaines du commun* : la *Femme du laboureur ;* de même qu'ils ont pu se faire une idée du *Pied de Fanchette* en lisant dans le premier volume : le *Joli pied*.

Nous ne dirons rien des autres romans de Restif, tous sont éclipsés par les deux que nous venons de citer. Il y aurait peut-être une exception à faire pour la *Dernière aventure d'un homme de quarante-cinq ans*, histoire vraie, avec les vraies lettres de Restif à Sara, mais, comme dans *Ingénue Saxancour*, comme dans la *Femme infidèle*, on n'y trouve que le développement de situations particulières de la vie de l'auteur. Ces épisodes ont été ramenés à leur juste proportion dans *Monsieur Nicolas*.

On nous permettra de ne pas nous arrêter non plus sur le *Théâtre*, qui reproduit toujours, avec des détails nouveaux, il est vrai, mais sans véritable originalité, ces mêmes épisodes. Aucune de ces pièces n'a vu le feu de la rampe, et cependant, en comptant bien, on en trouve treize volumes. Seule une d'elles : *Sa mère l'allaita* ou le *Bon fils*, eut un certain succès de société, et fut répétée, mais non jouée au Théâtre-Italien. Elle est en partie reproduite dans les *Nuits de Paris*. Une autre : *Les fautes sont personnelles*, lue au Théâtre-Français, parut d'une énergie trop brutale à madame Bellecour, et le Comité, quoique très frappé de cette vigueur inusitée, dut la refuser. Ce peu de réussite au théâtre n'empêchait pas Restif de se croire au moins l'égal de Beaumarchais, et il a consigné son opinion à cet égard dans une comparaison entre Pertinax et Belemarche, qu'il termine ainsi : « Mais l'un est *Crésus* et l'autre est *Irus.* »

Je pense en avoir assez dit, pour l'espace dont je dispose, sur le Restif homme de lettres; passons maintenant à l'autre, le Restif réformateur et philosophe.

II

On lit dans les *Contemporaines mêlées* une Nouvelle intitulée : les *Vingt épouses des vingt associés* qui fait penser au phalanstère. Ce rapprochement frappe tout d'abord; est-il fortuit? C'est possible. Cependant, sans prétendre que Fourier a copié Restif, ce qui serait injuste, nous sommes très disposé à croire qu'il l'avait lu, qu'il l'avait médité et qu'il en a tiré quelques-uns des principaux traits de son système. Restif n'est pas plus que Fourier, d'ailleurs, l'inventeur de l'association. Il avait connaissance des statuts des frères Moraves et il tentait de les appliquer. Peut-être a-t-il seulement servi d'initiateur à Fourier, qui commençait à lire au moment où Restif finissait d'écrire. Fourier a pu, de plus, prendre dans Restif certaines idées sur les femmes qui leur sont communes à tous deux, et s'il a jamais rencontré un véritable spécimen de la *Papillonne*, c'est Restif. Ce qui les rapproche, c'est la croyance à la légitimité des passions ou tout au moins à leur fatalité; c'est devant cette fatalité que gémit parfois Restif; c'est pour faire produire à cette fatalité des fruits qui ne soient pas amers que Fourier réhabilite les passions. Mais il y a cette différence entre les deux hommes, sur la parenté desquels nous ne voulons pas insister trop longtemps, que Restif, timide, va hésitant et a d'abord peur de choquer des sentiments, des préjugés si l'on veut, que Fourier n'hésite pas à renverser, et qu'il n'arrive à la définitive expression de ses idées systématiques que dans la dernière période de sa vie, alors qu'on peut, sans trop de sévérité, l'accuser de ne plus trop se rendre compte de la valeur pratique de ce qu'il dit.

Il peut être utile à ce point de vue de suivre Restif dans les diverses utopies qu'il a caressées.

Il avait, dès le commencement de sa carrière, annoncé l'intention de se livrer à une étude des réformes utiles et il promettait une série d'*Idées singulières* dont le premier volume parut sous ce titre: « *Le Pornographe*, ou idées d'un honnête homme sur un projet de règlement pour les prostituées, propre à prévenir les malheurs qu'occasionne le publicisme des femmes ». C'est un travail qui, malgré le sujet traité, est écrit d'une façon décente et ne peut troubler l'esprit le plus timoré. Etant admise la nécessité du « publicisme », comme Restif appelle cette plaie toujours ouverte au flanc des grandes agglomérations d'hommes, on ne peut guère accuser les règlements proposés que de provenir d'une trop grande sollicitude pour la santé des femmes renfermées dans le *Parthenion* qui leur est consacré, et pour la satisfaction de ceux qui viennent les y visiter. Toutes les précautions sont ingénieuses et dictées par la prudence, et certes, si Fourier avait eu à cloître ses *bacchantes* et ses *faquiresses* au lieu de les laisser se livrer ouvertement aux *mœurs phanéro-*

games, il ne s'y serait pas pris autrement pour contenter les *attractions passionnelles* des hommes vers un œil bleu, une taille élancée, un pied mignon, etc.

Cette première tentative, à laquelle collabora, dit-on, Linguet, fut suivie d'une autre, celle de la réforme du théâtre ou de l'actricisme. La *Mimographe* parut en 1770. Le *Pornographe* n'avait pu être mis au jour que sur l'autorisation obtenue de M. de Sartine, par sa maîtresse, madame Poissonnier, que connaissait Restif; la *Mimographe* n'eut point à souffrir de difficultés, aussi l'ouvrage n'eut-il pas le même succès. C'est un bon livre d'ailleurs, plein de choses et de faits, et auquel a probablement travaillé Nougaret, avec qui Restif n'était pas encore brouillé (1). Comme il ne touche qu'à une profession spéciale et non aux mœurs de la société en général, nous n'en dirons qu'un mot; c'est que Restif, toujours conséquent avec lui-même et poursuivant sans cesse ce but : le bonheur dans le mariage, conduit l'épouse de M. d'Alzon sur la scène. Elle combat ainsi l'amour de son mari pour une actrice; et, suivant l'auteur, on pourrait, par des moyens analogues, peupler les théâtres de femmes honnêtes et sensibles, qui se livreraient à l'art par besoin du cœur ou de l'esprit et remplaceraient avantageusement ainsi les actrices salariées.

C'est à la fin du *Paysan perverti* que nous trouvons le premier essai véritable de réforme sociale émané de Restif seul. Il suppose que pour éviter le retour de faits aussi navrants que ceux dont il vient d'écrire

(1) Si on s'en rapporte au *Paysan perverti*, la cause de cette brouille pourrait être rapportée à une lettre écrite par Nougaret (dans le Roman), sous le nom de N'Egrèt, au frère d'Edmond, lettre dans laquelle il est question de la conduite du jeune homme (qui représente Restif) à Paris.

l'histoire, les membres survivants de la famille d'Edmond font agréer par leur seigneur les statuts d'une communauté, imitée de celles qui existaient alors en Auvergne et aux environs d'Orléans comme en Lusace chez les frères Moraves.

Ces statuts très précis contiennent des dispositions que Restif a reproduites dans le *Nouvel Emile*, en y ajoutant l'histoire de la communauté de Sparte. Nous devons en donner un résumé.

Il est d'abord décidé que tous les descendants de la famille R. devront observer ce pacte de famille sous peine d'exhérédation.

Le bourg sera réglé suivant le modèle des familles unies d'Auvergne : « Nous statuons qu'il y aura égalité entière entre nos dits enfants, tant pour les biens de la fortune que pour l'éducation, » et pour leur rappeler « même dans les générations les plus éloignées qu'ils sont tous frères et une même famille, entendons qu'ils soient soumis au fils aîné de l'aîné de notre famille, lequel sera comme leur père commun. » Les curés et maîtres d'école devront être pris entre les descendants de cet aîné, s'il s'en trouve de capables, à leur défaut parmi ceux du frère qui le suit ; ils ne pourront être pris parmi les descendants de la fille aînée qu'après épuisement de la postérité de tous les frères. « Le curé n'aura point de patrimoine. »

Les terres, qui devront atteindre le chiffre de mille arpents, seront divisées en cent portions de dix arpents. Les frères et beaux-frères existant au moment de la création de ce bourg d'Oudun, formant souche, se partageront les biens de façon à ce que chaque souche ait huit portions et en outre dix arpents, dont un en vigne et les neuf autres en place à faire vigne, avec trente arpents et droit de pacage après fauchaison dans la prairie commune. Il n'y aura pas d'autre cens que ce qui se payera au curé.

Le curé et le maître d'école seront logés dans les bâtiments attenant à l'église. Celle-ci aura trois portes : une commune à l'Occident, celle des épousailles au Midi, celle des enterrements au Nord. De ce même côté sera le cimetière.

Au milieu du village, à côté de la fontaine et près de l'église, sera élevé un bâtiment solide, où seront réunis le four commun, une salle, capable de contenir mille personnes et éclairée par cent croisées, servant de réfectoire; une chambre pour rendre la justice (1) ; une grange pour la totalité des récoltes, des greniers pour les blés, etc.

Chacun n'aura en propriété que ses meubles, son linge et ses habits, qui seront les mêmes pour tous, sauf le choix de la couleur et de la façon.

Les bestiaux appartiendront à la communauté, qui nommera deux syndics pour avoir l'œil sur le travail et récompenser ou punir ceux qui entretiendront bien ou mal ces animaux et seront plus ou moins actifs et laborieux.

La punition consistera dans la privation de la moitié de la portion de vin les dimanches et fêtes et dans l'obligation de tenir la dernière place à l'église, près la porte d'entrée, ainsi qu'au réfectoire.

La récompense consistera à avoir les premières places dans ces deux endroits, et en outre à recevoir solennellement à domicile, les dimanches et fêtes, une part de pain bénit.

(1) « Qui ne sera qu'arbitrale, dit Restif, ne pouvant y avoir de vraie matière à procès où tout sera commun. » Cet argument a beaucoup servi à tous les communistes et Cabet surtout (*Voyage en Icarie*) en a abusé.

Les jeunes gens et les jeunes filles qui se distingueront auront le droit exclusif, les garçons, de se choisir eux-mêmes une épouse, les filles à une prérogative équivalente, fixée en assemblée des femmes de la communauté.

Les fêtes des noces dureront trois jours; quatre, si les sujets ont été assez méritants pour s'être mutuellement choisis, et la communauté, à la naissance du premier enfant de ces derniers, aura non seulement un souper à double portion de vin et de bonne chère comme à toutes les naissances, mais un jour entier de réjouissance.

Le repos du dimanche sera observé et il commencera dès le samedi, midi.

Le dimanche, messe à dix heures, dîner public à onze, vêpres à midi, catéchisme à une heure; jeux à trois heures, souper public à huit heures.

Les jeux sont réglés : exercices gymnastiques pour les jeunes gens; boules et cartes pour les anciens; danse pour les jeunes filles et les garçons qui se seront comportés de façon à mériter cette grâce, ainsi que pour les nouveaux mariés.

Les aliments seront porc frais ou salé, cuit avec différents légumes; une fois la semaine ou aux grandes fêtes un bœuf et quelques moutons; à la fête du village, volaille et gibier; jours maigres, œufs, fromage, pâtisserie. Quinze mères de famille, aidées de quinze filles à marier, prépareront le repas pendant une semaine à tour de rôle.

Le pain sera bon. Chaque homme aura sa demi-bouteille à dîner et à souper. Les femmes et les filles boiront de l'eau, comme c'est l'usage dans le pays.

Les occupations sont aussi méticuleusement réglées; une cloche sonnera la clôture de la journée et l'on punira ceux qui seraient trouvés dans les rues après cette clôture, par les adjudants des syndics en charge.

Si l'on a du temps de reste dans la semaine, mais régulièrement le jeudi, le pasteur instruira ses paroissiens sur la théorie de l'agriculture et leur expliquera l'histoire naturelle de M. de Buffon, la stabilité du soleil et le tournoiement des planètes, la géographie, les principes des métiers les plus utiles ; « car le pasteur sera le vrai père de son peuple, il doit être droit, zélé, en un mot, le chef-d'œuvre de la religion chrétienne ».

Outre le fonds public, chacun pourra avoir son pécule particulier provenant des prix qu'il aura mérités et du décompte qui résultera du surplus de la vente des grains et autres denrées superflues. Ce pécule pourra être employé en achat de terres hors du finage, dans la commune, ou en achats de meubles et de livres.

Si les enfants sont trop nombreux, au bout de quelques années on créera un nouveau village.

Un tribunal de famille sera chargé de punir. « Quoiqu'il y ait lieu de croire qu'il ne se commettra dans les bourgs de la communauté, aucun de ces crimes qui excitent l'animadversion des lois, » dans ces cas exceptionnels, le coupable sera livré à la justice royale. Dans les autres, le tribunal prononcera suivant la gravité de la faute, soit une amende, soit une humiliation au réfectoire ou à l'église.

On n'admettra aucun étranger dans la communauté. Les mariages se feront entre ses seuls membres, après la distribution des prix « le lendemain de la fête de la décollation de saint Jean, 29 août ». Le prix de *mœurs* réuni à celui de *labourage* donnera au jeune homme le droit de se choisir une maîtresse; le prix de *mœurs* réuni à celui de *travail* donnera aux filles « non le droit de choisir, qui n'appartient et ne doit appartenir qu'à l'homme », mais celui d'exempter, un jour, de deux fautes graves leur mari ou leur fils aîné.

Telle est en substance cette communauté, dans laquelle n'est pas détruite l'industrie « puisqu'on peut acquérir ailleurs » et qui, prétend Restif, a produit (il suppose son règlement appliqué) de tels résultats que « la plus grande peine, une peine équivalente à celle de mort pour les autres hommes, serait d'en être chassé ».

A cette époque de sa vie, comme nous l'avons déjà remarqué, Restif est encore sous l'influence de l'éducation qu'il avait reçue chez son frère le curé de Courgis, et le prêtre est pour lui le véritable régulateur de la société ; il ne tarda pas à changer. Il y a déjà des traces nombreuses de ce revirement dans les *Contemporaines* et dans la *Découverte australe ;* elles sont plus évidentes dans *Monsieur Nicolas*, et lorsque Restif s'avise à son tour d'élaborer le système cosmogonique qu'il avait ébauché dans le *Paysan* et qu'il détaille dans la *Philosophie de Monsieur Nicolas* et dans les *Posthumes*, il oublie complètement de demander au prêtre d'expliquer ses idées, à la sortie des vêpres, comme il le lui demandait pour celles de M. de Buffon.

Ce système cosmogonique, auquel nous faisons souvent allusion, mérite d'être analysé avec quelque détail. Il a eu bien des formes, il a été souvent corrigé, mais il est à peu près complet dans la *Philosophie de Monsieur Nicolas*, et c'est dans ce livre surtout que nous puiserons.

Les hypothèses de Buffon sont toujours d'ailleurs le point de départ de Restif. *Noffub*, ainsi qu'il l'appelle d'après sa manie constante d'anagrammes, est, dit-il, dans la *Découverte australe* par un homme volant, « également sage dans les deux hémisphères et même aux antipodes »; mais il faut que Buffon soit complété et c'est Restif qui va découvrir pour lui les « vérités de la *haute physique* et donner un *système* complet *de la nature*, avec l'imagination la plus féconde et des lumières qui ne sont pas ordinaires ».

Quoique, dans la table des matières qui ouvre le premier volume de la *Philosophie*, il n'y ait d'indiqués que 465 chapitres, il y en a en réalité dans l'ouvrage 476. On voit dès l'*Introduction* dans quelle voie va s'engager Restif. Il ne croit plus ni à Rousseau, ni à Voltaire (on est en 1796), mais à... Cyrano de Bergerac, à la lecture duquel il pleure de joie (1). Les *Époques de la nature*, corrigées par l'*Histoire comique des empires du Soleil et de la Lune*, complétées par les rêveries de Cazotte et des illuminés, voilà ce que va être le fameux système conçu « par monsieur Nicolas, laissant errer ses pensées, guidé par l'éternelle raison ! »

« Ce système est neuf, dit-il encore ; le grand Buffon ne l'a pas deviné ; l'astronome Lalande et ses pareils ne s'en doutent pas ; mon système est à moi. »

Or, voici ce système :

« L'être principe est le centre général ; le soleil le centre de son système ; la terre un globe, centre de son satellite et de son atmosphère ; l'homme et tout animal un centre individuel qui est nécessairement pour lui-même le centre de l'univers. »

La terre a été formée par cristallisation froide et non par vitrification, comme l'ont prétendu Buffon et ses prédécesseurs Descartes et Leibnitz. Elle s'est cristallisée d'abord au centre ; quand elle était jeune et vigoureuse, elle forma d'autres cristallisations animales

(1) Parce qu'il y trouve, dit-il, des vérités qu'il avait senties avant d'avoir lu cet auteur.

qui pouvaient avoir jusqu'à vingt et une lieues de haut et qui, en les supposant conformées comme les hommes, n'auraient eu, dans les plus profondes mers, de l'eau que jusqu'au genou. Mais les planètes sont des femelles qui ne peuvent rien produire sans le secours des êtres plus nobles qui sont comme leurs mâles : sans les soleils.

La nature est éternelle quant à la substance, mais non quant à ses modifications. Les planètes ne sortent pas du soleil à l'état de planètes, mais à l'état de comètes. Le soleil absorbe sans cesse des planètes et lance sans cesse des comètes qui se planétisent en raccourcissant avec l'âge leur courbe elliptique pour en arriver à une courbe circulaire. Tant qu'elles sont comètes elles sont stériles. La planète seule est féconde. Elle a sa vie naturelle, ses maladies et sa mort accidentelle. La mort naturelle est l'absorption par le soleil. La mort accidentelle peut être le résultat du choc d'une comète, quoique ces astres soient absolument fluides.

La lune, surchauffée par des jours de 14 fois 24 heures, n'a plus aucune humidité ; elle a subi une pétrification. C'est le même sort qui attend la terre. Peut-être cependant la lune n'est-elle pas morte. Elle est, comme tous les corps célestes, partie de l'être principe.

Le soleil est le mari et le père de toutes les planètes ; il serait certainement Dieu, s'il était le seul soleil dans la nature.

L'être principe n'est pas bon ; il est juste, ami de l'ordre, *ordinal* par essence et jamais bon, c'est-à-dire indulgent à la violation des lois de la nature. Sa substance est un fluide réel, le plus subtil de tous, le *fluide intelligen.iel*. La matière du soleil est celle de Dieu, *soleil des soleils*. Tous sont animés et peuvent donner naissance à des êtres vivants. Les hommes solaires, portés dans le centre unique qui serait alors le paradis, y seront plus heureux, plus longèves et peut-être en est-il qui jouissent de l'immortalité.

Pour les animaux, ils doivent varier suivant le milieu, comme l'homme ; il a pu y avoir d'abord quatre familles distinctes. Tous les hommes ne sont pas sortis d'un seul homme. Il est possible que l'homme ne soit que le dernier terme d'une progression ; en tout cas il est le frère aîné des autres animaux.

Nous ne périssons pas réellement ; un fils est son père nouvellement individualisé : « Aussi le célibat est-il le plus grand des malheurs et, j'ose le dire, le plus grand des crimes lorqu'il est volontaire (1). »

Ou l'homme est sorti de la terre, ou il est la perfection de l'animalité. La vermine de l'homme est une production de l'homme, comme l'homme est une production du globe dont il est le parasite.

En descendant de l'homme jusqu'aux reptiles, Restif ne donne qu'une classification fort peu suivie (2) de

(1) Il y a ici une tirade assez vive sur les évêques, les moinaillons et les prêtres.

(2) Dans le second volume, la marche est mieux indiquée. Restif se rapproche malgré lui de De Maillet et dit, chap. 271 : *Gradations par où l'animalité aura passé pour aller à l'humanité :*

« L'homme, en montant à l'humanité (supposé que l'animalité ait commencé par les poissons), aura passé par toutes les gradations, depuis les mousses, les étoiles de mer, les huîtres, et par tous les autres poissons, au souffleur et au marsouin, puis aux cétacés qui allaitent, à l'amphibie, soit le lion ou veau marin, soit ensuite à l'hippopotame. Mais du marsouin, l'animalité se sera divisée en deux branches, dont l'une aura monté directement par l'hippopotame à l'éléphant, qui sera l'échelle par laquelle aura passé l'humanité l'homme aux singes de différentes espèces, puis au chien, qui est certainement, dit-il, une espèce de singe carnivore, aux différents mammifères, aux amphibies et aux reptiles. Il affirme qu'une *pongote*, singe de grande espèce, a pris soin d'un Européen naufragé qui lui a fait deux enfants. « C'était un officier français, dit-il, et mon père l'a connu en 1705. » L'ours est, comme le chien, une espèce de singe ; quant à l'éléphant qui, peut-être, tient le sceptre de l'animalité dans quelque planète, on pourrait le nommer l'*homméléphant*.

La même gradation se montre dans les végétaux. La nourriture végétale se transforme en notre substance. Les végétaux ont un *moi*, moins parfait que celui des êtres animés et mouvants, qui eux-mêmes ont un *moi* de moins en moins parfait en descendant de l'homme aux singes, etc.

« Concluons que les molécules organiques, combinées sur notre globe et sur toutes les planètes sans doute, sont analogues entre elles, qu'il n'y a de différence que du plus au moins ; que toutes sont immortelles, indestructibles comme Dieu même, leur principe ;

pour monter aux hommes géants : l'autre branche, au contraire, aura été plus naturellement du marsouin au cochon, puis à l'ours, ensuite au gros singe, enfin à l'homme actuel... Mais des marsouins ou d'autres poissons voraces il s'est fait encore une bifurcation qui a produit les carnivores et qui est passée de ceux-ci par les plus gros chiens, molosses ou dogues, aux singes de la seconde ou de la grosse espèce et des uns ou des autres, à l'une des espèces des hommes actuels. La tradition des Danois est qu'ils sont sortis de la race d'hommes qui est montée à l'humanité par l'échelle des chiens : et leurs anciens rois se faisaient gloire d'être issus du plus grand de ceux que nous nommons des *danois*. On a ri de cette origine quand on l'a lue dans leur histoire : mais si elle est physique, pourquoi en rire? »

ou mieux comme Dieu, qui est le tout, et dont ces molécules ne sont que les émanations, les parties. »

Les quatre prétendus éléments ne sont que des composés.

La terre est vivante, et plus elle se rapprochera du soleil, plus les hommes seront sages et savants.

Le premier volume se termine ainsi : « Je viens d'établir une foule d'analogies fondées sur l'incontestable principe que *tout est image et type dans la nature,* » et ces derniers mots nous rappellent encore, malgré nous, les *analogies* de Fourier.

Le second volume reprend les choses en détail ; Restif y étudie la génération chez les différents êtres, en considérant toujours le mâle comme l'image du soleil, la femelle comme celle de la terre ; Dieu étant le premier mâle et la terre la première femelle. Il conclut ici encore : « Voilà ce que m'a dicté l'analogie, guidée par la raison. »

Nous croyons bon de recopier ici une de ces dictées :

« Nous venons de voir par les seules lumières de notre intelligence que tout est animé comme nous le sommes. Nous sentons en nous-mêmes que les sens étant les mains de l'intelligence, Dieu, les soleils, les planètes, doivent avoir de ces sens. Mais leurs sens sont-ils comme les nôtres? Le soleil et la terre ont-ils des yeux, des oreilles, des narines, un goût, le tact? Les soleils parlent-ils aux soleils une langue qui leur soit commune, et sans doute la plus belle des langues ? Se font-ils l'amour? se font-ils des vers? s'écrivent-ils des lettres? ont-ils des travaux communs, des plaisirs, des peines, des arts, des devoirs? La distance à laquelle ils sont les uns des autres est-elle proportionnellement la même que celle qui se trouve entre deux hommes qui ont des devoirs communs à remplir? ont-ils une nourriture et comment la prennent-ils? Voilà une multitude de questions auxquelles nous ne pouvons répondre, ni par l'effet de l'intuition, ni par l'audition : ces corps sont trop gros, relativement à nous, pour que nous distinguions à la vue et leurs membres et leurs actions, pour que nous entendions le son de leur voix. Les cirons qui vivent sur notre épiderme ne peuvent savoir si nous avons des membres; ils ne peuvent être étourdis par le son de notre voix, leurs organes en tout genre sont trop délicats pour qu'ils puissent percevoir des choses si hors de leur proportion. Mais nous avons des analogies pour croire que les soleils vivent de la substance de Dieu, ou du centre de leur révolution; et les cométo-planètes, de la substance de leur soleil, comme nos animalcules parasites vivent de la nôtre. »

Et plus loin :

« Le principe incontestable (*tout est image et type*) reconnu, je vois la nature visible soit aux yeux, soit par ses effets, naître comme j'ai vu naître mes enfants, croître comme eux, être en vigueur comme ils y sont, dépérir comme je dépéris, pour mourir comme je mourrai bientôt. Je n'excepte rien, ni la planète qui nous porte, ni la comète effrayante qui traîne en queue son atmosphère évaporée; ni le soleil, source de vie, ni l'Être principe lui-même qui est la vie par essence : Tout commence, croît et finit pour recommencer à vivre. »

Je n'ai malheureusement pas sous la main une collection assez complète des ouvrages de Fourier pour prouver que partant des mêmes principes, en sociologie : l'association ; en physique : l'analogie, Fourier et Restif ont dû se rencontrer maintes fois dans les termes ; je me bornerai donc à citer une seule phrase tirée du *Nouveau-Monde industriel*, septième section, ch. LVI :

Un des travers de l'esprit civilisé est de ne savoir pas envisager l'unité, l'étudier dans l'infiniment grand comme dans l'infiniment petit. Si on leur dit qu'une planète comme Jupiter, Saturne, la terre, est une créature ayant une âme et des passions, une carrière à parcourir, des phases de jeunesse et de vieillesse, des époques de naissance et de mort, ils crient au visionnaire : cela est trop vaste pour leurs petits esprits.

Cette citation, à laquelle je ne veux rien demander de plus qu'un rapprochement sans conséquence désagréable à la mémoire de Fourier, qui a de beaucoup dépassé Restif en puissance réelle et en imagination désordonnée, enracine cependant en moi la conviction que le jeune homme a lu les livres du vieux romancier, qu'il y a puisé son indulgence pour les écarts des sens, son utopique désir de rendre les hommes heureux par l'association et l'attraction passionnelle, et que peut-être dans ses séjours à Paris, vers 1790, il s'est rendu, avec autant de plaisir qu'aux galeries du Palais-Royal (1), au café Manouri, pour y entendre les « discours *serotinals* » que Restif accuse aussi Dupont de Nemours d'être venu écouter, pour lui en emprunter les idées (2).

Les *Posthumes* sont le dernier livre de Restif sur ces sujets cosmogoniques qui avaient fini par le do-

(1) Voir : *Vie de Fourier*, par Ch. Pellarin.

(2) M. Paul Lacroix dit que la *Philosophie de M. Nicolas* est probablement en grande partie l'œuvre de Bonneville, gérant du Cercle social. Il faut cependant reconnaître que la plupart de ces idées sont déjà en abrégé dans le *Paysan perverti*.

miner. Les voyages dans les différentes étoiles, les êtres bizarres qui peuplent les mondes inconnus sont un symptôme de la période ultime. En mettant cet ouvrage sur le compte de Cazotte, Restif nous donne à penser qu'il avait été quelque peu initié par ce visionnaire aux pratiques de la secte des *illuminés*, venus d'Allemagne. Madame de Beauharnais, qui lui avait fourni le thème du roman, a dû être fort étonnée de le voir ainsi développé. En le traitant comme il l'a fait, Restif a contribué, pour sa part, à attirer des croyants à cette secte de rêveurs qui, comme Fourier encore, veulent qu'après la mort terrestre la vie se continue dans les planètes. Il a de plus, dans l'histoire annexe d'Yfflasie, donné le premier plan d'une petite société basée sur la communauté des femmes, société imaginaire fondée par le roi Louis XV en faveur de lui : Restif.

III

Nous en avons assez dit, pensons-nous, sur les diverses productions de notre auteur. Une dernière question se présente. A-t-il écrit tout ce qu'il a publié sous son nom et n'a-t-il pas eu, comme certains de ses successeurs, aussi et plus féconds que lui, quelques collaborateurs ?

Il faut tout dire : il en a eu et de nombreux.

Nous avons déjà vu que lors de ses premiers essais il avait des relations intimes et suivies avec Nougaret. Nougaret, très médiocre, mais très remuant, n'a point été sans influence sur le choix de la voie qu'a suivie

Restif. Leurs romans à tous deux ont à peu près le même personnel de grisettes et de marchandes. Mais Nougaret avait sur Restif un grand avantage ; il avait beaucoup plus de lecture, et on suppose qu'il a été au moins le compilateur des matériaux nécessaires pour la confection de la *Mimographe* qui, en effet, montre plus de savoir qu'on n'aurait pu en attendre de Restif.

La *Pornographe*, qui a ce même caractère d'érudition, moins marqué cependant, porte, en certaines parties, la marque de Linguet.

Les autres *graphes*, l'*Educographe*, l'*Andrographe*, les *Gynographes*, se ressentent aussi beaucoup de la collaboration de Ginguené.

Pidansat de Mairobert, censeur royal et auteur de tant de *Mémoires* et d'*Histoires* qui ressemblent à des pamphlets, n'a point été étranger aux *Contemporaines*, au *Spectateur nocturne*, à la *Malédiction paternelle*, dont les deux premiers volumes, parus avant son suicide, sont ce qu'il y a de mieux écrit et de plus pathétique dans l'œuvre de Restif.

Grimod de la Reynière, Bultel-Dumont, Fontanes, Joubert, Mercier, Palmezeaux, la comtesse de Beauharnais, ne se sont peut-être pas bornés à lui indiquer des canevas. Cette dernière entre autres lui a fourni la donnée des *Posthumes* ou *Lettres du tombeau*, et il dit même quelque part qu'elle est le véritable auteur de ce roman, assertion absolument invraisemblable. Nous avons nommé Bonneville à propos de la *Philosophie de M. Nicolas*.

Restif se vante encore ailleurs d'une révision d'un de ses ouvrages inachevés par Diderot ; mais cela d'une façon si vague qu'il faut n'y voir qu'un désir ou qu'une amorce.

Enfin un dernier collaborateur auquel on ne s'attendrait peut-être pas, dans l'état où étaient les relations entre le mari et la femme, c'est Agnès Lebègue.

Il est certain que madame Restif pouvait écrire. On a vu une de ses lettres dans notre premier volume. Il est aussi certain qu'elle a écrit ; M. Paul Lacroix dit même qu'elle avait la manie d'écrire. Manie ou non, il passe pour constant qu'elle a fourni à son mari plusieurs articles pour les *Françaises*, que Restif désigne lui-même comme lui ayant été donnés par un de ses compatriotes, M. Maribert-Courtenay. Or, ce pseudonyme est aussi celui sous lequel parut la *Femme infidèle*, et Maribert est le nom supposé de l'éditeur d'*Ingénue Saxancour*. Il est difficile de croire que ces deux ouvrages dirigés, l'un contre Agnès elle-même, l'autre contre le mari de sa fille, soient d'elle. Cependant le libraire Pigoreau, dans sa *Petite Bibliographie biographico-romancière*, n'hésite pas à les lui attribuer en ajoutant : « Ne serait-ce pas sa propre histoire ? »

N'allons pas plus loin. Ces deux livres ont été détruits en grande partie par les soins mêmes de la famille de Restif. Ils n'avaient d'ailleurs pas été mis dans le commerce. Le gendre de Restif les avait fait relier sous ce titre : *Œuvres d'un scélérat*. Il a suffisamment rendu à son beau-père affront pour affront en ne craignant pas de l'accuser en justice de faits mensongers, pour se venger de ces attaques en grande partie justes et faites presque à huis clos. Ne remuons donc pas cette vase.

On cite bien encore un autre personnage, mais il nous semble difficile d'admettre cette dernière assertion sans des preuves plus convaincantes que celles apportées par M. Paul Lacroix. Il s'agit de l'abbé Dulaurens. Il serait le type du cordelier du *Paysan perverti* et le nom Gaudet d'Arras serait une allusion au poème de l'abbé : la *Chandelle d'Arras*. Nous doutons. Dans tous les cas, on ne lui attribue qu'une *juvénale* (1) :les *Bulles de savon*.

S'il est certain que Restif a eu des collaborateurs, cela diminue-t-il sensiblement sa valeur personnelle ? Nous ne le pensons pas. C'est déjà quelque chose, que d'être arrivé presque d'emblée à se faire contre et à attirer vers soi des esprits de la valeur de Linguet, de Ginguené, de Pidansat de Mairobert. Certes si Restif n'avait été que leur prête-nom et leur imprimeur ; s'il n'avait pas fait lui-même ses preuves, il n'y aurait plus qu'à le rayer du dictionnaire des écrivains français ; mais il est justement à remarquer que ce ne sont pas ceux de ses ouvrages où paraît la collaboration qui sont restés. Ce sont ceux seulement auxquels il a mis sa marque individuelle. Et si les *Graphes*, particulièrement, doivent beaucoup à d'autres, les qualités qu'ils ont gagnées à cet apport étranger ont fait tort aux défauts qu'on aime et qu'on recherche surtout dans Restif.

Je vais peut-être passer pour courir après le paradoxe. Cependant rien n'est plus vrai, selon moi, que ceci : Les seuls livres durables, ceux que la postérité recherchera toujours, ce sont les documents historiques, biographiques ou autres. Tout livre qui n'a pas des qualités littéraires extraordinairement supérieures ou qui n'apprend rien sur une époque, une famille, un homme, disparaîtra à juste titre. L'histoire se refait tous les cinquante ans, et une histoire si bonne qu'elle soit ne tient pas lieu des mémoires particuliers ; la

(1) Restif appelait ainsi des morceaux véhéments et satiriques qu'il mettait souvent à la fin de ses volumes. Il y en a dans les *Nuits de Paris*, dans la *Découverte australe*, dans *Monsieur Nicolas*, etc.

science a besoin de nouveaux interprètes tous les quinze ans au moins : leurs prédécesseurs sont déjà démodés ; le roman, le théâtre, à part quelques exceptions, suivent la mode. Il ne reste au bout d'un siècle et il ne restera éternellement de livres que ceux dans lesquels la préoccupation de bien dire aura cédé devant celle de dire quelque chose de neuf et d'original.

Or, comme je crois l'avoir démontré, Restif a dit quelques-unes de ces choses. Quand il n'aurait fait que se montrer lui-même, il serait toujours recherché par les curieux, les seuls lecteurs sur lesquels il faille compter dans l'avenir, et par les philosophes qui n'auront jamais trop de pièces authentiques pour créer cette science si difficile, si compliquée, à peine ébauchée : la science de l'homme.

BIBLIOGRAPHIE

RAISONNÉE DES OUVRAGES DE RESTIF DE LA BRETONNE

Nous avons, dans les deux études précédentes, donné, croyons-nous, une idée suffisante de l'homme que nous voulions faire revivre un instant pour la satisfaction des curieux. Il nous reste à compléter, pour ceux qui seraient tentés de poursuivre leurs recherches sur cet écrivain singulier, la liste des ouvrages auxquels il a dû sa célébrité. Notre tâche est aujourd'hui, sous ce rapport, bien simplifiée. Lorsque nous l'avons entreprise, nous ignorions que, de son côté, l'éminent bibliographe, M. Paul Lacroix, s'occupait à relever la bibliographie et l'iconographie de tous les ouvrages de Restif de la Bretonne : son volumineux répertoire nous a laissé peu de choses à glaner ; aussi serons-nous plus souvent son abréviateur que son critique.

Disons d'abord qu'en général les livres de Restif, signés ou non, se laissent facilement reconnaître rien qu'à leur aspect. Presque tous ont un titre encadré qui a suffi parfois pour lui faire attribuer certains ouvrages qui imitaient cette décoration extérieure. Disons aussi que les plus recherchés sont ceux dans lesquels se trouvent des gravures et que l'état de ces gravures est pour beaucoup dans la valeur marchande des exemplaires. Ces gravures de Binet sont fort inégales. Il y en a où l'artiste, n'étant pas gêné par l'auteur, se place avec un caractère spécial sur la ligne de Moreau et de Marillier. Les autres, commandées par Restif, d'après le type qui le hantait, sont extravagantes de formes corporelles et de costumes. Ces dernières doivent être rapportées à notre auteur qui en a revendiqué plusieurs fois l'invention et elles sont un des signes de sa personnalité. De ce nombre sont principalement les figures des *Contemporaines* et du *Paysan perverti*.

Voici maintenant, dans l'ordre chronologique, les ouvrages de Restif.

Les dates sont celles que portent les premières éditions : elles avancent souvent d'une année.

Les prix que nous indiquons sont, en général, les premiers et les plus bas, ceux de la vente Solar en 1860 ; les derniers et les plus élevés, ceux des ventes de 1874 et ceux du libraire Fontaine. Vers la fin de 1875, ces prix se sont de nouveau abaissés sans cependant être revenus à des proportions raisonnables.

1767.

1. La Famille Vertueuse, lettres traduites de l'anglais par M. de la Bretonne (1). Quatre parties en 4 vol.

(1) Cette signature sur le premier livre de Restif, prouve qu'il a pris le nom de la métairie paternelle, dès ses débuts et non, comme on l'a dit, lorsqu'il commença à avoir une certaine réputation.

in-12, *faux titre et titre encadré*; 1767, *à Paris, chez la veuve Duchesne, rue Saint-Jacques, au dessus de la fontaine Saint-Benoît, au Temple du Goût*; à la fin : de l'imprimerie du Quillau, MDCCLXVII.

Epigraphe de la première partie :

Res sola potest et servare beatum.

HORAT. lib. I, epist. VI.

Epigraphe de la seconde partie :

De' figli la virtú, l'indole buona
Son de' padri mercè, gloria e corona.

M. CONTI.

Epigraphe de la troisième partie :

O fairest of creation ! last and best
Of all God's works.....
How art thou lost.....

MILTON'S *Paradise lost*, book IX, v. 900-4.

Epigraphe de la quatrième partie :

Le prix suit la vertu.

ROUSSEAU. Imitation de l'ode IV,
du IVe livre d'Horace.

L'ouvrage est dédié AUX JEUNES BEAUTÉS.

Vendu de 10 à 40 fr. 250 fr (Fontaine), en reliure exceptionnelle.

II. LUCILE, *ou les progrès de la vertu*, par un mousquetaire. Petit in-12 de XVI et 198 pages; titre encadré avec vignettes; 1768, *à Québec, et se trouve à Paris, chez*

Delalain, libraire, rue Saint-Jacques. Valade, libraire, rue de la Parcheminerie, maison de M. Grangé.

L'ouvrage fut contrefait ; sous le même titre, *à la Haye et se vend à Francfort chez J.-G. Eslinger, libraire*, 1769 ; in-18, de 174 p. ; *Francfort et Leipsig, en foire*, 1769, in-12 ; et reproduit sous le nouveau titre : LA FILLE ENTRETENUE ET VERTUEUSE, OU LES PROGRÈS DE LA VERTU EN 1774 : *imprimé à la Haye et se trouve à Paris, chez De Hansy, libraire, rue Saint-Jacques, près celle des Mathurins* ; 2 parties en 1 vol. petit in-12. L'édition a été cartonnée. (L'auteur racontait dans la première la scène avec la comtesse d'Egmont que nous avons rappelée en note, *Vie de Restif*, p. 22.)

La même édition reparut la même année avec ce nouveau changement dans le titre : LA FILLE ENLEVÉE, ENTRETENUE, PROSTITUÉE, VERTUEUSE, ou les Progrès de la vertu. L'épigraphe : *Un petit moment plus tard*, est la même pour les deux tirages.

Une nouvelle contrefaçon : L'INNOCENCE EN DANGER, OU LES EVÈNEMENTS EXTRAORDINAIRES, par M. Rétif de la Bretonne, parut encore en 1779 sous la rubrique : *à Liége, chez de Boubers, imprimeur-libraire, à l'Homme sauvage, rue du Pont.* Elle est faite sur la première édition.

En l'an VI, parut : ZOÉ OU LES MŒURS DE PARIS, par F.-P.-A. Malençon, *à Paris, chez Leroux, libraire, rue Thomas-du-Louvre, n° 246, vis-à-vis les Ecuries de Chartres. De l'imprimerie de Digeon, Grande rue Verte, faubourg Honoré.* 2 vol. in-12. Les noms sont changés, mais le texte est le même que dans *Lucile*. C'est, suivant M. Paul Lacroix, une spéculation de Restif plutôt qu'un plagiat. Restif fit encore imprimer sa *Lucile* vers 1802, avec ce nouveau titre : LA PROSTITUÉE DEVENUE VERTUEUSE.

Vendu de 15 à 100 fr.

1769.

III. Le Pied de Fanchette, ou *l'Orpheline française*, histoire intéressante et morale. Trois parties en 3 vol. petit in-12; titre encadré entièrement rouge, 1769. *Imprimé à la Haie, et se trouve à Paris chez Humblot, libraire, rue Saint-Jacques, près Saint-Yvès, Quillau, imprimeur-libraire, rue du Fouarre.*

(Voir aux notes, *Contemporaines mêlées*, p. 387-388).

Epigraphe : « Une jeune Chinoise, avançant un bout de pied couvert et chaussé, fera plus de ravage à Pékin que n'eût fait la plus belle fille du monde dansant toute nue au bas du Taygète. » Œuvres de J.-J. Rousseau, t. IV, p. 268.

Contrefaçon suisse sous le même titre. *A Francfort et à Leipzig, en foire*, 1769, 2 parties en 2 vol.

La deuxième édition du Pied de Fanchète ou le Soulier couleur de rose; *imprimé à la Haie*, 1776, deux parties en 2 vol., ne porte pas encore le nom de madame Lévêque en tête de la dédicace. Ce nom n'apparait que dans la troisième édition, même titre, datée de 1786.

Nous avons, dans une note adressée à l'*Intermédiaire des chercheurs et des curieux*, et reproduite par M. Paul Lacroix dans sa *Bibliographie de Restif*, donné les raisons qui nous font penser que cette édition prétendue de 1786 est en réalité de 1794. Il nous suffira de dire ici que, dans une des notes, cette date est formellement indiquée : « Aujourd'hui, la chaussure plate, en usage en 1794, fait soulever le cœur. C'est apparemment par vertu qu'on la porte. » Il est aussi question dans un passage intercalé, de la *Justine* du marquis de

Sade qui parut en 1794 et que Restif réfuta la même année dans son *Anti-Justine*.

Une édition qui porte le chiffre de cinquième quoiqu'on n'en connaisse pas de quatrième, parut encore en 1801. 3 vol. in-18; *Paris, Cordier et Legros, rue Galande*, nº 50.

La troisième édition contient deux jolies gravures anonymes et raisonnables.

Traduit en allemand et en espagnol.

Vendu de 13 à 80 fr.

IV. LETTRES DE LORD AUSTIN DE N**, *à lord Humfrey de Dorset, son ami*. 2 parties in-12, titre encadré, vignettes : faux titre : LA CONFIDENCE NÉCESSAIRE; 1769; *à Cambridge, et se trouve à Londres chez Nourse et Snelling*.

C'est la première édition de la CONFIDENCE NÉCESSAIRE, moins le conte annexe d'O-Ribo. Le sous-titre devient le titre dans la seconde édition et dans la 3e qui sont ainsi intitulées :

LA CONFIDENCE NÉCESSAIRE ou Lettres de mylord Austin de Norfolk, à mylord Humfrey de Dorset ; par N.-E. Restif de la Bretonne.

Epigraphe :

Quæ fecisse juvat, facta referre pudet.

OVID.

Imprimé à la Haie.

Voici le titre exact du conte irlandais : « O-RIBO ou les terribles traverses, les merveilleuses aventures et les incroyables travaux du charmant O-Ribo, prince de cinquante villages au pays d'Hybernie, pour l'amour de la belle Pucellomany, qui lui furent suscités par le nécromant Sacripandidondannuk, premier ministre du prince O-Fakfak, son père. » Les détails de ce conte assez libres sont empruntés, suivant l'auteur, aux conversations que lui tenait, lorsqu'ils gardaient ensemble les moutons, un de ses camarades qu'il appelle Courtcou, dans *Monsieur Nicolas*, et qui paraît avoir eu l'imagination encore plus déréglée que Restif lui-même.

Vendu de 7 fr. 50 à 60 fr.

V. La Fille Naturelle. 2 vol in-12 ; fleuron sur le titre, 1769. *Imprimé à la Haie et se trouve à Paris chez Humblot, libraire, rue Saint-Jacques, près Saint-Yves Quillau, imprimeur-libraire, rue du Fouarre.*

Epigraphe : *Magna est veritas et prævalet.*

Esdras, lib. III, c. IV, v, ℣, 41.

Contrefaçon allemande : même titre, même épigraphe : *à la Haie, et se trouve à Francfort, chez J. George Eslinger, marchand libraire. J. Fr. Bassompierre, libraire en foire.*

La seconde édition, de 1775, est signée et porte cette nouvelle épigraphe : « Peut-être un jour son sang, sa fille tendant vers lui ses mains innocentes pour en obtenir le pain de l'aumône, s'en verra rebutée. » *Imprimé à la Haie et se trouve à Paris, chez la veuve Duchesne, libraire, rue Saint-Jacques, près la fontaine Saintbenoît.*

Une édition de 1776 ; *à la Haye et se trouve à Lausanne chez Franç. Grasset et Comp.*, in-12, est une contrefaçon bien exécutée de la première.

Vendu de 8 à 120 fr.

VI. Le Pornographe, ou *Idées d'un honnête homme* sur un projet de règlement pour les prostituées, propre à prévenir les malheurs qu'occasionne le publicisme des femmes; avec des notes historiques et justificatives.

Deux parties (la seconde contient les notes) en 1 vol. in-8° de 368 pages ; les p. 5 et 6 n'existent pas. Faux titre : *Idées singulières*, première partie. Epigraphe : « Prenez le moindre mal pour un bien. » Machiavel, livre *du Prince*, cap. xxi. 1769. *A Londres, chez Jean Nourse, libraire, dans le Strand. A la Haie, chez Gosse junior et Pinet, libraires de S. A. S.*

(Voir les deux études qui précèdent celle-ci, en tête de ce volume.

Le même ouvrage, 1770, mêmes libraires, gr. in-8° de 8 pages préliminaires et 215, moins bien imprimé, paraît être une contrefaçon. La seconde édition réelle est de 1776. Elle porte les mêmes noms de libraires, et compte 492 pages. Il y a de nombreuses additions, des réponses aux objections et une table raisonnée des mauvais lieux de Paris. Elle est préférable à la première. Celle-ci ne dépasse pas le prix de 7 à 15 fr., tandis que M. Fontaine cote la seconde, brochée, 200 fr.

1770.

VII. La Mimographe ou *Idées d'une honnête femme*, pour la réformation du théâtre national.

In-8° de 466 pages. 1770. Faux titre : *Idées singulières*, tome second. Epigraphe : « Le plaisir est le baume de la vie... le Plaisir, c'est la Vertu sous un nom plus gai. » Young. Fleuron sur le titre. *A Amsterdam, chez Changuion, libraire. A la Haye, chez Gosse et Pinet, libraire de S. Altesse. S.*

Comme dans le *Pornographe*, la seconde partie contient les notes.

L'ouvrage n'ayant été ni réimprimé ni contrefait est rare.

Vendu 7 fr. 50 et coté 150 fr. chez Fontaine, en reliure exceptionnelle, et 80 fr. broché.

VIII. L'EDUCOGRAPHE, 3e partie des *Idées singulières*. LE NOUVEL ÉMILE ou *l'Education pratique*. 4 vol. in-8°. Le faux titre seul porte : *Idées singulières, l'Educographe*. Le titre du premier volume est celui que nous venons de donner. Il est encadré. Fleuron. Épigraphe : *Res eadem vulnus opemque feret*. OVID. II, *Trist.* v. 20. *A Genève, et se trouve à Paris chez P.-J Costard, libraire, rue Saint-Jean-de-Beauvais*. 1770.

Le quatrième volume porte ce nouveau titre : L'ECOLE DES PÈRES, par N.-E. Restif de la Bretonne, avec cette épigraphe : « Forme ton fils comme ta femme voudrait qu'on t'eût formé. Elève ta fille comme tu voudrais qu'on eût élevé ta femme Fleuron. » *En France et à Paris chez la veuve Duchêne, Humblot, Le Jay et Dorez, rue Saint-Jacques; Delalain, rue et à côté de la Comédie française ; Esprit, au Palais-Royal ; Merigot jeune, quai des Augustins, libraires* ; 1776.

On ne connait que deux ou trois exemplaires de cet ouvrage. M. Lacroix l'a décrit d'après celui qui est à la bibliothèque de l'Arsenal et qui contient les cartons exigés par la censure. Selon le même bibliographe, ce serait Ginguené qui aurait eu la plus grande part à la rédaction du *Nouvel Emile*, et il a rassemblé assez d'aveux de Restif pour donner à cette conjecture la plus grande vraisemblance.

Selon lui, encore, un exemplaire de l'*Educographe* vaudrait aujourd'hui plus de 200 fr.

1771.

IX. Le Marquis de T*** (Tavan).

Quatre parties in-12. Titre encadré pour la première partie, fleuron pour les trois autres.

Le Marquis de T*** ou l'Ecole de la jeunesse tirée des mémoires recueillis par N.-E.-A. Desforest, homme d'affaires de la maison de T***, 1771. *A Paris, chez Le Jay, librairie, rue Saint-Jacques.* Epigraphe : *Dextera præcipué capit indulgentia mentes; Asperitas odium... movet.* Ovid. *De arte.*

Les trois autres parties portent : *à Londres.*

Epigraphe de la seconde :

Moribus... conciliandus amor.

Epitre 5 d'Ovide.

Epigraphe de la troisième : *Omnis amor magnus, sed aperto in conjuge major : Hanc Venus vivat, ventilat ipsa facem.* Prop. l. 4.

Epigraphe de la quatrième : *Non est properanda Voluptas; Sed sensim tardâ perficienda morâ.* Art d'aim. d'Ovide.

L'ouvrage est divisé en cinq livres. Ce sont des conseils moraux entremêlés d'histoires. Il est rare.

Vendu 10 et 72 fr.

1772.

X. Adèle de Com*** (Comminge).

Cinq parties in-12. Deux titres. Le premier, encadré : *Lettres d'une fille à son père.* Première partie. Prix 8 livres les cinq parties brochées. *Se trouve à Paris, chez Edme, libraire, rue Saint-Jean-de-Beauvais, près celle des Noyers.* 1772.

Second titre, encadré et enjolivé : ADÈLE DE COM***, ou LETTRES D'UNE FILLE A SON PÈRE. Epigraphe : Forme ta fille comme tu voudrais qu'on eût élevé ta femme. » Première partie. Fleuron. *En France*, MDCCLXXII.

Il y a des exemplaires sous ce titre : *Lettres d'une fille à son père;* Paris, Edme Rapenot, 1772.

L'ouvrage n'a point été réimprimé. Il est fort rare, le cinquième volume surtout, qui contient les « pièces singulières et curieuses relatives aux *Lettres d'une Fille à son père*, savoir : (G) *La Cigale et la Fourmi* [1], (H) *le Jugement de Pâris* avec des réflexions sur l'Ambigu-Comique (I), *Il recule pour mieux sauter*, (J) *Contr'avis aux gens de lettres.* — Par ce *Contr'avis*, Restif se fit des ennemis de Fenouillot de Falbaire, de Luneau de Boisjermain, d'Audinot, avec lequel il ne se brouilla cependant jamais complètement, et surtout de Desmarolles premier commis du lieutenant de police pour la librairie. Ce fut ce dernier qui, malgré l'approbation du censeur, fit séquestrer le cinquième volume qui dut être cartonné.

Vendu 30 et 250.

1773.

XI. LA FEMME DANS LES TROIS ÉTATS DE FILLE, D'ÉPOUSE ET DE MÈRE, histoire morale, comique et véritable.

Trois parties in-12; *à Londres et à Paris, chés De Hansy, libraire, rue Saint-Jacques.* 1773.

Première partie : LA FILLE, titre encadré, fleuron.

(1) Voyez les *Contemporaines du commun*, p. 157.

Epigraphe : « La Fille, ordinairement, est bonne, douce, obligeante, jusqu'à vingt ans. » 232 pages.

Deuxième partie : L'ÉPOUSE OU LA FEMME. Fleuron. Epigraphe : Ce qu'on appelle une Femme honnête ferait un homme bien médiocre. » POPE. 202 pages.

Troisième partie : LA MÈRE; fleuron. Epigraphe : « L'Homme-enfant doit rester longtemps entre les mains des Femmes, afin d'y prendre cette candeur, cette aménité que la meilleure éducation par les hommes ne donne qu'imparfaitement. »

Contrefaçon provinciale signée du nom de l'auteur et datée de *La Haye*, 1773; in-8°.

La deuxième édition est de 1778, *chez la veuve Duchesne*.

C'est de cet ouvrage que La Chabeaussière a tiré sa comédie : *Les Maris corrigés*, jouée en 1781 aux Italiens.

Traduit en allemand.

Vendu 10 et 120 fr.

XII. LE MÉNAGE PARISIEN OU *Déliée et Sotentout.*

Deux parties en 2 vol. titre encadré, fleuron; titre et dédicace rouge et noir. 1773. *Imprimé à La Haie*. Epigraphe : « Γνῶθι σεαυτόν. Nosce teipsum (reconnais-toi). » Autre épigraphe en tête de la seconde partie : « Un Parisien qui voit une belle femme n'a pas plus de raison de souhaiter d'être son mari, qu'un homme qui aurait vu les pommes du jardin des Hespérides, n'en aurait eu de désirer d'être le dragon qui les gardait. » POPE, *Pensées diverses*, traduites par Fréron. Le livre est dédié : *A mes pairs en sottise*. La dédicace est signée : Morille Dindonet.

Le Ménage parisien est rare. Il y est question d'une Académie de Quipergagne ou Sotentoute, dont les membres se fâchèrent et firent arrêter un moment le livre paraphé pourtant par Crébillon fils. Restif reconnait « qu'il y a des étincelles de génie » dans son livre. M. Monselet dit « qu'il est rempli de vivacité en même temps que de naïveté et de coloris ». C'est surtout un roman satirique, et madame Victoire Déliée du Cœur volant pourrait bien avoir emprunté beaucoup de traits d'Agnès Lebègue.

Vendu 10 et 80 fr.

1774.

XIII. Les nouveaux Mémoires d'un homme de qualité, par M. le Mis de Br**. (Fait en collaboration avec J.-Henri Marchand, censeur royal).

Deux parties en 1 vol. in-12. 1774. Fleuron. Epigraphe : « *Ludit in humanis divina potentia rebus.* » Ovide. *De Ponto*, eleg. 3. — *Imprimé à La Haye, et se trouve à Paris, chés la veuve Duchesne, rue Saint-Jacques, au temple du Goût; et De Hansy, libraire, même rue, près celle des Mathurins.*

Cette imitation de l'ouvrage connu de l'abbé Prévost contient de Restif les nouvelles suivantes : *Les Dangers de l'amour; les Coups de théâtre*, conte physique et moral; *Mon Histoire ou le secret d'être heureux par l'amour*, esquisse de son aventure avec madame Alain. Une troisième partie qui n'est que dans quelques exemplaires contient une pièce détachée, intitulée les *Beaux Rêves*, dédiée à madame D*** ; et une autre : *Le secret d'être aimé après quarante ans et même dans tous les âges de la vie, fût-on laid à faire peur.*

Il y a des tirages à part des *Beaux Rêves*; à *Plutonopolis, chez Fobetor, Fantase et Morfée*, in-12 de 50 pages. Les exemplaires de ce tirage contiennent en outre une autre brochure : *Thèse de médecine* soutenue en Enfer, précédée de la lettre d'un excorporé à son médecin. *A Plutonopolis, chez Alecto-Tisiphone-Mégère l'Envie, veuve de feu Ascalaphe le Dépit, libraire en Enfer, à la Tête de Méduse et au grand Cerbère.* L'an de Pluton, *c ωω ωω ωω* etc. ou 1774. C'est une thèse en faveur du docteur Guilbert de Préval.

Vendu 15 et 120 fr.

1775.

XIV. Le Paysan perverti, ou *les dangers de la ville* histoire récente, mise au jour d'après les véritables, Lettres du Personnage. Par N.-E. Restif de la Bretonne.

Quatre volumes in-12, 1775, titre encadré. M. Monselet cite une première édition sans nom de lieu ni d'imprimeur. Mais Restif dit : « Il a été tiré une douzaine d'exemplaires dont le frontispice ne porte point de nom. Ils étaient destinés, selon l'usage, au lieutenant de la police et à ses agents. » C'est sans doute d'après un de ces exemplaires que M. Monselet a rédigé sa note.

La seconde édition est de 1776. Le titre est le même que celui de la première. On y lit en plus : *Imprimé à la Haie, et se trouve à Paris chés Esprit, libraire de S. A. S. Mgr le duc de Chartres, au Palais-Royal, sous le vestibule, au pied du grand escalier.* 8 parties en 4 vol. in-12.

Autres éditions ou contrefaçons : 1° *A Amsterdam, aux dépens de la Compagnie,* 1776, 4 v. in-12. Titre rouge et noir.

2° Avec la mention *Veuve Duchesne et Dorez,* au premier volume. Et celle-ci : *chez les libraires indiqués dans la première partie* aux volumes suivants.

La même particularité se remarque sur une autre édition non citée par M. P. Lacroix et qui porte à cette première partie : *Le Jay, libraire, rue Saint-Jacques, et Merigot jeune, libraire, quai des Augustins.* Le nombre des pages de cette dernière est différent de celui donné par M. Lacroix. Il est de 290, 316, 244 et 200. En tête se trouve un cahier de 8 pages contenant les analyses des ouvrages de l'auteur. Il est probable que divers libraires ont demandé que leur nom figurât sur le titre des exemplaires qu'ils achetaient en nombre; que, par économie on n'a fait ce changement que pour le premier volume et qu'il ne s'agit pas ici d'éditions différentes.

3° Avec la reproduction du titre, *chés Esprit,* mais d'une impression suisse. On doit croire que Restif ne fut pas étranger à cette contrefaçon de son propre ouvrage, puisque cette édition contient des *lettres recouvrées,* une lettre de l'auteur aux libraires, des additions et des corrections, la description des figures, et un avis du libraire annonçant la *Paysanne pervertie.* De plus on doit supposer encore que la date de 1776 est fausse, à cause même de ce renvoi à la *Paysanne* qui ne parut qu'en 1784, et aux estampes qui sont de la même époque.

4° Édition de 1780 citée par M. Monselet.

Le *Paysan* a été traduit deux fois en allemand. Les 42 éditions anglaises dont se vantait Restif n'auraient aucune réalité suivant M. P. Lacroix. Cependant la traduction avait été entreprise par M. Powel avec lequel Restif entra en correspondance, et qui ne parait pas avoir été un simple mystificateur.

(Voir nos deux études *Vie de Restif* et *Restif écrivain.*

Vendu de 20 à 40 fr., sans figures, 175 à ...., avec figures, suivant leur état. Elles sont au nombre de 82 et presque toutes de Binet, gravées par Jean Le Roy.

1776.

XV. LE FIN MATOIS ou *Histoire du grand Taquin*, traduite de l'espagnol de Quevedo, avec des notes historiques et politiques, nécessaires pour la parfaite intelligence de cet auteur.

Trois parties in-12. 1776. Titre encadré. *Imprimé à la Haie*. Des exemplaires portent le titre : l'*Aventurier Buscon* ou *Histoire du grand Taquin*, suivie des *Lettres du chevalier de l'Epargne*; Madrid et Paris, Costard, 1776.

Spéculation de libraire. La traduction de l'espagnol avait été faite par le censeur d'Hermilly. Restif la lui acheta vingt-cinq louis, la romania et ajouta sept chapitres à la fin. Il gagnait à ce marché la bienveillance du vieux censeur, bénéficiait des éloges que Fréron ne pouvait lui refuser et ne lui refusa pas, et apprenait un peu l'espagnol qui à l'avenir allait entrer dans ses épigraphes au même titre que le grec, le latin et l'anglais.

Vendu 10 et 150 fr.

1776.

XVI. L'ECOLE DES PÈRES.

Même titre que celui donné ci-dessus pour le quatrième volume de l'*Educographe* (VIII). A reparu en 3 volumes in-12, même année, mêmes libraires. Quoique Restif ait parlé plusieurs fois du quatrième volume du *Nouvel Emile*, notamment à son correspondant allemand Engelbrecht qui devait le traduire, il est probable que ce quatrième volume écrit cinq ans après les trois premiers était réellement le commencement du remaniement qu'il voulait faire subir à l'ouvrage pour se l'approprier. S'il est vrai, comme nous le pensons avec M. Lacroix, que Ginguené ait fourni les matériaux de cet ouvrage, Restif devait chercher à effacer autant qu'il était en son pouvoir les traces de cette collaboration. C'est ce qu'il fit dans ces trois nouveaux volumes.

Le livre éprouva bien des difficultés de la part de la censure. Une confusion de noms à l'enregistrement du permis d'imprimer avait fait croire qu'il était de Diderot. Ces mauvais vouloirs, à la seule évocation de son nom, expliquent bien pourquoi Diderot n'écrivait plus à cette époque que pour lui et pour ses amis. La persécution toujours prête à renaître l'obligeait à une extrême prudence, et il faut être brave comme certains critiques de son temps et de nos jours qui n'ont rien à craindre parce qu'ils se rangent toujours du côté du plus fort, pour lui reprocher comme une faiblesse son horreur pour la Bastille. Il en avait tâté.

Traduit en allemand.

Vendu 10 fr. et 200 fr.

1777.

XVII. Les Gynographes ou *idées de deux honnêtes femmes* sur un projet de règlement proposé à toute l'Europe pour mettre les Femmes à leur place, et opérer le bonheur des deux sexes, avec des notes historiques et justificatives, suivies des noms des femmes célèbres ; recueillies par N.-E. Restif de la Bretonne, éditeur de l'ouvrage.

Épigraphe :

> A d'austères devoirs, le rang de femme engage.
> Et vous n'y montez pas, à ce que je prétends,
> Pour être libertine et prendre du bon temps.
> *Éc. des Femmes, III° acte, II° SC.*

A La Haie chés Gosse et Pinet, libraires de Son Altesse Sérénissime. Et se trouve à Paris, chés Humblot, libraire, rue Saint-Jacques, près Saint-Yves.

Deux parties en un vol. grand in-8° de *VIII* et 507 pages.

Il y a des exemplaires portant l'indication : *Paris, Humblot*, 1776, mais l'ouvrage rentrait dans la catégorie de ceux pour lesquels il ne pouvait être accordé qu'une *permission tacite*, c'est-à-dire qui devaient porter la marque d'une provenance étrangère ; on changea donc le titre pour y ajouter l'indication *à la Haie*. Cet étonnant subterfuge de la censure pour maintenir en principe des rigueurs inapplicables en fait n'a pu lui être suggéré que par les membres ecclésiastiques en majorité dans le corps.

Le petit roman qui encadre les réflexions de Restif est aussi simple que celui du *Pornographe*. Ce sont les lettres de deux amies, madame de Tianges et madame des Arcis qui parlent de leurs maris et de leurs ménages et se racontent des anedoctes. Les notes historiques ont pu être fournies à Restif par un compilateur à ses gages; car il a souvent employé des secrétaires, comme il a souvent acheté des manuscrits.

Vendu 6 fr. 50 c. et 20 fr.

XVIII. Le Quadragénaire.

Deux volumes in-12, faux titre : *Le Quadragénaire* ou

l'*Homme de XL ans*, avec 15 figures; titre encadré : *Le Quadragénaire* ou l'*âge de renoncer aux passions*, ouvrage utile à plus d'un lecteur. Epigraphe : « *Turpe senilis amor.* » *A Genève, et se trouve à Paris, chés la veuve Duchesne, libraire, rue Saint-Jacques, au Temple du Goût*, 1777.

Ce roman devait d'abord s'appeler l'*Amour par lettres*. Restif y a réuni celles qu'il écrivait alors aux ouvrières d'une marchande de modes de la rue de Grenelle Saint-Honoré. C'était une de ses manies. Il l'a prêtée à quelques-uns de ses personnages. Voyez entre autres dans les *Contemporaines du commun*, p. 190 : *La petite Bonnetière en mode*. Parmi les récits qui accompagnent ces lettres il faut distinguer celui qui est intitulé : l'*Illusion d'un homme de quarante ans* qui est l'ébauche de l'épisode de Virginie dans *Monsieur Nicolas* (10e partie).

Traduit deux fois en allemand.

Vendu 8 fr. 50 c., 100 et 250 fr. (reliure exceptionnelle).

1778.

XIX. Le Nouvel Abeilard, ou Lettres de deux amants qui ne se sont jamais vus.

Quatre volumes in-12. Epigraphe : « *They live* (Letters), *they speak, they breathe what love inspires*, etc. » Pope. Epître d'Héloïse à Abeilard. Fleuron, contenant cette autre épigraphe : *Vitam impendere vero.* Titre rouge et noir. *A Neufchatel. Et se trouve à Paris, chez la veuve Duchesne, libraire, rue Saint-Jacques, au Temple du Goût.*

Il y a dix gravures anonymes, à l'imitation de Gravelot et fort jolies, sans les exagérations qui déparent celles qui ont été faites sous la direction despotique de Restif. L'ouvrage est dédié à madame M. A. D. A. D. L. R. D. F. La dédicace est signée : N. E. R. D. L. B. D. S. E. B. B. Ces abréviations qui étaient de mode alors sont souvent difficiles à traduire. La seconde signifie clairement Nicolas-Edme Restif de la Bretonne, de Sacy, en Basse Bourgogne ; quant à la première, M. Lacroix ne l'a point expliquée. Nous supposons cependant que les dernières lettres disent : de la reine de France. Il reste à trouver cette dame M. qui approchait la reine et qui devait « son rang élevé autant à son mérite qu'à sa naissance ». Le temps nous manque pour cette recherche.

Une seconde édition est signée : *En Suisse, chez les libraires associés*, 1779.

C'est une charcutière, Victoire Londo, l'héroïne de ce roman. Il y est aussi question de mademoiselle Poinot, la menuisière. Ces mêmes personnages sont en jeu dans la *Nouvelle* que nous avons reproduite : *Les Trois belles Chaircuitières* (*Contemporaines du commun*).

Traduit en allemand.

Vendu 8 fr. (sans figures) ; 25 fr. (Solar) et 200 fr.

1779.

XX. La Vie de mon Père, par l'auteur du Paysan perverti.

Epigraphe :

> Omnia non pariter rerum sunt omnibus apta
> Fama nec ex æquo ducitur ulla jugo. Prop.

A Neufchatel, et se trouve à Paris, chés la veuve Duchesne, libraire, rue Saint-Jacques, au Temple du Goût, 1779.

Deux parties en 2 vol. in-12. 14 gravures et 2 portraits en médaillon du père et de la mère de l'auteur : « Edme Rétif, clerc de procureur à Paris, à l'âge de 19 ans. » « Barbe Ferlet, à l'âge de 17 ans. »

(Voyez *Restif écrivain, son œuvre et sa portée*, p. 67).

2e édition, 1780, même adresse.

3e édition ; 1788, *à Neufchatel*, comme la première.

4e 1853, *M. Rétif* ou la *Vie de mon Père* ; BIBLIOTHÈQUE DES POÈTES ET ROMANCIERS CHRÉTIENS ; *Paris, librairie de Soye et Bouchet*, rue de Seine, 36, in-4o à deux colonnes, avec gravures sur bois imitées de celles de l'édition originale ; mais imitées de très loin.

Traduit en allemand.

Vendu 10 et 120 fr.

1780.

XXI. LA MALÉDICTION PATERNELLE : Lettres sincères, véritables de N****** à ses Parents, ses Amis et ses Maîtresses ; avec les Réponses : Recueillies et publiées par Timothée Joly, son Exécuteur Testamentaire.

Trois parties en 3 vol., titre encadré, fleuron. *Imprimé à Leipzig, par Büschel, marchand libraire, et se trouve à Paris, chez la dame veuve Duchesne, en la rue Saint-Jacques, au Temple du Goût*, 1780.

Frontispices allégoriques en tête de chaque volume ; dessinés par Binet, gravés par Berthet, avec beaucoup de soin et d'élégance. Restif dit que cet ouvrage est « une éruption violente de sentiment, surtout le premier volume et la fin du troisième. C'est la préface naturelle des *Contemporaines.* » Faut-il croire, comme M. P. Lacroix, que tout ce qu'il y a de bon dans ce roman est de Pidansat de Mairobert ? C'est difficile. Et le censeur-nouvelliste-pamphlétaire aurait eu bien tort, dans tous les cas, de laisser à Restif la gloire d'une production qui fit dire à l'abbé de Fontenay (*Affiches de province*, 20 septembre 1779) : « M. Restif de la Bretonne s'élève au-dessus de lui-même ; il déploie dans ses idées une force, une énergie qui imposent. Ces tableaux d'un pathétique sombre et terrible sont dignes de la touche de Crébillon. » Ce qui est sûr, c'est que Restif a toujours revendiqué la paternité de ce roman et qu'il l'a en partie reproduit dans les *Contemporaines* sous le titre : *Les Effets de la malédiction*, où il renvoie à la *Malédiction paternelle*.

Traduit en allemand.

Vendu 15 et 250 fr.

XXII. Les Contemporaines.

1° Les Contemporaines ou aventures des plus jolies Femmes de l'âge présent : recueillies par N.*******, et publiées par Timothée Joly, de Lyon, dépositaire de ses manuscrits. 1780-82, 17 vol., fig.

Epigraphe : « Il s'essaie par ces historiettes, tantôt il prendra un vol plus hardi. »

Imprimé à Leipsick, par Büschel, marchand libraire, et se trouve à Paris, chés Belin, rue Saint-Jacques, près celle du Plâtre, et chés l'éditeur, rue de Bièvre.

2° Les Contemporaines du commun, ou aventures des belles Marchandes, Ouvrières, etc., de l'âge présent. Recueillies par N.-E. R** D* L* B***. *Imprimé à Leipsick,* *dar Büschel, marchand libraire. Et se trouve à Paris.* 1782-1783. 13 vol., fig.

1000 Ex. ont été tirés sous ce titre : *Les Jolies-Femmes-du-Commun.*

3° LES CONTEMPORAINES PAR GRADATION, ou aventures des jolies Femmes de l'âge actuel, suivant la gradation des principaux Etats de la Société. Recueillies par N.-E. R*** D* L* B***. *Imprimé à Leipsick, par Büschel, libraire. Et se trouve à Paris, chés la dame veuve Duchesne, rue Saint-Jacques,* 1783, 12 vol., fig.

Des Exemplaires portent ce titre : *les Contemporaines graduées, ou Aventures des Jolies Femmes de la Noblesse, de la Robe, de la Médecine et du Théâtre.*

Les figures de cette collection en 42 volumes dont les derniers sont rares sont presque toutes de Binet dessinateur, et Berthet, graveur, sauf celles de la troisième série dans laquelle on reconnait d'autres mains. Elles sont au nombre de 283. On les recherche plutôt pour leur bizarrerie que pour leur exactitude. Elles devraient être signées Restif et non pas Binet, car Binet n'était là que l'exécuteur docile des volontés de l'écrivain, et bien certainement, — il l'a prouvé, — livré à lui-même, il n'eût pas songé à aller contre les règles prescrites par l'art à tout copiste de la nature, et il n'eût pas exagéré la longueur des jambes des hommes, la finesse de la taille des femmes, l'étroitesse de leurs souliers et l'ampleur de leurs coiffures et de leurs paniers jusqu'à la caricature.

Il parait d'après une lettre de Marlin à Restif qu'il y a des portraits de contemporains dans ces estampes (1). M. Lacroix le pense aussi. Cependant on

(1) Il y avait pis dans le texte. Il y avait des histoires de personnages vivants qui ont amené des enquêtes de police. Une de ces enquêtes tirée des papiers des commissaires au

n'en désigne aucun, et pour qui a cherché à s'édifier sur ce point, il est impossible d'en reconnaître formellement un seul. Les types sont aussi insignifiants que possible.

Il existe une édition (incomplète) avec orthographe régulière, qui est une contrefaçon suisse.

Une seconde édition des *Contemporaines* parut de 1781 à 1788, mais elle ne comprend que les 30 premiers volumes; quoiqu'il y ait des additions et des corrections, il est difficile de la distinguer à première vue de la précédente. Beaucoup des exemplaires des *Contemporaines* sont d'ailleurs composés de volumes appartenant aux deux éditions. Les curieux de l'homme et non des images doivent préférer la seconde qui contient à la fin de la plupart des volumes, surtout de ceux de la série des *Contemporaines du commun*, nombre de lettres adressées à Restif et des morceaux polémiques. Nous en avons cité plusieurs en note, à la fin de notre volume des *Contemporaines mêlées*.

En 1825, le libraire Peytieux fit faire un titre à son nom pour écouler un certain nombre d'exemplaires des 38 premiers volumes dont il s'était rendu acquéreur. Ce titre jure par l'aspect et par le papier avec le reste de l'ouvrage. Il y a eu des réimpressions partielles en 1786, 1787, 1788, 1790.

Traduit en allemand (11 volumes seulement), par Mylius, traducteur de *Jacques le Fataliste*.

Vendu, 1re édition, 125 fr., 450, 2,400 fr. (rel. exceptionnelle) ; 2e édition, 202, 650, 900 fr.

Châtelet (*Archives nationales*), découverte par Mrs Campardon et Longnon, sera publiée prochainement dans le *Bulletin de la société de l'Histoire de Paris*. Il s'agissait d'une chapelière calomniée. Ce fut à l'intervention de Beaumarchais que Restif dut de sortir sans trop d'ennuis de cette affaire.

1781.

XXIII. La Découverte australe.

4 vol. in-12. Faux-titre : Œuvres posthumes de N*******. Œuvre seconde : La Découverte australe ou *les Antipodes*, avec une estampe à chaque fait principal, 1781. (Ce faux-titre manque à presque tous les ex.)

Titre : La Découverte australe par un homme volant, ou le Dédale français, nouvelle très philosophique, suivie de la *Lettre d'un Singe*, etc. Epigraphe : *Dædalus interea Creten*, etc. (au long à la préface). Fleuron. *Imprimé à Leipsick : et se trouve à Paris* ; sans date.

Au troisième volume, l'épigraphe est : *Felix qui rerum potuit cognoscere causas*. A la page 567 commence un autre opuscule : *Cosmogénies* ou Systèmes de la formation de l'Univers suivant les anciens et les modernes. P. 625, nouveau faux titre et nouvelle pagination : « Suite du IIIe volume. *Lettre d'un Singe* aux animaux de son espèce. *Dissertation sur les Hommes Brutes. La séance chés une amatrice*, composée de VI diatribes : I. l'*Homme de nuit* ; II. l'*Iatromachie* ; III. *La Raptomachie* ; IV. *la Loterie* ; V. *l'Olympiade*, *Armide*, etc. VI. *Gluck et les Loups*. » Ces annexes se continuent dans le IVe volume. Toutes les lignes des titres et des faux-titres sont soulignées par un filet simple ou double. Les 23 gravures dont l'ouvrage est orné sont des plus originales. Le mécanisme inventé par l'homme volant a grande tournure. Il se rapproche un peu de celui des *Hommes volants*, roman traduit de l'anglais par M. de Puisieux, mais il est perfectionné. Il a été gravé de nouveau sur bois, pour un roman populaire moderne de M. Henri de Kock. Les différentes espèces d'hommes-brutes, comme l'homme-ours, l'homme-chien, l'homme-cochon, l'homme-éléphant, etc., sont aussi fort curieusement imaginées. La grande figure se déployant : *la séance chez une amatrice* est belle. On suppose qu'elle représente le salon de madame Pankoucke, et donne les portraits de ses habitués : Suard, Arnaud, Condorcet, Coqueley de Chaussepierre, La Harpe.

Les diatribes ont été mutilées, et cinq d'entre elles ont dû être supprimées complètement.

Les premiers rêves cosmogoniques de Restif, inspirés de Cyrano de Bergerac, se trouvent dans ce livre presque aussi complets que dans la *Philosophie de M. Nicolas*.

Traduit en allemand.

Vendu 24, 108 et 200 fr. (Reliure exceptionnelle.)

1782.

XXIV. L'ANDROGRAPHE OU IDÉES D'UN HONNÊTE HOMME sur un projet de règlement proposé à toutes les Nations de l'Europe pour opérer une réforme générale des mœurs, et par elle, le bonheur du Genre humain ; avec des Notes historiques et justificatives ; recueillies par N.-E. Rétif de la Bretonne, éditeur de l'ouvrage.

Deux parties en 1 vol. in-8° de 16 et 492 pages. Epigraphe : « Maudit celui qui, le premier, entourant un champ d'un fossé, dit : Ce champ est à moi ! J.-J. R. » *A la Haie, chez Gosse et Pinet, libraires de Son Altesse Sérénissime. Et se trouve à Paris, chez la Dme veuve Duchesne et Belin, libraires, rue Saint-jacques, et Mérigot jeune, quai des Augustins.* 1782.

Ouvrage annoncé sous le titre : l'*Anthropographe* ou l'*Homme réformé*, que Restif lui donne souvent. L'introduction est intitulée : *Suite de l'histoire des personnages du Pornographe, de la Mimographe et des Gynographes.* On y retrouve en effet M. d'Alzan, madame des Arcis, etc.

Le but de Restif est de formuler plus en détail le système communiste qu'il avait ébauché dans les statuts du bourg d'Oudun. (Voir notre étude *Restif écrivain*, ci-dessus.)

L'*Andrographe* est très rare. Tiré à petit nombre, mal vendu, il devait encore être en feuilles dans la ma son de Restif, quand il annonçait en 1784 qu'il ne lui restait plus que quatre exemplaires complets des *Idées singulières*. Ce procédé pour vendre en collection ce qu'on ne peut écouler séparément est encore employé aujourd'hui par les libraires.

Vendu 7 et 50 fr.

1783.

XXV. La dernière Aventure d'un Homme de quarante-cinq ans ; nouvelle utile à plus d'un lecteur.

Deux parties en 1 ou 2 vol. in-12. La pagination est unique, mais il y a deux titres et les volumes sont de la force ordinaire de ceux de Restif.

Epigraphe de la première partie :

Venit magno fœnore tardus amor. Propert.

Epigraphe de la seconde :

Turpe senilis amor.

A Genève. Et se trouve à Paris, chés Regnault, libraire, rue Saint-Jacques, vis-à-vis la rue du Plâtre, 1783.

Quatre gravures (et non deux comme le dit M. P. Lacroix). Deux dans chaque vol. ; une, en tête, portant le titre : *frontispice*, Ire partie ; *frontispice*, IIe partie.

Dans la première partie, la seconde gravure est intitulée *les Deux cinquantenaires*, Ire part., p. 50.

Dans la seconde partie, la quatrième gravure est intitulée : *Dénoûment*, IIe part., p. 508.

Les deux premières sont signées : *C. Binet, del.* et *Giraud l'aîné, scul.*; Les deux autres : *Binet, del.* et *Pouquet, scul.*

Ce roman dont nous avons déjà dit quelques mots est un des meilleurs de Restif. C'est aussi l'un de ceux dans lequel il a mis le plus de faits vrais. L'histoire de ses amours avec Sara y est écrite à mesure qu'elle se déroulait dans la réalité. Cette confession fut cause de sa brouille avec mademoiselle Minette de Saint-Léger (Félisette) qui l'aimait alors. Il se vengea d'elle dans le volume qu'il fit paraître l'année suivante : la *Prévention nationale*, en y insérant toutes-chaudes les lettres qu'elle lui avait écrites.

Vendu 7 fr. 50 c. et 100 fr.

1784.

XXVI. La Prévention nationale.

Deux parties en 3 vol.

Premier volume : La Prévention nationale, action adaptée à la Scène ; avec deux Variantes, et les faits qui leur servent de base. Première partie, contenant : *la Prévention nationale*, action en cinq actes ; son analyse et la seconde Variante. Epigraphe : « Le Français estime toutes les autres nations et il ne leur attribue pas en général les défauts des Particuliers. » *A La Haie, et se trouve à Paris, chés Regnault, libraire, rue St-Jacques, prés celle du Plâtre.* Titre encadré.

Deuxième volume. Même titre général. Seconde partie, contenant la première Variante : I les Lettres authentiques ; II les Traits historiques ; III le Fait original ; IV le Prisonnier de Guerre, par N.-E. Rétif de la Bretonne. Fleuron. *Imprimé à la Haie.*

Troisième volume : *Faits qui servent de base à la Prévention nationale.* Suite : III le Chevalier d'Assas ; IV Charles Dulis ; V les deux Anglais ; VI le Fils obéissant ; VII le Prisonnier de guerre ; VIII la Prévention dramatique ; IX la Prévention particulière. Analyse de la *Dernière aventure d'un homme de 45 ans.* Second volume de la seconde partie. *A Genève. Et se trouve à Paris chez Regnault*, etc.

Le principal intérêt de cet ouvrage consiste dans les lettres nombreuses dont Restif l'a augmenté. Lettres de Minette, plus tard madame de Colleville, de Sara et de Butel-Dumont, de lui-même, sous le nom de Dulis, et surtout la lettre latine contre Minette, dont l'astronome Lalande qui connaissait cette demoiselle eut beaucoup de peine à obtenir la suppression.

La *Prévention nationale* contient dix figures, non signées.

Vendu 11 et 100 fr.

1784.

XXVII. LA PAYSANNE PERVERTIE *ou les Dangers de la ville*, ou histoire d'Ursule R**, sœur d'Edmond, le Paysan, mise au jour d'après les véritables Lettres des personnages, avec 114 estampes : par l'auteur du *Paysan perverti.*

Huit parties en 4 vol. in-12. Titres et faux-titres encadrés ; fleurons.

Imprimé à la Haie. Et se trouve à Paris chés la dame

veuve Duchesne, libraire, en la rue Saint-Jacques, au Temple du Goût, 1784.

Trente-huit figures, très remarquables, de Binet, pour la plupart, et gravées par Le Roy, Giraud le jeune, et Berthet, sauf quelques-unes, plus faibles. La description n'indique que 36 figures, mais il faut y ajouter *III bis* et VIII bis qui n'ont été tirées qu'après coup.

La censure ayant ordonné la suppression du titre : *la Paysanne pervertie*, la plupart des exemplaires ne portent que : *les Dangers de la ville* ou etc.

Restif n'a pas fait de seconde édition de ce livre dont Nougaret lui avait pris le titre qui, sans lui appartenir encore de fait en 1777, lui revenait de droit après la publication du *Paysan*. On trouve cependant des éditions sans gravures, contrefaçons suisses ou françaises, notamment à la date de 1785 *chés la veuve Duchesne* et 1786 même adresse, titre rouge et noir avec quatre figures-frontispices mal gravées.

Dans la première de ces contrefaçons, le 3e volume a 244 pages, mais la dernière est numérotée faussement 144, chiffre que donne M. Paul Lacroix.

1785.

XXVIII. Les Figures du Paysan perverti.

Restif de la Bretonne. . . . . . Invenit.
Binet. . . . . Delineavit.
Berthet et Leroi. . . . . Incuderunt.

Les Figures de la Paysanne pervertie.

Même titre encadré de filets, *sans nom et sans date*.

La Naïveté, l'Innocence, la Candeur, l'Enchantement séducteur de la Ville, les Femmes, les Désirs, les Plaisire, la Volupté, les Ecarts, l'Egarement, la Licence, la Débauche, le Vice, le Crime, l'Echafaud, l'Infamie, le Désespoir, la Mort.

Cette légende du titre qui reproduit les divisions générales et la marche des deux ouvrages est répétée à chaque partie.

Suivent les explications des gravures.

Ces gravures, publiées aux frais d'un ami de Restif qui peut être Grimod de la Reynière, sont au nombre de 120 pour les deux ouvrages réunis (82 pour le *Paysan*, 38 pour la *Paysanne*).

XXIX. Les Veillées du Marais, ou histoire du grand prince Oribeau, roi de Mommonie, en pays d'Evenland; et de la vertueuse princesse Oribelle, de Lagenia : Tirée des anciennes Annales irlandaises, et récemment translatée en français : par Nichols-Donneraill du comté de Korke, descendant de l'auteur.

Quatre parties en 2 vol. in-12. *Imprimé à Waterford*, capitale de Mommonie, 1785.

C'est un livre à clef où figurent sous des anagrammes et des pseudonymes presque tous les hommes célèbres de l'époque. Des allusions à la famille royale inquiétèrent le censeur Terrasson, et ce fut Toustain de Richebourg qui donna l'approbation. La plupart des exemplaires sont cartonnés.

En 1791, Restif fit reparaître le même ouvrage sous ce nouveau titre : L'Instituteur d'un prince royal, suivi d'un ouvrage irlandais intitulé : O'-Ribeau et O'-Ribelle, *Paris, veuve Duchesne*, 1791 ou 1792, 4 vol. in-12.

Binet avait fait pour les *Veillées du Marais* 52 dessins qui n'ont pas été gravés.

Vendu 9 fr. et 150 fr.

1780.

XXX. Les Françaises ou xxxiv exemples choisis dans les Mœurs actuelles, propres à diriger les Filles, les Femmes, les Epouses et les Mères.

4 vol. in-12, Titre encadré d'un filet double. *A Neufchâtel. Et se trouve à Paris chés Guillot, libraire de Monsieur, rue Saint-Jacques, vis-à-vis celle des Mathurins,* 1780.

Epigraphe du 1er volume, les filles.

La hija, y el vidrio, sempre estan in peligro.

Epigraphe du 2e vol. les femmes.

La Mujer y la Pera, la que mas calla, es buena.

Epigraphe du 3e vol. les épouses.

La Fama de su honestidad, en Mugeres, Delicada cosa es!

Epigraphe du 4e vol. les mères.

A sus Hijos y sus Hijas sabia Madre dezia :

Tres Muchos y tres Pocos destruyen el Hombre,
Mucho hablar, y Poco saber,
Mucho gastar, y Poco tener,
Mucho presumir, y Poco valer.

34 figures. M. Cohen, dans le *Guide de l'amateur des livres à vignettes* fait remarquer que jamais Binet n'a autant exagéré la petitesse des pieds et la finesse des tailles des femmes. Il est cependant probable que Binet n'est pas le seul dessinateur de cette série d'illustrateurs; deux figures seulement sont signées de lui.

Les *Françaises* n'eurent qu'un médiocre succès. C'est

encore la même veine que dans les *Contemporaines*, mais affaiblie en ce sens que Rétif prétend y prêcher « une morale excellente, dépouillée des inconvénients » de son précédent ouvrage.

Vendu 26 et 100.

1787.

XXXI. Les Parisiennes ou XL Caractères généraux, pris dans les mœurs actuelles, propres à servir à l'instruction des Personnes du Sexe : tirés des Mémoires du nouveau *Lycée des mœurs*.

4 vol. in-12, titre encadré : *A Neufchatel et se trouve à Paris chés Guillot, libraire de Monsieur rue Saint-Jacques, vis-à-vis celle des Mathurins*, 1787.

C'est encore une suite aux *Contemporaines*. Il y a 20 figures qui ne sont pas signées. Butel Dumont, Cubières Palmezeaux et, sur leur autorité, Restif considéraient cette nouvelle suite comme le meilleur des ouvrages de l'auteur.

Vendu 19 fr. 50 c., 100 et 250 fr.

XXXII. Le Paysan et la Paysanne pervertis ou les Dangers de la ville.

Seize parties en 4 vol. in-12. Titre encadré, 120 figures, y compris 8 frontispices. (*Imprimé à La Haie* 1784 (date fausse).

Cette fusion des deux ouvrages capitaux de Restif n'eut aucun succès de vente et l'édition a presque entièrement disparu ou ne se trouve qu'incomplète. M. Fontaine n'en indique point un exemplaire, même sans figures, dans la collection complète des *Œuvres* de Restif qu'il a annoncé au prix de 20,000 francs, en 1875.

1788-94.

XXXIII. Les Nuits de Paris ou le *Spectateur nocturne.*

Seize parties en 8 vol. in-12; *A Londres, et se trouve à Paris, chés les libraires nommés en tête du catalogue.* Titre encadré dans certains exemplaires qui portent le nom de *Mérigot jeune, libraire.*

Epigraphe :

Nox et Amor vinumque nihil moderabile suadent,
Illa pudore vacat, Liber, amorque metu.

Ovid.

18 gravures non signées, inégales. Quelques-unes sont remarquables. Nous avons dit que la première qui représente Restif un hibou sur la tête était de Gaucher et se trouvait dans son œuvre au cabinet des estampes. Il est possible que les autres (celles qui sont bien exécutées) soient du même artiste.

On lit à la fin du tome septième : Fin de la quatorzième *et dernière partie.* La quinzième partie ne parut que deux ans après, sous ce titre : La Semaine nocturne, sept nuits de Paris qui peuvent servir de suite aux III-CLXXX déjà publiées. Ouvrage servant à l'histoire du Jardin du Palais-Royal.

Epigraphe : « Les extrêmes se touchent. »

A Paris chés Guillot, rue des Bernardins, 1790.

La seizième partie parut trois ans plus tard sous ce titre : Les Nuits de Paris, ou le Spectateur nocturne.

Epigraphe : « Je ne m'apitoye pas sur un Roi. Que les Rois plaignent les Rois, je n'ai rien de commun avec ces Gens-là ; ce n'est pas mon prochain. » *Drames de la vie,* p. 1332. *A Paris,* 1794.

C'est encore un livre à clef. Cette clef tient six pages en petit texte dans l'ouvrage de M. P. Lacroix. Nous y renvoyons le lecteur. Quant au livre lui-même, il est pénible à lire. La coupure en petits chapitres à chaque instant interrompus et repris fatigue. Mais, après *Monsieur Nicolas*, c'est certainement l'ouvrage le plus précieux de Restif au point de vue des renseignements historiques et biographiques. Nous y avons souvent renvoyé dans nos Notes.

Traduit partiellement en allemand. Contrefaçon sous la rubrique : Londres et la date 1799. Il n'y a que les 14 premières parties et la pagination, au lieu d'être unique, recommence à chaque volume.

Vendu en 14 parties, 110 et 450 fr.
En 15 parties, 68 et 500 fr.
En 16 parties, 122 et 750 fr.

XXXIV. La Femme infidèlle. *A la Haie, et se trouve à Paris, chez Maradan, libraire, rue des Noyers, n° 33,* 1788.

Quatre parties en 4 vol. in-12.

Les premiers titres imprimés dès 1786 nommaient comme auteur Maribert Courtenay (1).

Ce pamphlet, d'une violence extrême contre Agnès Lebègue, lui a pourtant été attribué, comme nous l'avons dit (Restif** p. xxxv). C'est là que sont racontées ses liaisons avec Fontanes et Joubert. La clef de ce livre, détruit par l'auteur lui-même et devenu par suite extrêmement rare, remplit neuf colonnes de l'ou-

(1) Le libraire Alvarès a annoncé (1860, n° 8, de son catalogue) une *Femme infidèle*, par Maribert Courtenay, différente de celle de Restif. Ce pourrait être celle-là l'œuvre d'Agnès Lebègue. Elle est de *Neufchatel* et *Paris*, s. d.

vrage de M. Lacroix. Elle avait été faite par Restif qui l'a insérée à la fin du tome XXIII de la seconde édition des *Contemporaines*.

Vendu 89 et 239 fr.

1789.

XXXV. INGÉNUE SAXANCOUR ou *la Femme séparée*, histoire propre à démontrer combien il est dangereux pour les Filles de se marier par entêtement et avec précipitation, malgré leurs Parents. Ecrite par Elle-même, *A Liége et se trouve à Paris, chez Maradan, libraire, rue des Noyers*, nº 33, 1789.

Trois parties en 3 volumes.

Histoire de la fille aînée de Restif, Agnès, et de son mari Augé, entremêlée de pièces de théâtre que nous retrouvons ailleurs. Clef assez étendue. Il faut croire qu'il y avait quelque chose de vrai dans les accusations portées contre Augé par son beau-père, puisque cet homme fut guillotiné en 1794 (?) comme assassin.

Le livre est de toute rareté. Alexandre Dumas, sur les notes de M. P. Lacroix, avait commencé dans le *Siècle*, en 1851, un roman dont *Ingénue* était l'héroïne ; le fils d'Agnès Restif intervint, fit un procès en diffamation, et la publication fut arrêtée après transaction.

Vendu 40 et 300 fr.

XXXVI. LE THESMOGRAPHE ou *Idées d'un honnête homme* sur un projet de règlement, Proposé à toutes les Nations de l'Europe, pour opérer une Réforme générale des Loix avec des notes historiques.

Deux parties en 1 vol. in-8º.

A La Haie, chez Gosse-Junior et Changuion, libraires

des Etats. Et se trouve à Paris, *chez Maradan, libraire, rue des Noyers*, n° 33. 1789.

Epigraphe : *Salus Populi suprema lex esto.*

XII Tab.

Ce quatrième volume des *Idées singulières* en est le plus rare. Dédié aux Etats-Généraux, il a surtout pour but, dans la partie qui répond à son titre et qui est la moins étendue, d'engager la France à imiter la constitution du Danemark. Le reste de l'ouvrage est consacré encore aux démêlés de Restif et de son gendre, et à deux pièces de comédie : le *Bouledogue* ou le *Congé* et l'*An 2000*. Suivant M. Monselet, le *Thesmographe* avait paru avec une figure allégorique qui a été supprimée dans presque tous les exemplaires.

XXXVII. Monument du costume physique et moral de la fin du Dix-huitième siècle, ou Tableaux de la vie (texte de N.-E. Restif de la Bretonne), orné de figures dessinées et gravées par M. Moreau le jeune, dessinateur du cabinet de S. M. T. C. et par d'autres célèbres artistes. *A Neuwied sur le Rhin*, chez la Société typographique, 1789. Grand in-f° de 37 pages de texte, sans compter le titre, avec 26 estampes.

Vendu 91 fr., 300, 770, 6,000 fr. (Exemplaire exceptionnel contenant deux suites des figures de Freudenberg et de celles de Moreau et de Freudenberg, dont l'une avant la lettre. Reliure maroquin rouge.)

Le recueil parut en deux suites, l'une de 12, l'autre de 14 estampes. La première suite de Freudenberg avait précédé (chez Prault, 1775) celle de Moreau, (chez le même libraire, 1776 et 1777). Il y a une réduction in-8° de la seconde suite qui est de 1776. Le texte de Restif n'y était pas joint à cette époque.

Ce texte a été imprimé en 1790 dans une contrefaçon anglaise, *à Londres, chez C. Dilly, Poultry*. 2 v. in-12, avec une jolie gravure à chaque volume ; et en 1793, Londres, 2 v. petit in-8° avec 26 gravures mal exécutées.

L'éditeur Wilhem a publié une nouvelle édition grand in-f° des planches et du texte revu par MM. Ch. Brunet et Anatole de Montaiglon.

Une édition in-18 en 2 vol. intitulée : TABLEAUX DE LA BONNE COMPAGNIE ou Traits caractéristiques, Anecdotes secrètes, Politiques, Morales et Littéraires, recueillies dans les sociétés du bon ton, pendant les années 1786 et 1787, accompagnées de planches en taille douce, dessinées et gravées par M. Moreau le jeune, graveur du Cabinet du Roi et d'autres célèbres artistes, *Paris* (*Neuwied*), 1787, est, suivant M. P. Lacroix, la première édition de cet ouvrage. Le texte en est, selon lui, différent de celui du *Monument du Costume*. Nous n'avons pu faire cette comparaison ; mais nous devons dire que si c'est ce texte que Restif a utilisé dans l'*Année des dames nationales*, il nous a paru identique à celui que donnent MM. Brunet et de Montaiglon dans leur réimpression du *Monument du Costume*.

Vendu 17 fr. 50 et 150 fr.

TABLEAUX DE LA VIE ou les Mœurs du dix-huitième siècle; avec 17 figures en taille douce, *à Neuwied sur le Rhin, chez la Société typographique, et à Strasbourg, chez J.-G. Treuttel*. S. d. 2 v. in-18.

Vendu 16 fr. et 120 fr.

TABLEAUX DE LA VIE, ou les Mœurs du dix-huitième

siècle. Nouvelle édition, à Neuwied... 1791. — 17 gravures.

Tableaux de la vie et des Mœurs du dix-huitième siècle. Sans lieu ni date, 2 vol.

Les Petites parties et les grands costumes de la cour de France, ornés de gravures dessinées par Moreau le jeune, et publiés par Rétif de la Bretonne. *Paris, Boyer*, sans date, 2 v. in-18. Contrefaçon.

1790.

XXXVIII. Le Palais Royal.

Trois parties en 3 vol. in-12.

Faux titre du premier volume : *Les Filles du Palais Royal*, gravure frontispice pliée en trois ; légende : *Les trente-deux Filles de l'allée des Soupirs*.

Titre : Le Palais royal. Première partie : *Les Filles de l'allée des Soupirs*.

Épigraphe : O tempora ! o mores !...

Cicero et Martialis.

Fleuron. *A Paris, au Palais Royal d'abord ; puis partout, même chez Guillot, libraire, rue des Bernardins*, 1790.

Faux titre du second volume : *Les Sunamites au Palais Royal*, gravure plié en trois ; légende : *le Cirque*.

Titre : Le Palais Royal, seconde partie : *Les Sunamites*.

Faux titre du troisième volume : *Les Exsunamites au Palais Royal*, gravure : *la Colonnade*.

Titre : *Le Palais Royal* ; troisième partie : *Les Converseuses*.

Vendu 51 fr, et 300 fr,

Deux contrefaçons : *Le Palais Royal*, par M. Restif de la Bretonne, auteur des *Nuits de Paris. Paris, au Palais Royal*, 1791, 3 v. in-8°.

LE PALAIS ROYAL... à Londres, 3 v. in-12.

« Cette sixième suite des *Contemporaines*, dit Restif, ne pouvait entrer dans les premières, à cause des censeurs, mais elle était nécessaire à leur intégrité. » On peut juger par là des choses que Restif a cru devoir révéler à la postérité sur certaines parties cachées des mœurs de son temps, mais il ne faut le croire qu'à demi ; son imagination, portée à amplifier, égarait toujours un peu sa bonne foi.

1791.

XXXIX. ANNÉE DES DAMES NATIONALES. Histoire jour-par-jour d'une femme de France. Par N.-E. Restif de la Bretonne.

12 volumes in-12. 1791-1794.

A Genève, et se trouve à Paris, chés les libraires indiqués à la tête de mon catalogue. Cette dernière indication varie suivant les volumes ; mais les noms de Duchêne, Mérigot jeune et Louis ne se trouvent que sur le huitième.

48 gravures qui représentent soit des costumes (celles-ci sont doubles dans un même cadre), soit des situations. Plusieurs sont tirées des *Contemporaines*, mais regravées et assez mal.

« Cet ouvrage, dit Restif, infiniment varié, très-extraordinaire, très-intéressant, contient 610 nouvelles, toutes extraordinaires. » Il y a intercalé ce qu'il appelle des *Hors-d'œuvre*, c'est-à-dire des biographies de femmes célèbres contemporaines.

C'est encore un livre à clef.

Restif a fabriqué pour les différentes villes et même pour les villages des adjectifs géographiques dont la plupart pourraient être admis. Il est vrai qu'il s'est aussi placé souvent à côté des véritables, consacrés par l'usage ou indiqués par l'étymologie. Ce vocabulaire forme un tableau curieux que M. Paul Lacroix a reproduit.

Restif revendit au rabais ce qui lui restait de ce livre. On fit un nouveau titre : LES PROVINCIALES ou histoire des filles et femmes des provinces de France, dont les aventures sont propres à fournir des sujets dramatiques dans tous les genres. Epigraphe : *Nulla diù fœmina pondus habet* : PROPERT. *A Paris, chez Garnery, libraire, rue Serpente*, n° 17. 1791-94.

Vendu 19, 69, 150 et 450 fr. (Reliure exceptionnelle).

1793.

XLI. THÉATRE de N.-E. REST. BRET. contenant :

I. *La Cigale et la Fourmi*, fable dram.
II. *Le Jugement de Pâris*, coméd.-ballet.
III. *La Prévention nationale*, dr. 5 actes.
IV. *La Fille naturelle*, drame en 5 actes.
V. *Les Fautes sont personnelles*, dr. 5 actes.
VI. *Sa Mère-l'allaita*, comédie en 3 actes.
VII. *Le Loup dans la Bergerie*, opéra-com.
VIII. *La matinée du Père de famille*, bagat.
IX. *Bouledogue, ou le Congé*, bagatelle.
X. *Epimenide, grec*, drame en 3 actes.
XI. *Le Nouvel Epimenide*, com. en 5 act.
XII. (sic). *Le Père-Valet*, drame en 3 actes.
XIII. *L'Epouse-Comediéne*, com.-ariet. 3 ac.
XIV. *L'An 2000*, comédie-héroïq. 3 actes.

XV. *Le Libertin-fixé*, pièce en 5 actes.
XVI. *L'Amour-Muet*, comédie en 5 actes.
XVII. *Edmond, ou les Tombeaux*, tragéd.

Plus X pièces dans le Drame de la Vie qui va paraître, et XIII actes d'Ombres chinoises. *A Paris, chés la dame veuve Duchêne, rue Saintjaques et M. Mérigot, jeune, quai des Augustins-rue-Pavée.* 1793.

Cinq volumes in-12.

Il y a un titre particulier à chaque volume. Le tome cinquième est indiqué, tome III où V.

Ces pièces, dont aucune n'a été jouée, ont toujours pour sujet les aventures personnelles de Restif. La plupart ont paru séparément, ou dans d'autres recueils comme dans les *Nuits de Paris*, les *Françaises*, etc. Elles sont très difficiles à réunir et à classer. Presque toutes ont des sous-titres qui les expliquent et sont datées de 1770 à 1790. Mais ce qui domine dans ce théâtre, c'est la présomption qui pousse l'auteur à se comparer à Beaumarchais et à se considérer comme lui étant supérieur. Il ne voit la cause des succès de son rival *Bellemarche* que dans la fortune de celui-ci.

Vendu 130 et 296 fr.

XLII. « Lecteur, lisez le plus intéressant des ouvrages, sans craindre le scandale ! » LE DRAME DE LA VIE : contenant un homme tout entier. Pièce en 13 actes des Ombres et en 10 Pièces régulières. *Imprimé à Paris, à la maison; chés la veuve Duchêne et Mérigot jeune, Louis, libraires, rue Saint-Séverin*, 1793. Cinq parties en 5 volumes in-12.

Épigraphe : *Vita data est utendà*.

La phrase : « *Lecteur, lisez*, etc. » n'est que sur le premier volume, ainsi que les noms des libraires qui sont remplacés sur les suivants par : « *Et se trouve chez les libraires nommés.* » La pagination se continue jusqu'à la page 1284.

Dans cet ouvrage se trouve le grand portrait in-4° de Restif, dessiné par Binet, gravé par Berthet, accompagné des quatre vers de l'avocat Marandon, de Bordeaux, l'un des admirateurs de l'auteur :

Son esprit libre et fier, sans guide, sans modèle,
Même alors qu'il s'égare étonne ses rivaux ;
Amant de la nature, il lui doit ses pinceaux,
Il fut simple, inégal et sublime comme elle.

Ce portrait avait déjà paru à part en 1785, mais sans l'inscription que Marandon fit à cette époque pour remplir la place laissée vide sur le socle d'architecture qui supporte le médaillon où s'encadre la figure de Restif.

Voici les titres des pièces représentées « par M. Castanio sur le théâtre d'ombres chinoises de M. Aquilin de l'Elisée (Grimod de la Reynière) » : I *Madame Parangon* ; II *Zéphire* ; III *Agnès, Adélaïde* ; IV *Rose, Eugénie* ; V *Élise* ; VI *Louise, Thérèse* ; VII *Virginie* ; VIII *Sara* ; IX *Félicitette* ; X *Filette*. Il y a en outre des lettres, des vers de jeunesse. C'est le complément naturel de *Monsieur Nicolas* imprimé déjà à ce moment, quoique non publié.

Vendu 17 fr. 50, 200, 250 fr. (rel. exceptionnelle).

1794-97.

XLIII. MONSIEUR NICOLAS ou le Cœur humain dévoilé. Publié par lui-même, avec figures ; *imprimé à la maison, et se trouve à Paris chés le libraire indiqué au frontispice de la dernière partie*, 1794.

Seize parties en huit tomes et en 16 v. in-12.

Epigraphe : *'Eèn ekastos mandaken komizai. Suam quisque pellem portat.* Fleuron. Titre encadré.

Quoi qu'en dise le titre, les figures n'ont jamais été gravées. Les noms des libraires varient sur les divers volumes qui se sont succédé sans plan bien défini. Il y a des choses promises qui n'ont pas été tenues et on y en trouve d'autres auxquelles on ne s'attend pas. Les confessions ne vont pas au-delà de la liaison avec Sara. Le reste est de l'histoire contemporaine mêlée de réflexions, de projets de réforme et de diatribes. Tel qu'il est cependant cet ouvrage est un des plus curieux de Restif, et nous y avons assez puisé pour ne pas avoir à insister davantage sur son contenu.

Vendu 46, 325, 700, 1,000 fr. (rel. exceptionnelle).

XLIV. Philosophie de Monsieur Nicolas, par l'auteur du *Cœur humain dévoilé. A Paris, de l'imprimerie du Cercle social. L'an V* (1796) *de la République française.*

Trois parties en 3 vol. in-12.

Nous avons analysé dans notre seconde étude (*Restif écrivain*, p. 76 et suivantes), le système cosmogonique que Restif a consigné dans ces trois volumes. C'est celui qu'il a soutenu depuis le *Paysan perverti*. Il est seulement plus détaillé ici, et rien, si ce n'est l'orthographe qui est régulière, ne permet de supposer que Restif n'est pas l'auteur de ce livre dans lequel apparaît à chaque instant sa personnalité. Si Bonneville et Arthaud lui ont fourni des documents scientifiques et historiques, c'est là, pensons-nous, contrairement à M. Paul Lacroix, toute leur part de collaboration.

Traduit en allemand.

Vendu 5,50, 100 et 200 fr. (rel. exceptionnelle).

1798.

XLV. L'Anti-Justine ou *les Délices de l'amour*, par M. Linguet, av. au et en Parlem. Avec soixante figures. *Au Palais-Royal ; chez feue la veuve Girouard, très-connue*, 1798.

Deux parties in-12.

Epigraphe : *Casta placent superis.* — *Manibus puris sumite* (*cunnos*). Fleuron.

Livre inachevé, destiné à combattre l'influence de la *Justine* du marquis de Sade, sur le compte duquel Restif revient souvent et qu'il a dû approcher. Nous n'avons pas à nous étendre sur cette publication réimprimée en Belgique (1863, avec des altérations, et 1798-1864, complète en 2 v. in-12 ; 8 grav.) ; nous dirons seulement que ce qui choquait Restif dans les idées du marquis, ce n'était pas la lubricité mais la cruauté. Il a cherché à son tour un assaisonnement moins répugnant et il n'a trouvé que l'inceste. Beau résultat ! Il y a d'ailleurs peu d'invention dans ce mauvais ouvrage qui, après quelques chapitres où paraît Augé, le mari de la fille de Restif, dégénère en conte ridicule dont le héros est un être fantastique.

La date de 1798 que portent les six exemplaires connus (pour la plupart incomplets) de l'*Anti-Justine* nous paraît fausse. La préface, attribuée à Linguet, comme le livre, est datée de l'an II, et il est probable que c'est en effet en 1794, à l'heure même où venait de paraître la *Justine* de de Sade que Restif s'est mis à en composer à la casse, la contre-partie.

1802.

XLVI. Les Posthumes; *Lettres reçues après la mort du mari par sa femme, qui le croit à Florence.* Par Feu Cazotte. *Imprimé à Paris, à la maison; se vend chés Duchêne, libraire, rue des Grands-Augustins.* 1802.

Quatre parties en 4 vol. in-12. 1 fig. anonyme à chaque volume. Titre encadré.

Epigraphe : *Lhetum non omnia finit.* Propert.

Ouvrage saisi lors de son apparition. Les gravures paraissent n'avoir pas été étrangères à cette mesure administrative, et les exemplaires qui se sont vendus plus tard en sont généralement dépourvus. Il est cependant possible que les planches existent encore. Nous avons vu des exemplaires de l'une d'elles tirés sur papier de Chine volant, ce qui n'était pas dans les habitudes du temps, ni de Restif.

C'est dans les *Posthumes* dont nous avons parlé plusieurs fois déjà que se trouve essayée l'étrange idée des *Revies*. Sous ce titre, Restif dresse le plan d'une nouvelle direction de son existence à partir de certains événements. Mais de toutes les façons qu'il retourne ainsi sa vie, il n'en peut enlever le caractère dominant : l'érotisme, qui devait amener fatalement des résultats identiques à ceux qu'il regrette dans sa vie réelle.

Vendu 8,50 c. et 75 fr. avec fig.; 10 et 40 fr. s. fig.

XLVII. Les Nouvelles Contemporaines, ou *Histoires de quelques femmes du jour,* Rétif de la Bretone. *A Paris, à l'imprimerie de la Société typographique de la rue du Grand-Hurleur, n° 5, et chez les marchands de nouveautés.* An 10. 1802.

2 vol. in-12 avec un portrait réduit par Berthet d'après le grand portrait du *Drame de la vie.*

Recueil d'anciennes nouvelles remaniées de façon à leur enlever tout caractère personnel. Il se pourrait que Restif n'eût eu aucune part à cette publication.

1811.

XLVII. HISTOIRE DES COMPAGNES DE MARIA OU *Épisodes de la vie d'une jolie femme*, ouvrage posthume de Restif de la Bretonne. *A Paris, chez Guillaume, imprimeur-libraire, place Saint-Germain-l'Auxerrois*, n° 41, 1811. 3 vol. in-12.

C'est Dorat Cubières qui, avec l'autorisation de la fille et du gendre de Restif, imprimée au verso du faux-titre, a publié cet ouvrage posthume. Il l'a accompagné d'une *Notice* sur l'auteur qui remplit le premier volume. Nous en avons cité quelques passages (première étude *Restif écrivain*, pages 31 et 32.)

Voici ce que nous connaissons des ouvrages imprimés de notre auteur. Tel qu'il est, son bagage est assez lourd pour qu'il ne soit bien utile de le surcharger encore de choses qui n'en font pas aussi certainement partie. Cependant nous devons signaler comme lui étant encore attribués par M. Paul Lacroix: plusieurs pamphlets contre l'abbé Maury en date de 1789, 90 et 91, écrits à l'instigation de Mirabeau. C'est une étude à faire, étude difficile et compliquée. Nous avons peine, pour nous, à nous figurer Restif s'occupant d'autre chose que de lui-même et de ses propres affaires. Le pamphlet qui ne s'occupe que des affaires des autres n'était pas son fait. Nous ne nions pas qu'il ait, en sa qualité d'imprimeur, aidé à cette guerre contre l'abbé Maury et prêté sa presse clandestine;

mais nous le voyons partout trop affolé de ce qui se passe, trop troublé par ce qu'il voit pour croire qu'il ait pu, même momentanément, entrer dans une carrière, où quoi qu'on fit alors pour se cacher, on ne tardait pas à être connu. Politiquement, Restif n'était pas brave; s'il a écrit des pamphlets ce doit être pour sa défense personnelle, comme celui : *A Villeterque, vil pamphlétaire*, signalé par M. Lacroix. Mais nous n'admettrons qu'à la dernière évidence qu'il soit l'auteur du *Plus fort des pamphlets, l'Ordre des Paysans aux Etats généraux* (sans nom de lieu ni d'imprimeur, 1789, in-8o de 80 pages); du *Moyen sûr à employer par les deux ordres pour dompter et subjuguer le Tiers-Etat et le punir de ses exactions*; du *Domine salvum fac regem* (sur les bords du Gange, 21 octobre 1789); de *Don B.... aux Etats généraux*, etc. (sans date). Ces trois derniers libelles lui avaient été attribués par son gendre, mais le dénonciateur ne put prouver son dire et dut aller en prison. Dans *Don B....*, nous ne voyons que l'œuvre d'un mauvais plaisant, et Restif n'était rien moins que plaisant.

On a encore fait figurer dans les œuvres de Restif un roman intitulé : TABLEAU DES MŒURS D'UN SIÈCLE PHILOSOPHE, histoire de Justine de Saint-Val, par M. F. C. L. R. D. L., *Manheim, chez C. Fontaine, libraire, et à Paris, chez la veuve Duchêne*, en 2 parties in-12, fig. d'après Binet, 1786. Ce qui a pu amener la confusion, c'est qu'en effet le titre est disposé à la façon ordinaire des titres de Restif. Mais, dans les gravures (au nombre de trois) qui sont jolies, on sent que Binet est indépendant. Le roman est d'ailleurs une thèse antiphilosophique et les lettres L. R. D. L. doivent être lues : Le Roi de Lozembrune.

LES EGAREMENTS D'UN PHILOSOPHE ou la Vie du chevalier de Saint-Albin, par M. de Saint-Clair, *à Genève, et se vend à Paris, chez Regnault, libraire, rue Saint-Jacques, vis-à-vis celle du Plâtre*, 1789. 2 vol. in-12, fig. d'après Binet, doivent sans doute aussi à ces figures d'avoir été attribués à Restif. M. Lacroix pense qu'il a pu en être l'annotateur et l'éditeur, mais il reconnaît que le style de M. de Saint-Clair est plus léger et plus vif que celui de Restif.

La Philosophie du Ruvarebohni, pays dont la découverte semble d'un grand intérêt pour l'homme ; ou récit dialogué, par feu P. J. J. S*** et Nicolas Bugnet (vers 1805), 2 vol. in-12 ; paraît aussi à M. Lacroix pouvoir être donné à Restif. Nous n'avons pas vu plus que M. Lacroix ce livre détruit sous l'Empire ; mais nous croyons que les raisonnements sur lesquels s'appuie le savant bibliographe sont un peu trop *voulus* pour être exacts. Que Sponville et Nicolas Bugnet, à qui Barbier (*Dictionnaire des anonymes*) attribue ce livre, soient pour nous des noms inconnus, cela ne suffit pas pour que ce soient d[illegible] pseudonymes de Restif ; que ce nom de Bugnet s[illegible] rapproche de celui de Beugnet, ancien amant de madame Restif, et qu'elle-même l'ait mis à la tête d'un ouvrage posthume de son mari, cette conjecture est un peu bien scabreuse ; qu'enfin le chevalier de Saint-Mars, maréchal de camp et inspecteur de l'artillerie, ait fait dans une lettre à Restif une confusion telle que celle qui consiste à écrire *Edvremoni* pour *Ruvarebohni*, cela est tout à fait inadmissible. Si *Edvremoni* était une anagramme comme *Ruvarebohni*, on pourrait y lire *rude moine* ; mais si ce n'était qu'un nom propre altéré ? Voyons la phrase citée : « Ayez de bonnes et dignes mères, et des pères à l'avenant, tels que vous essayez d'en former ; grande partie de ces horreurs cesseront :

mais par l'extirpation complète des mauvaises impressions faites dans les jeunes têtes par les écrits des esprits forts. Vous devez écrire contre eux avec vigueur et ne pas craindre d'arborer l'étendard de la religion, en suivant la morale de *Saint-Edvremont*. (Si les hommes en étaient ce qu'ils y ont mis, rien de plus beau, de plus sage, de plus consolant que le résultat). » N'est-il pas clair qu'il s'agit ici tout simplement d'une citation de Saint-Evremond (1), et pas du tout de *Saint Vrai bonheur*.

L'*Intermédiaire des Chercheurs* (n° 171, 25 juin 1875) contient à ce sujet trois notes de M. C. Roche (de Grenoble) qui possède la *Philosophie de Ruvarebohni* et le *Catéchisme social* des mêmes auteurs. M. C. Roche pense que le premier de ces ouvrages est de Grimod de la Reynière, qu'on appelait Bugnet, dans l'intimité « à cause d'un défaut de conformation aux mains qui ressemblaient à des *bugnes* ». Peut-être ici encore les raisons ne sont-elles pas suffisantes.

Un autre catalogue (vente P. D. 3 mars 1875; Chossonnery, libraire), indique encore :

Education des Filles. *Le sage Instituteur*. La Haye, 1776, in-12 de 180 pages.

Dorlisse, ou l'*Amour paternel*, s. lieu, 1776, in-12. avec cette note : « Ces deux derniers ouvrages sont bien de Restif, mais nous ne les trouvons cités nulle part. Ils sont par conséquent de la plus grande rareté. »

Il eût été bon de donner une raison quelconque de cette attribution. Et il eût été meilleur d'expliquer pourquoi ces deux ouvrages ont été oubliés par Restif dans les nombreux catalogues qu'il a dressés de ses

(1) Cette phrase se trouve dans un *Discours sur la religion*, adressé à madame de Mazarin.

œuvres et dans les notices répétées qu'il leur a consacrées.

Nous croyons qu'en sortant de ces catalogues on se perdra dans les conjectures. On peut être sûr que Restif n'a pas oublié un seul de ses titres. Plusieurs même des ouvrages promis par lui n'ont jamais paru, soit qu'il en ait abandonné le projet, soit que le temps ou l'argent lui aient manqué pour les imprimer.

Tels sont :

Le Hibou ou le Spectateur nocturne, dont les fragments ont passé dans d'autres ouvrages.

L'Enclos et les Oiseaux, indiqué comme prêt à paraître, dans *les Posthumes*.

Les Mille et une Métamorphoses et plusieurs autres Mille et une Histoires de tous genres, titres généraux qui figurent dans les diverses listes des ouvrages « que se propose de publier N.-E. Restif, s'il vit assez longtemps pour les achever ».

Le Glossographe, enfin, dixième et dernier volume des *Idées singulières*, dont un résumé seulement a paru dans le tome XVI de *Monsieur Nicolas*.

Il faut encore rayer de la bibliographie de Restif :

Les Dangers de la séduction ou les *Faux pas de la beauté*, par R. de L. B., *à Paris*, chez les marchands de nouveautés, 1846, in-18.

Les Roses et les Epines du mariage, par M. R. de la B. Paris, chez les marchands de nouveautés, 1847, in-18.

La Belle Cauchoise ou les *Aventures d'une Paysanne*

pervertie; *Paris, chez les marchands de nouveautés*, s. d. in-18.

HAINE AUX HOMMES ou les *Dangers de la séduction*, par M. R. de la B.

Tous volumes de colportage tirés par des spéculateurs des ouvrages de Restif.

Restif a eu un petit-fils, Victor Vignon, et un neveu, L. Restif de la Bretonne, qui ont eu comme lui une invincible passion pour la publicité. M. Ch. Monselet a le premier signalé cette influence héréditaire et donné la liste des ouvrages de ces deux écrivains. Restreint dans des limites, que nous craignons d'avoir dépassées déjà, nous nous bornerons à renvoyer les curieux soit au livre de M. Monselet, soit à la *Bibliographie de Restif* de M. Paul Lacroix.

Aussi bien notre travail ne peut-il remplacer cette œuvre considérable. Si nous y avons apporté de légères modifications; si nous avons signalé quelques points douteux, nous n'en devons pas moins rendre justice à l'étendue des connaissances, au savoir spécial et à l'amour de son sujet qui distingue le bibliophile Jacob, dans cette étude magistrale qui est et restera le guide de tous les collectionneurs méticuleux des ouvrages de Restif.

Quant à nous, nous n'avons pas, on l'a vu de reste, une admiration sans mélange pour ce phénomène littéraire. Nous avons essayé de l'apprécier sans le trop grandir et sans trop le rabaisser; mais nous le répétons ici, comme nous l'avons dit dès notre première page, nous n'engageons personne à le prendre pour modèle, en aucun genre.

Cependant, il n'est pas impossible que d'autres parties de ses œuvres soient exhumées un jour. Malgré tout ce qu'on a pu dire, avec raison, contre Restif, il aura donc trouvé le sentier qui devait le conduire à cette immortalité que rêvent tant d'écrivains et que si peu parviennent à conquérir tout en ayant plus de talent, plus de savoir et plus de véritable mérite que le fils du vigneron de Sacy. C'est qu'il y avait chez lui, chose plus rare qu'on ne croit, un tempérament, condition primordiale de ce qu'au dix-huitième siècle on appelait le génie, et ce que nous nommons l'originalité.

J. Assézat.

LES

CONTEMPORAINES

OU

AVENTURES DES PLUS JOLIES FEMMES

DE L'AGE PRÉSENT

INTRODUCTION

Quand j'étais jeune, j'écoutais par ignorance, et je gardais le silence par timidité, par un certain orgueil qui venait d'un sentiment très vif de mon insuffisance. À présent, que je ne suis plus jeune, j'écoute pour m'instruire : je parle peu ; celui qui se répand toujours au dehors, est bientôt épuisé : je me réserve de parler, lorsque je serai vieillard ; car alors on est paresseux d'écrire. C'est un pénible travail que d'écrire ! S'il n'était quelquefois accompagné de plaisir, il serait au-dessus des forces de l'homme.

Permettez, honorable lecteur, que je vous rende compte de la manière dont me sont parvenues les *Nouvelles* que j'ai rassemblées pour votre amusement. Lorsque j'aperçois quelque jolie personne, je suis curieux de la connaître, à proportion de sa beauté. J'y réussis facilement : un particulier fort répandu, qui m'a pris en affection, je ne sais pourquoi, mais sans doute parce qu'il me suppose quelque talent, et qui m'aime en raison du bien que son imagination exaltée lui dit de moi, fait les informations, et me donne ensuite les résultats de ses recherches (*). Quelques-uns de ses canevas restent tels qu'il me les donne; j'ai désigné ces *Nouvelles* à la table par la lettre (N***). Vous ne verrez donc ici aucune aventure, honorable lecteur, que la belle qui en est l'héroïne, n'ait fait naître l'idée de l'écrire. C'est la raison du titre que j'ai choisi.

Maintenant voici mes motifs pour mettre sous vos yeux des événements journaliers, qui se passent dans l'intérieur des familles, et qui par leur singularité, vous serviront à anatomiser le cœur humain. Si vous êtes retiré à la campagne, vous serez charmé, à vos moments de loisir, de vous amuser à lire une histoire véritable, courte, dont les faits n'ont point ce sombre terrible des livres anglais, qui fatigue en attachant ; ni ce ridicule papillonnage des brochures françaises ordinaires ; ni le ton langoureux et soporatif de ces romans prétendus tendres, tous jetés dans le même moule ; ni ces échasses mal proportionnées, que donnent à leur héros les romans de chevalerie. J'ai depuis longtemps quitté cette route ; et pour m'en frayer une autre, j'ai suivi moins l'impulsion de mon propre goût, et la tournure particulière de mon esprit, que la vérité. Dès mon enfance, en lisant des romans, j'eus envie d'en faire : mais sentant bien qu'il manquait quelque chose à ceux que je lisais (c'était surtout ceux de *madame de Villedieu*) et que ce quelque chose était la vérité, j'imaginai que si jamais j'avais le talent d'écrire, il faudrait prendre une route nouvelle, et ne point prostituer ma plume au mensonge.

A la vérité, je n'ai pas toujours tenu ce sage propos : mais dès que j'ai eu calmé le premier trouble, et l'espèce d'ivresse que jette nécessairement dans l'âme la profession d'auteur, je suis revenu aux premières résolutions de ma jeunesse, et je n'ai plus voulu écrire que la vérité. J'ai été l'historien de personnages, dont je n'ai menti que le nom : encore m'est-il quelquefois

(*) Il est mort la nuit du 29 au 30 mars 1779 (*Jòly*).

arrivé de l'employer, surtout lorsque mes héroïnes, victimes d'un sort contraire, avaient été des modèles de vertu. Mais quelques-unes ne l'ayant pas trouvé bon, j'aurai soin par la suite de ne jamais nommer, à moins d'en avoir une permission formelle.

Peut-être m'objectera-t-on que mon titre, les *Contemporaines*, ne paraît pas rempli à certains égards, puisqu'il est une infinité de jolies femmes connues, dont je parais ne rien dire. Je vous prie, honorable lecteur, d'avoir cette vérité présente, que mes personnages sont connus, que vous les avez sous les yeux ; mais que les faits que je raconte étant particuliers, ils sont ignorés.

J'ai pris mes héroïnes dans toutes les conditions, à l'exception des plus basses, que j'ai presque absolument négligées, puisque dans le grand nombre de volumes dont cet ouvrage sera composé, il s'en trouve à peine quatre où les héroïnes soient bien décidément de l'avant-dernière classe (1). Toutes les autres *Nouvelles* sont prises ou dans les conditions élevées, ou dans la classe moyenne des citoyens, dans cette classe, je le répéterai dans tous mes ouvrages, où se rencontre l'homme par excellence. Je ne dis pas ce que vous venez de lire, honorable lecteur, pour me justifier : à mes yeux, toutes les conditions sont remplies par des hommes, quoi qu'en disent MM. les ducs, les marquis, les comtes et les barons, et toutes sont dignes d'être observées : mais on m'a reproché d'être bas dans le choix de mes personnages. Je dois me laver de cette inculpation, et voici ma réponse : Celui ou celle qui pensent ainsi, par là même sont au-dessous des plus bas de mes héros (2)... Je dois cependant avouer, qu'il m'est arrivé de transposer les conditions, et d'en donner une fort commune à des personnages relevés :

(1) Ces volumes renfermeront les *Contemporaines du commun*.

(2) *Richard Sauvage* établit solidement cette vérité, dans son poème intitulé : *The Publick spirit*.

la raison en est simple, je veux peindre les mœurs et non désigner les personnes.

Une autre accusation, c'est de ne pas travailler assez mes productions. Certainement j'ai eu tort, toutes les fois que je ne l'ai pas fait, lorsque l'importance de la matière l'a exigé : mais je ne conviendrai pas volontiers que j'aie dû sécher sur des bagatelles. Personne d'ailleurs ne donne moins d'importance à mes productions que moi-même. Aussi, dans le cas d'une critique, même violente, je puis toujours dire que le critique en juge encore plus favorablement que je n'en pense. Ordinairement en achevant de lire la dernière épreuve d'un ouvrage, je vois assez bien comment il aurait fallu le faire. J'en sens vivement tous les défauts ; je me résigne et je m'attends toujours à plus de mal qu'on n'y en relève. — *Encore un mauvais ouvrage !* me dis-je tout bas ; *il faut tâcher de faire mieux.* — Je crois l'avoir fait dans les écrits qui me restent à publier : je les travaille avec tout le soin que demande l'importance de la matière, et c'est pour eux seuls que j'espère me donner un genre, me faire un nom, et mériter l'estime de mes concitoyens.

J'ai cru, honorable lecteur, qu'il n'était pas inutile que j'eusse ce petit entretien avec vous, avant que de mettre sous vos yeux les *Nouvelles*, qui doivent composer cet ouvrage.

Je donne le nom de *Nouvelles* à des histoires récentes, certaines, ordinairement arrivées dans la décade présente. Elles devaient entrer dans un autre ouvrage, qui ne sera plus composé que de *Diatribes :* c'est-à-dire, de morceaux pleins de chaleur contre les abus. Indigné d'avoir été trompé par le vice, et reconnaissant enfin qu'il n'y a d'aimable que la vertu, je prépare cet ouvrage contre les préjugés destructeurs de la félicité des hommes. Il est écrit avec toute la véhémence de Juvénal : je n'ai pas trouvé que l'enjouement et l'ironie convinssent ; ce ton n'est propre que pour combattre les ridicules.

Je donne vingt-huit *Nouvelles*, dans ces *Quatre*

volumes. Les sujets à traiter et les faits déjà rassemblés vont à *cent une* histoires principales. J'ai plusieurs sujets doubles, qui pourraient être traités d'une manière absolument différente, sous les mêmes titres, etc. : mais comme je préférerai toujours les faits les plus saillants, j'invite les personnes qui auraient des traits remarquables à publier, à m'en faire parvenir le simple canevas ; c'est-à-dire, les principaux événements : une page ou deux suffiront lorsqu'on ne voudra pas détailler davantage...

On peut aujourd'hui parler du succès de cet ouvrage, qui est décidé, malgré les incorrections, les fautes en tout genre dont il est rempli, et la faiblesse de certaines Nouvelles : mais il est aisé de sentir la raison qui les a fait passer, même aux lecteurs les plus sévères ; c'est qu'il n'en est aucune qui ne renferme quelque leçon utile fortement exprimée. D'ailleurs, on trouve dans toutes, la *manière* de mon ami ; c'est un *faire*, comme disent les peintres, qui ne ressemble en rien à celui des autres écrivains. Quant à la morale, elle est parfaitement opposée à celle de nos philosophistes. Le rédacteur y prêche courageusement la morale de la nature, de la raison et du bon sens : il s'élève contre le plus dangereux des abus, le plus propre à perdre les mœurs et le bonheur public, l'insubordination des femmes : il n'a pas craint le tort qu'une foule d'ennemis conjurés pourraient faire à son livre ; il a préféré la vérité à l'intérêt. En effet, il n'en avait plus aucun à faire prendre la maxime sage qu'il annonce avec tant de force : à son âge, qu'avait-il à espérer des femmes ? D'un autre côté il était père de deux filles, dont l'intérêt devait lui être plus cher que celui de son propre sexe. Aussi disait-il qu'il travaillait plus au bonheur des femmes qu'à celui des hommes, en tâchant d'ouvrir les yeux des premières sur leur véritable destination.

Je profite de l'occasion, pour remercier ici les personnes qui ont bien voulu me donner des sujets à traiter : je ne citerai en toutes lettres que les hommes, quoique ma reconnaissance envers les dames ne soit pas moins vive : M. *Dumont*, censeur royal, auteur de *la Théorie du luxe*, et de l'ouvrage aussi profond qu'utile, des *Recherches historiques sur l'agriculture et les mœurs particulières des Romains* ; M. *Favart*, connu de tout le monde par ses charmantes productions ; M. le docteur *de Préval*, ce bienfaiteur de l'humanité souffrante ; M. *Rochon de Chabannes*, qui a donné au théâtre plusieurs ouvrages estimés et tout récemment à l'Opéra, *le Seigneur bienfesant* ; M. *de Carmontel*, dont les *Proverbes dramatiques* ont tant de réputation ; M. *de la Place*, auteur tragique ; M. l'abbé *T**** ; M. *de B**** ; M. *D. T. D. L. B.* ; Mlle *A*** ; Mme *E*** ; Mme *D**** ; Mme *de B**, etc.

LE NOUVEAU PYGMALION

Loin la stérile vertu, qui n'est utile à personne ! Un brahmine, un fakir contemplatifs, sont des monstres à bannir du régime social. Mais, eût-on d'ailleurs quelques faiblesses (inséparable apanage de l'humanité), si l'on donne des enfants à la patrie ; si par son travail et son industrie on forme autour de soi une sphère d'activité ; si l'on tire, du néant, de la honte, de la misère, un être infortuné, pour en faire un citoyen ; on a rempli le devoir de l'homme, et l'on est de ceux que la société doit canoniser.

Un jeune homme, de haute naissance et fort riche, passait un matin par la rue de *la Comédie française*. Au coin de celle *des Cordeliers*, il aperçut une petite fille d'environ douze ans, qui ramassait des cendres au pied d'une borne. Il la fixa. Sous des haillons, et deux doigts de poussière qui la défiguraient, la petite était encore jolie ; elle avait surtout dans les yeux cette douceur engageante, qui est le charme le plus puissant de la beauté. Le cœur de l'homme riche fut ému : — Qui m'empêche, se dit-il en lui-même, de rendre service à cette enfant? Un jour sa beauté pourra lui procurer un parti, et j'aurai fait deux heureux : prenons-en soin.

Après ce court monologue, il s'approcha de la petite fille, et lui demanda la demeure de ses parents. — Je suis orpheline, monsieur, lui dit-elle ; une voisine m'a retirée et je tâche de gagner mon pain, pour qu'on ne me mette pas à l'hôpital. — Vous y seriez mieux que vous n'êtes, mon enfant. — Oh! monsieur, ce n'est pas ce que m'a dit une de mes petites camarades qui y est ; elle aimerait autant mourir de faim, que d'être nourrie là. — N'y donne-t-on pas le nécessaire? — Oui, monsieur ; mais c'est un si mauvais nécessaire, que ma camarade s'en va en langueur. — Ma petite, si vous le voulez, je prendrai soin de vous ; je vous donnerai une maîtresse qui vous montrera un genre de travail plus honnête et moins sale ; on vous habillera, on vous instruira : tout ce que je vous demande, ce sera de profiter de la dépense que je ferai pour vous, de bien contenter votre maîtresse et de vous faire aimer de vos compagnes. — Oui, monsieur. — Laissez cela, et menez-moi dans la maison où vous demeurez.

La petite obéit, et conduisit son protecteur chez une pauvre fruitière de la rue *Percée*. Là, il s'informa d'elle, et en reçut d'assez bons témoignages, pour la douceur du caractère et le goût de l'occupation. Il apprit aussi qu'elle savait lire et même écrire ; qu'elle était fille d'un commis de la *Valée*, déjà veuf à sa mort, dont la longue maladie avait consumé toutes les ressources, et qu'elle s'appelait *Louise-Agathe Passementier*. Il voulut bien exposer ses vues à la fruitière ; il promit de lui payer une petite pension pour le temps qu'elle avait gardé Louise ; ensuite il envoya chercher une couturière, à laquelle il donna ordre d'acheter de quoi habiller sa pupille. Il dit à cette ouvrière de se hâter, et d'apporter un déshabillé complet, d'une jolie indienne, pour le lendemain. Il fit sur-le-champ approprier *Lisette* (c'est ainsi qu'il nomma l'orpheline), et la fournit du linge le plus nécessaire.

Un homme qui trouve un beau diamant, sous la croûte raboteuse du caillou, n'a pas autant de joie qu'en ressentit le protecteur de Lisette, lorsqu'il la vit au sortir du bain. Mais le lendemain, ce fut bien autre chose ! en arrivant il trouva la couturière qui l'habillait ; elle lui avait acheté un corps souple, qui allait à la ravir : Lisette avait d'assez beaux cheveux, malgré l'inculture où on les avait laissés ; la fruitière l'avait peignée le matin, et l'avait fait coiffer ; elle était charmante, à un peu de maigreur et de pâleur près, qui indiquait que le tempérament avait déjà souffert.

Rien ne fait tant d'impression sur le cœur d'une jeune fille que de prendre soin de sa parure : Lisette montra de la reconnaissance à son bienfaiteur par sa joie, par ses gestes, par le plaisir qu'elle marqua à le voir. M. de M... fut enchanté. Il voulut déjeuner avec elle et les deux femmes ; ensuite, sans perdre de temps, il la conduisit chez une maîtresse fameuse par son bon goût, et dont la maison était un modèle de régularité. Cette marchande de modes était riche ; l'ordinaire y était assez bon pour rétablir Lisette, et la dame avait tout ce qu'il fallait pour lui donner le ton du monde et des manières agréables.

— Madame, dit M. de M..., voici une jeune élève que je vous amène. Ne soyez pas surprise de ne point voir de femme avec elle ; c'est une orpheline qui n'a que moi (je me suis fait son tuteur), et je ne suis pas marié. Du reste, en la mettant entre vos mains, je vous donne sur elle tous les droits d'une mère ; ayez la bonté de lui en servir ; je me dépouille de toute mon autorité, et ne me réserve que le droit de payer sa pension, dans laquelle sera compris son entretien. Je m'en rapporterai à vous là-dessus : fixez-la pour entretenir mademoiselle Lisette comme une de vos filles à vous-même : je veux la même chose pour elle qu'aux demoiselles dont vous êtes mère ; ni plus ni moins. La dame parla d'une somme de douze cents livres par an.

— J'en mettrai quinze cents, madame, parce qu'il y aura sans doute de la peine à prendre pour la former. Je vous prie de l'aimer, et je l'engage à vous chérir ; à aimer vos filles comme ses sœurs ; à respecter comme ses aînées celles qui sont plus âgées qu'elle ; à être douce et obligeante pour toutes ses autres compagnes. Je vous préviens, madame (dit-il en particulier à la maîtresse), que je ne lui parlerai jamais tête-à-tête ; que je ne vous la demanderai jamais pour sortir avec moi ; et que si l'envie me prenait quelquefois de lui faire voir les spectacles, ce ne serait qu'avec vous, ou deux de mesdemoiselles vos filles, qu'il vous plairait de lui donner pour l'accompagner : je ne m'écarterai jamais de cette loi, sous aucun prétexte. La marchande fut très satisfaite de cet arrangement, et ne prévoyant que de l'agrément à se charger de Lisette, elle la prit dès cet instant en amitié.

M. de M... ne l'était pas moins, et l'honnêteté de ses vues était un baume salutaire, qui remplissait agréablement son cœur. Il ne s'était fait accompagner ni par la fruitière, ni par la couturière, parce qu'il ne voulait pas qu'on sût l'excès de misère d'où il avait tiré Lisette. Il apportait lui-même dans sa voiture les habillements qu'il lui faisait faire, et dont on lui avait pris mesure, et il les lui remettait comme s'ils eussent été ceux qu'elle tenait de ses parents.

Il est impossible d'exprimer combien Lisette profita rapidement des leçons qu'elle reçut. Il est vrai qu'elle avait été assez bien élevée par sa mère, et qu'elle n'avait pas encore pris les défauts de la condition où M. de M... l'avait trouvée. Elle était charmante et elle embellissait tous les jours ; elle prit un goût exquis ; elle devint d'une adresse infinie à tous les ouvrages de femme.

M. de M... fut quelque temps sans la voir, après y avoir été chaque soir les premiers jours, pour faire connaissance avec elle et se l'attacher par les choses obligeantes qu'il lui dit. Il y avait trois mois qu'il ne l'avait vue, lorsqu'il vint payer le second quartier de sa pension. Il fut surpris des progrès de sa pupille : elle avait un air distingué, qui rendait sa jolie figure encore plus intéressante, et sa modestie, en voyant entrer son bienfaiteur, doubla ses charmes. M. de M... s'approcha d'elle pour la saluer : mais au lieu de l'embrasser, comme les premières fois, il lui baisa la main. La raison de cette conduite respectueuse c'est qu'en la voyant, il s'était dit à lui-même : — Heureux Pygmalion ! les dieux animent ta statue ; rends leur grâce, et respecte leur présent ! — Il s'assit vis-à-vis d'elle, et lui parla du même ton qu'il aurait fait à une demoiselle son égale, afin de lui élever l'âme et d'achever ainsi l'ouvrage qu'il avait commencé. Il s'informa ensuite en particulier à la marchande. — C'est un trésor, monsieur, lui dit cette dame : qu'elle persévère, c'est tout ce qu'on peut lui demander : votre Lise est la douceur et l'obligeance mêmes : elle se met au dessous de tout le monde, quand il faut rendre quelque service ; on dirait qu'elle se croit ici par un effet de notre bonté ; il faut qu'elle ait été bien élevée, je vous assure, ou par des gens bien durs à son égard !... Elle est d'une adresse infinie ; mais on voit qu'elle ne l'acquiert que par une extrême application ; souvent on aperçoit des gouttes de sueur sur son front, et on est quelquefois obligé de lui refuser de l'ouvrage.

M. de M... enchanté de cet éloge qui, dans ses principes, était le plus beau qu'on pût faire de sa pupille, sortit comblé de joie. — *Heureux Pygmalion ! quelle belle statue la bonté des dieux anime par tes soins !*

Le lendemain soir, il revint un peu plus tôt qu'à l'ordinaire ; il avait éprouvé tout le jour une impatience extrême de revoir Lisette. Il lui apporta un joli présent en bijoux : des boucles d'oreilles, un collier, des bracelets, de belles boucles, un étui d'or. Tout cela était dans une jolie boîte du même métal, qui avait assez la forme d'une tabatière, sans en être une ; car M. de M... avait rigoureusement interdit le tabac. — Je veux gagner votre amitié, mademoiselle, lui dit-il en la lui présentant, par quelques petits cadeaux. —

Vous n'avez pas besoin de recourir à ces moyens, monsieur : tout mon cœur est à vous. — C'est donc le plus précieux de mes biens. — Que vous êtes bon !... Je parle quelquefois de vous à mademoiselle Monclar l'aînée (c'était la fille de la maîtresse) ; elle dit que vous êtes mon bon ange ; et si je ne lui ai pas tout dit. — Il ne le faut pas non plus, ma chère Lise : je veux être le seul à posséder ce secret avec vous ; encore en suis-je si jaloux que je voudrais que vous l'eussiez oublié. — L'oublier, monsieur ! comment cela se pourrait-il ?... Si j'osais dire tout ce que je pense !... — Pourquoi non, ma chère fille ? — C'est, monsieur, que depuis quelques mois, en jetant les yeux sur l'état dont vous m'avez tirée, je frissonne d'horreur ; surtout lorsque je le compare à celui où vous m'avez placée. — Ces réflexions sont bien avancées pour votre âge ! — J'avais une mère bien bonne, monsieur, bien capable de m'élever ! elle ne me disait que des choses utiles et sensées, je n'y faisais pas alors grande attention : mais elles me reviennent à présent. — Ma chère Lise, ma fille !... voyez un peu ce que renferme la boîte que je vous donne. (Elle l'ouvrit et examina tout.) — Cela est trop beau pour une pauvre orpheline, monsieur ! — Si cela est trop beau pour une pauvre orpheline, il ne l'est pas trop pour ma fille... Oui, Lise, c'est le nom que mon cœur vous donne, et si le titre de père, que je prends à votre égard, a de grands devoirs, j'espère les tous remplir. Sois sans inquiétude, ma chère fille ; ton bonheur est un devoir et un plaisir pour moi... Je voudrais vous voir cela, mademoiselle ; mettez-le un peu.

Lise obéit, et sa beauté, relevée par l'éclat de quelques diamants, fut éblouissante. M. de M... admirait son ouvrage : — Dieu ! qu'elle est belle ! si j'avais rencontré une aussi charmante personne dans les maisons où je vais chaque jour, ne l'aurais-je pas adorée ? — Voilà ce qu'il pensa très souvent depuis.

Le lendemain, une affaire imprévue l'empêcha de voir Lisette : il fut même obligé de partir pour une de ses terres, où sa présence était nécessaire. Il y resta six mois, et reçut deux lettres de sa pupille dans cet intervalle, incluses dans deux de la marchande, à laquelle M. de M... avait envoyé un ordre pour recevoir les deux quartiers de la pension. La dame marquait, que Lise se perfectionnait de plus en plus; qu'elle était extrêmement raisonnable, pour une jeune personne de quatorze ans, et surtout qu'elle était si tendrement aimée de ses deux grandes filles, qu'elles ne pouvaient penser à l'idée de la quitter un jour, sans verser des larmes. Elle ajoutait dans la dernière que Lise devenait un peu triste.

Voici les lettres de Lise elle-même:

Monsieur et très cher papa :

Permettez-moi de me plaindre de la longueur de votre absence: je vous assure, que je m'ennuie bien de ce que tous les jours s'écoulent sans vous voir arriver le soir. Ce n'était qu'un instant; mais cet instant-là était bien agréable et bien désiré! Pardon, cher papa, de la liberté que je prends de griffonner sur la lettre de madame Monclar: mais elle me l'a permis. Je suis avec un profond respect, votre très soumise fille,

LOUISE AGATHE PASJEMANTIER.

Monsieur, etc. *

La bonté que vous avez eue de louer mon griffonnage, m'enhardit à en faire encore une ici. Comment, très cher papa, pouvez-vous ne pas revenir où vous êtes si fort désiré! Je voudrais être un oiseau, je volerais où vous êtes; je vous verrais; je ramagerais un peu, et je reviendrais contente, pour retourner le lendemain ; car je crois qu'un oiseau ferait bien tout le trajet en quelques heures. Je m'occupe beaucoup de cette idée, toute folle qu'elle est. Vous vous faites trop aimer, cher papa, de votre fille, pour en être si longtemps absent : il fallait être un peu moins bon à son égard, et ne la pas gâter, comme vous avez fait, elle s'est trop accoutumée au plaisir de vous voir et de vous entendre... Tenez, voilà une larme : je suis bien aise qu'elle soit tombée sur le papier ; vous la verrez, et bon comme vous l'êtes, elle fera impression sur vous. J'ai écrit bien fin pour vous en dire davantage ; mais il faut finir malgré moi. Je suis, avec... ce que je ne puis exprimer,

Votre, etc. »

M. de M... fut extrêmement sensible à l'attachement que lui montrait sa pupille : il expédia ses affaires et se hâta de revenir. Lisette était absolument formée, quoiqu'elle accomplît à peine quinze ans. Sa beauté fit alors une véritable impression sur le cœur de son protecteur. Il le sentit, et en craignit les suites. Il rendit ses visites fort rares : mais il ne pouvait s'empêcher de laisser percer la tendresse qui remplissait son cœur. Lisette, de son côté, s'était éprise de son protecteur ; elle l'adorait sans s'en douter ; et comme elle ne voyait aucun mal à ses sentiments, elle les exprimait avec une naïveté extrêmement touchante.

M. de M... fut ainsi près d'une année à se contraindre, et à ne venir qu'une fois en quinze jours : mais enfin la privation lui parut trop cruelle ; il succomba au penchant qui le portait à voir tous les jours sa pupille. Dès qu'il en eut pris l'habitude, Lisette montra l'enjouement le plus aimable : elle ne déguisait pas sa joie le moins du monde, lorsque son protecteur arrivait ; elle la manifestait par une exclamation, par un mouvement précipité qui la faisait quelquefois aller à lui dans une sorte de transport; et comme tout sied à la beauté, ces petites choses étaient autant de charmes insurmontables dans Lise.

Un soir, après de sérieuses réflexions, que M. de M... avait faites dans la journée sur ses sentiments pour sa pupille, il entra d'un air un peu couvert. Lisette s'approcha de lui, et d'un ton mignard et caressant, elle lui dit : — Le cher papa a du chagrin ? ah ! que ne puis-je le lui ôter tout, tout ! il n'en aurait plus. — Lise, il est ôté, dès que je vous vois, mais il me reprend dès que je vous quitte. — Ah ! cher papa !... ne me quittez pas ? — C'est l'impossible. — Non, ce n'est pas l'impossible. Je suis à vous ; je ne vis, je ne respire que pour servir à votre bonheur ; et si je puis, par ma présence, chasser le chagrin de mon papa, je ne veux pas le quitter. — Enfant... mais charmante !... est-ce qu'une fille de votre âge peut ne pas quitter un homme du mien ; vivre ensemble dans la même maison ? — Avec son papa ! pourquoi non... s'il le fallait pour votre repos ?... — Oui, il le faudrait, Lise... mais vous m'êtes trop chère pour exposer votre réputation, l'honneur d'une grande fille de seize ans, qui mérite... — Ma réputation, mon honneur, mon mérite, tout cela est à vous ; c'est vous qui me l'avez donné. — Oui, ma fille, je le veux : mais ces biens-là, pour les reprendre, il faudrait que je fusse un monstre. — Je n'entends pas trop cela, mon cher papa : car enfin, je suis à vous : dites, n'y suis-je pas ? — Oui, oui, ma chère Lise, et je vous ai déjà dit un jour que c'est le plus précieux de mes biens. — Prenez-moi donc, si je suis à vous, et si je vous suis nécessaire ! — Cette enfant me désole et m'enchante ! Vous êtes à moi, Lise, et je ne puis vous prendre... Écoutez, ma chère Lise ; écoutez-moi, fille trop aimable et trop séduisante. J'ai un nom, un titre, des biens, un rang à soutenir ; il me faut une femme qui m'assortisse, c'est-à-dire qui m'apporte des richesses, et me fasse une alliance : mais pour me marier, il faudrait aimer une femme de ma condition, et je ne saurais aimer que vous. Voilà pourquoi je suis malheureux. Mais le tourment que tu causes à ton papa ne te rend que plus chère à son cœur... ma Lise... je t'adore... tu es mon ouvrage; c'est moi qui t'ai créée, pour ainsi dire; je t'aime en père, en frère, en amant: je ne puis être que malheureux sans toi: je serais un monstre, si j'abusais de mes droits sur toi: ma famille m'accablerait de sa colère si je t'épousais. Voilà ma situation, chère Lise. Plains-moi, c'est tout ce que ton ami, ton plus tendre ami te demande.

Pendant ce discours, Lise était en proie à mille idées jusqu'alors inconnues: à peine elle concevait ce que lui disait son protecteur; c'était pour elle un chaos, une confusion, d'où son intelligence ne pouvait sortir. — Ferais-je le malheur de celui qui me rend si heureuse, dit-elle enfin! et ne puis-je donc rien pour vous, cher papa, qui avez tant fait pour votre fille!... Quoi! je ne puis rien, rien! Ah! je puis quelque chose et vous me le cachez, par générosité sans doute... Ne me tirerez-vous pas de la cruelle perplexité où je me trouve? — Lise, ma fille, ma pupille, ma vraie fille, puisque vous êtes le choix de mon cœur, devenez tranquille; la raison me fera trouver un remède à ma situation. Aimez-moi: je vous aime bien tendrement! — Ah! et moi je n'ai que vous dans la tête du matin au soir; éveillée, endormie, c'est toujours à vous que je pense, c'est vous que je rêve, que je vois. Mon cher papa, je vous rends ainsi tous les moments de l'existence que vous m'avez donnée. — Charmante fille, ange céleste!... non, il n'est rien dans la nature qui t'égale!... Achevons mon ouvrage!... Adieu, ma Lise: je vous reverrai demain. — Tous les jours, n'est-ce pas? — Oui, tous les jours: aussi bien l'absence n'y fait-elle rien du tout. — O mon Dieu, non, je vous assure!... si ce n'est pourtant qu'elle me fait bien souffrir.

M. de M..., après cette visite, se trouva dans la plus cruelle irrésolution. Épouser Lise!... son cœur le lui disait; mais le monde, la raison même, dans un siècle où le luxe est porté si haut, que la dot d'une femme est presque aussi essentielle que la différence du sexe : ses parents, une famille puissante, dans laquelle on le voulait allier, et avec laquelle ce mariage inégal ne manquerait pas de le brouiller à jamais, tout cela faisait un puissant contrepoids à l'amour ! — Au lieu de fuir Lise, il résolut de la voir tous les jours, et de s'accoutumer pour ainsi dire, au poison, comme on dit que fit autrefois Mithridate, pour le braver ensuite. — L'amour est une fièvre, pensa-t-il ; on en guérit : cette maladie suit la marche des maladies aiguës, auxquelles elle ressemble ; elle a un faible commencement, une crise violente, après laquelle elle diminue insensiblement. Souffrons ; la victoire en sera plus douce un jour, et je n'aurai pas de repentir.

Ce parti pris, M. de M... vint tous les jours voir sa pupille, souvent deux fois dans la journée, si ses affaires le lui permettaient : Lise était enchantée. L'amour croissait dans le cœur de M. de M..., mais il s'y était attendu, et il tâchait de suivre en philosophe les progrès de cette passion. Il avait un grand avantage, qui le préservait de faire ce qu'on nomme une folie ; c'est que son amour n'avait que ses forces naturelles ; il n'était ni soufflé par la jalousie, ni attiré par l'intrigue et le déguisement : l'aimable Lisette, simple, naïve, ne dissimulait pas sa sensibilité : son cœur brûlait purement, comme un parfum exquis donne une flamme agréable, claire, et répand une odeur délicieuse : M. de M..., toujours le maître d'être heureux, n'était donc pas tenté de saisir une occasion unique et favorable, tous les instants étaient égaux. Voilà pourquoi, malgré l'excès de sa passion, les caresses quelquefois voluptueuses de Lise, il eut assez d'empire sur lui-même pour se vaincre, et ne se permettre ni faiblessse, ni démarche imprudente.

Cependant madame Monclar (la marchande) s'aperçut de la passion des deux amants. Lise n'en faisait aucun mystère ? elle témoignait son amour pour son protecteur de toutes les manières : par ses discours ;

par sa langueur en son absence; par ses transports quand l'heure de le revoir approchait; par son tressaillement lorsqu'il entrait; par les larmes qui souvent accompagnaient et suivaient son départ. Ce cœur vertueux et tendre, ressentait toute la violence de l'amour, unie à toute la douceur de la reconnaissance, fondue avec tous les sentiments honnêtes, l'attachement, l'estime, le respect. — Ma chère fille, lui dit un jour madame Monclar, vous aimez trop votre tuteur; prenez-y garde! ce sentiment pourrait vous rendre malheureuse, par la suite! — Me rendre malheureuse! ah! madame! cela ne se peut pas! tout ce qui a quelque rapport à M. de M... ne peut faire que mon bonheur. — Ma chère fille, il peut se marier. — Eh bien! madame, s'il s'assortit bien pour la bonté et la beauté, j'en serai charmée: peut-être alors me prendrait-il, et me mettrait-il avec son épouse: je le verrais à chaque instant, ou du moins une autre lui-même. — Si vos sentiments sont tels que vous les montrez là, je n'ai plus rien à vous dire, et vous êtes comme il convient. — Ma chère madame, auriez-vous donc cru que je n'avais pas pour mon tuteur les sentiments qui conviennent? — Mon Dieu, non, ma chère fille! Mais enfin, à votre âge, on peut avoir de l'amour, au lieu de simple reconnaissance. — Aussi en ai-je, madame: quand je sonde mon cœur, je trouve que j'aime mon tuteur de toutes les manières possibles; je l'aime en fille... Ah! s'il était mon père!... Je l'aime en femme... si vous saviez, madame, tout ce que je ferais, s'il était mon mari!... Je l'aime comme un maître adoré: je voudrais, et cela suffirait pour mon bonheur, le servir, qu'il ne tînt rien que de ma main; lui tout apprêter, tout faire ce qui a rapport à lui: ce n'est pas un homme que mon cher tuteur, c'est un Dieu pour moi. — Charmante, mais inconcevable fille!... Ma chère Lise, ah! que vous avez d'innocence et d'amour!

Lorsque M. de M... revint, la marchande lui rendit mot pour mot cette conversation. — Et moi, croyez-vous que je pense autrement, madame (répondit-il), je l'adore. — Que prétendez-vous en faire? — Voilà mon embarras! En faire ma femme, est certainement le plus noble, peut-être le plus raisonnable; mon bonheur y est attaché. Mais ma famille! que dirait-on dans le monde? à la cour? de quel œil serait-elle vue? — Mais n'a-t-elle donc pas de parents? — Elle a des parents honnêtes; si j'étais un homme du commun... (heureuse médiocrité!) je pourrais l'épouser, et m'honorer de sa parenté: mais un homme de mon rang ne peut se choisir une femme hors de la noblesse, à moins que l'or dont elle est chargée n'éblouisse les yeux du monde, et ne les empêche de voir son origine. Etrange abus! on me pardonnerait d'épouser la fille d'un vil oppresseur, qui fait murmurer et gémir des provinces par ses concussions; on m'excuserait de partager ses rapines, de mêler mon sang avec le sien; d'ennoblir ses vols, en les faisant passer à mes enfants! et la fille du citoyen honnête et paisible, qui ne lésa personne, est indigne de moi! — Je n'ai rien à vous dire, monsieur: votre conduite, jusqu'à présent, marque tant d'élévation, de grandeur et de bonté, que j'ai pris pour vous une partie des sentiments de votre pupille. Consultez votre noble cœur; lui seul est digne de vous conseiller. — Il me conseille d'épouser ma Lise, madame: mais je veux la consulter elle-même, cette charmante enfant; lui exposer le pour et le contre; en un mot, lui dire tout ce que je dirais à un tiers désintéressé. Je verrai ce que décidera la belle nature dans toute sa pureté.

Il s'approcha de sa pupille, et lui demanda un moment d'entretien particulier. — J'ai à vous consulter sur mon sort, ma chère fille. Il s'agit de me marier. L'usage, les convenances, mes parents veulent que j'épouse une demoiselle noble et riche: mon cœur, au contraire, s'y refuse, et s'est donné malgré moi à une jeune personne toute aimable. Si je prends le premier parti, je serai approuvé de tout le monde; je ferai mon chemin; je m'avancerai: soutenu par la famille à laquelle je m'allierai, je pourrai prétendre aux faveurs de la cour, servir l'État, acquérir un nom. Ce n'est pas tout ; mes enfants, un jour, me remercieront de leur avoir fait puiser la vie dans deux sources également illustres... Mais avec tous ces avantages, serai-je heureux ?... Je ne le crois pas ; car j'adore la jeune personne que mon cœur préfère, et que repousse le préjugé. D'un autre côté, si je me satisfais en l'épousant, que d'inconvéniens j'entrevois ! D'abord je serai désapprouvé des plus indifférents ; ma famille ne me le pardonnera pas : un pareil mariage me donnera un louche à la cour, et me fera regarder du prince lui-même, comme un homme faible, incapable des grandes choses, puisqu'il n'a pu résister à un penchant amoureux. Il faudra que je mène une vie obscure et retirée, presque inutile. Un jour les enfants même de celle que je préfère aujourd'hui me reprocheront la tendresse que j'aurai eue pour elle. Cependant, si je juge de la suite par mes dispositions actuelles, je serais heureux avec la personne que j'aime. Assez riche pour nous deux ; menant une vie réglée ; trouvant ensemble tous nos plaisirs, nous coulerions des jours dignes de l'âge d'or. Que me conseille ma chère Lise, elle qui a le sens si droit, et une raison qui n'a point encore été faussée par les opinions des hommes et la politique des familles entêtées de ces prérogatives, dont elles ont sucé le préjugé avec le lait ?

— Je répondrais mal à l'honneur que vous me faites de me consulter, mon cher papa, si je déguisais le moins du monde. — Je n'ai pas douté un instant que vous ne répondissiez d'après votre cœur : laissez-le parler, ma fille : et, quelque chose que vous disiez, votre décision sera suivie. — Vous me donnez trop d'importance... Mais enfin, l'honneur que vous me faites, retourne à vous, puisque je suis votre ouvrage... J'avais d'abord envie de vous demander jusqu'à demain, pour satisfaire à votre question : mais je viens de réfléchir qu'il n'y a pas à hésiter, et que des années de réflexion ne servent à rien pour étouffer la voix de la raison. Je me souviens qu'une fois, que vous me donniez vos sages instructions, vous parlâtes de la coquetterie des femmes, et que, laissant le préjugé à part, vous paraissiez porté à les excuser, si, en même temps qu'elles voulaient (selon elles) suivre la simple nature, elles avaient consenti à renoncer à tous les avantages que la société procure? Ce qui constitue la société, disiez-vous, ce sont les lois, dont celle de la propriété est la plus sacrée : la loi de la fidélité des femmes, qui ont elles-mêmes la propriété de leur mari, tient à toutes les autres; qui la viole, n'est plus digne de participer aux avantages de la société... Je ne veux pas faire plus longtemps la raisonneuse, même d'après vous, mon cher papa : vous êtes d'une condition qui a des lois et des avantages : ou renoncez aux derniers, ou conformez-vous aux premières. Voilà ce que me dicte mon cœur. Vous êtes d'une condition ; il faut en remplir tous les devoirs : un de ces devoirs est une union convenable et décente ; il faut le remplir. Laissez à l'infortunée que vous aimez, tout ce que vous pouvez lui laisser, l'estime, la compassion : mais ne lui donnez point ce qu'elle ne devrait pas accepter. — Lise, cette infortunée, c'est vous. — Croyez-vous que j'en ai douté ? — Ah ! ma chère Lise ! vous allez contre ce que vous voulez me persuader ! Ma fille ! mon charmant ouvrage (comme vous aimez à vous nommer vous-même) ah ! que vous me rendez amoureux de votre mérite, de votre perfection ! Eh ! quelle épouse est plus digne de moi, que celle que je me suis formée avec autant de soin que de plaisir ! — Elle ne serait pas digne d'être votre ouvrage, si elle pensait autrement. Que de larmes ne verserait-elle pas, quand elle verrait son bienfaiteur au-dessous de ses égaux, languir dans cette obscurité dont vous parliez !... Oh ! mon papa, je ne veux pas de bonheur à ce prix !... Glorieuse d'être votre ouvrage ; heureuse de vous être chère, je vous consacrerai tous mes moments. Vous servirez l'Etat ; vous obtiendrez les distinctions que votre mérite (et qui en a autant que vous !) ne peut manquer de vous procurer. Moi, je vous admirerai, et je dirai : Voilà mon papa ! je tiens à cet homme-là par les liens les plus doux de l'amour et de la reconnaissance. Je tressaillerai de plaisir, à chaque action d'éclat que vous ferez, à chaque bien qui vous arrivera. Le premier de ces biens que je vous désire, c'est une épouse qui augmente vos richesses (vous en faites un si bon usage !) et la splendeur de votre nom... Mon papa, je vous promets d'être heureuse de votre bonheur, glorieuse de votre gloire ; daignez donc être heureux vous-même ! Vos enfants seront ce que j'aurai de plus cher, après vous ; je ne vous demande (et cela m'est dû) que de leur rendre les mêmes soins que vous m'avez rendus : je serai leur sœur aînée, leur seconde maman ; je vous aimerai, je vous servirai en eux. Mais donnez-leur une mère digne d'eux et de vous. La plus noble, la plus aimable que vous pourrez choisir, et la plus vertueuse, voilà celle qui a tous mes vœux.

— Vous me persuadez, Lise : ce que vous venez de me dire m'élève au-dessus de moi-même : tout ce que vous venez de me dire se fera. Adieu, ma fille : ce n'est plus qu'en père que je veux vous regarder : adieu, ma Lise. Je serai quelques jours sans vous voir : vous y consentez ? — Tout ce qu'il vous plaira. — Je suis bien glorieux, charmante enfant, de ma pénétration ; de t'avoir aimée, dès le premier jour où je t'ai vue. Ma Lise est ma gloire, c'est mon chef-d'œuvre, et j'en serai fier toute ma vie. Adieu, ma fille.

Il la quitta dans une sorte d'enthousiasme. En arrivant chez lui, sa mère (car M. de M... avait encore ses parents) lui fit dire de passer auprès d'elle. Il y courut.

— On dit, mon fils, que vous avez une maîtresse ; une fille de modes ? — On s'est trompé, madame. — Ou vous me trompez, monsieur. — Je ne prétends pas vous rien déguiser : voici réellement ce que j'ai. — M. de M... détailla toute l'histoire de Lise ; mais il tut et le désir de l'épouser qu'il avait eu, et tout ce qui pouvait y avoir rapport. Il ajouta : —J'aime tendrement cette fille ; je l'aime en père : elle est d'un mérite si supérieur, que vous l'aimerez dès qu'elle vous sera connue ; je suis fier de tous les avantages qu'elle a reçus de la nature et de l'éducation ; sans moi que serait-elle ! Pygmalion, madame, n'était pas plus enchanté de sa statue que je le suis de ma Lise. Je prierai mon épouse, lorsque je serai marié, de la prendre avec elle, et de la traiter comme si c'était ma fille d'un premier mariage : du reste, tout ce que je ferai pour elle, passera par les mains de mon épouse. — Ce que vous dites en dernier lieu me rassure, monsieur. Vous êtes donc disposé à vous marier, à présent ! — Très disposé, madame ; si pourtant le parti me convient. Je veux de la naissance, des grâces, des qualités, de la fortune. — Vous êtes bien raisonnable, mon fils ! et vous me ravissez. Croyez que celle que nous vous destinons a tout ce que vous demandez : elle est jeune, riche, belle ; elle a mille qualités charmantes ; c'est mademoiselle de Lan... — Il est vrai, madame ; je l'ai vue une fois ; elle m'a paru une jeune personne accomplie : mais sa mère est une terrible femme ! — Ce n'est pas sa mère que vous épousez. Je veux vous présenter dès demain. — Quand il vous plaira, madame. — Votre père sera enchanté : allons lui faire part de vos dispositions, — etc.

M. de M... père, satisfait au delà de toute expression des sentiments de son fils, dit à son épouse : — Vous voyez bien, madame, que M. de... ne savait ce qu'il disait, en voulant vous persuader que le marquis entretenait une fille ? — Pardonnez-moi, monsieur, dit M. de M... fils ; mais ce n'est pas une maîtresse que j'entretiens ; c'est une orpheline dont je prends soin, et pour laquelle je vous demande votre amitié, comme je l'ai déjà demandée à ma mère, qui a eu la bonté de me la promettre pour ma pupille. — C'est selon : si les choses sont comme vous le dites, volontiers.

Le lendemain, madame de M... présenta son fils chez la comtesse de Lan.. ; et comme elle avait déjà expliqué ses intentions, on fit beaucoup d'accueil au marquis. Je laisse tous les détails de ce mariage. Mademoiselle de Lan.. était charmante ; M. de M... l'épousa, et ne revit Lise que le lendemain de son mariage, dont les préparatifs n'avaient duré que dix jours.

Le soir de cette union, lorsque M. de M... fut en liberté avec sa jeune épouse, il lui parla de Lise. Elle était à demi au fait : il acheva de l'instruire de ce qui regardait cette jeune personne. Madame de M... consentit avec plaisir à la prendre auprès d'elle, et à la traiter comme son mari le désirait. Ainsi le nouvel époux alla chercher l'orpheline dès le lendemain, à la sollicitation de sa femme.

— Lise, lui dit-il, je suis marié... — Êtes-vous content, monsieur ? — Oui, mon amie. — Je ne demandais que de vous savoir heureux. — Je le suis, et vous en serez témoin : ma jeune épouse veut faire connaissance avec vous ; et si vos caractères s'accordent (comme je m'en flatte), vous serez inséparables : je réunirai tout ce que j'aime. Venez, ma chère Lise, dans les bras d'une autre moi-même. — Lise marqua la joie la plus vive et suivit son protecteur.

Elle fut reçue de la jeune marquise avec les témoignages de la plus tendre amitié : madame de M... qui sortait du couvent, était de l'âge de Lise ; elle vit en elle une compagne aimable, et ne songea pas, étant belle elle-même, à être jalouse des charmes de cette fille.

Lise, mise avec goût, parut dans l'assemblée, à côté de la jeune épouse ; elle charma tout le monde par sa beauté, surtout par sa modestie. On demanda qui elle était à la nouvelle marquise de M..., qui répondit que c'était sa sœur. Elle ne dit la vérité qu'à sa mère et à celle de son mari. Cette dernière fit beaucoup de caresses à Lise ; mais la première ne parut pas la voir de bon œil. M. de M... qui observait tout, en ce premier moment, s'en aperçut ; et il résolut de ne pas laisser fortifier dans l'esprit de sa belle-mère des impressions défavorables. Il la joignit seule, et lui fit l'histoire de Lise, d'une manière qu'il crut propre à la rendre intéressante. Il se trompait. Il y mit trop de feu apparemment ; ou peut-être l'orgueil de la comtesse fut-il blessé de voir une fille de rien traitée d'égale par mademoiselle de Lan... Elle en fit entendre quelque chose à son gendre, qui se promit de tenir ferme, et de ne jamais sacrifier sa pupille.

Pour aller à ce but plus sûrement, il se proposa d'avoir, avec son épouse, une conduite exempte de tout reproche et de tout soupçon. Il les prit toutes deux en particulier dès le même soir, et leur tint ce discours : — Vous êtes chacune ce que j'ai de plus cher ; l'une est ma femme ; je lui dois le bonheur, et je me dois moi-même ; l'autre est ma fille, je lui sers de père depuis l'enfance, je me suis promis de la rendre heureuse, et j'aimerais mieux mourir que d'y manquer ; mais il ne faut pas que le bonheur de l'une puisse nuire à celui de l'autre. Voici le moyen que j'ai trouvé pour cela. Soyez inséparables ; que jamais Lise ne se trouve seule avec moi, pas même un instant ; que tout ce qu'elle recevra de moi lui vienne par les mains de ma femme ; que ma charmante épouse puisse se répondre à elle-même de toutes les actions de Lise. Il faut loger notre jeune amie en conséquence : elle occupera les deux petites pièces qui donnent sur le jardin, et on condamnera la porte qui y répond, à moins que mon épouse n'aime mieux en avoir seule la clef, pour sa commodité particulière ; par ce moyen, jamais on ne pourra aller chez Lise qu'on ne passe par l'appartement de madame de M... Enfin, je marierai ma pupille dès que j'aurai trouvé un parti qui lui conviendra, ainsi qu'à nous.

Tout cela fut accepté avec beaucoup de joie par la jeune marquise, dont Lise commençait à se faire aimer. Dans les huit premiers jours du mariage, cette amitié fut à son comble, et l'orpheline n'était pas plus chère à M. de M... qu'à son épouse. Ce fut à cette époque que la mère de la jeune marquise étant venue la voir, elle fut témoin de l'intimité qui régnait entre ces deux jeunes beautés, de leur familiarité : elle apprit aussi l'arrangement par lequel Lise était fixée à l'hôtel. Madame de Lan.. écouta tout cela d'un air froid, et lorsqu'elle fut sur le point de sortir, elle prit sa fille en particulier pour lui dire qu'elle était surprise que son mari lui donnât, dès la première semaine, pour compagne, sa maîtresse, une fille qu'il avait entretenue ; que si ce train de vie continuait, elle provoquerait une séparation, et reprendrait sa fille chez elle.

La jeune marquise, étonnée de ce langage, tâcha de désabuser sa mère, en lui faisant part de tout ce qui s'était passé ; elle lui apprit même une chose que son mari lui avait confiée, c'est que Lise avait déterminé son protecteur au mariage. — Sans doute, répondit madame de Lan.., parce qu'il comptait faire ce que je vois aujourd'hui. Je vous défends, ma fille, de vous prêter à cet arrangement, ou je vous mépriserai autant que sa Lise, et je ne vous verrai plus. — Elle partit en achevant ces mots, laissant la jeune épouse très embarrassée et très affligée.

Madame de M... n'eut garde de parler à Lise de cette scène désagréable ; mais lorsqu'elle fut seule avec son mari, elle ne lui déguisa rien. M. de M... vit qu'il allait avoir une persécution à essuyer ; il pria sa femme de continuer à garder le silence avec Lise, et de vivre sur le même pied, lui promettant de faire parler à sa mère par la sienne, de parler lui-même et de la ramener. Il y eut encore huit jours de tranquillité.

Tandis que la comtesse de Lan.. tramait la plus odieuse des noirceurs contre une fille innocente, cette charmante personne se livrait avec sécurité aux sentiments que lui inspirait l'épouse de son protecteur. Elle l'adorait, et, comme je l'ai dit, elle avait si bien gagné son cœur, qu'elle en était également adorée. Aussi la jeune marquise, dans un entretien avec sa mère, d'après la première démarche de madame de

M... et de son fils, prit-elle vivement le parti de Lise ; elle déclara qu'elle obéirait à son mari, qui voulait cette liaison, et fit de sa jeune compagne un éloge complet. Madame de Lan.. sortit furieuse ; et comme c'était une femme fort violente, et qu'elle avait beaucoup de crédit, elle alla dans son premier mouvement trouver un ministre de ses amis ; elle en obtint un ordre pour faire enlever Lise, et la faire renfermer.

Cet ordre extraordinaire, ardemment sollicité, fut obtenu et exécuté dans la même journée. La jeune marquise et son amie allaient se mettre au lit ensemble, le marquis ayant une légère indisposition, lorsqu'on vint heurter à la porte de l'hôtel, de la part du roi. Le suisse courut avertir son maître, et prendre ses ordres. — Il fallait ouvrir sur-le-champ, répondit le marquis ; je ne résiste jamais, pas même en idée, aux ordres du père de la patrie, et dès qu'il commande, j'obéis. Il se leva, tandis que son suisse ouvrait, et alla recevoir les ordres du prince jusque sur l'escalier. On les lui présenta sans difficulté. Jamais étonnement n'égala celui de M. de M... ; il ne pouvait en croire ses yeux. — Cet ordre est surpris, monsieur, dit-il à l'exempt, mais je le respecte ; permettez-moi seulement d'adoucir à une victime innocente ce qu'il a de plus terrible : vous serez plutôt loué que blâmé de votre indulgence. — Il entra dans l'appartement de sa femme, et la mit seule au fait de ce qui se passait. La jeune marquise alarmée pour son amie et connaissant jusqu'où sa mère portait la haine, vit bien d'où partait le coup ; elle dit à son mari : — Monsieur, ce malheur est terrible pour moi, plus encore que pour Lise ! Il peut me faire perdre votre cœur ; je le sens. Il me vient une idée : mais avant que je vous la communique, il faut me jurer de me la laisser exécuter... — Je vous promets tout, ma chère femme : loin de perdre mon cœur, comme vous le craignez, jamais vous ne me fûtes si chère qu'en ce moment. — Le porteur de l'ordre ne me connaît pas, laissez-moi prendre la place de Lise ; on sera demain au désespoir d'avoir accordé cet ordre injuste. Retirez-vous dans votre appartement, sans entrer dans le mien, après avoir recommandé à l'exempt d'en user avec la considération que l'on doit à une jeune personne honnête. Dès que je serai partie, mettez Lise en sûreté, courez en même temps chez le ministre et dites-lui, en jetant les hauts cris, et en marquant la plus grande fureur, qu'on vient de vous enlever votre femme. Vous voyez mon dessein ; il n'y a que ce moyen de sauver ma Lise ; que sais-je moi ? je le veux ; il le faut, monsieur. J'ai des craintes que je ne vous communique pas.

M. de M... voulut s'opposer à la résolution de sa femme : mais elle lui dit qu'elle le voulait, et qu'elle ne consentirait jamais à se préparer une douleur éternelle. Il fit tout ce qu'elle lui avait recommandé auprès de l'exempt; ensuite il se retira. Cet officier ayant demandé Lise, la marquise se présenta seule : elle avait auparavant, et sans l'en prévenir, enfermé Lise dans son appartement. On lui dit de se préparer à partir, de l'ordre du roi. — Je suis prête, répondit-elle : je n'ai rien à prendre. — Et elle descendit. Son mari avait achevé de s'habiller à la hâte, et venait de donner ordre à un domestique de confiance de conduire Lise auprès de madame de M... la mère : Pour lui, il suivit sa femme, et la vit enfermer aux *Madelonnettes*. Dès que l'exempt et sa cohorte se furent retirés, M. de M... fit demander la supérieure. — Sur votre vie, madame, lui dit-il, traitez avec respect la jeune dame qu'on vient de vous remettre, et surtout ne lui donnez aucune chose qui vienne de la comtesse de Lan**. Je cours chez le ministre et vous ne tarderez pas à avoir de mes nouvelles. — Il partit aussitôt. Il trouva M. de ... ... prêt à se mettre au lit. Sur son nom, on l'avait laissé pénétrer jusqu'à la porte de la chambre à coucher. On l'annonça. — Je ne veux pas le voir, dit le ministre. — Ah ! monsieur ! voyez-moi, ou je meurs ici : on vient d'enlever ma femme : l'exempt s'est trompé sans doute... A ces mots, M. de .. ... lui permit d'approcher. — Votre femme! — Oui, la marquise elle-même. — L'ordre était pour Lise. — Pour Lise, monsieur! de quel droit? qui a osé... — Moi, monsieur : votre conduite est scandaleuse. — Je vous exposerai ma conduite, monsieur, et si elle est seulement suspecte, je consens qu'elle soit punie. — Cependant le ministre écrivait l'ordre de la sortie de la marquise, et le donna à M. de M... lui-même, qu'il fit accompagner de son premier valet de chambre. Ils coururent aux *Madelonnettes*, et ils y arrivèrent en même temps que madame de Lan.. qui, avertie de l'enlèvement, venait contempler sa victime, et peut-être...

M. de M... frémit en la voyant : à peine pouvait-il commander à sa fureur. Mais il se retint. — Nous entrerons ensemble, madame, lui dit-il. — C'est ce que nous allons voir, répondit-elle avec rage. Elle le vit, car les portes s'étant ouvertes, le marquis montra son ordre, et la jeune marquise lui fut aussitôt amenée. Qu'on juge de la surprise et de l'impuissant emportement de madame de Lan..! — Quoi! c'est ma fille! — Oui, ma mère : vous faites mon malheur; et voici mon refuge; — (se jetant dans les bras de son mari, qui l'embrassa tendrement, en lui donnant les marques de tendresse les plus touchantes). Je t'adore à jamais, lui disait-il, ma chère femme, non seulement comme mon épouse, mais comme ma bienfaitrice, l'héroïne de l'amour et de l'amitié. — Ma fille s'est livrée pour sauver sa rivale! s'écria aussitôt madame de Lan... — Ma rivale! non, non, ma mère : mais mon amie, ma compagne : demain nous irons tous nous jeter aux genoux du roi, pour lui demander le secours de sa toute-puissance... Mais pourquoi demain? partons à l'instant, mon cher mari : nous attendrons le lever du plus juste des monarques, et nous obtiendrons de sa bonté, de pouvoir vivre et nous aimer en sûreté. — Madame de Lan.. frémissait. — Je n'ai qu'une fille, disait-elle; je l'adorais... — Ma mère! ma chère mère, interrompit la jeune marquise, en allant se jeter dans ses bras; eh bien, si vous m'aimez, laissez-moi donc être heureuse!

Je le suis; M. de M... est le plus tendre des maris : sa pupille, loin de diminuer mon bonheur, l'augmente. — Si elle avait l'âme belle, aurait-elle consenti... — Elle l'ignore, madame; je l'ai trompée : elle ignore tout : c'est moi qui me suis livrée, pour donner le temps de la sauver : c'est moi qui l'ai exigé de mon mari, et par un serment, avant de lui découvrir mon projet : quant à Lise, elle doit être dans une étrange inquiétude, en voyant tant de mouvements extraordinaires, dont elle ignore la cause! — Il est indécent, autant qu'imprudent, ma fille, de garder avec vous la maîtresse de votre mari. — Mais ce n'est pas sa maîtresse; perdez donc cette idée : c'est une jeune personne honnête et vertueuse, qui a gagné mon cœur par ses belles qualités, et que j'aime autant que si elle était ma sœur. — Non! ou j'y périrai, — s'écria la furie.

Alors M. de M..., qui était bouillant, sortant des bornes de la modération, allait lui répondre, — Je te brave, impuissante mégère... — Sa jeune épouse retint ces terribles expressions sur les lèvres par un baiser. Il la prit dans ses bras; la porta jusqu'à la voiture, en jetant un regard de fureur et de mépris sur la Lan..

Le lendemain, ils allèrent ensemble chez le ministre, ami de la cruelle femme; et par une exposition aussi vraie que touchante de tout ce qui regardait Lise, ils fermèrent pour jamais cette ressource à la méchanceté.

Il ne s'agissait plus que de cacher le motif de ces tristes scènes à Lise. On ne lui en parla pas, et elle était loin de les conjecturer : la sécurité est compagne de l'innocence. La jeune marquise ne parut cependant plus avec elle en public, pour ne point braver sa mère, à laquelle elle marqua toujours l'attachement le plus respectueux. Son mari même se contraignit jusqu'à la rechercher. Mais cette femme était contrariée, et quoiqu'au fond elle ne pût avoir de véritables soupçons, elle ne pouvait pardonner à Lise de l'emporter sur elle, encore qu'elle sût parfaitement que cette jeune personne l'ignorait. Elle tenta de l'en instruire par écrit, espérant qu'elle demanderait à se retirer. M. de M... ouvrit toutes les lettres. Elle voulut la faire enlever par des scélérats. Les précautions étaient trop exactes. Enfin elle eut recours à ce moyen affreux, par lequel l'infâme de Brinvilliers termina les jours de son propre père. Elle feignit de revenir peu à peu : elle vint voir sa fille, demanda Lise, et alla jusqu'à la caresser. M. de M... ni son épouse n'en furent les dupes, et madame de Lan.. ayant deux fois tenté d'emmener Lise, jamais ils ne voulurent le permettre. Dépitée, elle les invita chez elle tous trois. La jeune marquise de M... voulait que Lise feignît une indisposition pour se dispenser d'y aller. Mais la jeune personne le désirait, et M. de M... la seconda. On partit. Madame de Lan... fit mille caresses à Lise. La jeune marquise qui connaissait sa mère souffrait cruellement : enfin, elle devint plus tranquille; elle venait de prendre un parti. Elle dit en particulier à Lise : — Tu ne mangeras de rien que de ce qu'on m'aura servi; je t'en donnerai comme en jouant. N'y manque pas, ma fille? Je t'en dirai la raison : mais elle est si importante, que si tu y manques le moins du monde, nous sommes brouillées à jamais. Lise se conforma aux ordres de son amie. Madame de Lan.. n'y fit pas d'abord attention; apparemment parce que les premiers services étaient indifférents. Mais lorsqu'on en fut au dessert, ayant donné une belle pêche à Lise, et celle-ci ayant offert de la partager avec la marquise, madame de Lan.. s'y opposa, et lui dit de la garder. En même temps elle en donna une toute pareille à sa fille... Lise oubliant en ce moment les défenses de son amie, allait manger la pêche. La jeune marquise la lui arracha en riant, et lui donna la sienne. Madame de Lan.., dépitée, dit impérieusement à sa fille : — Laissez cela. — Dans le même moment, M. de M... qui avait tremblé que sa femme ne goûtât de cette maudite pêche, y porta la main, et s'aperçut qu'elle avait été coupée en deux ; cette découverte augmenta ses soupçons; il fit tomber les deux moitiés comme par maladresse, en écrasa une, et ramassa l'autre, qu'il serra, sans être vu. Madame de Lan.., rassurée, reprit alors un air serein.

Restait le café; car c'était à dîner. Il fut bien résolu dans le cœur des deux époux, que Lise ne prendrait pas le sien. On l'apporta. Madame de Lan.., sans doute secondée par celui de ses gens qui servait, fit en sorte qu'il ne restât que la tasse de Lise et la sienne sur le cabaret. Mais par un effet du hasard, tandis qu'elle faisait appeler un domestique, Lise prit une des deux tasses; la jeune marquise la lui fit tomber des mains, et voulut partager avec elle. Madame de Lan.. était furieuse : cependant elle se contraignit, et ne montra sa rage, qu'en parlant avec aigreur à celui de ses gens qu'elle avait demandé. Comme cette tasse cassée l'avait un peu distraite, elle allait prendre son café sans attention, lorsque sa fille faisant réflexion que Lise avait pris elle-même sa tasse, et qu'il se pourrait bien qu'elle ne se fût pas donnée celle qu'on lui destinait, elle fit signe à cette jeune personne d'en empêcher : Lise ôta bien vite la tasse des mains de madame de Lan... en lui disant — Il ne vaut plus rien, madame, on va vous en servir d'autre. Ces mots rappelèrent l'attention troublée de madame de Lan..; elle aperçut la marque qu'elle avait faite à la tasse destinée à Lise. Comme elle aimait beaucoup la vie, elle fut sensible à ce service. — Tu as raison, mon enfant! — dit-elle à l'orpheline : elle sonna, fit jeter son café devant elle, et s'en fit apporter d'autre. Mais pour que ses abominables desseins ne fussent plus douteux, la bonne fortune de Lise voulut qu'un singe accoutumé au café, vint égoutter la dernière tasse, dans laquelle il était resté un peu de liqueur; M. de M... fut le seul qui le remarqua. Au bout de quelques instants, l'animal poussa de petits cris plaintifs. Le marquis lui jeta la moitié de la pêche qu'il avait conservée : le singe la mangea encore. Mais après cette nouvelle dose, il ne tarda pas à faire des bonds horribles; il brisa sa chaîne, ravagea l'appartement, et tomba mort en jetant de l'écume par la bouche.

Durant cette scène, M. de M... instruisait sa femme de ses véritables causes. Ils se consultèrent ensemble sur ce qu'il convenait de faire ; et voici le parti qu'ils prirent. La jeune marquise alla trouver sa mère, qui venait de se retirer dans son appartement tout effrayée ; elle commença par se jeter à ses genoux, et par lui protester qu'elle était toujours sa tendre et respectueuse fille. Ensuite, elle lui dit, sans ménagement, toutes les découvertes que son mari et elle-même venaient de faire. Elle ajouta que c'était de concert avec M. de M... qu'elle lui en faisait l'aveu ; protestant qu'ils ne demandaient tous deux, que des sentiments plus dignes d'elle, pour tout oublier, et tout ensevelir dans le plus profond secret. Madame de Lan... voulut l'interrompre, et nier ; mais sa fille n'y fit aucune attention. Elle alla jusqu'à lui dire que c'était elle qui avait voulu que Lise l'empêchât de prendre son café afin qu'elle dût la vie à cette fille aimable. Madame de Lan... toute barbare qu'elle était, fut touchée de cette action de sa fille ; et comme elle l'aimait beaucoup, elle pleura d'attendrissement. — Mais es-tu bien sûre qu'elle n'est pas la maîtresse de ton mari ! — Absolument sûre. — En ce cas je pourrai lui pardonner, etc....

M. de M... ne se fia pas à cette apparence de repentir ; mais la jeune marquise y crut : cependant elle prenait toujours des précautions.... Elle fut enfin elle-même la déplorable victime de sa coupable mère... et dans quel temps encore ! lorsqu'elle venait de combler l'espoir de son mari et de cette mère barbare, en mettant un fils au monde !... Dira-t-on que le ciel punit l'innocence ? Non, l'infâme de Lan... n'était pas digne d'avoir une pareille fille, et le souverain Être la lui enleva.

Il est impossible d'exprimer quelle fut la douleur de M. de M... : elle ne pouvait se comparer qu'à celle de Lise. Cette aimable fille descendit aux portes du tombeau : elle fut deux années en langueur ; ce qui fit croire à M. de M... qu'elle n'avait pas été absolument garantie du poison. Mais l'événement a prouvé qu'elle n'avait pris que celui de la douleur.

Je ne parlerai pas des transports de fureur et de désespoir dont le marquis de M... fut agité ; il alla se plaindre au ministre qui prit en horreur une aussi abominable femme que la de Lan... et lui défendit de l'approcher. Il mourut dans ces sentiments pour elle, et la coupable n'a traîné depuis que des jours malheureux, terminés par une mort affreuse et digne de sa vie.

Lise se rétablissait lorsque le monstre n'était déjà plus. Depuis que la jeune marquise lui avait été enlevée par une mort cruelle, elle avait composé de sa chambre une sorte de chapelle ; elle y avait étalé ses habits, et tous les jours elle goûtait le triste plaisir de venir y pleurer, en baisant ces restes insensibles de ce qui avait appartenu à son amie. M. de M... l'ignorait. En proie à sa propre douleur, s'il allait quelquefois consoler Lise, il n'entrait jamais dans un lieu qui lui eût trop vivement rappelé son malheur. Mais au bout de deux ans, et lorsque Lise commençait à revivre, pour ainsi dire, il voulut faire arranger l'appartement de son épouse. Il y entra comme Lise y était. Il la trouva baignée de larmes, à genoux devant le portrait de la marquise. Il ne voulut pas la distraire ; il s'informa. Une femme de chambre lui dit que Lise, même dans sa plus grande faiblesse, n'avait jamais manqué un jour à faire ce qu'il voyait. Touché de ce tendre attachement, qui mettait le comble aux vertus de sa pupille, il revint auprès d'elle. Elle fit un geste de surprise en le voyant. — Continue, ma fille, d'honorer sa mémoire, ton cœur, et mon choix ; ton cœur est le temple où elle vit encore, et où je l'adorerai moi-même. Je ne gênerai jamais ces précieuses marques de ta sensibilité ; elles ne te rendent que plus chère à mon cœur ; mais (et je ne veux point de résistance à ce que je vais dire) il est temps de le satisfaire, ce cœur ;

j'ai fait ce que j'ai dû pour le monde, pour ma famille, pour ma condition. J'ai un fils, héritier de mon nom, qui doit transmettre à mes descendants ma noblesse dans tout ce qu'on nomme son lustre. Je puis enfin satisfaire mon penchant, rendre hommage à la vertu, et couronner l'ouvrage que j'ai commencé... Point d'obstacles, Lise.... Elle vit dans votre cœur ; elle vit dans le mien ; unissons ce qu'elle a si tendrement aimé ! servez de mère à son fils, de compagne à son bien-aimé. Nous ne pourrions autrement passer nos jours ensemble, et il faudrait nous séparer.

— Vous me connaissez, répondit Lise ; vous savez combien je vous aime ! mais mon cœur docile vous a toujours aimé comme je savais qu'il vous plaisait davantage que je vous aimasse. Je suis toute à vous ; j'y ai toujours été, comme l'ouvrage est à celui qui l'a fait. Si vous ordonnez, j'obéirai ; mais si je suis libre, j'irai trouver votre mère ; je lui dirai : « Madame, » monsieur le marquis votre digne fils et mon généreux » protecteur, veut m'élever au rang de son épouse ; » c'est votre volonté que je désire de suivre ; disposez » de moi ; car votre fils a tant de piété ; vous avez, » madame, tant de tendresse pour lui, que vous ne » pouvez rien faire qui ne soit à son plus grand avan- » tage. Ainsi, décidez ; je ferme les yeux, quoi que » vous ordonniez, et j'obéis. »

— J'y consens, ma Lise, répondit M. de M... allez-y dès l'instant.

Lise partit, et tint à madame de M... la mère, le discours qu'on vient de lire. Cette dame, depuis longtemps prévenue par son fils, et aussi instruite que lui du mérite de Lise, lui répondit :

— Écoutez bien, mademoiselle, comme je vais décider de votre sort : *Que dans huit jours, vous soyez l'épouse de mon fils ou...... je vous hatrai.*

Lise se jeta aux genoux de cette bonne mère, en lui disant : — Je puis donc être heureuse sans inquiétude, madame !.... J'étais à vous ; j'y serai encore davantage : réellement ma mère par le cœur et par la générosité, vous allez encore l'être par la nature ! puissé-je vous rendre une partie de ce que je vous dois par ma parfaite tendresse et mon profond respect ! O ma mère ! ce nom si doux, c'est donc à vous que je dois le donner !... Mais, chère maman ! il n'y a pas de mot pour exprimer ce qu'est votre fils pour moi.

— Si, ma chère Lise, il en est un, dit le marquis en entrant ; c'est celui de mari, donne-moi ce nom, ma chère femme !

P.-S. Ce mariage est le plus heureux qu'on puisse imaginer. Lise est précisément à l'égard de son mari ce qu'il faudrait que fussent toutes les femmes : l'élève, la fille chérie, en un mot l'ouvrage de son époux.

L'HONNEUR ÉCLIPSÉ PAR L'AMOUR

Il y avait à Paris, proche le *quai Pelletier*, une jeune personne très aimable, qu'on appelait mademoiselle *Zémire H..* ; j'ignore si Zémire était son vrai nom, ou si ses parents, honteux de faire porter à leur fille celui d'une sainte trop vulgaire, avaient jugé à propos de l'appeler par celui-là ; c'est une chose assez indifférente, sans doute, et je n'en dirais mot, si je n'avais de fortes raisons pour croire que mademoiselle *Zémire* s'appelait *Javotte*.

Zémire avait été très bien élevée ; ses parents étaient riches, mais gens de fortune, et elle était fille unique. Si elle avait été une laideron, son père aurait pu songer à lui faire épouser son neveu, jeune provincial, fort beau garçon ; mais mademoiselle H.. étant riche et jolie, il se présenta tant de partis relevés, dès qu'elle eut quatorze ans, que ses parents firent choix d'un jeune C..., dont l'alliance leur parut propre à leur donner un certain relief dans le monde, et à ennoblir leurs richesses.

Dès que ce plan fut arrêté, M. H.., de concert avec son épouse, qui était une bonne pâte de femme, fit venir son neveu chez lui, dans le dessein de le pousser dans le monde sous la protection de leur gendre futur. Le jeune H.., que nous appellerons *Philippe*, de son nom de baptême, eut à peine respiré l'air de la capitale, qu'il devint charmant, et Zémire, sa cousine, ne fut pas la dernière à s'en apercevoir. Madame H.., de son côté, en le voyant si bien fait, regrettait fort que son mari eût des vues ambitieuses ; et comme elle l'aimait beaucoup, elle aurait désiré qu'il eût relevé son nom en faisant épouser Zémire à Philippe. Cependant elle ne voulait pas cela en femme ; ce n'était qu'une volonté de raison, de bon sens, de bienveillance pour Philippe et d'affection pour son mari, dont, au reste, elle respectait les lumières supérieures. (D'où venait donc cette femme-là !)

De son côté, Philippe ne put voir mademoiselle H... sans éprouver un sentiment plus tendre et plus vif que celui de cousin. Ce sentiment le rendit attentif, empressé, complaisant ; il voulut être aimable, il voulut plaire et il plut. Il faut convenir aussi qu'il était difficile de se défendre des charmes de Zémire, C'était une de ces brunes, dont l'embonpoint appétissant et l'éblouissante blancheur semblent faits pour parler aux sens. Elle avait un bel œil noir, un sourcil dont l'ébène rehaussait encore la blancheur de son teint, un visage arrondi, et des couleurs demi-rosées, dont le doux éclat réjouissait, en même temps qu'il annonçait une âme sensible. Sa main et sa gorge étaient proportionnées à son genre de beauté ; elle avait la jambe fine et un pied plus mignon que sa taille assez grande ne paraissait le promettre. Voilà, je crois, tout ce qu'il faut dans la figure, pour faire naître une passion violente, surtout si l'on y joint ce goût exquis dans la mise, qui distingue une jolie Parisienne de toutes les femmes de l'Univers. Eh bien, ajoutez encore à cela quelque chose de plus séduisant... l'amour, et convenez qu'un garçon comme Philippe ne pouvait guère résister.

Le C..., amant de Zémire, était un de ces flegmatiques, dans lesquels les glaces de l'hiver semblent se réfugier au printemps ; de ces hommes que rien n'émeut, et qui cependant s'occupent des plus petites choses; dont tous les pas, toutes les paroles sont compassés, et pour qui le moindre manque à la plus plate étiquette est un crime. Ces gens-là ne peuvent plaire à personne, pas même aux bégeules qui leur ressemblent. Aussi ne sut-il jamais plaire à Zémire. Elle aima son cousin dès qu'elle le connut, et elle en fut adorée.

Les deux amants ne tardèrent pas à s'entendre. D'abord Philippe brûla discrètement. Il connaissait les vues de son oncle, et il ne doutait pas que Zémire ne pensât comme son père. Cependant il ne pouvait s'empêcher de montrer de l'empressement pour sa cousine; et on y répondait longtemps avant qu'il s'en aperçût; car Philippe était modeste, presque autant que le C... était avantageux; mais ces gens modestes, dès qu'ils s'aperçoivent qu'ils plaisent, sont bien plus ardents que d'autres; sans doute parce qu'ils sont reconnaissants. Dès que Philippe sentit qu'il intéressait, il rechercha Zémire; les occasions naissaient en foule; ils ne se quittaient presque pas, sans néanmoins paraître trop ensemble. La mère de Zémire regardait avec complaisance cette innocente tendresse, et en faisait honneur au bon naturel de sa fille et de son beau neveu.

Après que les deux amants se furent parfaitement entendus, sans se parler, ils ajoutèrent ce dernier degré d'évidence à leurs sentiments mutuels. Un beau soir d'été, ils étaient ensemble, et seuls, appuyés sur un balcon, leurs bras se touchaient et ils conversaient avec cette douce familiarité ordinaire entre les amis, et que les amants envisagent comme le comble de la félicité, sans presque jamais y parvenir. Cette situation délicieuse opéra sur Zémire : elle songea au C... apparemment, car une larme s'échappa de ses beaux yeux.

— Vous pleurez, ma cousine! — Non; c'est une larme involontaire. — Ah! tant mieux! car... si vous aviez des peines (*à demi-voix*), je les sentirais aussi vivement que vous-même. — Hélas! oui, j'en ai, mon cher Philippe! ce C... me désole. — Et moi! — Vous avez des peines aussi!... Non, vous êtes heureux, et vous n'en avez pas? — Je vous assure, ma cousine, que j'en ai! — Et de quelle nature donc? — Du genre... (*encore à demi-voix*) des vôtres. — Du genre des miennes! craignez-vous une odieuse contrainte exercée... par un père que j'aime et que je tremble d'affliger?... car pour maman... — Ah! Zémire; la contrainte envers vous serait encore plus cruelle pour moi que pour vous-même. — Vous n'y songez pas! — Si, si, j'y songe. — Comment donc cela? — Je n'ose vous le dire. — Ah! dites-le moi, mon cher Philippe! — Vous vous en offenseriez. — Moi!... rien de votre part, mon cousin, ne peut m'offenser, j'espère. — Me promettez-vous de ne pas vous offenser de ce que je dirai, et de me parler tout comme auparavant? -- Mon Dieu, oui, je vous le promets; je ne me fais pas presser, comme vous voyez; mais c'est que je le pense bien réellement. — J'ose... vous aimer. — Ce sentiment est flatteur pour moi, mon cousin. Était-ce là ce grand mystère? — Il est dit et ne l'est pas. — Pourquoi donc ces énigmes avec moi? — Vous ne m'avez pas entendu. — (*Après quelques moments de silence, et à demi-voix*). Si, mon cousin, et voyez si je suis fâchée! — Ah! Zémire! — Mais, mon cher H..., en serez-vous plus heureux? — Oui, oui, oui! être aimé de vous, Zémire, ah! vous ne sauriez avoir l'idée d'un si grand bonheur! — Vous comptez donc que je vous aime? — (*interdit*). Je suis un téméraire... Ah! Dieu!... Mais voyez ma rougeur... — Va, mon ami, tu ne t'es pas trompé; tu m'es cher comme parent... tu me le serais davantage encore, si je ne craignais de déplaire à mon père; car pour maman, je te l'ai déjà fait entendre, elle t'aimerait à tous les titres que je pourrais te donner.

Pendant cette réponse, Philippe avait entraîné sa cousine, dont il avait pris la main, derrière un trumeau, et il était tombé à ses genoux. Il y était encore, couvrant de baisers cette belle main, lorsque M. H... entra. Les deux amants demeurèrent immobiles. Le père lui-même, malgré sa fureur, cherchait des expressions, et n'en trouvait pas. Mais enfin l'orage creva, et les épithètes les plus fortes sortirent avec impétuosité de la bouche de ce père irrité, qui se croyait outragé par sa fille, par son neveu, en un mot par ses enfants. Le volcan termina son éruption par une défense absolue à Zémire de se trouver jamais seule avec Philippe, que M. H... en se calmant, voulut bien faire semblant de croire le seul coupable. Il ordonna en même temps à sa fille de se préparer à devenir la femme du C...

Ce ne furent point de vaines paroles que celles de M. H...; Philippe fut relégué dans un endroit de l'hôtel où la communication avec sa cousine devenait impossible; il ne mangea plus à la table de son oncle, et toute familiarité cessa absolument. A ce traitement, déjà si rigoureux, se joignit la perspective de peines plus cruelles encore, une expulsion totale, et le mariage de sa cousine avec le C... — Bon! bon! disait l'Amour, en planant sur cette maison; me voilà sûr de deux cœurs : laissons reposer mes flèches dans mon carquois; la contrainte m'en tiendra lieu. — En effet, séparée de Philippe, Zémire, qui ne l'aimait qu'avec tendresse, l'aima éperdûment. Philippe, qui ne faisait qu'adorer Zémire, lorsqu'il la voyait à chaque instant, devint ivre d'amour quand il ne la vit plus; il lui passa dans l'esprit cent projets funestes, dont celui de mettre le feu à l'hôtel, et de ruiner son oncle, pour en obtenir ensuite Zémire pauvre, n'était ni le plus fou, ni le plus coupable. Il n'en exécuta aucun : l'Amour et la Contrainte travaillaient pour lui.

Zémire au désespoir reçut le C... la première fois qu'il vint lui faire sa cour, de manière à lui ôter l'envie de l'obtenir pour femme. Sa mère lui en fit des reproches : mais Zémire s'expliqua sans détour avec une mère indulgente, et mit tant de douleur et de larmes dans ses plaintes, que cette bonne mère crut devoir la consoler. L'amour rend fine et rusée la beauté la plus naïve : Zémire rassurée par madame H... parut contenté. Mais tous les jours, c'étaient de nouvelles demandes, que les larmes faisaient toujours accorder : Philippe écrivit : on permit de lui répondre. Après, il fut désiré de se voir : ce point fut difficile à obtenir; mais la maman se laissa encore gagner. Ensuite, on en vint jusqu'à se parler, toujours sous les yeux de madame H***. Enfin, on se vit sans témoin, et la maman ferma les yeux.

Tout cela se passait, pendant que M. H... tonnait contre sa fille, qui avait éconduit le C... et qui refusait, le plus respectueusement possible, toute visite de sa part. Enfin la persécution du père, la facilité de la maman, amenèrent un jour entre les deux amants la conversation suivante :

— Que je suis malheureuse, mon cousin ! — Il vous aime; vous êtes sa fille unique. — Eh bien? — Si vous vouliez. Ce que je vais dire n'est peut-être pas d'un amant délicat : mais enfin, quand tout autre moyen manque, et que la vie en dépend?... — Mais vous n'achevez pas! — Si vous vouliez... nous serions certainement l'un à l'autre. — Ah! parlez, mon cousin ! — Il y a un moyen d'y déterminer mon oncle. — Quel est-il? — Je n'ose vous le dire! — Est-ce donc une mauvaise action? — Non, dans un sens. — Mais qu'est-ce? — Je ne vous le dirai jamais. — Mon cousin (reprit alors Zémire avec douceur), que je juge au moins si je puis employer ce moyen-là! — Exigez-vous que je le dise? — Je vous en prie! — Ah! Zémire! commandez, ou je ne vous le dirai pas. — Va tu te fais bien presser! — (*à ses genoux*). Mettons un tiers, ma chère vie, dans nos intérêts. — Quoi! tu te fais prier, pour me dire ce que je brûle d'envie de faire!... Oui, mon ami, parlons à maman; touchons-la par notre tendresse, par nos larmes; je suis sûre que nous la vaincrons. — Non, Zémire; elle craindrait trop de désobliger votre père. — Je ne te comprends donc pas! — Ce n'est pas votre maman, qu'il faut mettre d'intelligence avec nous. — Eh! qui donc! — Un autre vous-même, Zémire. — Explique-toi mon ami; le temps est précieux : vrai, je ne t'entends pas? — Un autre vous-même, Zémire... Quoi! vous n'entendez pas ce langage?... N'êtes-vous pas pour ma tante... *une autre elle-même?* Zémire rougit, sans néanmoins entendre bien clairement encore. — Comment!... en vérité... vous n'y pensez pas, mon cousin! — Il n'y a que ce moyen, chère Zémire : permettez à votre amant... de l'employer... un être innocent, qui nous devra le jour à tous deux, qui portera son nom...

Zémire prit un air très sérieux. — Laissons cette matière, mon cousin : je n'entrerai jamais dans le mariage par cette porte-là. — Il n'en est pas d'autre, au degré de parenté où nous sommes, pour obtenir les dispenses de l'Église. — Écoutez, mon cousin : la vertu est, je crois, essentielle aux femmes : je suis entre deux précipices : je tâcherai de les éviter tous deux, et de ne perdre ni mon innocence, ni vous. Je sens bien qu'il faut ici un petit sacrifice, je le ferai. Nul autre objet au monde que vous ne pourrait me déterminer à une fausseté; mais pour vous, mon cousin... je ferai l'impossible. Ne nous déshonorons pas l'un et l'autre; vous, en corrompant votre cousine pour l'épouser; moi, en me rendant indigne de porter votre nom, qui est celui de mon père, afin de le porter... Je me charge de tout; je feindrai ce que vous alliez me proposer... J'aurai bien plus de force pour soutenir la colère d'un père, enveloppée dans mon innocence, que je n'en aurais étant coupable, et je n'exposerai pas... la vie peut-être du... — Adorable Zémire! s'écria Philippe (voyant qu'elle n'achevait pas), que je sois à vous; voilà tout ce que je demande; les moyens me sont indifférents; je préfère celui que vous approuvez.

Cet entretien met au fait du dessein de Zémire. Elle prit des boissons rafraîchissantes, qui sans incommoder sa santé, la maigrirent un peu et firent pâlir les roses de son teint déjà peu coloré. Ensuite elle employa petit à petit un moyen que je ne dirais pas clairement sans faire rire. Ce moyen gâtait insensiblement (en apparence) la partie la plus importante de la taille déliée de Zémire...

Quelques mois après, un jour, en sortant de table, M. H... jeta les yeux sur sa fille et les y tint fixés. Zémire s'attendait depuis quelque temps à cette marque d'attention de sa part, cependant elle rougit jusqu'au blanc des yeux, en se voyant ainsi regardée; et lorsque son père, d'une voix altérée par la fureur (car le bonhomme était sujet à cette maladie), appela madame H..., elle faillit de s'évanouir.

— Pourriez-vous me dire, madame, ce qu'a votre fille? — Mais... rien, mon ami... Qu'as-tu, Zémire?... mon Dieu, mon enfant, comme tu te tiens mal! — Je crois, madame, qu'elle a encore plus mal agi qu'elle ne se tient! Mais, corbleu! si mes conjectures se vérifiaient, malheur sur la s... (*ce mot ne s'écrit pas*) qui m'aurait déshonoré! — Mordieu! mon ami, quel langage!...

A ces mots, Zémire, dans une situation qu'il est possible de s'imaginer, tomba aux genoux de sa mère, et couvrit ses mains de larmes aussi réelles que sa faute l'était peu; son père voulut lui donner un soufflet, en disant : — Vous voyez, madame, les effets de votre douceur! La crainte qu'eut Zémire de recevoir un traitement qu'elle n'avait jamais éprouvé, d'une main qui l'avait toujours caressée, la fit évanouir bien réellement, et força son père à la secourir lui-même. Lorsqu'elle fut revenue à elle, on la porta sur son lit; mais le grondeur, quoique terriblement irrité, n'osa plus tonner que de loin.

M. H.. fulmina durant quelques jours, chassa son neveu, le rappela moins d'une heure après, et lui dit : — Tu as fait la faute, tu la boiras. Ah! mon gaillard! vous me faites de ces tours, à moi, qui vous regardais comme mon fils, et vous me déshonorez!... Corbleu! je saurai vous mettre à la raison!... Allons, je vais obtenir de bonnes dispenses et vous serez mariés dès qu'elles seront arrivées. — C'est ce que je demande, mon cher oncle. — Je vous trouve bien insolent, de me répondre que c'est ce que vous demandez! Morbleu!

ce n'est pas ce que je demandais, moi!... Mais elle vous aura et vous l'aurez! Ah! je vous ferai voir que ce n'est pas à moi qu'il faut se jouer! (Cet oncle n'a pas grand bon sens! dira-t-on. Honorable lecteur, voilà pourtant comme il faut être pour s'enrichir.) Les préparatifs allèrent aussi promptement qu'il fut possible. Enfin le mariage arriva.

Zémire quitta le matin tout ce qui déformait sa jolie taille; elle prit un corset souple, se fit lacer serré, on l'aurait pressée entre dix doigts. Sa mère vint auprès d'elle : — Mon Dieu! mon enfant, prends donc garde! d'où vient te serrer comme ça! — Ne craignez rien, chère maman, je suis dans mon état naturel. — La maman céda, suivant son usage. On fut à l'autel; on en revint. — Ma fille, dit encore madame H..., j'ai souffert que vous fussiez à l'église comme vous êtes, à cause du monde; on doit toujours éviter le scandale; mais à présent que vous voilà de retour, il faut songer à ce que vous portez. — Ma chère maman, répondit alors Zémire, en l'embrassant, pardonnez-moi une petite tromperie que j'ai faite pour être à mon cousin, et donner à mon père un plaisir auquel il parait déjà plus sensible qu'à tout autre, celui de me voir porter son nom. J'en suis encore digne, maman, et de ceux qui m'ont donné le jour : quelque tendresse que j'aie eue pour mon cousin, depuis qu'il est à la maison, j'aurais mieux aimé être malheureuse que de manquer à ce qu'une fille bien née doit à ses parents et à elle-même. J'ai feint ce que vous avez cru réel.

Tandis que Zémire faisait cette confidence, M. H... qui s'était aperçu d'un entretien secret entre la mère et la fille, avait dit à son neveu : — Voyons un peu s'il ne se trame pas là quelque conjuration contre toi! écoutons. — A l'instant où madame H... embrassait sa fille, en lui disant : — Ah! ma chère enfant! tu as doublement bien fait; mais cachons encore ceci à ton père! M. H... entra bruyamment tenant son gendre par la main : — Parbleu! je m'en serais douté! Est-ce qu'une fille à moi pouvait faire une sottise? Mais pourquoi me cacher une chose qui me transporte de plaisir?... Viens, ma fille, que je te montre, et qu'on sache que tu tiens de moi pour la vertu et la finesse. Quant à vous, monsieur le bon apôtre, que je croyais plus rusé que vous n'êtes, songez que je n'y veux rien perdre et que dans l'an il me faut un garçon...

M. H... exécuta ce qu'il venait de dire : il conduisit la nouvelle épouse dans une salle où était rassemblé tout le monde de la noce, et là, sans beaucoup s'embarrasser de sa rougeur, il divulgua le secret qu'il venait de surprendre; ensuite pressant la taille de sa fille entre dix doigts, il répétait : — Voyez, voyez, mesdames?... Cette découverte fit beaucoup d'honneur à Zémire; mais il y eut des gens qui en rabattirent d'un cran pour son mari.

J'ai ouï dire que ce fait était arrivé plusieurs fois d'une manière un peu différente dans les conditions communes. Je l'ai vu moi-même dans une ville de province. (*Dulis.*)

LES

VINGT ÉPOUSES DES VINGT ASSOCIÉS

NOUVEAU MOYEN DE BANNIR L'ENNUI DU MÉNAGE

Paris! séjour tout à la fois de délices et d'horreur! tout à la fois gouffre immonde où s'engloutissent les générations entières et temple auguste de la sainte Humanité! Paris, tu es l'asile de la raison, de la vraie Philosophie, des mœurs, aussi bien que la patrie du Goût et des Arts! O Paris! tu réunis tous les extrêmes! Mais le bien est dans ton enceinte encore plus facile à faire que le mal. Reçois mon hommage, ville immense! Jadis les nations subjuguées de la rampante Asie élevèrent des temples et des autels à la ville de Rome; Paris! tu les mérites mieux que cette destructrice superbe : elle enchaina les peuples et tu les éclaires, tu les égayes, tu les pares... Qui croirait à entendre réciter ton nom dans les climats glacés du Nord où seul il donne l'idée de la joie, qu'il y a dans ton sein des cafards, des misanthropes, des hypocrites, des superstitieux, des tyrans, des fanatiques, des préjugistes, qui pensent qu'il est des hommes plus qu'hommes et des hommes moins que les brutes! Oh! qui le croirait!... Semblable au soleil, ô Paris, tu lances au dehors ta lumière et ta bienfaisante chaleur; tandis qu'au dedans tu es obscure et peuplée de vils animaux (1). Cependant, n'es-tu pas le divin séjour de la liberté? N'est-ce pas dans ton enceinte, où moi, pauvre homme, je coudoie hardiment le duc et pair; où j'ose respirer le même air et goûter dans le temple des beaux-arts les mêmes plaisirs que la souveraine? (Souveraine auguste! continue de consoler l'humanité; tes plaisirs sont des bienfaits, ils augmentent, ils ennoblissent les nôtres; goûte-les, ils ne font que des heureux : ah! respirer le même air que toi, c'est respirer le bonheur même!) Ainsi, ô Paris! tu m'agrandis à mes yeux, tu me consoles, et l'homme, longtemps avili par les préjugés des sots se retrouve chez toi dans son originelle dignité!... Qu'entends-je, chez le vil provincial? non chez le gentillâtre seulement, fier de ses vains titres, mais chez le Bourgillon sorti d'hier de la fange où rampent encore ceux qu'il méprise? qu'entends-je? — *Comment? ce n'est que la fille d'un cordonnier, et cela se donne des airs d'être propre, d'avoir une coiffure!...* Ils vont, et je l'ai entendu, jusqu'à dire, *d'être jolie!* Infâmes, seuls êtres vils de la nature, que vous dégradez, apostats, et de votre religion, qui prêche l'égalité, et des lois de la nature, et du droit des gens, et des principes de la raison et du bon sens; infâmes! cette fille n'est-elle pas fille d'un homme? est-elle fille d'un singe, d'un ours ou d'un chien! O malheureux! elle viendra peut-être (et je la désire malgré les maux dont elle serait accompagnée, je la désire pour vous punir), elle viendra peut-être cette révolution terrible où l'homme utile sentira son importance, et abusera de la connaissance qu'il en aura (et cette manière de penser serait plus naturelle qu'aucune de celles que la mode a mises en usage); où le laboureur dira au seigneur : — *Je te nourris, je suis*

(1) Cette comparaison paraîtra aussi singulière que peu juste, mais mon ami avait sa physique dont on pourra prendre une idée juste, vers le milieu du *III*[e] *volume de la Découverte australe,* qui paraît depuis quelque temps chez la dame-libraire du présent ouvrage.

plus que toi, riche, grand, inutile au monde, sois-moi soumis ou meurs de faim... où le cordonnier rira au nez du petit-maître, qui le priera de le chausser, et le forcera de lui dire : — *Monseigneur le cordonnier, faites-moi des souliers, je vous en supplie, et je vous paierai bien.* — *Non, va-nu-pieds, je ne travaille plus que pour celui qui peut me fournir du pain, des habits, de l'étoffe, du vin, etc.* Malheureux provinciaux, vils automates, insensés préjugistes, qui flétrissez les gens utiles, qui les forcez de languir dans l'isolement et le mépris, que je vous hais! Vous haïr! c'est trop vous honorer; non, que je vous méprise! que vous me faites de pitié!... Qu'on ne croie pas que ce préjugé n'ait que des effets insensibles! Voyez-le à Arras flétrir *de Rugi.* Le fainéant Toulousain, plus paresseux que l'Espagnol, sèche orgueilleusement de misère, avec son titre de bourgeois, plutôt que de mettre la main à l'ouvrage, pour s'alimenter lui-même et pour l'État. J'ai vu dans la bicoque de *Noyers*, une famille riche, abandonner, renoncer un de ses membres, parce que pauvre, il s'était fait potier d'étain pour subsister; ce fut une tache ineffaçable; il fut pour eux au-dessous des *Siripères* de l'Inde; il fallait mourir orgueilleusement sur son fumier. Une autre bicoque, c'est Joigni, porte ce préjugé destructeur plus loin encore : L'Oisiveté, ce vice abominable, l'Oisiveté, mère des vices, y est publiquement encensée; elle y a un temple, des autels, des ministres; c'est la déesse tutélaire, et quiconque ose la blasphémer par le moindre acte de travail, est aussitôt flétri, dégradé... à moins que ce travail ne soit de ceux qui sont nuisibles à la société : l'avantageux avocat peut y exercer avec honneur ses talents cauteleux : le tortueux procureur peut y égarer le facile campagnard dans l'inextricable labyrinthe de la chicane. Mais le trône de ce préjugé infamant semble établi chez le grossier Au — rois : c'est là que le stupide bourgeois, malgré sa gourmandise, aime mieux se mettre à demi-ration, pendant neuf mois de l'année, que de faire une œuvre utile : c'est là, que sous un habit aussi sec que son corps exténué, il promène orgueilleusement sa misère autour de ces vignes, que le malheureux vigneron cultive à crédit. Une fille d'artisan, exerçant elle-même une profession utile, vint-elle à passer devant leurs femmes ou leurs filles, aigries par la misère, hommasses méchantes, elles envient son air riant, la fraîcheur de son teint et l'apostrophent tout haut d'un : *Voyez donc c'te guenon, c'te salope! ça se requinque? eh ben? eh ben? ça ne fait pas gémir!* Gémir, oui, malheureuses Tribades! votre orgueil, votre basse fierté, votre insolente misère, votre infâme inutilité, votre infernal égoïsme!...

O Paris, tes citoyens paisibles et bonaces ne sont point dévorés de ces passions viles, et c'est dans ton sein qu'est établie la société, digne de l'âge d'or, dont je vais tracer le tableau.

Dans une rue qui joint celle de *saintmartin*, demeurent plusieurs particuliers, de différents états utiles, dont voici l'énumération : un marchand drapier; un mercier; un clincailler; un coutelier; une marchande de modes : une maîtresse couturière, une marchande lingère, un marchand de vin; un boulanger; un boucher; un cordonnier; un tailleur; un chirurgien; un médecin; un procureur; un avocat; un huissier; un chapelier; un loueur de carrosses, et un orfèvre bijoutier; en tout, vingt familles. Ces citoyens ont fait une salutaire confédération contre le malheur et la corruption : ils sont parvenus, par une institution sage, à se mettre au-dessus de tous les besoins de la vie, de tous les caprices du sort, en un mot, autant qu'il est possible, au-dessus des vicissitudes humaines.

Le premier d'entre eux qui eut cette idée, ce fut l'orfèvre-bijoutier, jeune homme alors de vingt-huit ans, qui avait voyagé en Allemagne, où il avait vu la société des *Hernheutes*. Il recherchait en mariage une charmante personne, encore aujourd'hui une des plus jolies femmes de cette capitale, quoiqu'elle ait trois enfants, deux filles de 16 à 15 ans, et un garçon de 12 ans environ : mais un obstacle s'opposait à l'union de ces deux amants : *Germinot* (c'est le jeune homme) n'était pas riche : pour la demoiselle c'était un assez bon parti, dans son état : elle était fille d'orfèvre, et se nommait mademoiselle *Delorme*. Les honnêtes parents de la fille et du garçon, voyant l'amour de leurs enfants, se consultèrent entre eux, et le résultat de leur commune délibération, ce fut que Germinot n'était pas assez riche pour épouser mademoiselle Delorme; qu'il fallait qu'il s'attachât à certaine veuve de trente-deux ans au plus, qui avait une fortune triple de celle de Pétronille Delorme, dont elle pouvait absolument disposer. Par le même *sénatusconsulte*, on décida que mademoiselle Delorme épouserait le fils d'un riche libraire, qui la recherchait. Cet arrêt fut signifié aux amants le même jour : et comme ces parents ne voulaient point agir en despotes, ils en exposèrent les motifs. La plupart étaient pris dans le luxe actuel, qui rend une fortune nécessaire, lorsqu'on a une certaine éducation et un état honnête : ils représentèrent à Germinot, combien il serait triste pour lui, de voir un jour une épouse aimable et vertueuse dans la misère, et non seulement elle, mais des enfants, innocentes victimes de l'inconsidération de leur père, etc. Germinot demanda la permission de répondre : ses parents la lui refusèrent : mais ceux de la demoiselle dirent qu'il le fallait entendre. Alors ce digne jeune homme, animé par l'amour, et par le sentiment de ses propres forces, parla avec une fermeté mâle : il réfuta tous les sophismes qu'on venait d'établir; il dit que cela ne regardait que des maris lâches, sans énergie, sans industrie, sans courage : que pour lui il trouvait mademoiselle Delorme trop riche encore, qu'il aurait voulu, avec son patrimoine, tout mince qu'il était, lui faire un sort, et lui montrer par sa conduite pleine de tendresse et de dignité, que l'homme est le soutien de la femme, et qu'elle n'a pas besoin d'apporter son dîner lorsqu'elle s'associe à un homme véritablement homme. Et, lui présentant la main, il lui dit : — Mademoiselle, je n'avance rien que je ne sois en état de tenir : Je connais mon courage, ma tendresse, ma capacité : je réponds du nécessaire pour vous et pour nos enfants ; quant au surperflu, vous n'en désirez pas. — Et si tu meurs, dit le père Germinot, avec attendrissement ? — Si je trouve encore un moyen de parer à cet inconvénient-là, me donnera-t-on celle que j'aime ? — Oui, s'écrièrent monsieur et madame Delorme. — J'y vais donc travailler ; et dès que j'aurai absolument réussi, je viendrai réclamer la parole que vous me donnez en ce moment... — Et, prenant la main de Pétronille, il lui dit : — Mademoiselle, nous serons unis ; c'est un homme qui vous estime autant qu'il vous aime, qui vous en répond ; comptez sur moi : je ne suis point un fanfaron, je veux parler par des effets.

On ne put s'empêcher d'applaudir à ce discours de Germinot, et sans autre précaution, les parents de la demoiselle la lui auraient donnée : mais Germinot père, homme franc et généreux, persista à dire qu'il ne voulait pas exposer la fille de ses amis, la fille qu'il estimait le plus, à partager la misère de son fils.

Dès le lendemain de la scène que je viens de rapporter, l'amoureux Germinot chercha à réaliser ses promesses. Il avait eu des camarades de collège qui l'avaient beaucoup aimé, parce qu'il était naturellement obligeant ; chacun de ses camarades avait pris un état conforme à ses inclinations, ou s'était laissé guider par ses parents, ou enfin avait obéi à la nécessité. Germinot qui avait déjà son plan dans sa tête, résolut de voir ceux de ses amis qui avaient le plus de bon sens, et de ce nerf qui fait l'homme.

Le premier était un gros garçon de bonne humeur, qui apprenait difficilement et n'oubliait rien, nommé *Balduc* : il s'informa de lui et le trouva maître boucher; profession qu'il avait prise en succédant à son père, pour ne pas réduire à rien le douaire de sa mère et les dots de ses sœurs, par les pertes qui accompagnent toujours un changement d'état : il faisait très bien ses affaires ; Germinot lui communiqua son projet, Balduc le goûta, et comme il était garçon et son maître absolu, il donna sa parole.

Le second, que les deux premiers découvrirent ensemble, était d'un caractère froid, juste et solide : l'amitié de ses camarades (que je vais nommer) contribua beaucoup à le rendre bon; car naturellement il était peu sensible; mais il avait de l'esprit et beaucoup de pénétration : ils le trouvèrent médecin. Germinot lui exposa de même son projet. Trouvez tous les membres qu'il faut pour votre association, leur dit Me *Lafaye*, et soyez sûr qu'alors je serai des vôtres : le plan me paraît *excellent et bien motivé*; je l'examinerai cependant. Les deux amis demandèrent au troisième, s'il savait la demeure de quelqu'un de leurs anciens camarades? — Je n'en connais qu'un à présent ; c'est le jeune *Rigal*; vous savez ? celui qui disséquait des hannetons ? Il est chirurgien. Voyez-le : c'est un bon garçon.

Germinot et Balduc y allèrent en menant avec eux, un peu malgré lui, le docteur Lafaye. Ils trouvèrent Rigal anatomisant un pendu. Ils lui exposèrent le plan d'association, et lui en montrèrent les avantages immenses. Le docteur, qui, en les expliquant, s'en pénétrait lui-même, parla avec cette chaleur propre aux gens flegmatiques lorsqu'ils sont convaincus. — Je ne puis m'égarer sur les pas du docteur, répondit Rigal : Allons, mes amis, unissons-nous, et formons une société amie et heureuse, au milieu de cette *tourbe* de méchants et d'envieux. Mais, à propos, j'ai soigné hier un de nos anciens camarades, *Alexandre Bel;* il est marchand de vin ici à deux pas : il me paraît qu'il fait bien ses affaires et qu'il a conservé l'honnête façon de penser qu'il avait au collège. Voyons-le. Ils y allèrent tous quatre. Bel les reçut avec transport et se félicita mille fois de voir réunis dans sa maison quatre de ses anciens camarades ; il leur servit de son meilleur vin, et ce fut en vidant d'excellent *Romanée* qu'on lui détailla le projet d'association. Bel ne fut pas difficile à persuader; et il indiqua la demeure d'un sixième ami, marchand drapier, avec lequel il avait entretenu une liaison suivie depuis sa sortie du collège. On remit au lendemain à aller voir ce marchand, nommé *Lequint*, et chacun se retira chez soi, pour vaquer à ses occupations.

Mais Bel, aussi zélé pour l'association que Germinot lui-même, depuis que ses amis lui en avaient détaillé les avantages, alla prévenir le drapier : il lui exposa le plan ; la manière de vivre que l'on adopterait ; la communauté de biens; les avantages qu'on en espérait, etc. Il l'aurait persuadé : mais il conseilla lui-même à Lequint d'attendre, pour se déterminer, la visite de leurs anciens camarades. Ils parurent le lendemain sur les deux heures de l'après-midi. Germinot parla le premier : ensuite le docteur donna carrière à son éloquence, et fut secondé par le chirurgien Rigal. — Je suis au fait, dit Lequint, en interrompant ce dernier, et je vous approuve : mais je pense qu'il serait essentiel que nous eussions dans notre société un avocat et un procureur ; non pour employer leur ministère, mais pour nous prémunir contre la chicane : notre ancien camarade *Dhermilly* est avocat, et *Simonot*, que nous appelions l'écrivain public, est procureur : Voyons-les.

On y alla sur-le-champ. Me Dhermilly écouta gravement le plan de Germinot : il y corrigea quelque chose et l'approuva. Pour maître Simonot, il était si charmé de revoir sept de ses anciens camarades, qu'on ne pouvait captiver son attention pour la lecture du plan d'association : mais enfin Me Dhermilly obtint audience. Le procureur fit une foule d'observations, qui occasionnèrent différents changements utiles. Pendant qu'on les faisait, il envoya chercher un autre ancien camarade, nommé *Delatouche*, qui était huissier, avec lequel on renouvela connaissance. Celui-ci ne fut pas plus tôt au fait de la proposition de Germinot, qu'il envoya chercher à son tour *Jacques Wallon*, maître cordonnier, ancien camarade, avec charge d'amener avec lui *Robert Lucot*, maître tailleur, et *Philippe Amerville*, maître boulanger, tous trois anciens camarades de collège auxquels on proposa l'association. Ils l'acceptèrent avec plaisir. — Tandis que nous voici chez l'ami Simonot, dit Jacques Wallon, il faut que chacun de nous se rappelle quelqu'un de nos anciens camarades, pour qu'on les envoie chercher, et que ce soit une chose décidée entre nous tous aujourd'hui. Pour moi, je sais la demeure de *Duban*; il est marchand mercier. — Duban! s'écrièrent tous les autres; c'était le meilleur garçon du monde. On l'envoya chercher. — Et moi, dit Lucot, je vous dirai que *Thorel* est coutelier; il ne demeure pas fort loin. — On envoya chercher Thorel. — Et *Tridon*, s'écria Philippe d'Arville, qui a épousé la lingère du coin de la rue *Montmorency*, une très jolie femme, ma foi! il faut le mettre des nôtres! On envoya pareillement chercher Tridon.

Lorsque ces trois derniers furent arrivés, ils indiquèrent à leur tour la demeure d'un ancien camarade, marchand clincailler, nommé *Hizette*; celle d'un nommé *Boyer*, qui avait épousé une jeune couturière de la rue des *Trois Moros*; celle d'un aimable garçon, nommé *Monclar*, qui avait une boutique de modes, qu'il tenait avec ses deux sœurs; celle d'un chapelier, non marié, qui tenait sa boutique aussi avec sa sœur, très jolie personne, rue de l'*Arbre-sec*; il se nommait *Dugai*. Enfin on compléta le nombre de vingt par le choix d'un camarade, excellent garçon, dont on ignorait le genre de vie, nommé *Robustel*; on le fit chercher, mais on n trouva sa demeure que le surlendemain; il était loueur de carrosses et avait succédé à son père: il avait trois sœurs fort jolies, auxquelles il servait lui-même de père.

Lorsque les vingt amis se furent ainsi rassemblés, on indiqua un jour chez l'avocat Dhermilly, pour faire une lecture du plan, déjà lu, corrigé et approuvé par chacun des membres en particulier. Le procureur Simonot en avait fait transcrire vingt copies par ses clercs; on en donna une à chacun, et on prit huit jours pour l'examen. Il est inutile de rapporter ici les débats que la confection du réglement put occasionner. Il suffit de dire qu'il fut enfin généralement agréé, pour le fond, tel que Germinot l'avait d'abord conçu : on en revint à ses idées; et les changements que firent Dhermilly et Simonot, ne concernèrent que la forme. Voici le réglement : je crois nécessaire de mettre ce modèle utile sous les yeux de l'honorable lecteur, avant d'exposer quels en sont aujourd'hui les effets.

Plan revu et corrigé, proposé par Germinot, à ses dix-neuf anciens amis de collége, et par iceux accepté, pour établir entre eux une Association de biens, d'affaires, d'occupations et de plaisirs; dans la vue de se mettre au-dessus des revers trop ordinaires de la fortune; des grandes et des petites peines du mariage, et généralement de toutes les vicissitudes de la vie qui résultent de la constitution sociale.

Nous soussignés, avons résolu de former entre nous une union de biens, de moyens, d'industrie et d'affections; afin de nous entr'aider, soulager, supporter et servir mutuellement, en santé comme en maladie, et même après la mort, dans nos personnes, comme dans celles de nos femmes et nos enfants, à toujours, sans que rien puisse rompre ou dissoudre la présente union, que nous jurons et promettons observer et garder, dans les termes et avec les clauses ci-après énoncées, que nous avons consenties, après une délibération, et dont chaque article peut et doit être regardé comme l'ouvrage de chacun de nous.

Au nom de la sainte Humanité, nous....... (*suivaient les vingt noms*) tous frères, tous égaux, quoique de conditions différentes, voulons être unis, soumis, liés, obligés par le règlement suivant :

1er *Article. Communauté parfaite.*

Les 20 associés mettent en commun, dès ce moment, tout leur avoir, sans aucune restriction ni réserve : n'ayant les dits associés, aucun égard au plus ou au moins de richesses d'aucun d'entre eux (si cette inégalité se trouvait) : pareillement, toutes les successions, qui écheront à un chacun des vingt associés, profiteront à l'Association en corps : pareillement, toutes dettes, même celles contractées antérieurement, seront acquittées par ladite Association.

2. *Egalité des épouses.*

Les épouses des associés seront parfaitement égales entre elles, régissant et administrant l'intérieur des maisons et du commerce des 20 associés ; sous le vù néanmoins et l'inspection de deux associés nommés : lesquels deux associés ne pourront faire aucun changement, ni emploi, sans autorisation de l'assemblée générale. Et les épouses administreront tour à tour pendant le cours de l'année, suivant le tableau qui en sera dressé ; les semaines de l'année étant, pour cet effet, divisées sur ledit tableau, placé dans la salle des repas, en vingt parts égales.

3. *Enfants.*

Les enfants seront élevés à frais communs ; et l'on aura soin, autant qu'il sera possible, de les rendre capables et bien instruits. Ils s'uniront ensemble un jour par mariage, sans aucun égard pour la profession des pères : c'est-à-dire que la fille du médecin, ou de l'avocat, pourra être demandée en mariage, et donnée au fils du cordonnier, ou du boulanger. Et ne seront astreints les enfants à suivre la profession de leur père : mais comme enfants communs de l'Association, et non de tel et telle, ils seront placés à raison de leurs dispositions et capacité : de sorte que le fils du tailleur, ou du boucher, pourra devenir médecin ou avocat, et le fils du docteur n'être que tailleur, boulanger ou cordonnier, s'il est incapable d'autre chose. Sans donner, dans la présente Association, trop d'importance aux femmes, nous déclarons que leur parfaite égalité entre elles sera la base de celle de leurs enfants.

4. *Mises des femmes et des enfants.*

Les vingt épouses auront une parure égale, proportionnée cependant à leur goût et à leur genre de beauté ; mais à peu près du même prix. Il en sera de même des enfants.

5. *Rapports des hommes entre eux.*

Tous les hommes seront pareillement égaux en importance, en crédit, en propriété. Mais chacun sera obligé de remplir les devoirs de son état envers ses coassociés ou confrères, avec zèle et amitié : d'autant que dans la façon de penser de la société, ce seront les arts et métiers les plus utiles, qui seront les plus considérés. Pourra chaque membre d'un état et profession différente, en laquelle il n'aura pas d'occupation actuelle et présente, aider à ses coassociés ; et cette aide sera regardée comme une action belle et louable : on la préconisera à table devant les épouses et les enfants, pour les pénétrer d'autant plus des saints principes de notre égalité parfaite.

6. *Fournitures.*

Ne seront néanmoins les ouvrages et marchandises de chaque associé fournis directement à ses coassociés ; mais il y aura une des épouses, la même qui à son tour présidera au ménage, à laquelle chaque membre s'adressera, pour avoir les choses qui lui seront nécessaires, à lui, à sa femme et à ses enfants. Ces demandes se feront à deux jours marqués par semaine, savoir, le mardi et le vendredi soir, publiquement, et devant les vingt ménages assemblés : lesquelles demandes ne seront néanmoins faisables à volonté, ni l'effet du caprice : au contraire, il sera réglé ce qu'on fournira à chacun, à proportion de ses enfants, par semaine, par mois, et par an, en linge, chaussures, coiffures, et en habits. Et ceux qui, par le bon soin et la propreté, plutôt que par la tranquillité de leur profession, se trouveront moins user, en seront loués ; sans que néanmoins les autres soient blâmés d'user davantage. La femme qui présidera aux ménages à son tour, aura inspection sur toutes les mères, et les reprendrait, si elles manquaient de soins et de propreté pour leur mari et leurs enfants.

7. *Devoirs de chaque membre.*

Chacun des membres remplira les devoirs de son état, avec application et fidélité, par soi-même et par ses garçons, de la manière la plus avantageuse à la société. Ceux qui exerceront des métiers occupants, et suffisants à l'emploi de leur temps, n'en seront pas détournés, et y vaqueront continuellement, sauf les heures et les jours de repos, où ils se réjouiront tous ensemble, et les temps d'assemblée des associés. Mais ceux qui n'auront pas des professions qui les occupent tout à fait, etc., seront singulièrement chargés des affaires communes, et y donneront leurs soins. Ils rendront compte de leur administration à l'assemblée générale.

8. *Habits des hommes.*

Chaque membre, dans sa boutique, ou dans son cabinet, faisant les affaires de son état, sera mis, conformément au dit état, sans affectation aucune : mais les jours de repos, aux assemblées des associés, aux divertissements, etc., tous les membres seront mis uniformément en noir, étoffe d'hiver ou d'été, suivant la saison.

9. *Mœurs.*

Les mœurs de l'Association seront honnêtes, décentes. Il ne s'y commettra aucun désordre avec les épouses les uns des autres : mais chaque femme sera considérée, respectée par les autres Associés, et traitée avec les égards et la politesse que doivent avoir des frères envers des sœurs qu'ils chérissent. Il ne pourra y avoir aucune privauté entre les hommes et les femmes de leurs confrères, sans néanmoins qu'on prétende interdire les conversations honnêtes, de se donner le bras indifféremment à la promenade, etc.; à moins que le mari ne voulût avoir sa femme qui lui sera remise à la première parole. Le luxe sera interdit dans l'Association, mais non l'élégance et la propreté: au contraire, chacun sera reçu à proposer les choses les plus agréables, dont la dépense n'excédera pas celle des habits ordinaires. Chacun des membres sera astreint à une probité rigoureuse envers le public ; de sorte que l'Association fournisse toujours des ouvrages plus solides, de la besogne meilleure en tout genre, que les marchands, ouvriers ou artistes ordinaires :

l'avocat sera véridique ; le médecin non conjectural ; le procureur intègre, etc., afin qu'un chacun se loue des membres de l'Association, sans néanmoins connaître les liens qui unissent lesdits membres les uns aux autres ; union dont on fera mystère, et qui sera notre secret comme les *francs-maçons* ont le leur.

10. *Emploi du temps des épouses.*

Les épouses s'occuperont chacune en particulier dans leur maison, avec leurs maris, lorsque les occupations de ceux-ci le demanderont. Les épouses des non-marchands et non-artisans aideront à leurs compagnes plus occupées ; de sorte que les femmes de commerce auront chacune une lieutenante, dont l'autorité sera égale à la leur, dans leur maison et réciproquement (toujours sous l'inspection de celle qui aura la surintendance générale, laquelle nommera ces lieutenantes, et les changera tous les mois.) Aucune occupation ne sera vile entre les épouses. Cependant l'Association n'entend pas les assujettir à des travaux contraires à la délicatesse des femmes bien nées ; au contraire, tout ce qui sera rude sera le lot des hommes ; tout ce qui sera absolument malpropre sera fait par des femmes à gages, non demeurantes dans la maison : l'Association voulant que toutes les épouses jouissent d'une vie douce et agréable.

11. *Travail et Récréation.*

En conséquence du précédent article, les ouvriers membres de l'Association cesseront leur travail à l'heure où les marchands fermeront leur boutique, et jamais on ne veillera après le souper ; seulement des compagnons externes pourront continuer leur travail, dans un endroit particulier, qui leur sera affecté. L'heure de fermer sera huit heures. On soupera et l'on prendra une récréation commune jusqu'à onze heures, tous ensemble, dans laquelle il n'y aura aucun jeu à l'argent. Les jeux de sociétés seront préférés, afin que les enfants puissent en être. Il y aura aussi, à la récréation, des lectures d'ouvrages nouveaux. Quant aux papiers publics, comme gazettes, journaux, etc. on y donnera une heure après le dîner, entre le repas et le café.

12. *Lever, Repas et Mets.*

On se lèvera à six heures les hommes en été, et à sept en hiver. Les femmes une heure plus tard. Tout le monde sera au déjeuner, en été à huit heures, en hiver à neuf. Les femmes auront du café, etc.., si elles en veulent : les hommes, un morceau de pain avec du fruit, ou le déjeuner des femmes. Les enfants, du lait cru avec du pain. On dînera en été à midi, en hiver à une heure. Le dîner sera composé d'un potage, qui sera au riz de deux jours l'un ; du bouilli, d'une entrée, et du dessert en fruits de la saison. Vin de Bourgogne, naturel, et acheté par l'Association même, sur les lieux. Le médecin sera chargé de ces achats, conjointement avec le marchand de vin, dans la saison où il sera sans malades. Après la lecture faite des gazettes, chacun aura le café, ou un petit-verre de liqueur, à son choix. Mais les femmes ne prendront jamais de liqueurs, ni les enfants de café : ceux-ci ne boiront jamais que de l'eau. On soupera à huit heures : les mets seront le rôti, bœuf, veau ou mouton ; une fois par semaine de la volaille : avant de se mettre au lit, les hommes prendront, s'ils veulent, un petit verre de liqueur ; les femmes une limonade, une orange, etc. Les enfants seront tous au lit une heure avant les pères et mères, c'est-à-dire, à dix heures ; et l'on aura cette heure-là pour s'entretenir avec plus de liberté. Les épouses surveilleront les enfants en cette occasion, et verront à ce que rien ne leur manque. Lorsque les garçons seront grands, les pères y auront l'œil.

13. *Etudes de garçons.*

Tous les garçons apprendront le latin dès l'enfance, et auront pour répétiteur un ou plusieurs des coassociés. On les initiera dans toutes les sciences à leur portée ; on leur donnera des idées saines en physique, en morale et en religion. Ceux qui auront des dispositions seront poussés, promus aux états relevés : les autres seront employés aux métiers et arts de nécessité : ainsi, chaque état sera individuel, et le fils ne sera jamais nécessairement ce qu'est son père, mais ce que demandera la trempe de son esprit. Il sera absolument interdit de forcer la vocation des enfants, c'est-à-dire de porter les incapables où ils ne doivent point aller. Le médecin, l'avocat, le chirurgien, etc., choisiront indifféremment ceux des enfants qui seront plus capables de leurs sciences et arts. Mais au moyen de ce qu'aucun emploi ne sera vil, mais honoré dans la société à raison de son utilité, cet article ne devra jamais peiner les parents.

14. *Education des filles.*

Les filles seront élevées dans une égalité parfaite, et instruites aux ouvrages de femmes, comme la couture, les modes, le linge, la dentelle, etc. Celles qui auraient de la disposition pour certains arts, comme la peinture, la gravure, la musique, etc., y seront appliquées : toutes apprendront le dessin, et en langues étrangères, l'italien et l'anglais. Leur vie sera occupée, sans être fatigante : l'art de se mettre avec goût leur sera enseigné comme important. Toutes apprendront dès l'enfance, qu'elles sont destinées à être soumises à leur mari et que la douceur et la chasteté sont des vertus également indispensables.

15. *Mariage.*

Les enfants des coassociés s'uniront ensemble autant qu'il sera possible. L'Association montera le ménage. La fille sera sans dot : les droits du mari consisteront dans une part égale dans la société à celle des autres membres. Les veufs et les veuves qui seront jeunes se remarieront, de l'aveu de l'Association, mais toujours à des étrangers; à moins que deux jeunes veufs ne s'unissent.

16. *Succession des enfants.*

Les enfants ne succèderont point directement à leurs pères et à leurs mères; mais ils succèderont dans l'Association, indifféremment, et également, chacun dans l'état qu'il aura embrassé, sans le pouvoir changer, que par une délibération de l'assemblée entière, et pour causes de la plus grande importance : le fils du médecin ou de l'avocat pourraient être, cordonnier, boulanger, etc., ainsi qu'il a été dit : mais l'état pris, on le gardera : comme toutes les professions sont également honnêtes dans la société, cela n'aura aucun inconvénient ; la peine même ne sera pas une raison pour répugner à ces états, chaque membre, en ayant à peu près une égale dans le sien : l'oisiveté, la paresse, l'indolence, seront des vices intolérés. Quant aux femmes, comme elles seront toutes égales entre elles, n'importera qui elles aient épousé.

17. *Gains et pécule.*

Il n'y aura aucun pécule, et personne ne pourra posséder exclusivement la plus légère portion du produit de son travail. En effet, si l'avocat, le médecin, le drapier, etc., gagnent davantage dans leurs professions, il faut considérer aussi qu'ils y ont plus d'agrément au dehors de la société, moins de peine corporelle, etc., et qu'ainsi tout est compensé.

18. *Affaires de l'Association.*

Comme il y aura une maîtresse de maison parmi les épouses, qui la seront tour à tour, à commencer par l'aînée et ainsi de suite jusqu'à la plus jeune, dans le cours d'une seule année: de même il y aura parmi les hommes un Syndic et un Adjoint; après quoi, l'adjoint sortant de charge sera syndic. Chaque membre, indistinctement, exercera les charges tour à tour, à commencer aussi par l'aîné, et continuant jusqu'au plus jeune de la société, qui ne sera adjoint que la cinquième année de la présente Association, et syndic trois mois plus tard. Mais l'avocat et le procureur seront en outre obligés de conseiller et diriger les syndic et Adjoint, en soumettant néanmoins leurs conseils à l'avis général de l'Association. Les affaires se traiteront le soir, même devant les enfants, à moins qu'elles ne soient de nature à être secrètes; mais ces cas seront infiniment rares, les enfants devant apprendre de bonne heure à être hommes et femmes.

19 *Imprudences, fautes, crimes.*

Si quelqu'un des membres fait une imprudence qui soit cause d'une perte considérable, on la supportera sans faire aucun reproche, que des remontrances amicales et en particulier. Si un membre commettait une faute, répréhensible par la justice, toute la société s'emploiera, comme s'il s'agissait d'un chacun d'icelle avec le même zèle et la même activité. Si (par malheur) c'était un crime, soit de quelque membre, soit d'un des enfants (dont préserve le Ciel), l'Association recevra cette peine avec résignation; elle tâchera de pénétrer dans l'âme du coupable, et de le consoler si sa malice n'est pas complète, et qu'il se repente : elle emploiera tous les moyens possibles pour le sauver, comme un père ferait pour son fils; et si c'est un sujet gangrené, elle l'assistera jusqu'au dernier moment de secours, conseils et exhortations; mais elle n'implorera pas de grâce : elle réservera toute sa tendresse et sa compassion fraternelle, pour les père, mère, frères, sœurs ou enfants du malheureux, qui n'en deviendront que plus chers à la société.

20. *Domestiques, ouvriers.*

Toutes les personnes qui auront quelque rapport à l'Association, comme les domestiques, ouvriers et autres gens à gages, seront traités avec douceur, et obéiront à ceux des membres auxquels on les aura appliqués, pour tout ce qui sera de leur service particulier : ce qui n'empêchera pas que le tiers desdits domestiques ne soit, partout, soumis aux ordres du syndic, de l'adjoint et de la maîtresse de maison, pour les affaires communes; de sorte que chacun laissera ses domestiques pour le service commun, deux jours de la semaine. Un tableau du nom des associés, en forme d'almanach de cabinet, sera affiché dans la salle commune des assemblées, où le service commun sera inscrit jour par jour, et où chacun le verra. Quant aux ouvriers, ils seront soumis uniquement à leur maître de profession, ainsi que les garçons de boutique, clercs, élèves, etc. Les enfants en état de rendre service seront employés de préférence au service commun, afin de les rompre de bonne heure aux affaires. Mais on ne les enverra jamais dans des endroits suspects. Quant aux jeunes filles, elles ne sortiront jamais sans être accompagnées d'une des mères de famille de l'Association, n'importe laquelle.

21. *Querelles.*

Si les associés avaient entre eux quelque querelle, soit modérée, soit violente (ce qu'à Dieu ne plaise), la règle sera d'abord, et dans le premier moment, d'adoucir et séparer les parties : ensuite on leur fera des remontrances, et l'on examinera soigneusement lequel a droit : on réparera le tort à son égard, sans obliger le coupable à des excuses humiliantes ; la Société en corps réparera l'offense ; après quoi tous deux seront repris avec douceur d'avoir donné du scandale, et sérieusement avertis d'éviter une récidive.

Ainsi fait et arrêté entre nous soussignés le présent réglement, pour être observé selon sa teneur, sans qu'on y puisse désobéir, ni rien changer que d'un avis général, le 1er juillet 17... *Signé*, etc.

Germinot étant parvenu à rendre solide l'établissement dont on vient de lire le code, il pria ses parents de se réunir avec ceux de Pétronille Delorme. Les deux familles s'assemblèrent chez ces derniers ; et le jeune homme s'exprima de la sorte en s'adressant aux parents de sa maîtresse :

— La bonté que vous m'avez témoignée, monsieur et madame, votre noble désintéressement et la tendresse que m'inspire mademoiselle Delorme, n'ont fait que me convaincre plus fortement combien mon digne père et ma digne mère avaient raison, dans les obstacles qu'ils apportaient à mon bonheur, qui pouvait exposer celui de votre aimable fille. Mais si j'ai pourvu à tous ces obstacles ; si je me suis mis, pour ainsi dire, hors de la portée du malheur ; si j'ai assuré le sort de la moitié la plus précieuse de moi-même contre tous les revers, tous les accidents, j'espère qu'alors, mes respectables parents n'ayant plus d'inquiétude pour la plus méritante des filles, ils accepteront avec reconnaissance le don inestimable qu'on veut bien me faire.

— Oui, mon fils, répondit Germinot père. — Et Pétronille est à toi, dit M. Delorme.

— Voici des arrangements certains et déjà réalisés (reprit le jeune homme). Il leur lut le réglement. Ensuite il ajouta :

— Cette loi fondamentale de notre Association ayant été consentie, les plus riches ont fait une somme, avec laquelle on a commencé à la réaliser. Nous avons pris à bail un bout entier de la rue..., et quinze d'entre nous y sont déjà établis : on n'a donné que quinze jours aux cinq autres pour s'y joindre, mariés ou non mariés, afin de mettre le réglement en vigueur. Cependant les quinze l'exécutent déjà, et tout va le mieux du monde, comme vous pouvez vous en assurer par vous-mêmes. Les mœurs et la fortune seront également assurées : car qu'est la fortune sans les mœurs ?

Ce discours du jeune homme fit une impression agréable sur les deux familles. On voulut cependant jouir du spectacle de l'Association : Germinot les y conduisit dès le même jour. Pétronille fut de cette visite ; et les épouses des associés déjà réunis ayant su qu'elle devait être une compagne, elles lui firent un accueil de sœurs, et mille compliments à Germinot. Le mariage s'accomplit quelques jours après, et la noce fut une fête générale pour l'Association.

Il s'agit à présent de mettre sous les yeux de l'honorable lecteur le tableau de la conduite des associés, dont le nombre se complètera dans la quinzaine. Tous se marièrent presque en même temps, et la plupart épousèrent les sœurs les uns des autres. Presque toutes ces jeunes épouses étaient jolies, ou du moins agréables. On sait combien la propreté, le bon goût et par-dessus tout cela, le contentement d'esprit, donnent de grâce aux femmes ! une sorte de coiffure, d'habillement, de chaussure, etc., changent absolument et rendent appétissante une laideron, que l'inculture aurait laissée sans attraits. D'ailleurs, un des principaux avantages de l'Association et de tout autre qui lui ressemblera, c'est de prévenir le dégoût, effet de l'habitude de voir toujours la même personne, et de n'être familier qu'avec elle. Les associés ont pour amies, pour sœurs, pour compagnes, pour connaissances intimes, vingt femmes, de figures, de taille, d'humeur, de son de voix et de beauté différentes. Une observation qu'avait faite Germinot, et que tout homme fera très aisément, c'est qu'une laideron, sœur, compagne, amie particulière de jolies personnes, a plus de prix que si elle était isolée ; il semble qu'elle participe à leurs attraits, à leur éclat, etc. Parmi les épouses des associés, il y a de très jolies personnes ; cela compose deux fois le jour un cercle agréable, qui s'anime, qui s'égaie et s'embellit lui-même : chaque mari voit sa femme dans ce cercle charmant, sans trop la distinguer des autres; et lorsque dans le particulier il se retrouve seul avec une de ces jeunes beautés, il prête presque toujours à la sienne les charmes de la plus belle.

Les parties de promenade que font les associés, les jours de repos, sont charmantes : ce ne sont pas de ces parties ennuyeuses, où souvent le mari et la femme, excédés l'un de l'autre, finissent une partie de plaisir par se quereller : la variété, l'enjoûment, l'insouciance, ce doux charme de la vie, sont l'âme des amusements que prennent les associés. Qui pourrait faire naître de l'humeur entre deux époux, dont les plaisirs ne dépendent ni de l'un ni de l'autre? Si pourtant il en naissait, le levain n'aurait pas le temps de s'aigrir et de fermenter.

Mais, dira-t-on, vous supposez tous vos associés vertueux, sans doute, et faits différemment des autres hommes? Ne peut-il pas naître entre des hommes et des femmes qui se voient journellement, des passions criminelles et d'autant plus violentes que vos femmes seront plus aimables, que le poids des affaires accablera moins les hommes, etc. ?

Cette observation est juste ; ces incidents fâcheux

peuvent arriver et sont effectivement arrivés dans l'Association. Avant d'achever le tableau de conduite, il est bon de mettre sous les yeux un de ces inconvénients terribles, inséparables des établissements humains les plus sages.

Les vingt associés étant tous mariés, il faut les passer en revue, et donner sur deux colonnes colatérales, leur portrait, leur caractère, ainsi que celui de leurs épouses, afin de rendre plus intelligibles les détails qui vont suivre sur plusieurs d'entre eux.

Avait épousé

1. Germinot; orfèvre: beau garçon de cinq pieds cinq pouces, fait au tour; brun, l'œil vif, la démarche noble et assurée; d'un excellent caractère, par un effet de l'éducation; naturellement il aurait été brutal et dur; plein d'activité, éclairé: aimant les sciences, ayant beaucoup de pénétration et de bon sens.	1. *Pétronille Delorme: brune claire, de beaux yeux; un rire charmant; bien faite et grande; un goût exquis; de ces femmes qui embellissent plutôt leurs ajustements qu'elles n'en sont parées; douce, compatissante; un son de voix intéressant, chantant à ravir: laborieuse, économe, adroite.*

Avait épousé

2. Balduc, boucher: gros et bel homme, qui n'avait de grossier qu'un peu d'accent dans la prononciation: hardi, porté pour les femmes qu'il n'avait pas estimées, etc.	2. *Hortense Rigal, sœur du chirurgien; assez jolie, mais blonde un peu fade; aimant la parure d'éclat, et surtout ayant la plus haute opinion de ses charmes.*

Avait épousé

3. La Faye, médecin, homme froid, toujours occupé ; d'une figure un peu rébarbative : d'un caractère quelquefois plaisant, et ne se déconcertant jamais, lorsqu'on lui retorquait ses bons mots.

3. *Antoinette Monclar, aimable et charmante brune, qui tenait la boutique de modes : coquette enjouée, naturellement peu laborieuse, aimant à rire, et portée à la coquetterie et la galanterie.*

Avait épousé

4. Rigal, chirurgien fluet, d'une taille moyenne, un peu tâtillon ; parlant trop : mais expert dans son art ; bon, obligeant, plus compatissant qu'on ne l'attendrait d'un disséqueur.

4. *Themir Monclar, sœur cadette de la précédente, et sa compagne à la boutique de modes : jeune étourdie de la plus appétissante figure ; espiègle, aimant à faire des tours.*

Avait épousé

5. Bel, marchand de vin : bon gaillard bien râblé, portant un visage fleuri comme un chanoine; grand rieur et diseur de quolibets : du reste, homme aimable et instruit comme tous ses autres camarades.

(Je rends ces caractères tels qu'ils étaient d'abord, mais la Société les a ensuite corrigés.

5. *Elise Dugai, sœur du chapelier : grande et jolie personne, ayant une figure grecque un peu francisée et très agréable : elle a un goût de simplicité dans sa coiffure et dans sa mise qui la rend extrêmement piquante ; un peu fière et s'efforçant d'être sérieuse par dignité.*

Avait épousé

6. Lequint, marchand drapier : petit-maître (à l'extérieur) toujours bien poudré; des cheveux qui lui passaient la ceinture, d'une petite taille, mais bien prise : du reste, homme de goût, dans sa partie, et amusant dans la Société, par ses rares connaissances.

6. *Alexandrine La Faye, sœur du médecin; grande femme brune, ayant de belles couleurs; un port de reine, de beaux yeux : aimant à faire des riens avec grâce : (ses compagnes la corrigent un peu de ces défauts, mais pas entièrement.)*

Avait épousé

7. Dhermilly, avocat, grand garçon maigre, mais cependant d'une assez agréable figure : savant, éloquent, aimant un peu trop le sophisme et le persiflage ; mais réprimant ce penchant, depuis qu'il était dans l'association, pour ne suivre que la vérité. Il aimait sa maîtresse avant la formation de la Société.

7. *Théodore Wallon, sœur du cordonnier : grande, fort blanche, potelée, vive, aimant à danser et à rire : elle avait été fort bien élevée, ses parents étant aisés; aussi était-elle mise comme les filles de marchand. (Elles sont trois sœurs, mariées dans la Société; les deux cadettes vont suivre.)*

Avait épousé

8. Simonot, procureur : figure plate, grosse tête, bredouilleur, un peu âpre naturellement ; mais la Société l'a corrigé. Il ai-

8. *Adrienne Wallon, sœur de la précédente : grande, brune, sérieuse, fière, aimant la parure; ayant beaucoup de goût;*

mait sa maîtresse, qui était sa voisine, avant l'Association.

méprisante, quoique d'un état peu relevé.

Avait épousé

9. Delatouche, huissier : maigre échine ; l'œil vif ; l'air affairé ; une physionomie gasconne ; aimant beaucoup les femmes et ne buvant que de l'eau : assez bien, néanmoins, pour l'ensemble de son extérieur.

9. *Désirée Wallon, sœur cadette des deux précédentes : la plus fière des trois, et presque impertinente : une bellotte, quoiqu'elle aimât fort son mari, elle ne l'aurait pas trouvé digne d'elle sans l'Association.*

Avait épousé

10. Wallon, cordonnier : espèce de freluquet ; il ne travaillait que pour femme ; il avait pris la boutique de son père, maître et marchand, parce qu'elle rapportait gros et que c'était un établissement assuré : assez bien de figure et fort propre sur lui.

10. *Thérèse Robustel, sœur du 20e associé, aînée des trois autres filles : belle blonde ayant un embonpoint appétissant ; elle est laborieuse, entendue ; c'est un des meilleurs sujets en femmes de l'Association, où elle exerce un des emplois les plus importants.*

Avait épousé

11. Lucot, tailleur : espèce de savant, qui heureusement entendait à faire travailler et avait un goût parfait : du reste, n'aimant qu'à lire et ne

11. *Félicité Lequin, sœur du drapier : femme estimable à tous égards, autant qu'aimable : comme elle a été parfaitement bien élevée par sa mère, c'est elle qui*

s'occupant que des affaires publiques, telles qu'elles sont consignées dans les Gazettes : grand, fort grave, affectant dans les rues, par sa mise, d'avoir l'air d'un avocat.

est singulièrement chargée de la première direction des garçons, et de celle des filles en entier ; elle a pour aides mesdames Germinot, Wallon et Thorel.

Avait épousé

12. Amerville, boulanger : homme intelligent, aimant la solitude, réfléchissant beaucoup, et comprenant avec facilité les affaires les plus compliquées : assez bel homme brun, le teint bilieux ; aimant beaucoup la table, sans être ivrogne ni gourmand.

12. *Dorothée Simonet, sœur du procureur, après l'Association formée : fort grande, sèche, méchante, acariâtre, exigeante ; mais ayant un sourire aimable. La douceur de quelques-unes de ses compagnes à son égard, lui est souvent profitable.*

Avait épousé

13. Duban, marchand mercier : caractère sombre et caché ; du reste, bel homme ; ce qui ne le rendait que plus dangereux. L'Association en aurait eu beaucoup à souffrir, sans son excellent régime, qui est un antidote contre tous les vices du caractère et la contagion de l'exemple.

13. *Eléonore Robustel, seconde sœur du 20e associé, égale en mérite à sa sœur aînée, femme du 10e ; sa conduite est un modèle parfait de modestie, de retenue, et cependant de grâces et d'enjouement : elle est chérie de toutes ses compagnes, sans exception.*

Avait épousé

14. Thorel, coutelier, homme dur, emporté, violent : ses amis sont parvenus à le dompter ; il est utile à l'Association, à peu près comme ces dogues qu'on veut qui effrayent, et auxquels on met un bâillon pour les empêcher de mordre. Taille moyenne ; de grosses épaules ; le nez aquilin ; des couleurs vives ; des cheveux crépus.

14. *Pome Robustel, troisième sœur : une des plus jolies personnes de la Société, et non inférieure à ses deux aînées par le mérite. Elle a le ton si doux et le caractère si propre pour élever les enfants, que c'est elle qui en a soin immédiatement après leur naissance, jusqu'à l'âge de deux ans.*

Avait épousé

15. Tridon, employé dans un bureau : homme d'une belle taille, poli, dameret, aimant le luxe des habits, à se donner le matin l'air d'un jeune seigneur qui sort en chenille etc., etc., et cependant ayant des qualités solides, (comme les Parisiens) noyées dans la futilité.

15. *Apolline Mariette, qui n'est parente d'aucun des associés. Jolie personne, toute à ses occupations de lingère ; et cependant obligeante au delà de toute expression pour ses compagnes, qui lui donnent tour à tour plusieurs heures de travail par jour.*

Avait épousé

16. Hizette, marchand clincailler : l'un des meilleurs appuis de la Société, par son intelligence, et

16. *Reine Amerville, sœur du boulanger ; coquette, jolie ; dont les premières années ont causé*

ses vues étendues dans le commerce, à la tête duquel l'Association l'a placé. Laid et fort grêlé ; mais bien bâti. Il a toujours des choses gracieuses à dire aux femmes, et se sacrifie volontiers pour les amuser à ses dépens.

quelques peines à la Société. Elle a tant de goût que les marchandes de modes ne font rien sans la consulter. Elle excelle surtout dans l'assortiment des étoffes avec la figure et l'air des femmes, etc.

Avait épousé

17. Royer, peintre : jeune homme plein de talent, et entendant parfaitement la partie du dessin ; laborieux, quoique sujet aux passions du jeu et des femmes : il s'était marié par amourette : assez beau garçon, mais ayant une insouciance et un délabrement dans son air et sa mine, comme les ivrognes : presque blond.

17. *Agathe Fagard, jeune personne très jolie ; mais d'une basse condition, étant fille d'un porteur d'eau. Elle n'avait pas reçu d'éducation : mais elle s'est trouvée si heureuse d'être de la Société, qu'elle a donné tous ses soins à se faire aimer de ses compagnes et à se comporter d'une manière irréprochable.*

Avait épousé

18. Dugai, chapelier : aimant beaucoup la société où sa sœur est mariée : il a peu d'agréments dans la figure ; mais son air posé, plein de douceur, le rend aimable, en excitant la confiance et la bonne volonté.

18. *Victoire Poinot, fille d'un menuisier : jeune personne plus aimable que jolie, ayant plus de grâces que d'attraits, et par là si aimable qu'il n'y a personne dans la Société qui l'emporte sur elle.*

Avait épousé

19. Monclar, marchand de modes, avec ses deux sœurs, marié dans la Société : jeune homme d'une jolie figure, un peu *niaiseur*, espiègle et même bouffon ; mais souvent actif lorsqu'il le faut.

(Il est certain que beaucoup de ces sujets n'auraient rien valu, s'ils n'eussent pas été dans l'Association, qui les a rendus laborieux.)

19. *Agnès Rousseau : jeune brune d'un caractère un peu difficile, dure, peu caressante, brusque même : du reste bon esprit pour les mœurs, et ayant d'autant plus d'horreur de la galanterie, qu'elle a eu les funestes effets de l'inconduite sous les yeux dans sa propre mère.*

Avait épousé

20. Charles Robustel, loueur de carrosses : dans un état qu'on peut regarder comme le plus bas, et au-dessous du cordonnier, puisqu'il est une sorte de servitude, et qu'il est beaucoup moins nécessaire ; Robustel, grand et bel homme, est un vrai philosophe : il n'avait pris l'état de son père que par piété filiale, ne pouvant autrement secourir la vieillesse de sa mère, et établir ses jeunes sœurs. Il est fort utile à l'Association.

20. *Charlotte Foullé, fille d'un orfèvre, aînée de six filles, et par conséquent bon sujet : car rien de pire que les fils et les filles uniques, malgré la dot de ces dernières : figure charmante, douceur d'agneau, entente parfaite du ménage ; elle est brune. Son emploi est l'inspection sur les cuisinières, lorsqu'elles vont à l'approvisionnement ; elle les accompagne ; elle veille sur l'apprêt du manger, et sur le linge.*

Il était impossible que, dans un si grand nombre de personnages et de caractères différents, il ne s'en trouvât quelqu'un avec des vices, ou du moins avec des passions difficiles à dompter. La première année fut assez tranquille; on peut dire même délicieuse. Chaque couple s'aimait en s'épousant, l'inclination ayant fait tous les mariages, et l'Association prévenait les petits sujets de querelles domestiques, en en détruisant les causes, comme l'abandon et l'ennui, l'inconduite, la mauvaise tournure des affaires, le dégoût, suite de la proximité trop grande où sont les époux dans les ménages ordinaires, etc. : mais lorsque la première soif du plaisir, ou de la tendresse, fut un peu étanchée, quelques-uns des maris commencèrent à jeter un regard de curiosité, d'abord, puis d'admiration, ensuite de convoitise, sur les compagnes de leurs coassociés. Je ne dirai presque rien de ceux qui s'adressèrent à des femmes méritantes, auprès desquelles la réussite était absolument impossible; et c'était justement les plus aimables : car on ne saurait trop le répéter, les belles, lorsqu'elles ne sont pas gâtées par une mauvaise éducation, rendues folles par les flatteries, etc., doivent avoir le même degré de bonté que de beauté.

Me Simonot, le procureur, s'avisa le premier de trouver aimable une femme qui n'était pas la sienne : ce fut madame Germinot. Les complaisances, les égards, les louanges hyperboliques, furent le langage qu'employa sa passion. Il la recherchа; il était mal, dans les parties de plaisir, lorsqu'il ne lui donnait pas la main, ou qu'il n'était pas auprès d'elle. Toute la société s'aperçut de ce goût, et l'on en rit; mais il y jeta un levain dangereux : Germinot le sentit; cependant il n'osa rien dire, au lieu qu'il aurait tonné, si c'eût été la femme d'un autre. Madame Simonot badinait la première de cette passion, et persiflait très agréablement son mari; persuadée qu'il n'avait rien à espérer d'une femme telle que Pétronille Delorme : mais pour le punir, elle lui tint rigueur, jusqu'à ce qu'il fût bien solidement revenu à elle, inclusivement.

La manière joviale dont Me Simonot avait soupiré, dont on l'avait badiné, etc., encouragea M. Balduc à l'imiter. Celle qui lui tourna la tête fut madame Lucot, femme du tailleur et sœur du drapier. Les charmes de sa figure, un air de noblesse et de distinction, exaltèrent l'imagination d'un homme qui n'avait rien vu de pareil dans les femmes de son état, qu'il avait fréquentées durant sa jeunesse. Il en devint éperdu ; et s'il ne fut pas dangereux, c'est que la violence était impossible dans la société. Il alla jusqu'à perdre la raison, et l'on fut obligé d'avoir pour lui certaines complaisances, mais qui ne pouvaient blesser la décence ni l'honnêteté. Le bon Lucot, loin de se fâcher contre son coassocié, le consolait par des discours fort sages : il lui disait un jour : — Que veux-tu que nous fassions tous, si toi-même ne fais rien pour toi ! Notre société serait un brigandage et une infamie, si ma femme t'écoutait, de notre aveu ; si secrètement, l'estimerais-tu? Je t'avouerai, que, quoique j'aime tendrement ma femme, si les lois du pays le permettaient, je changerais volontiers avec toi, pour le bien de la paix, et par amitié pour mon frère, mon ami, mon associé : mais le gouvernement nous punirait tous si nous nous avisions de faire de pareils échanges. Rentre donc en toi-même, frère Balduc ; prends pour mon épouse les sentiments d'un bon frère pour sa sœur, et ne troublons pas l'harmonie qui règne dans notre heureuse Association, à laquelle je sacrifierais tout à l'heure mon sang, ma vie, mon bonheur, mais non mon honneur, parce que ma honte rejaillirait sur elle.

Ce langage honnête et tendre fit impression sur un homme droit et simple comme Balduc; il revint peu à peu à lui-même : madame Lucot se comporta comme une sœur complaisante, de l'avis de ses plus sages compagnes : madame Germinot lui disait : — Pour haïr un homme qui nous aime, et se gendarmer, comme les prudes, il faut avoir senti qu'il pouvait nous faire manquer de vertu : alors, j'en conviens, on peut haïr un tel homme ; car c'est un grand ennemi ! mais vous n'êtes pas dans ce cas. — Ni vous, répondit en souriant madame Lucot. — Il est vrai : mais vous êtes celle qui avez le plus de mérite, je crois.

Enfin, pour ne pas multiplier ces exemples, les meilleurs sujets en femmes furent aimées par des hommes qui ne pouvaient s'empêcher d'adorer leur mérite et leurs charmes : mais au moyen de leur conduite pleine de sagesse, de prudence, de véritable amitié, ces passions ne firent que resserrer les liens d'une société que le dérèglement aurait dissoute. Chaque homme s'efforçait de montrer des qualités à celle qu'il adorait pour s'en faire estimer, au défaut d'un autre sentiment ; et ces qualités, toujours solides, pour plaire à de pareilles femmes, tournaient à l'avantage de la société, dont elles augmentaient les moyens.

Il faut avouer ici que toutes les épouses ne suivirent pas le même plan ; je voudrais pouvoir effacer ces taches : mais la vérité, l'instruction même qu'on peut tirer de cette histoire, m'obligent d'être sincère jusqu'à l'indiscrétion, en révélant ce qu'on a confié à ma prudence.

Les deux héros d'une de ces aventures désagréables, sont *Delatouche*, huissier, et madame *Hizette*. Vous les connaissez déjà, honorable lecteur, et je n'ai pas besoin de revenir sur leur caractère.

Delatouche avait pour les femmes cette passion qui dégénère en manie, en emportement ; et madame Hizette avait cette mise provocante, qui est un assaisonnement dangereux dans la laideur même, qu'il déguise, et rend la beauté insurmontable. Delatouche avait tous les goûts factices, enfants de la corruption des grandes villes ; il aimait une coiffure élégante et coquette ; ces robes à la polonaise, à la circassienne, à la lévite, etc., qui marquent la taille, en dessinent les contours, et qui, à l'aide de demi-paniers, donnent à la démarche quelque chose d'enchanteur ; il voulait une jambe fine ; un pied voluptueux et mignon. Madame Hizette rassemblait tous ces charmes au degré le plus parfait. Ce qui rend Delatouche moins coupable, c'est qu'il était impossible à un homme de son goût et de son tempérament de résister à une pareille femme.

Ce fut au bout d'environ dix-huit mois de mariage, que ces deux personnes commencèrent à se trouver aimables. Il est à présumer que ce fut Delatouche qui fit naître le goût de madame Hizette, en lui exprimant une passion brûlante, et telle que cet homme était capable de la ressentir. Ils se recherchèrent, mais avec retenue; bientôt ils gémirent de ne s'être pas pris au commencement de l'Association : tous leurs entretiens roulaient sur le bonheur dont ils auraient joui ensemble. Non seulement ils s'entretenaient de leur passion, mais ils se disaient les choses les plus fortes et les plus tendres. Je ne rapporterai qu'une de leurs lettres, à chacun, avec une de leurs conversations; elles suffiront pour mettre l'honorable lecteur au fait de cette intrigue.

LETTRE DE DELATOUCHE

Sur l'adresse étaient les quatre lignes suivantes :

Cette lettre, ma très chère sœur, est de conséquence ; cachez-la en la recevant, si vous n'êtes pas seule ; lisez-la dans le plus grand secret, et rendez-la moi ce soir, je vous en supplie.

Depuis que je vous ai vue pour la première fois, j'éprouve un sentiment inconnu : ce n'est pas de l'amour ; car je crois en avoir éprouvé : ce n'est pas de l'amitié ; je suis jaloux, jaloux à la fureur : c'est quelque chose de plus que l'amitié, que l'amour, que le respect, que l'estime, que le dévouement le plus tendre; c'est de l'adoration; vous êtes à mon égard une divinité; un être au-dessus de tout ce que la nature peut offrir à mes yeux, et même à mon imagination, d'aimable, de charmant, d'enchanteur. Vous me remplissez tout entier; mes yeux ne voient plus que vous, mes oreilles n'entendent que le son harmonieux de votre voix; vous êtes toujours présente à ma pensée, et je me plais à retracer mille charmants rêves de bonheur, dont vous êtes pour moi la céleste créatrice. Adorable Reine! (ah! vous l'êtes de mon cœur!) je n'ai plus d'âme; non, je n'en ai plus : je sens que c'est vous, vous seule qui m'animez : il est sûr, que sans l'idée que je dois vous voir, et fixer, du moins comme les autres), votre attention, je ne pourrais me déterminer à agir, à faire un pas, ni même à vivre : en sondant mon cœur, j'y trouve que le mobile de toutes mes actions, de mes moindres idées, c'est vous, vous seule. En ce moment, j'écris avec une inconcevable rapidité; ma plume vole; les caractères sont à peine formés : ce n'est pas ma tête, ce sont mes doigts qui pensent; je n'ai plus d'âme à moi; animés par la vôtre, ils vont tout seuls... Femme désirée! ah? pourquoi êtes-vous femme! pourquoi l'êtes-vous pour un autre! Oh gouffre de malheur et de désespoir! que j'abhorre les lois! ce sont elles qui me séparent de vous! Eh! que m'importent tous les avantages dont elles peuvent me faire jouir, si elles m'ôtent le seul auquel je puisse être sensible!... Je ne bénis que notre Association : c'est par elle que tout nous est commun (hors ce que je désire avec une ardeur brûlante); c'est par elle que vous êtes ma sœur, que je suis votre frère... Ah! du moins, je vous suis quelque chose! et ce titre m'aide à supporter l'existence et le malheur devenus inséparables pour moi.

P.-S. Faites-moi réponse, chère sœur, je vous en supplie; j'ai besoin d'un mot de votre part pour supporter mon infortune et la vie. Consolez-moi : puisque vous faites mon malheur, vous me devez quelque adoucissement.

RÉPONSE DE MADAME HIZETTE

Mon Dieu! à quoi pensez-vous de m'écrire comme vous avez fait! si votre lettre avait été ouverte; que quelqu'une de mes compagnes m'eût vue la recevoir! J'étais justement de ménage avec ma sœur Delatouche!... Non seulement je ne veux pas aujourd'hui garder votre lettre, mais je vais la renvoyer sur-le-champ par Marie, avec cette réponse, que j'ai été vous faire dans le cabinet des comptes (1)... *Au reste, si vous espérez avoir en moi une sœur qui vous aime tendrement, vous avez une idée très juste. Adieu, mon frère, et soyez prudent. Si nos sentiments sont involontaires, ne les rendons pas scandaleux. Pour moi, je ne saurais me plaindre des miens, quoiqu'ils me fassent beaucoup souffrir; ils sont quelquefois si doux que le reste est bientôt effacé.*

Le lendemain de ces lettres (qui n'ont pas été les seules, mais je ne rapporterai pas les autres, beaucoup plus libres), Delatouche et madame Hizette eurent la conversation suivante. On était à la promenade sur le boulevard du Temple ; on marchait par couples ; et séparés ; mais il faut observer qu'il était inouï qu'on pût disparaître et quitter la Société. — Voilà les seuls moments que j'aie d'heureux, ma sœur. — Je vous avouerai que je pense de même... Mais je me le reproche : car enfin, c'est une injustice que nous faisons ; vous, à votre femme ; moi, à mon mari... — Il est vrai, je le sens, et je me le suis dit cent fois ; mais un instant de votre présence détruit tous les raisonnements : il n'est rien dans le monde qui vous égale. — Il faut aussi vous l'avouer, mon frère Delatouche, je ne

(1) C'est le cabinet de l'épouse qui préside au ménage à son tour, où elle met en ordre les comptes de la dépense journalière, etc.

trouve personne d'aimable comme vous : mais voici ce que j'allais vous dire quand vous m'avez interrompue : Où cela nous mènera-t-il ? A bien des chagrins ; je ne dis pas des remords ; car je pense que nous n'en aurons jamais.... Nous sommes dans une société heureuse : je ne suis pas assez aveuglée par mes sentiments actuels pour méconnaître que notre passion y porte le désordre, et que si tout le monde nous imitait, nous aurions bientôt ici l'image de l'enfer : car il ne serait pas dit que tout le monde changerait en même temps : que les femmes prendraient du goût précisément pour les hommes qui en auraient pour elles. Et s'il y avait des jalousies, des rivalités, il faudrait donc s'égorger ; ou.... je ne sais quoi faire.... Vous voyez, mon cher frère, que le plus sûr est de s'en tenir à celle ou à celui que le mariage nous a donnés : le mariage n'est pas sans inconvénients ; mais il pare à tout. — Ah ! Reine ! vous parlez en femme qui n'aime pas comme je le fais ! impossible de supporter mon penchant ; et..... je me haïrais, comme un aveugle, un fou, si je pouvais le surmonter ; car ce serait une preuve d'extinction de goût. Vous êtes, je le répète, ce qu'il y a de plus parfait au monde ; et je ne veux adorer que vous. — Paix ! enfant que vous êtes ! voilà derrière nous le frère Lequint et la sœur Bel, qui... — Qui peut être s'en disent autant et s'entendent mieux que nous. — Hélas ! (*elle les regarda en soupirant*) elle est charmante ! — C'est la mieux de nos sœurs, après vous. — Votre femme est très bien ! — Elle est jolie, je le sais et je l'ai senti : mais..... — Madame Germinot, madame Lequint, madame Rigal, madame la Faye, vos deux belles-sœurs, les trois Robustel, madame Tridon, madame Boyer, madame Dugai, madame Monclar, madame Robustel.... — Vous voulez me distraire, en promenant mon attention sur toute notre société ; toutes nos sœurs sont aimables sans doute ; mais je ne vois que vous ; c'est que vous réunissez tout ce qu'elles ont de charmant, et que vous l'animez par des grâces que vous possédez seule. —

Aux yeux d'un amant. — Aux yeux de tout ce qui jouit de la faculté de voir. — Je le veux : mais à quoi vous sert-il de le tant savoir ? — A me rendre malheureux. — Ce n'est pas mon intention. — Ah ! toute ma félicité dépend de vous. — Elle est donc impossible. — Quoi ! je ne puis être aimé ! — Aimé ! je vous aime. — Mais c'est de l'amour que je demande : soyez sûre qu'avec ce sentiment de votre part je serai le plus heureux des hommes. — Je vous aime, soyez heureux, s'il est possible. — Oui, je le suis : oui, mon adorable sœur... Ah ! je vous jure, que personne n'occupera ma pensée ; je suis anéanti pour tout le monde ; je ne vivrai que pour vous. — Et votre femme ? — Et votre mari ?... Ah ! voilà ce qui me désespère ! — Vous étiez heureux tout à l'heure ! — Je ne voyais qu'un bien inestimable qu'on me promettait ; et je le vois à présent partagé !... Faisons un accord ; ni moi, ma femme ; ni vous, votre mari. — Hélas !... — Il faut me le promettre. — Et demain une autre chose ? — Non ; avec cette promesse je suis heureux. — Je vous le promets. — Et moi, je vous jure... — Non, je vous laisse libre. — Je ne veux point cette odieuse liberté. — Je reçois votre promesse. — Nous voilà donc liés !.... Ah ! quel bonheur !... — Il est vrai ; nous voilà fort avancés ! — Il ne tiendra qu'à vous que nous le fussions davantage ! — Ne disais-je pas ? — Enfin, parce que nous nous aimons, vivrons-nous en ermites ? ou comme Abeilard et son Héloïse, lorsqu'ils eurent été trop heureux et trop punis ? — Oui, mon frère : nos sentiments suffiront à notre bonheur. — Il est vrai : l'idée que vous me préférez.... oui, cette idée suffira, elle répandra sur ma vie un charme qui embellira jusqu'aux privations.

Huit jours après, les deux amants eurent cet autre entretien dans le salon de la Société, où ils étaient restés après le diner ; madame Hizette commença :

— Mais qu'avez-vous ? tout le monde remarque votre air chagrin et souffre de votre humeur ? — Je n'y saurais tenir ; vous me brûlez, vous me consumez. — Me voilà déjà payée de ma complaisance ; vous ne cesserez de désirer que lorsque je n'aurai plus rien à perdre en repos et en bonheur. — Vous y mettez bon ordre ! — Faut-il donc que je m'affiche, que je brave tous nos associés, que j'insulte à mon mari ? — Oh non ! vous ne l'insulterez pas ! et je suis sûr que moi seul, je... — Vous êtes un tyran. — Et vous, une... insensible. — Va, ingrat... tu me prouves que ce n'est pas prendre le chemin du bonheur que de trahir son devoir. — Pardonne, mon adorable... — Laissez-moi. — Tu ne m'aimes pas... assez. — Je ne vous ai que trop aimé !... Malheureuse ! — Sois moins sévère... mon adorable Reine ! — J'ai été trop facile ! — Ah ! si tu connaissais mon amour !... — Il sera le poison de ma vie, par ton humeur emportée, jalouse... — Non, je ne serai plus jaloux ; mais au moins daigne me rassurer... ma divine amie, je t'adore, je ne respire, je ne vis que pour toi ! prends pitié de ton adorateur fidèle.

Il lui prit un baiser. La faible Hizette allait succomber, peut-être, quand un petit bruit les effraya. Au même instant parurent madame Germinot et madame Robustel. La première alla droit à madame Hizette, l'embrassa : la seconde dit à Delatouche : — Retirez-vous, monsieur.

Lorsqu'il fut parti, les deux amies ne cachèrent pas à madame Hizette qu'elles avaient tout entendu. Elles ne lui en marquèrent pas moins d'amitié ; elles la conjurèrent, les larmes aux yeux, de leur permettre de de la défendre contre elle-même. Madame Hizette, confuse et désolée de se voir découverte, leur promit tout ce qu'elles voulurent. On l'assura d'un secret éternel : ensuite, on lui représenta les suites terribles de la faute, qu'on voulut bien supposer qu'elle n'avait pas commise... Depuis deux ans on lui tient parole ; et madame Hizette, de son côté, se contente de soupirer tout bas pour Delatouche ; mais elle l'évite. Cet homme ardent a été au désespoir, et il a fait assez d'éclat pour que son aventure ait été sue de toute la Société ; à l'exception du dernier secret, que les deux dames associées possèdent exclusivement, et que, probablement, elles ne révèleront jamais.

A cette occasion, tous les associés, dans une assemblée où les deux coupables étaient comme les autres, proposèrent quelques règlements de décence ; comme d'obliger les femmes à ne donner le bras qu'à leur mari, et à ne pouvoir être en particulier qu'avec lui, etc. Mais Germinot, Robustel et leurs épouses, s'y opposèrent ; ils firent valoir le seul motif de la liberté : Balduc et Simonot avaient été pour l'interdiction ; ce qui leur attira quelques remerciements de la part de leurs femmes ; car l'aventure de Delatouche avait rabaissé le caquet à toutes les coquettes. La Faye et Rigal appuyaient aussi l'addition au règlement ainsi que leurs épouses. Lequint et Dhermilly se rangèrent du parti de Germinot, ainsi que Wallon, Lucot et Amerville. Duban resta neutre : il nourrit lui-même, avec une dissimulation profonde, une inclination secrète pour l'aimable Fagard, femme de Boyer ; mais il n'a pas encore osé la laisser éclater, et celle même qui l'inspire paraît n'en avoir que de légers soupçons ; cependant elle l'évite avec soin. Thorel se déclara contre l'addition, et dit que, quoiqu'il aimât beaucoup sa femme, qui avait un mérite infini, il était bien aise d'avoir la liberté de causer avec une autre. Et ses yeux se portèrent, malgré lui, sans doute, sur madame Rigal. Tridon fut pour l'addition. Hizette garda le silence. Boyer, Dugai, Monclar, et toutes les dames dont je n'ai rien dit, furent contre, surtout Agnès Rousseau, qui, étant une des moins portées à aimer la compagnie des hommes, ne pouvait être suspecte. Ainsi l'addition fut rejetée.

Mais il est temps de reprendre le tableau de conduite journalière des membres de l'Association, à l'endroit où il a été interrompu.

A l'exception des inconvénients rares, tels que le dernier rapporté, l'intimité qui règne entre les ménages des vingt associés, a quelque chose d'enchanteur. Les bons maris ne voient que des sœurs dans les compagnes de leurs épouses. Celles-ci, durant le jour, ne sont pas plus familières en particulier avec leurs maris, qu'avec les autres hommes. Ainsi la politesse se maintient entre les époux ; ils ne se parlent qu'avec les égards de gens bien élevés : ce n'est pas un article du règlement, mais c'est un usage convenu dès la première assemblée de l'Association. Il faut avouer que c'est un spectacle bien intéressant que celui de vingt jeunes femmes, toutes au moins jolies, dont le plus grand nombre possède mille qualités, et même des talents agréables ; certaines, les plus sublimes vertus ; il faut avouer que c'est un spectacle bien intéressant de les voir réunies à l'heure des repas avec leurs maris, tous instruits, ayant pour la plupart de l'esprit et des connaissances ; presque tous beaux hommes, et dans qui l'envie de plaire est excitée par cette troupe de nymphes aimables, qui ont toujours le rire sur les lèvres ! Mais ce spectacle est devenu encore plus touchant aux yeux de l'honnête homme, ces dernières années ; toutes sont mères : on commence à voir dans l'assemblée des enfants de trois ou quatre ans, tous jolis, tous pleins de santé. Il est vrai que la Société est à présent dans son plus beau et dans son temps le plus heureux : des pères et des mères ivres du plaisir de l'être, entendent avec transport les premiers mots qui échappent à leurs enfants : le petit troupeau est flatté, caressé ; on répète les naïvetés qui lui échappent, on les admire : cette aimable enfance est comme adorée : un seul inconvénient se fait remarquer, c'est qu'elle est trop heureuse. Or, l'œil philosophe a toujours observé que ce n'est pas le bonheur qui forme l'homme, mais la peine. Il est singulier que l'illustre J.-J. R. ait été d'un avis différent ! Cependant, à bien l'examiner, à bien méditer son *Emile*, on trouvera qu'il était du sentiment de réprimer et de contraindre les désirs de l'enfance ; puisqu'il conseille des privations ; puisqu'il veut que l'enfant dépende des choses. Il serait donc à propos que la vertueuse Association rendît l'enfance moins heureuse, de peur qu'elle ne devienne impatiente à la peine, aux malheurs, aux infortunes, et qu'elle ne soit un jour souverainement malheureuse, pour avoir été trop bien durant les premières années de la vie.

La présence des enfants a achevé de régler entièrement les mœurs de ceux qui avaient auparavant donné dans quelques écarts. C'est que les enfants sont la *sanctification* du mariage ; ils épurent les sentiments de l'amour, ils les règlent... On parle des vices de nos grandes villes : ils ont tant de causes, que je suis surpris qu'ils n'aillent pas encore plus loin : il faut que l'homme ne soit pas aussi méchant qu'on le dit, ni le siècle aussi corrompu que les puristes veulent nous le persuader : la principale cause de corruption, c'es l'absence des enfants auprès de leurs mères.

Les plus heureux de tous ces heureux époux, ce sont les plus sages et les plus vertueux : il y a une grande différence entre la manière dont jouissent de leur félicité, un Germinot, un la Faye, un Lequint, un Dhermilly, un Hizotte, un Dugai, un Robustel, et celle dont la sentent un Delatouche, un Simonot, un Duban, un Torel. Parmi les dames, on peut de même jeter les yeux sur la liste, et regarder, comme les plus heureuses, celles qui y sont représentées comme ayant plus de vertu.

Madame Germinot surtout, qui est la première cause de l'Association, s'attache à la préserver de la corruption par tous les moyens que lui suggère l'honnêteté de son cœur. Elle se fait chérir de ses compagnes, par sa bonté, par une indulgence éclairée, par une discrétion à toute épreuve. Tous les maris la révèrent, parce qu'ils savent combien elle contribue auprès de leurs femmes à faire leur bonheur. Elle s'attache singulièrement les enfants ; mais cette femme prudente, en s'en faisant adorer, a soin de ne rien ôter des sentiments respectueux qu'ils doivent à leurs mères ; au contraire, elle ne les rend que plus tendres pour elles.

Ce fut ainsi que Germinot parvint à assurer le bonheur de celle qu'il adorait : ses heureux parents en sont témoins, et ce spectacle enchanteur sème les fleurs sous les pas chancelants de leur vieillesse. Oh ! que c'est un grand trésor pour l'homme qu'un bon fils, une fille vertueuse ! que sont tous les autres biens comparés à de bons et vertueux enfants !

J'ai rapporté cette *Nouvelle*, honorable lecteur, dans la vue d'engager d'autres citoyens à imiter cette heureuse *association*, et de rendre plus vulgaire cet *Ordre de Maçonnerie*, infiniment supérieur à l'ancien, et seul capable de ramener l'âge d'or sur la terre.

LA ** * ** (QU'ON DEVINERA)

L'amour égale tout : c'est par lui que les rois soupirent aux pieds d'une bergère, et que les farouches despotes de l'Asie attendent leur bonheur du sourire d'une esclave : ainsi l'a voulu la Nature bienfaisante. Mortels, bénissez-la !

Un jeune homme bien mis, passait un soir d'été vers sept heures par le boulevard du Temple : il était du côté des maisons, vis-à-vis *Torré*, lorsqu'il aperçut une jeune personne en déshabillé bourgeois, mais très galant, qui doublait le pas pour se délivrer des propos indiscrets de deux jeunes gens du bel air. Le comte de la S.. (c'est le nom de notre héros) fut surpris que des jeunes gens qui paraissaient de quelque distinction insultassent une personne aimable. Il les aborda, et leur fit des représentations qui furent assez mal reçues. Le comte ne s'amusa pas à leur répondre en ce moment. Il joignit la demoiselle et lui demanda la permission de marcher à côté d'elle. Une courte réponse, accompagnée d'une rougeur modeste, marqua qu'elle y consentait. La conversation se lia insensiblement : le comte montra des égards infinis; la jeune personne, beaucoup de modestie et de grâces. On arriva à la porte d'une maison neuve, dans la rue *de la Lune*, où la demoiselle entra après avoir remercié son conducteur. — Je ne crois pas que je doive renoncer à l'espérance de vous revoir, lui dit-il, en la voyant rentrer? vous ne m'avez pas montré ce qu'il y a de plus aimable dans la nature, pour me laisser l'éternel regret de l'avoir perdu ? — Croyez, monsieur, répondit-elle, qu'une liaison entre nous, quelle qu'elle fût, est absolument impossible; ainsi ne formez aucun projet; ils n'auraient pas un succès heureux. — Est-ce répugnance pour ma personne? dites-le moi : cette raison seule me ferme la bouche, et je me soumets sans réplique. — Vous ne me croiriez pas quand je ferais ce mensonge, dit la jeune personne, en se hâtant de monter : et elle frappa à une porte du second étage, qui s'ouvrit sur-le-champ et se referma avec force.

Le comte fut tenté de se présenter : mais une réflexion le retint ; il craignit de désobliger l'aimable inconnue : il se promit seulement de découvrir secrètement ce qu'elle était. Il commença dès l'instant même ; il s'informa chez une fruitière, qui lui répondit qu'elle ne connaissait encore personne dans la maison neuve, attendu qu'il n'y avait que peu de jours qu'elle était habitée.

Le comte s'en retourna, rêvant à son aventure, bien résolu de revenir souvent dans ce quartier.

Il n'y manqua pas : mais peines inutiles. Impatienté, il se présenta un jour à la porte où la belle inconnue était entrée. Un vieillard lui vint ouvrir. Le comte chercha des yeux s'il ne découvrirait pas celle qu'il désirait si ardemment revoir, mais il ne vit rien qui lui ressemblât. Il prit le parti de la demander tout uniment en désignant le jour et l'heure où il l'avait vue entrer dans cet appartement. Une vieille domestique dit à son maître : — C'est mademoiselle *Cécile*. — Alors le vieillard répondit au comte : — Monsieur, si c'est quelque chose à dire, chargez-m'en, ou écrivez-le, pourvu que ce soit sans cacheter : car la personne que vous demandez n'est point ma fille, et ne demeure point ici : elle y est seulement déjà venue cinq ou six fois, pour une œuvre de miséricorde que son père fait à mon égard. — Ne pourriez-vous pas me dire sa demeure et son nom ? — Cela ne se peut absolument pas, monsieur. — Quoi ! je n'obtiendrai pas cette grâce de vous ? dit humblement le comte. — Impossible, monsieur ; je ne me ferais pas presser. — Alors le comte écrivit ces mots qu'il laissa au vieillard :

Mademoiselle, l'homme qui eut l'honneur de vous accompagner mardi soir sur le boulevard, est venu tous les soirs dans ce quartier, espérant de vous y revoir. Son mauvais sort ne l'a pas voulu : que je doive à vous-même ce que le hasard me refuse : je désire vous parler, fût-ce pour la dernière fois, en présence du respectable vieillard chez lequel je vous écris. J'ai des choses importantes à vous dire ; et j'ose vous assurer, d'après mes sentiments, que ce serait une injustice de vous refuser à cette entrevue qui est de la dernière conséquence pour moi. Je suis avec respect.

Votre, etc. Le comte de la S...

Le lendemain, il revint pour savoir si la belle inconnue avait reparu. Prêt à entrer dans la maison du vieillard, il l'en vit sortir : il courut à elle, et la supplia d'une manière si pressante et si tendre de lui accorder un moment d'entretien, qu'elle ne s'y opposa pas. Elle remonta chez le vieillard, où elle laissa dire au comte tout ce qu'il voulut. Il peignit ses sentiments avec cette force et cette énergie qu'ont ordinairement les passions singulières, où l'amant rencontre des obstacles imprévus. L'inconnue l'écouta sans l'interrompre, soit qu'elle ne s'ennuyât pas de l'entendre, soit qu'elle voulût qu'il dît en une seule fois tout ce qu'il avait à dire. Ensuite, elle lui répondit en ces termes :

— Je suis sensible, Monsieur, aux marques flatteuses que vous me donnez de votre attention : des sentiments aussi obligeants que les vôtres me pénètrent de reconnaissance : mais fussent-ils plus tendres encore... vous aimé-je moi-même, il ne peut y avoir de liaison entre nous. — Juste ciel ! quoi ! vous voulez me mettre au désespoir ! — Croyez-moi, Monsieur, ne nous voyons plus, et ne cherchez à l'avenir aucune occasion de me rencontrer : fuyez-moi plutôt. — Je ne conçois rien à ce discours ! — Je ne vous l'expliquerai jamais. — Et moi, je ne cesserai jamais de vous adorer : je m'attache à vos pas ; vous toucher, ou mourir. — Si vous saviez ce que vous me demandez ! (reprit la belle inconnue à demi-voix, avec un soupir). — Quoi ! seriez-vous garçon ? — Supposez-le. — En ce cas... soyez mon ami ; partageons ma fortune.... Mais cela ne se peut pas (ajouta-t-il en jetant les yeux sur son sein, qui était dans la plus grande agitation.) — Hélas ! ne réussirai-je point à vous éloigner de moi ! — Non, non, jamais ! je vous suis attaché pour la vie. — J'aurai donc la douleur de faire le malheur d'un homme... — Oui, faites mon malheur (dit le comte avec transport), j'aurai du moins quelque rapport avec vous.

L'inconnue le regarda avec un léger sourire, qui fut suivi d'une larme. — Si vous saviez, lui dit-elle, combien l'attachement que vous me témoignez augmente mon tourment, vous en auriez pitié !

Le comte tomba pour lors à ses genoux, en lui disant : — Je perds à n'être pas connu ; un mot de votre bouche peut me rendre heureux, soyez-en sûre. Acceptez mes soins : un aveu de votre part va me faire tout surmonter, tout braver ; l'Univers déchaîné contre nous ne m'épouvanterait pas. Votre seule rigueur peut me mettre au désespoir, et me rendre le plus à plaindre des hommes. — Je sens, répondit l'inconnue, que je ne vous persuaderai pas en une séance. Je n'insiste plus ;... sans en être moins ferme dans mes résolutions. — Mais vous reverrai-je? — Je vous le promets. — Vous m'abandonnerez ? — Je vous donne ma parole pour après-demain, ici; je tâcherai d'achever de vous déterminer. — D'achever !... croyez-vous m'avoir ébranlé ? — Si vous êtes ferme, je le suis autant que vous ; avec cette différence que je suis bien fondée, et que vous êtes un aveugle.

En achevant ces derniers mots, elle se leva, et sortit, défendant au comte de la suivre. Il n'osa lui désobéir; il se contenta de la regarder aller par la rue *Poissonnière*, tant que la vue put la lui faire distinguer.

Le lendemain, quoique ce ne fût pas le jour du rendez-vous, le comte vint cependant à la rue *de la Lune*, et il eut le bonheur d'apercevoir son inconnue qui entrait chez le vieillard. Il se cacha, de peur d'en être aperçu. Il attendit patiemment qu'elle eût fini sa visite, qui dura plus d'une heure, et la vit repartir, sans l'aborder : mais il la suivit de loin. Près de la rue *Grange-Batelière*, un jeune homme assez bien tourné, mais dont l'air était dur, et même un peu sacripant, salua familièrement l'inconnue, qui lui rendit son salut en souriant, quoique sans s'arrêter. Cette vision fit sentir au comte qu'il était jaloux. Il abandonna sa maîtresse pour suivre son prétendu rival, qui alla aussi chez le vieillard de la rue de la Lune. Le comte fit alors une réflexion : si c'était un amant, ils se seraient trouvés ensemble ici. Mais la jalousie, qui n'a pas le faible d'être crédule en fait d'innocence, lui persuada bientôt que peut-être était-ce pour convenir d'un rendez-vous, dont le vieillard était l'entremetteur, et mille autres folies aussi peu vraisemblables pour un homme de sens froid. Cependant le comte, dans cette idée, suivit le jeune homme une partie de la journée : il le vit entrer en deux endroits, à la prison du Grand Châtelet et à celle de la Conciergerie. Il ne put rien conjecturer de là, et, après s'être beaucoup fatigué, il cessa de le suivre, en le voyant retourner sur ses pas.

Le lendemain, avant l'heure du rendez-vous, il était dans la rue de la Lune, à portée de voir arriver la belle inconnue. Elle parut à l'heure donnée, et monta fort rapidement. Le comte la suivait : elle laissa la porte entr'ouverte. — A-t-il paru? dit-elle en entrant. — Non, mon enfant. — Puisse-t-il m'oublier! — C'est le plus sage : cette rencontre ne peut-être que malheureuse pour tous deux. — Je le sais ; mais son désespoir était si vrai!... — Je le crois honnête : c'est un malheur de plus.

— Pourquoi mon honnêteté serait-elle un malheur de plus, dit le comte en s'élançant dans la chambre : expliquez-moi ce que j'entends d'extraordinaire dans tous vos discours?... Vous gardez le silence (dit-il au vieillard), vous que l'âge doit avoir doué de la prudence et du discernement? — Est-elle mariée, et des nœuds mal assortis enchaînent-ils sa liberté?... Est-elle Juive, Mahométane? Parlez!... Quelqu'un dans sa famille.. son père, son frère, a-t-il commis un de ces crimes dont la punition, infligée par un main infâme, fait perdre l'honneur?... Je suis au-dessus de tout cela; ou plutôt cette fille adorable ennoblirait le crime même (pardonnez ce blasphème), je veux dire qu'elle ennoblirait jusqu'à l'infamie... Quoi! vous continuez de garder un désespérant silence!... Aimez-vous... Mademoiselle? hors ce malheur, je puis supporter tous les autres?

Ce touchant langage fit impression sur le vieillard, qui s'écria dans un mouvement involontaire : — Oui, elle aime; mais c'est vous! A ce mot, le comte se précipita aux genoux de la belle inconnue, et, lui prenant une main qu'il couvrit de baisers, il lui dit, transporté :

— Ne me plaignez plus; je ne vous demande plus rien : un mot, un seul mot, vient de me rendre un roi couronné! Non, fille adorable, je ne demande plus rien, et je suis assez heureux... Faibles mortels dont la mort ou la vie dépend d'un mot, d'un son, enviez tous mon sort!... — Hélas! dit la belle personne, en laissant échapper une larme, qu'avez-vous fait au Ciel, vous, un de ses plus dignes ouvrages, pour qu'il trame ainsi votre perte ? — Ma perte, et vous m'aimez ! dit le comte avec un sourire de conviction : je vous défie vous-même de me rendre malheureux ! — Infortunée ! Voilà donc ce qu'a produit cette entrevue dont j'espérais tant ! — Oui, elle a produit mon bonheur. N'attendez pas à présent que je vous laisse à vous-même : il faut être à moi : je me nomme le comte de la S... — Bon Dieu ! vous êtes noble et titré ! — Je suis maître de moi-même : rien ne peut m'empêcher de vous donner un titre qui m'honorera plus que vous. — Votre condition augmente les obstacles qui nous séparent, monsieur le comte : il faut cesser de nous voir ; il le faut absolument. — Dites-moi qu'il faut mourir ; ce dernier arrêt ne sera pas le plus rigoureux —...

Il se fit un long silence entre les deux amants, que le comte remplissait par des baisers sur la main que lui laissait la belle inconnue. Enfin, elle sortit comme d'une rêverie profonde, et, fondant en larmes, elle dit à son généreux amant : — Je ne serais pas digne d'être votre maîtresse... Laissez-moi, monsieur le comte... — N'obtiendrai-je rien ? et voulez-vous me réduire au désespoir ? Non, non, eussiez-vous été (ce qui ne se peut pas) la dernière des filles, je vous adore : votre âme au moins est faite pour la vertu, et je vous aiderai à en suivre la route. — Je ne vous dirai pas la tache qui m'avilit ; non, je ne vous le dirai jamais ! — Est-ce la faute du sort, dit timidement le comte ? est-ce la vôtre ? — N'attendez pas de réponse à toutes ces questions. — Tu peux te résoudre (reprit le comte avec l'expression de la douleur la plus touchante) à avoir des secrets pour la moitié de toi-même !... — Non, dit le vieillard, Cécile ne vous découvrira jamais son secret : respectez ses raisons, s'il est vrai que vous l'aimiez : je vous avouerai que vous me touchez tous les deux : je consens à ce que vous vous voyiez ici : peut-être que le temps vous guérira l'un et l'autre de votre passion, ou, tout au moins, celui que vous passerez ensemble ne sera pas malheureux... Hélas ! j'ai vécu : j'ai peu joui, ma position m'interdisait les douceurs communes aux plus vils des hommes; cependant, de toute ma vie, les rares instants de plaisir sont les seuls que j'aime à me rappeler. Je ne sais comment vous trouverez cette morale : moi, je n'ai jamais eu d'éducation. Élevé dès le berceau dans le mépris des préjugés, et dans le mépris du mépris même, on ne m'a pas donné vos idées, à vous autres : pardonnez-moi donc mon espèce de philosophie. Voyez-vous ici, je le répète : je connais Cécile ; elle a l'âme bonne et tendre ; si vous la trompez par l'inconstance, elle en mourra : mais qu'est-ce que la vie, dans la privation de ce qui flatte le cœur ? J'ai vu deux cents fois la mort de près ; j'ai ri avec elle, tandis que le moribond frémissait ; j'en ai plus d'une fois consolé, par des arguments qu'ils trouvaient meilleurs que ceux du prêtre. Il en fut plus d'un, à qui je prouvai que la mort, dans leur position, était un avantage, et qui m'ont embrassé de bon cœur... Je sens que je bavarde un peu; mais pardonnez à l'âge. Depuis deux jours, je travaille à déterminer Cécile à vous aimer, à ne voir que l'instant présent, et à ne pas songer à l'avenir. La vue de l'avenir est le plus funeste des châtiments imposés à l'humanité. Le bœuf entre dans la tuerie, sans frémir : il ne voit la mort qu'à l'instant où la masse tombe, et si le coup est adroitement porté, il ne la voit pas du tout... Cécile, mon enfant, suis les avis d'un vieillard : quand la vie est prête à s'éteindre, chaque privation qui fut de notre faute nous coûte un soupir, et nous fait jeter sur nous-mêmes un regard de compassion et de regret —.

Ce singulier langage étonna le comte au delà de toute expression : Il lui semblait qu'il lui répugnât ; et cependant (tel est le cœur passionné), il le seconda de tout son pouvoir. Cécile, demi-vaincue, promit de venir le plus souvent qu'elle pourrait chez le vieillard commode, et elle ne quitta le comte qu'après avoir modestement répondu à sa tendresse.

Mais qui peut exprimer la perplexité où se trouva cet amant, lorsqu'il eut quitté sa maîtresse ! Il ne savait que penser du vieillard. Il lui vint d'étranges soupçons; mais tous éloignés de la vérité. Il s'informa de lui dans le voisinage. Le boulanger et le marchand de vin, les seuls qui le connussent superficiellement, dirent que cet homme, depuis deux ans qu'il demeurait dans le quartier, n'avait jamais fréquenté qui que ce fût. Quant à la jeune personne, le comte se garda bien d'en parler; un véritable amant regarde comme profane tout œil autre que le sien, qui se fixe sur ce qu'il adore; et d'ailleurs il se fût cru coupable envers Cécile s'il avait excité sur elle la curiosité, et qu'il lui eût donné le désagrément de se voir observée.

D'après la convention qu'on vient de lire, entre les deux amants, ils se virent tous les jours : le comte espérait qu'avec le temps il découvrirait tous les secrets de son amante : la jeune personne avait bien une autre idée! elle savait, sinon d'elle-même, du moins par le vieillard, que les passions ne sont pas éternelles, et elle comptait que tôt ou tard, et sans rien découvrir, le comte cesserait de l'aimer. Quant à son motif, pour ne pas fuir et ne pas rompre, il était dans la force de son penchant, et dans la morale plus qu'indulgente du vieillard. Du moment où elle avait connu le comte, elle avait renoncé à tout homme au monde, et même à celui qu'elle aimait, au comte lui-même. Cependant, maîtrisée par un pouvoir insurmontable, elle trouvait du plaisir à le voir, et sans trop savoir où tout cela aboutirait, elle s'y laissait entraîner. Ce n'est pas que la catastrophe la plus cruelle ne se présentât quelquefois à son imagination alarmée : mais elle fermait les yeux et courait ainsi au précipice. Cette conduite ne doit pas surprendre tout lecteur à passions vives : combien n'a-t-on pas vu d'hommes, épris de femmes au-dessus d'eux par la condition, et par conséquent inaccessibles, les désirer avec tant d'emportement, que la mort, en sortant de leurs bras, ne les aurait point effrayés! Je cite cet exemple trivial, et dont il n'est personne qui n'ait été témoin, surtout dans nos provinces méridionales, pour donner une idée de la situation de Cécile, violemment éprise d'un homme au-dessus d'elle, et à la main duquel elle ne devait jamais prétendre.

L'effet des fréquentes entrevues du comte fut de fortifier son penchant : Cécile avait des sentiments peu communs de générosité, et tant de charmes, que les découvertes que faisait chaque jour sont amant étaient égales des deux côtés. La familiarité naissait insensiblement; Cécile oubliait les obstacles, aveuglée par l'amour; et le comte, enivré par sa passion, ne songeait même plus à demander l'aveu d'un secret qu'on disait impénétrable. Heureux oubli d'eux-mêmes! tu faisais leur félicité! Au bout de six mois de cette vie délicieuse, le comte voulut un jour engager Cécile à venir à l'Opéra. On donnait l'*Iphigénie en Tauride* de *Gluck*, ce chef-d'œuvre de musique dramatique, que ce grand maître semblait réserver pour écraser ses détracteurs. Cécile refusait mollement... comme on résiste à soi-même, lorsqu'on veut surmonter une tentation agréable. Mais tout à coup elle prend un air plus ferme, et répond un *non* fort sec... Cet effort fut suivi de larmes. — Vous troublez mon bonheur, dit-elle au comte : hélas! j'avais presque oublié ce que je suis... pourquoi me le rappeler par cette invitation cruelle? Le comte demeura interdit : mille pensées se renouvelèrent dans son imagination. Enfin, il se fixa à une dernière : Cécile aura été chanteuse ou danseuse à l'Opéra : voilà le secret qu'elle veut me taire; elle craint d'y être reconnue, et de m'exposer à passer pour un homme qui entretient une fille de théâtre. D'après cette idée il ne s'occupa plus qu'à consoler Cécile, et lui jura de ne jamais lui proposer de parties de spectacle.

Le lendemain (car ils ne manquaient pas un jour de se voir), le comte parla par hasard d'un malheureux jeune homme, qui, ayant assassiné dans le Palais d'Orléans, avait subi le cruel supplice de la roue, et dont les sœurs, jeunes personnes exemplaires, languissaient dans le mépris et l'indigence. — Les connaissez-vous, dit Cécile fort émue? — Non, mais que je les plains ! Quel horrible sort ! Un frère !... Cécile fondait en larmes : le comte s'arrêta. — Mon Dieu ! pensa-t-il, en serait-elle une ?... Je l'aimerais mieux que ma conjecture d'hier : car enfin, sur le théâtre, elle aurait payé de sa personne ; ici elle serait l'innocence même, et l'innocence malheureuse. — Il embrassa Cécile dans cette idée, sans lui parler : mais ses caresses furent si respectueuses et si tendres, qu'il réussit à la calmer : elle parut tranquille le reste du temps que dura leur entrevue.

Le jour suivant, le comte qui était des environs de la Lorraine, parla d'une jeune et jolie personne, injustement accusée par son maître, un seigneur fort riche qui l'avait fait pendre. — Le bourreau, sûr de son innocence, par tout ce qu'il avait entendu à son sujet, fit en sorte de la ménager assez pour lui sauver la vie ; et afin que le saisissement ne la tuât pas, il l'en prévint adroitement ; lui recommandant de mettre sa confiance en Dieu. La jeune fille, ainsi rassurée, mit ses mains comme il lui avait dit, et, au moyen d'un nœud sur lequel ses pieds appuyaient, elle ne fut que très peu incommodée. Il faut ajouter, que comme c'était une jeune et jolie personne, les juges avaient ordonné au bourreau de l'enlever sur-le-champ, pour ne pas laisser à une jeunesse libertine l'occasion de satisfaire sa curiosité. Cet ordre facilita son dessein. Il affecta de la jeter rudement dans sa charrette ; mais il y avait de la paille pour la recevoir, etc. Il s'en retourna promptement chez lui, où il la saigna : la jeune fille revint à elle ; car elle s'était évanouie ; et dès le surlendemain cet exécuteur compatissant l'envoya à Paris, où l'on dit qu'elle existe. Quant à son libérateur, la chose ayant transpiré, il a été obligé de fuir, et l'on assure qu'il vit aussi caché à Paris, de ce que lui donne celle qu'il a sauvée —...

Durant cette histoire, Cécile rougit et pâlit plusieurs fois tour à tour. Enfin, à l'endroit où je me suis arrêté, elle se trouva mal. Le comte s'empressa de la secourir. Cet accident fut cause que l'entrevue devint beaucoup plus longue qu'à l'ordinaire : elle dura jusqu'à sept heures du soir. Le comte allait sortir, lorsqu'on frappa. Cécile et le vieillard hésitaient d'ouvrir : mais le comte les en pria si instamment, qu'ils ne purent s'y refuser.

C'était une jolie personne, qui parut effrayée de voir un tiers qu'elle ne s'attendait pas sans doute à trouver là. Cécile courut l'embrasser : le vieillard prit un visage gai et rayonnant : il parla quelque temps en particulier à la jeune fille ; ensuite Cécile elle-même invita le comte à la saluer. La confiance parut enfin si bien établie qu'on proposa au comte de souper ensemble ; ce qui n'était encore jamais arrivé. Il en fut ravi, et sortit pour donner lui-même les ordres nécessaires. A son retour, il trouva les deux jeunes personnes enlacées, les yeux rouges, comme si elles venaient de pleurer : mais, dès qu'elles l'aperçurent, elles reprirent un air riant, et le comte eut tout lieu d'être satisfait de leur gaieté à table. La nouvelle venue était charmante, et paraissait avoir plus de connaissance et d'usage du monde que Cécile : cette dernière était plus franche, plus extrême et déguisait moins ses volontés : l'autre, au contraire, sans rien faire de plus que son amie, paraissait prête à tout ce qu'on voulait. Mais quelque aimable que fût l'étrangère, Cécile, par un seul regard de ses beaux yeux, semblait anéantir tous les charmes de sa compagne ; et si elle ajoutait un sourire il ne pouvait plus y avoir de comparaison.

Après le souper, les deux jeunes personnes sortirent ensemble. — Laquelle reconduirai-je, leur dit le comte, en affectant la plus grande indifférence ? — Ni l'une ni l'autre, répondit Cécile : j'ai assez compté sur vous pour cela... Et lui pressant la main dans les siennes : — Mon cher comte, ne détruisez pas notre bonheur ! — Non, non, fille adorable, mais injuste, non ; si jamais il est détruit, ce ne sera pas ma faute ; pas même celle de mon obéissance à toutes vos volontés. Permettez seulement que je vous mette chacune dans une voiture..... — Non, nous en prendrons nous-mêmes. — Tout ce que vous voudrez : mais vous me permettrez au moins d'avoir l'œil sur vous de loin, jusqu'à ce que je vous y voie montées, à cause de l'heure. Ce point fut accordé, à condition qu'il s'éloignerait aussitôt.

Tout s'exécuta comme il vient d'être convenu, à l'exception d'un seul point. Le comte vit monter en fiacre les deux belles, mais d'un peu loin, sans doute afin qu'il ne sût pas le numéro, et qu'il ne pût faire d'information. Cécile ne connaissait pas encore assez son amant : il se faisait un véritable scrupule d'aller au delà de ses intentions, tant il l'adorait avec sincérité. Lorsque les deux belles furent dans leur voiture, l'une alla du côté des *Petits-Carreaux*, et Cécile traversa le boulevard. Le chemin de la jeune étrangère était à peu près celui du comte. Elle l'avait dépassé ; mais les haridelles exténuées de sa voiture s'étant arrêtées vis-à-vis la rue *Beauregard*, le comte la rattrapa sans le vouloir. Le cocher ne put faire démarrer ses chevaux : la jeune personne fut donc obligée de descendre et de continuer sa route à pied. Il était minuit. Au coin de la rue *de Bourbon*, trois libertins l'attaquèrent : elle les pria mais en vain de se retirer ; leurs insultes redoublèrent : à un cri qu'elle fit, le comte se précipita sur les insolents, l'épée à la main. Il les eut bientôt écartés. Mais lorsqu'il voulut s'approcher de la jeune personne, il ne la trouva plus. Il courut de toutes ses forces par la rue des *Petits-Carreaux*, qu'il ne doutait pas qu'elle n'eût suivie, et, vis-à-vis celle du *Bout-du-monde*, il aperçut sa jolie convive entre les mains de la patrouille. Il s'en approcha : — Messieurs, leur dit-il, cette dame est honnête ; je viens de souper dans la même maison, avec deux autres personnes : des libertins l'ont insultée, et je l'en ai délivrée ; c'est pour cela que vous la voyez un peu en désordre. La jeune personne n'ouvrit pas la bouche : ce qui fit que le sergent lui demanda si elle connaissait ce monsieur. — Non, dit-elle. La surprise du comte ne se peut exprimer à cette réponse inattendue. Mais ce qui la redoubla, ce fut de voir cette étonnante fille parler à l'oreille du sergent, qui, après l'avoir entendue, se retourna du côté du comte : — Monsieur, lui dit-il, le plus sûr pour vous est de vous retirer, sans quoi je vous déclare que je vous arrête. — En même temps il posa deux fusiliers à l'arrière-garde, avec ordre de l'arrêter s'il les suivait. Le comte aurait pu se nommer, et forcer par une autre escouade celle-ci à lui parler avec plus de considération : mais il crut entrevoir les motifs de la conduite de la jeune personne, et il les respecta. Il se retira très mortifié de cette aventure.

Le lendemain, à l'heure de l'entrevue, il se rendit chez le vieillard. Il n'y trouva pas Cécile, mais une lettre, conçue en ces termes :

CÉCILE, AU COMTE DE LA S**.

Je ne méritais pas, mon cher comte, d'avoir un amant, comme je vous ai cru depuis plus de six mois. Vous voulez que nous ne nous voyions plus : j'en mourrai, mais il le faut... Quoi! vous suiviez hier la jeune fille qui a soupé avec nous! Vous vouliez, malgré vos serments, et l'air de bonne foi qui les accompagnait, pénétrer un mystère qui nous rendrait tous malheureux, au moins vous et moi!... Quel fond pourrai-je faire désormais sur vos promesses? Ah! je suis trop punie!... Adieu, comte. Oubliez-moi: je ne vous oublierai de ma vie... L'effort ne sera pas au-dessus de mes forces; elle sera courte.

CÉCILE.

Lorsque le comte eut lu cette lettre, il demeura pétrifié. Il expliqua au vieillard les choses comme elles s'étaient passées, et lui jura sur son honneur qu'il ne déguisait rien. — Que voulez-vous? répondit le bonhomme : Cécile ne reviendra plus dans cette maison : c'est un parti pris. — Vous la verrez au moins : dites-lui qu'il y va de ma vie, et que si je ne la vois pas demain, à vos yeux, dans ce même appartement... Si j'avais mérité mon malheur, je le souffrirais avec résignation : mais n'être pas coupable! avoir toujours respecté ses moindres volontés —!...

Quelque chose que put ajouter le comte, le vieillard ne promit rien. Cet amant désespéré, allait sortir ; il avait à demi passé la porte, lorsqu'il se sentit retenir par une main douce. C'était Cécile. — Je vous crois, lui dit-elle, mon cher comte : mais au nom de tout ce qui vous est cher, n'exposez jamais mon bonheur ni le vôtre. Si vous ne vous étiez pas entièrement justifié dans mon esprit, nous étions séparés pour toujours. — Je me borne à vous adorer et à posséder votre cœur (répondit le comte dans un voluptueux abandonnement), disposez de mon sort, chère Cécile ; je viens de sentir que je ne pouvais vivre sans vous. Ne craignez aucune démarche : ma curiosité, toute vive qu'elle a toujours été, est éteinte par l'amour : l'amour seul absorbe toutes mes facultés ; il est devenu ma seule passion. — Cet éclaircissement fut suivi des plus tendres caresses; les deux amants voulurent se dédommager de ce qu'ils avaient souffert.

A cinq heures, ils étaient encore ensemble, lorsque la jeune personne de la veille arriva. Elle fut très surprise de voir la bonne intelligence du comte et de Cécile. Le premier allait lui répéter sa justification; mais Cécile lui en évita la peine. Elle fit valoir les raisons de son amant avec tant de force, qu'il vit bien qu'elle désirait autant que lui-même de le trouver innocent. On soupa encore ensemble : mais on resta moins tard que la veille ; Cécile sortit la première : la jeune étrangère ensuite, et elle pria le comte, d'elle-même, de lui donner la main jusqu'à la rue de *Cléri*; où elle le quitta, en lui montrant tout le regret qu'elle avait de ne pouvoir s'ouvrir davantage. Elle lui fit même une prière, à laquelle Cécile n'avait jamais pensé : c'est que lorsqu'il se trouverait avec ses amis, de ne jamais parler de son aventure, pas même à mots couverts. Elle ajouta que son secret particulier, à elle, n'était pas ce qui l'obligeait à se cacher avec tant de soin ; mais, que c'était à cause de la liaison qu'avait ce secret avec celui de son amie : — S'il ne s'agissait que de son bonheur, ajouta-t-elle, je la connais, il y a longtemps qu'elle vous l'aurait sacrifié ; car elle vous aime plus que sa vie; mais c'est le vôtre qui sera détruit sans ressource. Adieu, monsieur le comte; je tâche de réparer, à force d'indiscrétions, la peine que je vous ai causée hier et tantôt....

L'amant de Cécile quitta la compagne de sa maîtresse, sans rien répondre, tant son esprit était agité. Il s'éloigna précipitamment, de peur de donner occasion à quelque nouvel incident désagréable, et il arriva chez lui sans s'être aperçu de la longueur du chemin.

A l'entrevue du lendemain, il fut reçu avec des transports incroyables de la part de Cécile qui l'attendait. Elle se surpassa, elle qui était toujours si tendre et dont l'âme aimante ne semblait exister que par la tendresse. Ce fut ce jour-là qu'elle lui dit : — Mon cher comte, c'est toi qui m'as fait connaître l'amour : jamais ce baume délicieux de la vie n'eût fortifié mon âme sans toi : une femme de ma condition peut-elle être aimée ! peut-on presser dans ses bras... Ah ! fuis, désespérante image !... Hélas ! je me refuse aux caresses même de la nature !... Infortunée ! Je n'ai que toi... encore mon bonheur ne tient-il qu'à un fil... à ton ignorance, cher comte... Pardonne-moi mes cruels secrets, cher amant ! dis que tu me les pardonnes, aimable créateur de mon âme... Oui, c'est toi qui m'as fait connaître que j'avais un cœur ; dès la première vue, dès ta première action, dès le premier mot que tu me dis.. Ah! dis-moi, aimable séducteur, où prends-tu ce charme impérieux qui m'a soumise tout d'un coup? — Où tu as pris celui qui m'a subjugué, ma Cécile. — C'est l'amour qui me le donna. Aimons-nous à jamais! — C'est bien mon dessein. Mais, ma chère Cécile, je crois pouvoir te dire que je suis le plus riche : je n'ai encore rien osé t'offrir : la tendresse que tu me témoignes aujourd'hui m'enhardit : partageons ma fortune : je consens à partager la tienne; et quelque modique qu'elle soit, ce sera un don de l'amour; il sera infini en valeur — ... Et voyant qu'elle ne répondait pas : — Ne croyez pas, mon amie, que ce soit un piège pour me mettre au fait de vos affaires! Non, non, ma Cécile : si ma proposition vous fait de la peine, je me borne à un point : mais ce point, je l'exige absolument, c'est que mes présents seront acceptés... Vous ne me dites rien, Cécile?... Je veux absolument ce dernier point, ou je ne me crois point aimé... comme je l'avais cru. — Restons comme nous sommes, cher ami! nous étions si bien! — Oui, vous, fille généreuse : mais, moi, je souffre! la moitié de ma vie ne jouira pas de ma fortune! — J'accepterai, j'accepterai : mais je veux à mon tour être la maîtresse de borner. — A la bonne heure. — Pour demain je veux un bouquet. — Tu l'auras, mon adorable Cécile : c'est mon premier don; que j'aurai de plaisir à te le bien choisir!

Le comte, dont la dépense était presque réduite à rien, depuis huit à dix mois qu'il connaissait Cécile, se trouvait en argent comptant. Il profita de la permission d'offrir un bouquet, et celui qu'il apporta le lendemain valait quinze mille francs. — Je sens, dit-il à Cécile, en le lui présentant que je m'écarte de vos intentions: mais c'est mon premier don, je veux en être le maître; tous les autres dépendront de votre volonté. Cécile accepta, en lui disant. — Croyez que je vous fais un sacrifice : j'aurais préféré un bouquet de fleurs : mais mon amant m'a jugée d'après les autres femmes : il ne sait pas que je suis obligée de les surpasser autant, en certaines choses, que je leur suis inférieure dans ce qui est essentiel. Allons donc, mon ami, puisque je suis une fille ordinaire, agissons d'après vos idées. Que voulez-vous que je sois ? Fausse, coquette, impudente, intéressée, acariâtre, légère, évaporée ? parlez, vous me jugez d'après les autres femmes, il faut donc que je leur ressemble ? — Non, non ! s'écria le comte en riant. — En ce cas, reprit sérieusement Cécile, reprenez votre bouquet magnifique, et donnez-moi celui de la simple nature. — Cécile me rendrait !... — Va, lui dit-elle, je suis trop tendre pour cela : non, mon cher comte : mais n'y retombe pas. Je te fais un grand sacrifice! connais-en le prix. — Le comte ne lui répondit rien : il sortit aussitôt, alla chercher un bouquet de fleurs, et le présenta à Cécile : — Oublie l'autre, mon amie ; voici le bouquet que t'offre mon cœur au jour de ta fête.

L'amie de Cécile arriva pour lors : et Cécile proposa, pour la première fois au comte, de faire ensemble une lecture agréable et instructive jusqu'au souper. On commença par les ouvrages de *Voltaire*, et l'on se proposa de continuer cette lecture tous les après-dîners, dès que *Valbrune* (c'est le nom de l'amie de Cécile) serait arrivée, et aurait rompu le tête-à-tête. Ce plan s'exécuta. Après *Voltaire*, on lut *J.-J. Rousseau* ; ensuite *Buffon*. Ces lectures ont duré dix-huit mois, et conduit les deux amants jusqu'à la catastrophe.

Durant un temps aussi long, le comte n'avait rien pénétré du secret de sa maîtresse, ni de celui de Valbrune. Il reconduisait presque tous les soirs cette dernière jusqu'à la rue *de Cléri* ; il ne faisait jamais un pas de plus avec elle. Mais un soir, comme il la quittait, il la vit attaquée par un homme en cabriolet. Le comte, malgré sa familiarité avec elle, ne savait pas s'il devait aller à son secours : il se souvenait encore de la scène du premier jour où il l'avait connue. Mais Valbrune le voyant délibérer, elle s'écria : — Monsieur le comte ! à moi, je vous en prie ! — Il n'en fallait pas tant : une syllabe, un geste, et l'amant de Cécile se serait fait hacher pour l'amie de sa maîtresse. Il se précipite sur l'homme, le renverse, prend Valbrune dans ses bras, et fuit en l'emportant, comme si elle n'eût été qu'un oiseau. Il s'arrêta vers la porte Saint-Denis, hors du danger : il la pose à terre, et lui dit : — Ordonnez ; je suis à vos ordres : faut-il vous quitter ? faut-il vous conduire ? tout m'est égal, pourvu que je vous oblige. — Vous êtes l'homme unique, lui dit Valbrune encore tremblante : non, je ne veux plus avoir de secrets pour vous : conduisez-moi. Vous venez de m'arracher des mains de mon plus mortel ennemi. — Ils entrèrent en même temps dans la petite rue *de* — ..... Valbrune frappa à une porte cochère ; un laquais ouvrit. — Monsieur est-il rentré ? — Non, madame. — C'est mon mari, dit-elle au comte ; il m'a épousée par amour, sans me connaître : le mariage n'est peut-être pas des plus valables aux yeux des hommes : mais il met ma conscience en repos. Une des conditions auxquelles je me suis donnée, c'est que j'irais tous les jours voir le vieillard de chez qui nous sortons, et que mon mari ne s'informerait pas de ce qu'il est. Il m'y a souvent accompagnée : et c'est d'après ce qu'il a vu que sa confiance est entière. Il sait que j'ai une amie. Il m'a souvent pressée de l'amener ici : mais, voyant que je ne m'en souciais pas, il ne m'en a plus parlé. C'est un excellent mari !... Dès que j'ai consenti à être vue avec vous, il faut que vous ayez la bonté de l'attendre : car à l'exception du secret impénétrable, qui détruirait son bonheur, je ne veux en avoir aucun pour lui.

Elle achevait à peine, qu'on entendit ouvrir la porte. — C'est mon cher mari ! dit Valbrune. Et elle courut au-devant de lui. — Mon ami, voilà un cavalier qui m'a ramenée ; c'est le même avec lequel je soupe souvent chez le vieillard : c'est l'amant de mon unique amie... Ce mot dit tout. — Le mari de Valbrune, qui était un fort bel homme, salua le comte, et ils se dirent mutuellement les choses les plus gracieuses. Après quoi l'amant de Cécile prit congé d'eux. —

Adieu, cher comte, lui dit Valbrune; si vous voyez Cécile avant moi, prévenez-la doucement; je vous avertis que mes visites vont devenir fort rares; je la chargerai de mon devoir envers le vieillard. Mais tâchez de vous marier bien vite!... tenez, comme nous: nous nous verrions ici; vous pourriez vous loger dans notre voisinage... Cependant, pas un mot du conseil que je vous donne, avec Cécile!... Adieu, partez vite.

Le comte fut très surpris de ce langage: mais il résolut de profiter de l'avis en s'informant, à la première vue, comment Valbrune était mariée.

Ce jour était un samedi. Le lendemain, dimanche, le comte ayant eu affaire dans le quartier *Saint-Laurent*, il s'y trouva vers les dix heures du matin. Il était fort près de l'église, lorsqu'il vit Cécile qui en sortait, son mouchoir devant son visage, comme si elle eût pleuré, ou rougi. Le comte fut tenté de l'aborder: mais une réflexion le retint. Il entra dans l'église dans l'intention d'y remarquer quelque chose, pour prouver à son amante, qu'il y était resté, loin de la suivre, quoiqu'il l'eût aperçue. Dans l'instant où il entrait, le vicaire commençait le prône. Il débuta une proclamation singulière: Il annonça, *que l'Exécuteur des hautes-œuvres avait une fille à marier, avec trente mille livres de dot; qu'on ne demandait qu'un homme honnête et de bonnes mœurs, ayant un bon caractère*, etc. — Parbleu! dit le comte, je ne pouvais pas mieux tomber! voilà une chose des plus singulières, et Cécile ne doutera pas que je ne sois resté, puisque tout le monde pourra lui dire que la proclamation de la fille de l'exécuteur a été faite aujourd'hui. — Il écouta quelque chose du prône, et ne sortit qu'au bout d'environ un quart d'heure. Il acheva ensuite ce qu'il avait à faire, et, l'heure de l'entrevue étant arrivée, il alla chez le vieillard. Il y trouva Cécile plus émue qu'à l'ordinaire. Il crut qu'elle savait déjà la scène de la veille. Il lui parla en conséquence: mais elle l'ignorait. Il la lui détailla. Ensuite, il lui témoigna combien il enviait le bonheur du mari de Valbrune. — Mon cher comte, lui répondit Cécile, je suis fâchée de l'imprudence de mon amie et de son indiscrétion; mais n'enviez pas leur sort : je veux vous en faire un aussi doux, quoique sans mariage. — Sans mariage ! je le refuse. — Aveugle ! crois-tu que je refuserais ta main si je pouvais l'accepter?... A quoi Valbrune s'est exposée !... à quoi elle m'expose !... — Elle n'est pas mon amante, et elle est plus confiante que vous. — De la confiance ! ah ! comte, j'en aurais, j'en aurais plus que personne au monde, si... c'était une marque d'amour... de ma part. Cher amant ! es-tu déjà las de mon bonheur ? dis, t'ennuie-t-il ? Tu le fais... n'est-ce pas assez ?... — Si je l'avais voulu, ce matin, tous ces secrets n'en étaient plus pour moi : je vous connaissais... — Comment ! — Je vous ai vue sortir de l'église : mais, observateur fidèle de vos moindres volontés, je n'ai pas fait un pas... Je suis entré dans le temple d'où vous sortiez, j'y suis resté plus de temps qu'il ne vous en fallait pour disparaître... Voilà ma conduite. Et si vous en doutiez, j'aurais des preuves à vous donner. — Ta discrétion n'est que pour toi, cher comte : c'est ton bonheur ; c'est une illusion heureuse que tu détruirais ; pour moi, je t'adore : fidèle et tendre, tu me rends heureuse : inconstant et perfide, je t'aimerais encore, et je vivrais dans l'espoir : mais, si tu me méprisais, je n'aurais plus que la mort... Quelles sont tes preuves que tu ne m'as pas suivie ?... mais je te crois, je te crois, car... si tu me trompais, tu ne m'aimerais plus... — Mes preuves : j'ai entendu annoncer que la fille d... — Arrête ! dit Cécile en pâlissant... Et peu s'en fallut qu'elle ne s'évanouît. Cependant elle se remit peu à peu. Le comte, touché du trouble où il la voyait, se montra plus tendre que jamais. Il parla de mariage : il le demanda secret, si on voulait, ou public ; avec ou sans formalités ; en un mot, il se montra prêt à tout faire ce qui plairait à Cécile : mais il voulait l'un ou l'autre. Cécile se défendit tant qu'elle put; enfin, elle consentit à un mariage secret, sans aucune formalité, et par conséquent absolument nul. — Ce fut l'observation du comte. — C'est aussi ce que je veux, dit-elle. — Tu crains de trop tenir à moi ! — Tu ne le crois pas, mon cher comte. — Non, lui dit-il en la pressant contre son cœur, non, fille adorable!... Je le vois ; le plus court, c'est de t'abandonner mon sort : fais de moi ce que tu voudras, ma Cécile; sois mon ange et ma souveraine... — Il s'était mis à ses genoux.

Cécile allait lui répondre, lorsqu'on frappa doucement. On crut que c'était Valbrune, et le vieillard ouvrit. C'était au contraire l'homme qui l'avait attaquée la veille. — Est-ce le comte de la S... que je vois, dit-il, aux genoux de la fille du ...? Hier, il donnait la main à une autre, que ce vieux coquin (montrant le vieillard) a sauvée du gibet, en désobéissant à la justice... Aussi le nourrit-elle... — Halte-là, dit le comte : soit tout ce que tu dis véritable, ou faux, voilà mon épouse; respecte-la : quant à l'autre, je savais son histoire, sans connaître sa personne : infâme, tremble pour toi-même! Elle est innocente; toi seul es un monstre : fuis, ou c'est fait de ta vie. — Fuir, répondit le faux accusateur de Valbrune! je porte une épée! — Le comte s'arracha des bras de Cécile mourante, qui le retenait encore, et se précipita sur les traces du calomniateur. Ils mirent l'épée à la main, dans la rue même *de la Lune*. Le comte triompha. Son ennemi percé d'un coup mortel alla tomber auprès de la chaise qui l'avait amené. Comme il ne se croyait pas aussi dangereusement blessé qu'il l'était, il ordonna à son domestique de le reconduire chez lui, où il expira le même soir. On ensevelit cet accident; parce que la famille de cet homme, qui présumait l'innocence de Valbrune, avec tout le public, ne douta pas qu'en attaquant le comte, celui-ci ne justifiât cette fille, pour se justifier plus facilement lui-même... Mais retournons à Cécile.

Elle s'était évanouie durant le combat du comte. En revenant à elle-même, elle se trouva dans ses bras. — Est-ce un songe? lui dit-elle; ou... (Elle s'arrêta comme pour réfléchir)... Oui, c'est une cruelle vérité! Vous me connaissez, Monsieur; vous ne pouvez plus m'aimer! — Oui, je te connais, ma Cécile, mais pour t'adorer toujours : épris de la beauté de ton âme encore plus que de ces attraits séduisants, je te voue une tendresse immortelle. Je le sais donc enfin, ce fatal secret!... vous serez mon épouse, Cécile; je le veux, et c'est en maître que je parlerai désormais, lorsqu'il s'agira de vous donner la place que vous méritez d'occuper.

Tandis qu'il parlait, Cécile paraissait plongée dans une méditation profonde, dont elle sortit pour lui dire : — Qu'est devenu votre ennemi? — Il s'en est retourné dans sa chaise. — Blessé! — Oui, fort blessé. — Ah! mon cher comte! et vous restez ici! mettez vos jours en sûreté, si vous voulez conserver les miens. — J'obéis à ce mot, répondit le comte. Adieu, mon épouse, vous le serez, ou je ne fais plus cas de cette vie que vous m'ordonnez de conserver. Il partit.

Le lendemain, il ne put résister à l'envie d'aller chez le vieillard, quoiqu'il eût appris la mort de son ennemi. Mais il n'y trouva pas Cécile. Le vieillard effrayé lui dit que cette aimable et tendre fille gardait le lit : il ajouta qu'il lui tairait son imprudence, capable de lui donner la mort.

En sortant de chez le vieillard, le comte ne prit conseil que de son amour. Il se rendit chez Cécile. Il savait sa demeure depuis le mot échappé à l'homme qui l'avait provoqué au combat. Arrivé dans cette maison, il demanda le père, dont il se fit connaître. Il lui expliqua ses raisons, pour qu'on le fît parler à Cécile sur-le-champ. On le conduisit auprès d'elle, et on les laissa ensemble. — Ah! lui dit Cécile, où venez-vous, monsieur le comte! — Vous jurer un éternel attachement, et prendre tranquillement avec vous les moyens les plus sensés, pour ne pas m'exposer à certains inconvénients : cela vous regarde autant que moi : car nous faisons cause commune. Si je ne pouvais vous épouser qu'avec tous les désagréments que vous redoutez pour moi, je vous épouserais néanmoins : mais je vous laisse maîtresse de me les faire éviter. Quant à votre personne, elle est un trésor que je n'abandonnerai jamais. Je vous honore, je vous respecte, je vous chéris, je vous adore, Cécile : voilà pour vous : quant à votre condition, je voudrais pouvoir vous la cacher. — Non, Monsieur, répondit Cécile : vous ne vous ferez pas ce tort à vous-même, de mon consentement ! — Je me le ferai donc malgré vous. — Ah ! comte !... et vos enfants ! Infortuné de la S... ! l'amour vous aveugle ! — Oui ; mais j'aime son aveuglement, j'en chéris la source, et j'en adore la cause. — Il lui dit encore beaucoup d'autres choses, sans la pouvoir déterminer à consentir à lui donner la main. Mais il n'en fit pas moins avancer les préparatifs. Enfin le jour arrivé, sans que Cécile le crût si proche, il lui proposa d'aller à l'autel. Elle refusa absolument, et ne voulut pas quitter le lit où elle était toujours un peu faible. On pria le curé de venir à la maison. Il s'y rendit et ce fut là que Cécile céda en pleurant aux vives instances du comte. Elle fut mariée. M. de la S... l'a emmenée dans une terre du côté de la Lorraine (je ne dirai pas l'endroit), où il vit heureux avec elle, et Valbrune, qui a engagé son mari à les suivre. Le comte est encore le seul qui sache le secret de Valbrune. Quant à Cécile, elle ne peut se lasser d'admirer un mari qui l'adore, et qui s'est mis pour elle au-dessus du plus fort de tous les préjugés, et le mieux fondé peut-être.

LA FILLE SÉDUITE

OU L'AMI DE LA MAISON

Pauline avait quinze ans. C'était une jeune brune, dont l'œil plein de feu annonçait un cœur facile à s'enflammer : mais Pauline était innocente : une mère spirituelle, sans être tendre, lui avait, par honneur, donné une éducation propre à conserver longtemps sa candeur, au moyen du mélange heureux des choses à savoir et de celles à ignorer. Dans la maison, il venait d'habitude un homme d'un certain mérite. Il avait de la figure, des manières agréables, beaucoup d'esprit; enfin c'était ce qu'on appelle un homme aimable, et même un bel homme. Il avait d'abord fait sa cour à la mère; mais cette femme, vertueuse par nonchalance, et n'estimant pas assez son mari, pour se mettre au-dessous de lui, en le trompant, sut toujours se tenir sur les bords de l'intimité exclusivement.

La passion de *L.-D.-M.-E.* pour la mère, se changea facilement en amour pour la fille; si pourtant l'on peut profaner le nom d'amour, le prostituant à ces passions honteuses dont le but est la corruption. Les charmes de Pauline commençaient à se développer, et, quoiqu'elle ne fût pas une beauté proprement dite, ils avaient un mérite rare, ce provocant et ce voluptueux, qui excite bien plus les désirs que la perfection. Sa taille, sa gorge, tout cela paraissait fait par les grâces et pour l'amour. L. D. M. E. était dans l'usage de badiner avec Pauline (usage dangereux, imprudemment toléré à Paris avec les filles au-dessous de l'adolescence), de la lacer, en un mot de lui rendre de ces petits services qui amènent la familiarité. Mais depuis qu'elle était plus formée, elle évitait de laisser prendre ces libertés, en s'enfermant, pour s'habiller, avec la femme de chambre de sa mère. L. D. M. E. sut pénétrer jusqu'à elle. Il prit alors des manières respectueuses; contrôla l'ouvrage de la femme de chambre; fit mieux qu'elle, et trouva enfin le secret de se faire souffrir. Ce n'est pas qu'il fut haï : un bel homme a toujours des droits sur le cœur des jeunes filles, mais la familiarité avec la mère donnait à la fille pour L. D. M. E. cette sorte de répugnance que la jeunesse a pour ses supérieurs. Le séducteur s'aperçut bien vite de ce sentiment défavorable, et il mit en usage ce qu'il crut de plus efficace pour le faire cesser.

Il commença par être moins assidu auprès de la mère : ensuite, il affecta de ne paraître devant elle qu'avec respect; de s'en tenir à une grande distance; de se permettre des étourderies, des enfantillages, dont il était grondé par la mère, et dont il feignait de rougir. Tout cela était facile à un homme de beaucoup d'esprit, et le rapprochait insensiblement de Pauline, avec laquelle il faisait souvent cause commune. Ces détails minutieux prirent plus d'une année.

Lorsque L. D. M. E. en fut revenu au même point où il en était avec Pauline durant son enfance, c'est-à-dire, lorsqu'elle rit avec lui familièrement, il commença la séduction, en abusant de cette familiarité, pour exciter dans les sens de la jeune personne un trouble dangereux. Je sens que cette matière est délicate à traiter; mais j'espère m'en tirer d'une manière qui rende cette *Nouvelle* utile, en éclairant les mères, et les jeunes personnes elles-mêmes, sur une infinité d'actions prétendues indifférentes, et qui le sont effectivement de la part des hommes froids; mais qui ont une tout autre acception chez les hommes à passions ardentes.

Les moyens qu'il employa, ce furent les caresses. On ne doit plus s'en permettre avec des filles de quinze à seize ans, et le mieux serait qu'on les interdît aux hommes avec les petites filles. Ces attouchements dont on rit, ces baisers sur la bouche, tout cela jette du terne sur la glace pure de l'imagination des jeunes personnes, ordinairement plus avancées et plus pénétrantes que les garçons, ou du moins plus disposées à le devenir. Je soutiens, et je pourrais dire que j'ai vu des filles, qui ont eu, étant grandes, de honteuses faiblesses, ou qui même sont devenues des libertines, dont la corruption remonte jusqu'au temps de leur enfance. D'autres, il est vrai, mais dont le nombre est très petit, ont au contraire profité des écarts où des malintentionnés avaient donné avec elles dans l'âge tendre, pour se préserver d'attaques plus dangereuses, et elles ont pris en horreur le libertinage, et même les libertés les plus excusables : mais, je le répète, ce sont plutôt des exceptions que des exemples. Quant à L. D. M. E., il parvint à faire tolérer ses caresses à Pauline. Elles n'étaient d'abord déshonnêtes que dans son intention, et rien à l'extérieur n'y paraissait encore de répréhensible; c'était un baiser sur la bouche, non appuyé; il était donné comme en passant; c'était un coup légèrement appliqué sur les endroits du corps... joignez à cela des expressions, auxquelles le rire et le ton sans conséquence qui les accompagnait, semblaient ôter ce qu'elles avaient de licencieux. Pauline, encore innocente, s'accoutumait insensiblement à entendre ces propos, à souffrir ces libertés, quoiqu'elle se défendît comme toutes les jeunes filles, par un sentiment naturel à son sexe; mais c'était en riant, ou de cet air demi-fâché, qui ne fait qu'enhardir celui avec lequel on le prend.

Le corrupteur ne s'en tint pas là; il racontait certains

traits, qu'il appelait de *bonnes histoires*, soit devant Pauline, soit à elle-même en particulier : mais il n'avait garde de dire le dénouement de ces *bonnes histoires*, qui était ordinairement le malheur ou le libertinage, et le plus souvent tous deux. Un désavantage qu'avait Pauline, c'est que la femme de chambre, et une autre femme qui servait dans la maison, étaient sans mœurs. L. D. M. E., qui les connaissait, leur faisait des contes libres qu'il n'eût osé faire directement à Pauline. Tel était celui d'un certain M. Parangon, avec une jeune et jolie personne, nommée Lise Khoraut. Ce corrupteur, homme alors de quarante ans, prenait des libertés avec cette jeune enfant, et était parvenu à s'en faire rechercher. L. D. M. E. peignait de la manière la plus risible ces libertés : mais il ne serait pas décent de le copier, quoique j'aie entendu répéter ce conte dangereux. Un autre exemple, que le séducteur citait, en riant beaucoup, était d'une autre jeune personne, à laquelle des libertins avaient fait violence, et qui avait trouvé cet amusement si agréable, qu'elle rechercha ensuite ces mêmes libertins, et leur aurait fait violence à son tour si elle avait pu. Ces traits, je le répète, étaient contés de manière à faire beaucoup rire les deux femmes sans pudeur. Pauline les écoutait à l'écart, et elle en souriait elle-même, parce que L. D. M. E. possédait supérieurement le talent de faire ces narrations.

Lorsqu'il crut avoir tout préparé, durant un temps suffisant, il rechercha l'occasion de se trouver tête-à-tête avec Pauline. Il y réussit aisément, dans une maison où il avait toute liberté. Il surprit seule la jeune personne un matin. Elle s'habillait : il offrit de la lacer : Pauline n'avait personne, elle accepta, non sans quelques petites difficultés. Avant de commencer, L.-D.-M.-E. l'embrassa : elle se défendit : mais le corrupteur, sachant qu'il ne pouvait être entendu en ce moment, poussa l'impudence jusqu'au dernier excès; il se permit des attouchements, et les entreprises les plus criminelles. Une fille sans expérience est plutôt vaincue qu'une autre. Pauline le fut, et perdit le plus précieux des trésors, sans même savoir qu'elle le perdait. L'innocence de son cœur était encore si entière, que son père étant de retour le premier, elle alla se plaindre à lui, en pleurant, d'une liberté fort commune, et n'en dit pas davantage, croyant que c'était là le pis de tout ce qu'on avait osé. Le père ne fit pas à cette plainte toute l'attention qu'elle méritait: la mère en fit encore moins. L.-D.-M.-E. était sorti. A son retour, les deux femmes domestiques le prirent à part, et lui firent, en éclatant de rire, des reproches de son indiscrétion. — Où diable allez-vous, lui dit la femme de chambre, vous adresser à une innocente comme Pauline, qui pleurait quand vous l'avez eu quittée, et qui a été dire à son père que vous aviez voulu lui donner le fouet! N'y a-t-il pas ici des personnes raisonnables avec qui l'on peut rire, etc..... L.-D.-M.-E. voulut s'assurer si Pauline n'avait rien dit davantage; et lorsqu'il en fut certain, il se présenta hardiment, et alla même l'embrasser, en lui disant devant sa mère: — Vrai, vous êtes une enfant, Pauline, et l'on n'a jamais vu de jeune personne à votre âge aussi niaise que vous! Il prenait exprès ce ton, pour faire croire que ce qui s'était passé le matin n'était qu'une bagatelle. Cependant Pauline, honteuse, le bouda, et ne voulut pas lui répondre. La mère défendit à L.-D.-M.-E. de badiner davantage avec cette petite bégueule, et lui dit néanmoins en particulier qu'elle le priait sérieusement de ménager l'innocence de sa fille. Il le promit, et s'excusa de ce qui s'était passé, de manière à tranquilliser une mère plus attentive que celle de Pauline.

Content du succès de sa première scélératesse, il donna tous ses soins à se procurer une seconde entrevue. Mais Pauline l'évitait avec tant de soin qu'il n'y pouvait réussir. Il résolut de mettre la femme de chambre dans une demi-confidence, pour obtenir le tête-à-tête si désiré. Le jour qu'il venait pour lui en parler, le hasard lui offrit ce qu'il souhaitait. La femme de chambre était en ville avec sa maîtresse : l'autre femme était occupée au haut de la maison ; le maître était sorti : un domestique lui dit que mademoiselle était seule dans l'appartement de sa mère. L.-D.-M.-E. s'y rendit. En l'apercevant, Pauline rougit et voulut sortir. — Non, belle Pauline, lui dit-il, en la retenant et fermant la porte, non ; je veux me réconcilier avec vous, et vous prouver tout mon respect. Je suis au désespoir de vous avoir déplu ; mais il n'est rien que je ne fasse pour regagner votre confiance. Ces mots calmèrent un peu la jeune innocente. — Aussi (lui-dit-elle) vous en avez agi avec moi d'une manière bien extraordinaire, et depuis, quand j'y ai réfléchi, il m'est venu mille idées affligeantes. Tâchez de les dissiper, je vous en prie. — C'est ce que je me propose, aimable Pauline. — Oh ! ne me baisez plus la main ! vous allez ensuite devenir rouge comme l'autre fois où j'ai cru que les yeux allaient sortir de votre tête, et puis vous ne serez plus maître de vous. — Pardonnez, charmante Pauline. — Je ne veux absolument pas que vous m'embrassiez : car, tenez, vous voilà encore comme... — Ne craignez rien, charmante fille (dit le séducteur en redoublant ses baisers) : mes caresses vous prouvent ma tendresse : je donnerais ma vie pour faire votre bonheur : ce n'est pas, comme vous voyez, pour chercher à vous faire de la peine. Venez, asseyez-vous sur moi... cette position sera plus commode pour vous dire mille choses importantes... — Non, non ; je ne veux pas être sur vos genoux. — Je t'en supplie, mon adorable Pauline. — Ne me retenez plus. — Si si, fille divine, si, je t'y retiendrai... Parlons de ce qui s'est passé, mon ange. — Oh ! c'est une cruelle chose, monsieur L.-D.-M.-E. ! Si j'avais tout dit à mon père, ou à maman, je ne crois pas qu'ils l'eussent pris comme ils l'ont fait ! — Je t'avouerai que non, mon adorable Pauline ; je te remercie de ta générosité... Fille charmante ! que tu es aimable ! tu me mets hors de moi ! — Ne voilà-t-il pas que vous devenez comme l'autre jour ! — Je t'adore. — Oh ! laissez-moi, laissez-moi, monsieur, laissez-moi, je vous en prie!... ou... je vais crier. — Non, non, ma chère vie ; tu me ferais mourir de douleur, moi qui ne cherche que ta félicité. — Je ne veux pas! je ne veux pas! Vous êtes un misérable!...

Le scélérat triompha de nouveau; mais ce second crime eut des suites plus terribles pour Pauline que le premier,... ses sens furent de la partie.... Il sembla que le plaisir l'eût éclairée. Elle pleura amèrement, et sentit.... ce qu'elle avait ignoré la première fois, et justement ce que lui voulait apprendre L.-D.-M.-E., qu'elle avait perdu le trésor de l'innocence. Elle fit des reproches : le séducteur tâcha de se justifier, en portant dans l'esprit de sa jeune victime le dérèglement du sien. Il prêcha une morale absolument libertine, qu'il fit croire fondée sur la nature. Pauline l'écouta ; et si elle ne fut pas persuadée cette fois, du moins, lorsque la honte de sa faute et de son avilissement se présenta trop vivement à son imagination, elle se rappela les dangereuses maximes de L.-D.-M.-E. pour calmer les cris de sa conscience.

Pauline souillée, et à demi séduite, ne fut plus si difficile à avoir. Elle-même, après la quatrième chute, facilita les entrevues : plus de remords, l'emportement des caresses succéda même à la défense, à la réserve : la voilà séduite, corrompue au sein de sa famille, et sans être sortie de la maison paternelle!

Le crime de la séduction tient à une infinité d'autres. Pauline, devenue facile par l'expérience que lui avait donnée son séducteur, commença à faire attention à la figure des jeunes gens : elle se donna une manière de s'arranger provocante ; sa démarche devint lubrique; elle inspira des désirs, et trouva moyen de les couronner. Ces plaisirs multipliés, voilés sous l'extérieur de la décence et de la naïveté, produisirent un inconvénient assez naturel, qu'annonça bientôt le désordre de sa taille. Le séducteur fut consulté. D'abord, il songea aux moyens abominables que les lois punissent, et dont la nature frémit: mais ils incommodèrent Pauline, qui était trop avancée, sans produire l'effet attendu. Que faire? si l'infâme corrupteur avait connu les infidélités déjà nombreuses de Pauline, il l'eût sacrifiée en la faisant surprendre par ses parents : mais il les ignorait : on avait employé pour le tromper les moyens qu'il avait suggérés pour tromper un père et une mère trop confiants. Voulant donc cacher son crime, et ne se pas démasquer, il ne vit d'autre moyen que de conseiller à Pauline de disparaître de la maison paternelle, tandis qu'il y resterait pour consoler ses parents, et prévenir toute espèce de soupçon. La conduite coupable qu'avait tenue Pauline la rendit obéissante et timide; elle n'osa parler de mariage à son suborneur. Elle fit un paquet des choses les plus nécessaires, et un soir, tandis que L.-D.-M.-E. faisait la partie de sa mère, elle se déroba de la maison, et fut à l'autre bout de Paris se cacher chez une sage-femme que le séducteur devait payer. C'était lui-même qui avait amené la voiture de place devant la porte; il avait instruit le cocher, en lui disant d'attendre, qu'une jeune dame allait sortir dans l'instant, et il avait ordonné de la conduire à l'endroit qu'il désigna.

Le bruit de l'évasion de Pauline se répandit dès le soir même. Mais qui en accuser? L.-D.-M.-E. paraissait tous les jours à l'ordinaire; il faisait des recherches, consolait les parents au désespoir : son but était d'avoir Pauline, après ses couches, jusqu'au temps où il trouverait à faire un mariage avantageux en province : il comptait alors disparaître et l'abandonner.

De son côté, Pauline arrivée chez la sage-femme, y fit connaissance avec une autre jeune personne, que les mêmes causes y avaient conduite huit jours auparavant. C'était une fille absolument perdue, qui s'était livrée par pur libertinage à un homme marié, qu'elle avait trompé de tout son pouvoir. Cette fille avait un de ces tempéraments de feu, auquel les infortunées qu'il domine ne peuvent commander : ce qui la rendait peut-être plus excusable que d'autres;

elle n'était libertine que pour satisfaire ses sens. Ce fut elle qui acheva de corrompre Pauline. Elles accouchèrent dans la même quinzaine, se portèrent beaucoup mieux que des femmes honnêtes, et, à peine rétablies, songèrent à se livrer à tous leurs goûts. La compagne de Pauline, nommée *Babet Foullé*, voulut, avant que de quitter la maison, faire son histoire à sa commensale, et savoir la sienne. Elle commença, après avoir tiré la promesse d'une confidence réciproque :

« Mon nom annonce ce que je devais être (lui dit-» elle). Dans mon enfance, vive, enjouée, j'aimais déjà » les hommes ; je les recherchais, je me jetais dans » leurs bras, et je les embrassais de tout mon cœur. » Ces heureuses dispositions firent que plusieurs voisins » songèrent à moi. Je ne suis pas jolie : mais ces » marques de petite vérole ne me défigurent pas assez, » pour m'empêcher d'être très appétissante : du » moins, c'est ce qu'on m'a dit. J'ai une sœur aînée » plus jolie, mais sévère et bégueule à l'excès, qui me » faisait souvent des remontrances ; je lui répondis un » jour fort sensément : — Si j'avais votre figure, » j'attendrais les hommes ; avec la mienne, il faut que » je les aille chercher... Cette conduite, que j'ai toujours » tenue, ne me fit pas une bonne réputation : mais si » elle éloigna les partis pour le mariage, j'étais bien » sûre d'avoir sur mes pas, lorsque je sortais seule, » une foule d'autres soupirants. Je recevais assez bien » leurs douceurs. Un, plus hardi que les autres, me » proposa un jour de monter dans sa chambre pour » me rafraîchir (il faisait très chaud, et j'ai su depuis » qu'il avait loué cette chambre exprès) ; j'y montai » fille, mais j'en sortis femme. Ce n'était pas celui qui » me plaisait davantage : il me donna une clef de sa » chambre, et j'eus l'adresse de m'y faire suivre sans » affectation par celui que j'aimais le mieux. Après » celui-là, un autre : si bien qu'un jour l'homme à qui » était la chambre me surprit. Il fut très en colère. Je » restai pour le calmer. Mais il me traita mal ; il » m'humilia de toutes façons, et lorsque je croyais

» l'avoir adouci à force de complaisances, il me
» déchira mon bonnet, me fit un trou au devant de
» ma jupe, me gâta une chaussure très propre, et me
» renvoya, avec quelques coups de pied et quelques
» soufflets.

» J'étais au désespoir en le quittant et ne savais que
» devenir. Cependant je m'en retournais tristement,
» lorsqu'au coin de la rue *de la Monnaie*, je trouvai un
» marchand qui me courtisait depuis fort longtemps.
» C'était le plus âgé de mes adorateurs et celui que
» j'avais le moins accueilli. Surpris de mon désordre,
» et de voir les traces de mes larmes, il m'aborda. —
» Qu'avez-vous donc, mademoiselle Babet? mon Dieu,
» comme vous voilà! — Je suis désolée, lui répondis-
» je : je viens d'être attaquée par deux libertins, près
» *l'Arche Pepin;* j'ai donné un soufflet au plus insolent;
» il n'y avait personne dans la rue, et voilà comme ils
» m'ont accommodée... C'était l'histoire que j'avais
» préparée pour chez nous. Je l'achevais à peine, que
» celui qui m'avait si bien arrangée, et qui m'écoutait,
» dit au marchand : — N'en croyez pas un mot, c'est
» une fable. Et il lui raconta ce qui venait de se passer.
» Il nous quitta aussitôt, en m'assurant qu'il allait
» instruire mon père et ma mère, en mettant l'aven-
» ture sur le compte d'un autre que lui. Ce dernier
» coup m'accabla.

» Le marchand me dit alors : — Mademoiselle,
» puisqu'il en est ainsi, j'ai un logement à la *Nouvelle-*
» *halle*, je vous l'offre, vous n'y manquerez de rien, et
» je vous aimerai toute ma vie : loin d'être fâché de
» vos faiblesses, elles me comblent de joie; puisque
» sans elles je n'aurais jamais eu le bonheur de vous
» posséder. — J'acceptai : il m'y conduisit sur-le-
» champ. Il y avait deux petites pièces joliment meu-
» blées. J'y ai vécu, jusqu'au moment où je suis venue
» ici faire mes couches aux dépens de ce pauvre mon-
» sieur. Mais mon intention est de le planter là dans
» quelque temps; la vie que je mène avec lui est trop
» triste : autant aurait-il valu rester chez mes parents.

» Je veux profiter de ma jeunesse pour me livrer au » plaisir; il sera temps d'être retirée quand je serai » vieille et laide. »

Voilà mon histoire, ma chère Pauline. A présent tu vas me conter la tienne, n'est-ce pas.

— Elle est courte, répondit la jeune infortunée : un ami de mes parents m'a séduite; je suis devenue grosse, et me voici. — Mon Dieu! quel air de Jérémie tu prends pour me conter cela? Tu n'es guère reconnaissante pour celui qui t'a donné la connaissance du bien et du mal! Est-ce ce grand bel homme que j'ai entrevu une fois? — Lui-même! — Tu n'es pas si malheureuse!... Lui as-tu été bien fidèle? — Ah! mon Dieu oui! Eh! comment aurais-je fait, surveillée comme je l'étais par maman et par ses femmes? — Tu es donc sortie de parents riches? — Sans doute. — C'est autre chose. Il fallait attendre que tu fusses mariée; tu t'en serais donné tant que tu aurais voulu, sans rien risquer. — J'ai été séduite; je suis jeune : j'ignorais ce qu'on me faisait. — Ah! la pauvre innocente! s'écria Babet en éclatant de rire!... Qu'est-ce que tu vas faire à présent? — Mais, je ne le sais pas! M. L. D. M. E., mon... — Ton... quoi? — Je ne sais quel nom lui donner. — Je le sais bien, moi : pardi, c'est ton amant, puisque ce n'est pas ton mari. Pour moi, je ne donne pas ce nom-là au mien; je ne le nomme que mon sot, en parlant à lui-même, car, en vérité, il l'est. — Quel plaisir trouvez-vous à faire le supplice d'un homme qui vous aime? — Ah! ma pauvre innocente! voilà comme j'ai été! mais qu'on change bien vite, quand on a éprouvé combien les hommes sont faux et méchants! Celui-là m'aime, me fait du bien; est-ce à cause de moi? Non, il sacrifie à son plaisir, et non à mes charmes : je ne lui dois rien; à chaque fois je m'acquitte avec lui. Crois-tu, d'ailleurs, que s'il n'était pas vieux, et qu'il pût, comme moi, trouver à voltiger, il ne voltigeât pas? — Du moins, dit Pauline, d'un air de naïveté, ne le laisse pas là; tâche de le tromper sans qu'il le sache; tu le rendras ainsi heureux, sans qu'il t'en coûte rien. — Ah! la délicieuse petite fille! s'écria Babet en riant; que ton air de bonté en disant cela est charmant! vrai, tu me séduirais, s'il me restait la plus légère envie de rendre heureux tel homme que ce soit. Moi! les rendre heureux! je voudrais les tourmenter jusqu'au désespoir. Va, je leur rends bien à présent leur façon de penser sur notre compte. Ils ne nous désirent que pour eux; je ne les désire que pour moi; je les caresse pour moi; mais si, en sortant de mes bras, je les pouvais étrangler, je ne ferais grâce à aucun. — Ah Dieu! quelle cruelle! dit Pauline en riant. — Je ne veux plus ni de l'attachement, ni de l'estime, ni de l'amour de ces animaux-là; je ne veux exciter que leurs désirs; je ne veux que les ruiner, les piller, les plonger dans la misère, et me moquer d'eux après les y avoir réduits. — A parler vrai, dit Pauline, ils ne méritent guère d'autres sentiments. Le mien, par exemple, ne m'a-t-il pas d'abord prise par violence et par finesse? ensuite ne m'a-t-il pas séduite? ne prévoyait-il pas ce qui devait arriver? ne m'a-t-il pas sacrifiée à ses plaisirs? a-t-il eu pitié de moi, lorsqu'il a prévu que je serais réduite à fuir la maison paternelle? a-t-il eu pitié de mon père, de ma mère?... — Ah! c'est un monstre! s'écria Babet, tiens, livre-le moi, je veux te venger... Quoi! ce monstre t'a eu seul, et tu lui as été fidèle!... — Comme ça, dit Pauline en souriant. — Comme ça! explique-toi, mon ange. — (*bas*) Je lui ai bien fait onze infidélités. — Comment, onze infidélités?... — Oui, avec onze hommes différents. — Ah! ma chère amie (s'écria Babet, en se jetant dans ses bras, et la serrant à l'étouffer), mon adorable Pauline, que je t'aime!... Tu en vaux dix comme moi, et je ne suis qu'une novice! c'est toi, avec ton air d'innocence, qui es faite pour tromper les hommes, et venger tout notre sexe! Ah! Pauline! que je t'aime! Je ne suis digne que d'être ta soubrette... Écoute, ma chère; mettons-nous ensemble : ta beauté est d'un genre différent de la mienne : nous ferons le plus de dupes qu'il nous sera possible : moi, je jouerai l'étourderie;

toi, la bonté, la franchise, la naïveté, l'innocence. J'aurai soin de faire ton éloge. Tu feras le mien à mes amants. Gage, si tu le veux, que nous deviendrons célèbres, et que nous ferons une fortune brillante?... Il faut d'abord tromper ton trompeur, afin qu'il te tire d'ici; qu'il te donne des meubles, etc. Je tromperai mon bonhomme : voilà nos deux premières victimes.

Ce complot fut agréé par l'innocente Pauline, qui sentait qu'elle ne pouvait plus retourner à la maison paternelle. L. D. M. E. vint la retirer dès le lendemain. Mais le perfide avait des desseins bien opposés à ceux que Pauline lui supposait. Il avait découvert les infidélités de son infortunée victime; il les avait prouvées à sa mère, et il avait établi sa propre innocence sur la ruine de celle de Pauline : le sort de cette dernière était décidé dans sa famille : l'hôpital l'attendait; elle devait y être conduite, en quittant la maison de la sage-femme, et renfermée avec les malheureuses de la dernière classe. Babet était sortie le matin; elle occupait déjà son petit appartement. Mais l'impatience de revoir sa compagne la ramena sur les deux heures, temps fixé par L. D. M. E. à Pauline pour se tenir prête au départ. La voiture était à la porte, lorsque Babet arriva; un exempt, chargé des ordres du roi, y occupait une place, et les portières étaient garnies de suppôts. Babet monta en chantant. Elle trouva Pauline qui faisait ses adieux. Cependant L. D. M. E, qui ne voulait pas voir la surprise et la douleur de Pauline, lorsqu'elle serait arrêtée, s'en alla devant : il dit à l'officier de police : — La jeune personne va descendre : voilà un paquet : elle en aura un autre pareil sous son bras. Faites-la monter dans la voiture sans scandale, je vous en prie, à cause de ses parents. — Il s'éloigna aussitôt.

Cependant Babet retenait Pauline, et ne pouvait se résoudre à la quitter; elle lui proposa de l'accompagner à son nouveau logement. Pauline y consentit. Elles descendaient ensemble lorsque Pauline se ressouvint qu'elle avait oublié quelque chose : elle donna son paquet à Babet, et remonta chez la matrone. Babet sortit, et s'approcha de la voiture. Un homme l'aida à monter. L'exempt la croyant sa proie, la fit asseoir à côté de lui dans le fond, et donna le signal du départ. Mais, monsieur, dit Babet en riant, et mon amie? — Nous reviendrons la prendre. — Cela est singulier, reprit Babet : on dirait que vous m'enlevez!... Mais laissons-la rouler.

Pauline redescendue fut très étonnée de voir la voiture déjà au bout de la rue. La rappeler, c'eût été peine inutile. Elle ne savait que penser. Elle remonta chez la sage-femme pour lui faire part de ce qui se passait. — Celle-ci, vieille routière, vit du mic-mac là-dessous : elle conseilla à sa pensionnaire de s'évader. — Mais où aller? — Savez-vous la demeure de Babet? — Elle me l'a dite. — Allez-y, et vous y cachez : dites à son monsieur, s'il vient, qu'il vous loge quelque part.

L'infortunée Pauline ne vit pas d'autre parti à prendre. Elle se rendit à l'appartement de Babet, dont la domestique la reçut. Elle pria cette femme d'aller sur-le-champ avertir le patron, parce qu'elle avait des choses de la dernière conséquence à lui communiquer. Lorsqu'il fut arrivé, elle lui conta ce qui venait de se passer et lui fit part des soupçons de la matrone. Le marchand, qui trouva Pauline à son gré, la voyant sans ressource, résolut d'en avoir soin à l'insu de Babet, et, craignant que sa première maîtresse ne revint, il mena la seconde dans un hôtel garni, où il était connu, recommanda qu'on lui fournit tout ce qu'elle demanderait, et promit de la voir tous les jours. Voilà donc Pauline en sûreté, sous le nom d'une jeune veuve de province, madame *Lescovan*.

Pendant que tout cela s'arrangeait, Babet cheminait vers l'hôpital. Elle y arriva enfin, et y fut logée, sans trop savoir quel séjour on lui donnait là. Mais elle ne tarda pas à l'apprendre. Elle sut qu'on l'avait prise pour Pauline, et qu'elle était à la *Salpêtrière*. Elle réclama sur-le-champ ; assura qu'on s'était trompé ; se nomma imprudemment, pour prouver la vérité de ce qu'elle avançait, etc. On la crut : cependant on s'informa d'elle : on alla chez ses parents, qui, la trouvant placée-là, si à propos, contribuèrent de tout leur pouvoir à l'y faire rester sans bruit, et publièrent sa mort.

L'infortunée Pauline n'était guère plus heureuse. Le patron de Babet ne fut que quelques jours à savoir ce qu'était devenue sa maîtresse. Il trouva que le sort l'avait amplement dédommagé en lui donnant Pauline. Il résolut de mettre celle-ci à tous les droits de la précédente. Heureusement, il ne prit pas ce parti tout de suite; car les parents de Pauline, instruits du *quiproquo* dès le même jour, firent chercher leur fille avec soin. La sage-femme la trahit par intérêt, et indiqua la retraite qu'elle avait choisie. On y alla au milieu de la nuit; mais Pauline n'y était pas encore revenue, et l'on n'en put rien apprendre de la domestique; cette femme ignorait où le patron l'avait conduite. Quant à ce dernier, intimidé par ces recherches, il loua un autre logement, où il installa Pauline, qui fut obligée de se prêter à tout ce qu'il voulut.

Elle vécut ainsi près de deux années, n'osant se montrer dans les rues, si ce n'est le soir ; obligée de souffrir les caresses d'un barbon, d'une condition inférieure à la sienne. Enfin sa mère mourut. Pauline se donna pour lors plus de liberté : elle parut à quelques-uns de ces spectacles ignobles des boulevards, réceptacle impur de la plus mauvaise compagnie : elle s'y mêla aux plus crapuleuses odalisques des mauvais lieux, et fut prise pour une d'elles. Cela n'empêcha pas qu'elle ne trouvât dans ces endroits un homme plus relevé que son vieux marchand : de sorte qu'un matin, elle délogea, emportant avec elle ce qu'il lui avait donné de meilleur.

Peindrai-je sa vie dans ce nouvel essor? Non. Je dirai seulement qu'elle appartint successivement à des jeunes gens, à des vieillards, à des abbés, etc.; qu'elle les trompa tous : qu'enfin, un père qui l'avait eue, ayant appris qu'elle était entretenue par son fils, qui le volait pour cela, fit enlever cette malheureuse, et la fit renfermer à l'hôpital, où elle trouva Babet. La reconnaissance fut pathétique entre ces deux infortunées : elles pleurèrent toutes deux. Pauline raconta ses aventures à son amie, et celle-ci convint qu'elle avait pris un tout autre essor qu'elle. Comme Pauline avait beaucoup de connaissances, on s'intéressa en sa faveur, on obtint sa sortie, et même la liberté de Babet, qu'elle avait aussi instamment recommandée que la sienne.

Ces deux femmes, échappées de leur prison, se livrèrent avec plus d'emportement que jamais à leurs travers, surtout Babet, qui ne se trouva satisfaite que lorsqu'elle et sa compagne furent sur le ton de se donner au premier venu. Ce fut cet excès de débordement qui amena la catastrophe que je vais décrire.

Le père de Pauline n'avait jamais mené une vie trop exemplaire : mais, du vivant de son épouse, il cachait soigneusement ses écarts. Lorsqu'elle fut au tombeau il se gêna moins. Un soir, qu'il se promenait dans le quartier de la *Nouvelle-halle*, il fut rencontré par Babet, qui, voyant un homme dont les dehors annonçaient l'opulence, lui sourit. Cette grosse maman tenta l'homme faible qui cherchait le danger. Il l'aborda. Il en fut accueilli. En chemin, elle lui vanta les charmes d'une compagne qu'elle avait, et qui, disait-elle, la surpassait en beauté. — Elle doit être adorable, répondit l'homme faible, si elle vous surpasse ; car vous êtes charmante. On arriva dans un bel appartement, où une seule lumière ne donnait qu'une demi-clarté. Pauline était sur un sofa, dormant, ou feignant de dormir, pour se donner plus de grâces. L'homme faible, conduit par Babet, fut charmé des appâts qu'il entrevoyait. Il s'approcha, et voulut prendre de coupables baisers. Pauline entr'ouvrit les yeux, et reconnut... son père... Toute corrompue qu'elle était, elle frémit d'horreur. Cependant il devenait pressant, et commençait à lui débiter des fleurettes un peu libres. Pauline se lève, se couvre le visage, et cherche à fuir. L'homme la retient, l'embrasse, s'efforce de la renverser sur le sofa.

— Laissez-moi ! lui dit-elle, d'un son de voix entrecoupé. Mais cette voix alla frapper le cœur de son père; elle ressemblait à la voix de sa fille. Il s'arrêta. — Que je vous voie ! lui dit-il : permettez que je vous voie ! Elle s'y opposait de toute sa force. Il s'obstina. Pauline épouvantée fit un nouvel effort ; elle repoussa son père. Enfin il parvint à lui enlever le voile ;......... il vit.... sa fille... A cette vue, mille sentiments divers l'agitèrent, la honte, la fureur, la tendresse même.... un mélange de toutes ces passions, également cruelles en ce moment horrible, lui fit éprouver un supplice affreux. Ses larmes coulèrent. — O malheureuse ! s'écria-t-il, où te trouvé-je ! — Mon père ! — dit Pauline. — Son père ! répéta Babet en rentrant : quoi ? monsieur, vous, qui venez voir des filles, vous ferez un crime à la vôtre ?... — Pauline lui fit signe de se taire et de se retirer. Elle se jeta, encore toute en désordre, aux genoux de son père, qui, ne sachant que faire de mieux, lui tendit les bras. — Sortons sur-le-champ, lui dit-il, et quittons ce lieu maudit. Tout est pardonné ; que tout soit secret. Ils partirent aussitôt : et ce père, qui sans doute l'eût punie sévèrement, lié par sa propre faute, se vit réduit à une honteuse indulgence.

Revenue chez son père, Pauline lui avoua toute sa conduite ; enhardie sans doute par l'égarement où elle l'avait vu prêt à tomber avec elle. Ce père malheureux entra en fureur contre L.-D.-M.-E. Il dressa un mémoire qu'il fit présenter par des amis puissants. Toute la perfidie du suborneur y était exposée sous les plus noires couleurs, qui n'étaient que les véritables. Pauline, au contraire, y était représentée comme une fille innocente, plus malheureuse que criminelle. On fut indigné contre le séducteur; on donna, au nom du prince, un ordre par lequel L.-D.-M.-E eut le choix, d'épouser Pauline, sur-le-champ, ou d'être enfermé pour le reste de ses jours. Le lâche a préféré le mariage. Il a épousé Pauline, qui dès le lendemain s'en est séparée, et traîne aujourd'hui son nom dans la fange.

C'est ainsi que le séducteur fut puni : c'est sa femme qu'il a corrompue ; tous les désordres où elle a donné furent son ouvrage, et la honte en est retombée sur lui. Il a voulu se plaindre : mais, prévenu contre lui comme on l'était, on a lâché l'ordre qui le devait priver de sa liberté. Il fut jeté dans une maison de force.

Pauline ne jouit pas de l'impunité : elle avait repris Babet avec elle depuis son mariage et la séquestration de son mari. Ces deux infâmes se livrèrent quelque temps à leur goût pour la débauche : enfin elles furent prises, à cause d'un esclandre que des libertins avaient fait chez elles, et on les renferma. Des personnes de considération qui avaient ouï parler d'elles, et qui connaissaient leur turpitude, firent en sorte que leur prison fût perpétuelle.

Cinq années de captivité se sont écoulées. Un changement considérable survenu dans l'administration, et la mort du père de Pauline, en a causé dans le sort de L.-D.-M.-E. et de sa femme ; ils ont été mis en liberté. Mais ils n'ont eu garde de se réunir ! Ils ont vécu séparés, s'évitant le plus qu'il était possible. Pauline chercha encore Babet, la trouva, et vécut avec elle, rue *du Chantre*, où elles s'établirent. Pauline était encore appétissante, malgré ses malheurs et son libertinage : Babet, dans une demi-obscurité, pouvait encore paraître passable : elles allèrent ensemble faire des soirées au *Palais-Royal*. Un soir, qu'elles parcouraient les allées, en vraies chauves-souris de Vénus, Babet aperçut L.-D.-M.-E. ; elle ne pouvait guère en être reconnue ; elle l'aborda, et l'engagea à la suivre sous les tilleuls, où elle le présenta à sa femme. Celle-ci était recouverte de sa calèche, et tellement dans l'obscurité, que son mari ne la remit pas : il voulut prendre quelques libertés : elle les souffrit d'abord, mais, à l'instant où il s'y attendait le moins, elle lui fit jeter les hauts cris, sans vouloir le lâcher. L.-D.-M.-E. était trop bien pris pour se dégager : les suisses accoururent. Qu'est-ce ? qu'est-ce ? dirent-ils. — Messieurs, leur répondit Pauline, ce libertin est mon mari : voilà plusieurs jours que je le guette, déguisée comme vous me voyez, pour le faire tomber dans le panneau où il vient de donner aujourd'hui, et je veux le mettre hors d'état d'avoir des rechutes. On rit, ne connaissant pas l'infâme qui parlait, et le pauvre mari fut conduit à la porte du jardin, aux huées de tous ceux qui se trouvèrent là. Lorsqu'il fut seul avec Pauline et Babet, elles se moquèrent de lui, en lui disant : — Tu vois notre vie ; et c'est encore sur toi que tombe le mépris ? Va, misérable, retire-toi, ou nos *amis* vont te rosser d'importance.

Depuis ce moment, L.-D.-M.-E. accablé de honte, n'osa plus se montrer. Mais il n'était pas assez puni. Un jour, il fut rencontré sur le *Pont-des Tournelles* par les deux furies ; dès qu'elles l'aperçurent, elles l'accablèrent d'injures. Il voulut y répondre : mais elles lui en ripostèrent de si piquantes, relatives à la vie qu'elles menaient, et à son aventure du *Palais-Royal*, qu'il ne put les supporter. Il jeta un coup d'œil égaré sur le fleuve, et s'y précipita.

. . . .

Tel a été le sort d'un homme qui n'était pas sans mérite ; mais que le crime horrible d'avoir séduit la fille de son ami, a conduit de malheurs en malheurs jusqu'au pire de tous, le suicide. Les deux femmes sont enfin renfermées. On ne peut, sans frémir, songer au sort des infortunées victimes qui languissent dans les maisons de force, dans ces gouffres immondes, véritables images de l'enfer. Mais, hélas ! pour le malheur et l'effroi du genre humain, il est quelquefois nécessaire d'employer ce cruel remède, et d'arrêter par là ceux et celles que de perverses inclinations portent au crime. Cependant avec quelle réserve l'administration doit-elle prononcer une punition aussi affreuse ! Les lois (le vrai philosophe le sent) ne doivent punir qu'à regret, puisqu'elles ne sont faites que pour le bonheur et non pour le malheur des membres de la société.

LE MARI A L'ESSAI

Plus d'un lecteur rira, en voyant ce titre : mais si je le remplis, ma gloire n'en sera que plus grande. J'avouerai naturellement qu'il y a plus de dix ans que son *pendant* me trotte dans la tête ; car j'ai trouvé inscrit sur des tablettes dont je faisais usage en 1770, lorsque je rédigeais les *Mimographes*, le titre de la *femme à l'essai*. Je doute cependant que j'eusse pu les mettre à fin l'un et l'autre, si le hasard ne m'avait procuré en réalité ce que je voulais traiter d'imagination.

Un de ces jours, j'étais à l'Opéra, où toute la belle musique du chevalier Gluck ne m'empêcha pas de beaucoup souffrir : on étouffait ; car cette diable d'*Iphigénie en Tauride* ne veut pas cesser de faire foule, toutes les fois qu'on la donne. En vérité, messieurs les *Piccinistes* devraient bien nous laisser un peu le champ libre : mais, pas pour un empire ! ils veulent être là, et se tenir à l'affût, pour observer s'ils verront quelqu'un bâiller. Ils y ont perdu leur temps, et ne se découragent pas. Quant à moi, qui avais été au parterre de bonne heure, je tâchai de me distraire de la suffocation commençante, par une conversation un peu animée. Elle roula d'abord sur le plaisir que j'avais de voir les Anglais bien battus ; ensuite je parlai musique; ensuite littérature; et cela m'amena tout naturellement à mes *Nouvelles*. Je citai celle de la *femme à l'essai*, comme très difficile à traiter dans nos mœurs. — Parbleu ! m'a dit un fort bel homme d'environ trente-cinq ans, j'ai votre affaire, non pas précisément, mais à peu près : si vous voulez me donner rendez-vous au *Café de la Régence*, je vous ébaucherai votre ouvrage, en vous racontant une histoire fort extraordinaire.

Je n'eus garde d'y manquer. Mon homme vint. Nous fîmes le souper auquel *Saintfoi* donna un soir l'épithète grossière qui lui valut un coup d'épée, nous prîmes chacun une *bavaroise*, et mon homme commença son récit. J'attendais une *Femme à l'essai*, et ce fut un *mari* qu'il me donna.

— Je manque aujourd'hui, pour la première fois, à souper avec une femme très aimable, qui est la mienne, mais lorsqu'elle saura que c'est pour la célébrer, je suis sûr qu'elle m'excusera..

Jusqu'à l'âge de vingt-huit ans, je redoutais, non le mariage, mais les femmes. Toutes celles que j'avais connues m'avaient épouvanté. Épouser son égale, pensais-je, c'est se donner un maître : prétendre à une femme au-dessus de soi, est une entreprise aussi pénible qu'incertaine : mais réussit-on, c'est se forger des chaînes encore plus pesantes. Épouser une femme inférieure, il est presque sûr qu'on ne sera pas aimé, et qu'on aura, ou une vile complaisante, ou peut-être même une effrontée sans pudeur, comme j'en connais, au lieu d'une compagne aimable — ... Ces tristes réflexions m'éloignaient du mariage, et j'y avais presque renoncé, lorsque la réunion de plusieurs circonstances me fit trouver un bonheur que je n'espérais plus.

Je dînais un jour chez un de mes amis, marié depuis

longtemps avec une fort aimable personne, qui ne passait que pour sa parente. Ordinairement, lorsque je dînais dans cette maison, les femmes étaient un peu maltraitées par mon ami ; je ne les ménageais qu'autant que l'exigeait la politesse pour mademoiselle *Saintloci*, qui nous écoutait avec une angélique douceur. Mais, le jour dont je parle, elle devait avoir à dîner une mère, avec sa demoiselle, jeune personne d'environ seize ans. Elle me prit en particulier, avant que ces dames arrivassent, et me pria de ménager son sexe, devant ces deux convives, que je ne connaissais pas. Je promis de me conformer à ses vues. — Quant à M. D'Altemont, ajouta-t-elle (c'était son mari secret), je n'ai rien à lui dire : mais si vous ne le secondez pas, ses discours seront à peine remarqués.

Les deux dames arrivèrent presque aussitôt. Je fus ébloui de la beauté de la jeune personne, et sa première vue me fit comprendre qu'il était inutile que mademoiselle Saintloci me prévînt. M. D'Altemont ne tarda pas à traiter son sujet favori, les imperfections des femmes. Il se donna d'autant plus carrière qu'il était contredit fort vivement par la mère de la demoiselle. La dispute s'échauffa ; M. D'Altemont triomphait, lorsque madame *Saint-Eusèbe*, mère de la jeune beauté, s'avisa de s'en rapporter à mon sentiment. Je fus très embarrassé de cette décision. Je regardai mademoiselle Saintloci en souriant. Elle me dit : — Soyez vrai, monsieur ; je ne demande pas qu'en cette occasion vous ayez égard à la prière que je vous ai faite avant dîner. — En ce cas, répondis-je, il faut donc parler avec toute la franchise dont je fais profession. Je pense que M. D'Altemont a raison en partie : nous sommes dans un siècle où il faudrait être un ange pour vivre avec les femmes, ou que les femmes elles-mêmes fussent des anges, comme mademoiselle Saintloci. Quant à l'assertion de M. d'Altemont que toutes les femmes sont impérieuses et fausses, elle est certainement trop générale, et il ne faut pas aller chercher au loin les exceptions. Cependant, j'avouerai bonnement, que pour me marier, je voudrais avoir eu ma *femme à l'essai* pour l'humeur, le caractère, ses principes, fort longtemps avant que de me lier. La raison en est, que je suis d'un caractère à être souverainement heureux, ou souverainement malheureux par le mariage. En donnant ma main, je donnerai mon cœur ; je veux avoir dans mon épouse, une amante, une amie, un conseil, une maîtresse, une servante et une divinité ; Je veux être à son égard, un père, un amant, un ami, un époux, un homme absolument dévoué à la servir, à l'obliger en tout. Je veux qu'il n'y ait aucune réserve entre nous, si ce n'est quelquefois, de ma part, la réserve des peines. Je veux penser tout haut avec elle, et qu'elle pense tout haut avec moi ; sans néanmoins jamais me permettre avec ma femme ce qui serait impolitesse ou grossièreté avec une autre personne, etc. Voilà pourquoi le mariage est une chose si importante pour moi. Voilà pourquoi je ne suis pas encore marié, enfin pourquoi je ne me marierai peut-être jamais. Cependant le mariage, dans mes principes, étant un devoir, je suis fort embarrassé !

— Votre honnêteté, monsieur, me dit madame Saint-Eusèbe, est la cause de votre embarras. — Je prends à la lettre votre compliment, madame ; c'est cela même. Je regarde comme un devoir sacré de l'homme de se marier, et comme un devoir non moins sacré du mari, de rendre sa femme heureuse. J'y consacrerai tous mes instants, et ne le fussé-je pas, je voudrais encore tâcher qu'elle le fût.

La conversation fut poussée fort loin sur ce ton-là ; au point que madame Saint-Eusèbe, enchantée de mes principes, s'informa tout bas après le dîner de mon état et de ma fortune. Le témoignage qu'on en rendit ayant été tel que cette dame le souhaitait, elle trouva le moyen de me dire à l'oreille : — Venez me voir : j'aime votre philosophie : j'aimerais à vous entendre plus amplement sur les matières que vous avez traitées aujourd'hui. Je fus enchanté de cette invitation, à laquelle je me rendis deux jours après.

— Je vous attendais hier, me dit madame Saint-Eusèbe. Son accueil fut très obligeant ; et celui de mademoiselle Sophie, son aimable fille, ne le fut guère moins. Je sentis que mon cœur allait se laisser prendre, et que peut-être mes principes ne tarderaient pas à se démentir. Heureusement qu'on y mit ordre. Durant le dîner, où nous ne fûmes que tous trois, cette dame étant veuve, on remit la conversation sur mes idées relativement aux femmes : je les détaillai plus amplement encore, n'étant plus gêné par la présence de M. D'Altemont. J'insistai particulièrement sur l'indulgence que l'on se devrait mutuellement en ménage, surtout le mari, comme étant le plus fort, et ordinairement le plus éclairé. Je parlai ensuite de ce que j'avais entendu, lorsque j'avais dit que je voulais que ma femme fût une divinité : — Cela signifie, dis-je aux dames, que pour être heureux en ménage, le mari doit se plaire à parer son épouse, à l'embellir, à l'honorer, à la louer, à la rendre respectable à tout le monde par les égards qu'il lui marque : mais tout cela sans affectation. La femme est pour le mari, ce que ce dernier sait la rendre lui-même : il faut que deux époux se pénètrent d'estime l'un pour l'autre ; qu'ils s'adorent, à cause de leur mérite ; qu'ils s'attachent à ne se montrer l'un à l'autre qu'avec des vertus les plus aimables ; la bonté, l'humanité, la générosité, la tendresse : au lieu de suivre la conduite des époux ordinaires, qui, dès qu'ils se sont mutuellement attrapés, semblent se faire la nargue, et qui s'enlaidissent aux yeux l'un de l'autre le plus qu'ils peuvent. Pour moi, si j'ai le bonheur de trouver une femme selon mon cœur, je veux bien l'étudier avant de l'épouser ; et lorsque je la connaîtrai assez parfaitement pour l'estimer, je lui livrerai au même instant, mon cœur, ma foi, ma main, mon estime, ma fortune, mon bonheur, et jusqu'à mon honneur ; tout lui sera confié ; mais en même temps, comme je le disais l'autre jour, j'emploierai tous mes soins à lui rendre ce qu'elle fera pour moi. Les époux ne sont pas assez l'un pour l'autre dans notre siècle ;

ce qui vient sans doute de ce qu'ils ne s'aiment pas. Ils se sont pris, ou par intérêt, ou par une passion qu'ils ont crue de la tendresse et de l'estime ; mais qui n'était qu'une impulsion aveugle et sensuelle ; et lorsqu'ils sont détrompés, il ne reste plus rien. L'estime, l'estime, voilà dans le mariage la base du bonheur ; pourvu toutefois qu'elle soit accompagnée de ce goût qui donne l'appétit d'aimer. Car, permettez une comparaison, les mets que vous venez de faire servir auraient beau avoir été salutaires, si je ne les avais pas aimés, j'aurais dîné fort mal.

Lorsque j'eus cessé de parler, madame Saint-Eusèbe me dit : — Monsieur, je désire beaucoup de vous connaître parfaitement, et d'être connue de vous ; dès que nous en serons venus là, j'aurai une proposition à vous faire, qui peut-être vous conviendra. Vos principes me plaisent : ils me plaisent infiniment. Venez nous voir le plus souvent que vous pourrez : tous les jours, s'il est possible.

Je répondis comme je le devais à un discours aussi obligeant ; et tous les jours ou du moins presque tous les jours on me vit chez madame Saint-Eusèbe. Lorsque ma liaison fut aussi parfaite qu'elle avait paru le désirer, elle me dit un jour : — La connaissance que j'ai acquise de vos sentiments, me confirme dans une idée que vous fîtes naître dès le premier jour, chez M. D'Altemont. J'ai résolu de vous confier le bonheur de ma fille : c'est ce que j'ai de plus cher au monde : qu'en pensez-vous ? — Je suis comblé, madame, et puisque vous me parlez avec tant de franchise et de bonté, je ne vous déguiserai rien ; les sentiments que la belle Sophie m'a inspirés, m'ont fait oublier toutes les précautions dont je vous ai quelquefois entretenue. — Si elle vous les a fait oublier, moi, monsieur, je veux vous les rappeler. A dater d'aujourd'hui je veux que vous viviez dans la plus grande familiarité avec Sophie ; que vous vous parliez librement ; qu'elle sache qu'elle vous est destinée, et qu'elle vous regarde comme son mari. Je me réserve cependant quelques précautions que la prudence exige. Vous vivrez ainsi deux années ; après quoi, si vous vous convenez également, le mariage se fera. Arrangez vos affaires, pour passer ici le plus de temps possible, et pour vous y livrer à vos occupations. Il faut cela, pour remplir le but que je me propose : je laisserai Sophie absolument libre d'entrer auprès de vous, de vous interrompre, comme si elle était votre femme. De votre côté, vous vous mettrez bien dans la tête que vous êtes déjà son mari, et vous ne vous gênerez pas plus avec elle que si cela était. Songez à ne tromper ici, ni moi, ni Sophie, ni vous : ce qui veut dire qu'il faut vous méfier de l'amour, qui peut vous aveugler. Ma fille est à vous, elle ne peut manquer d'y être. Je l'ai prévenue, depuis qu'elle est raisonnable, que les hommes ne sont rien moins que parfaits ; elle ne s'attend pas à trop de votre part ; ce qui est un grand point ! Suivez donc votre plan d'essai : donnez-vous carrière : ne contraignez vos humeurs qu'autant que vous les contraindriez naturellement, si vous étiez marié. C'est la vérité, plutôt que la moralité de vos actions, qui va désormais me confirmer dans l'estime que je fais de vous.

Ce langage singulier, auquel madame Saint-Eusèbe m'avait préparé de longue main, me causa beaucoup de joie : je la remerciai tendrement, et je m'imposai la loi de remplir exactement ses intentions. Je m'établis dans la maison de ma maîtresse, et je m'y acquittai de mes occupations journalières ; je vis Sophie à tous les instants, parce que nos appartements étaient voisins, et qu'elle venait souvent me distraire ; enfin je vécus avec elle dans la plus grande familiarité.

Le premier mois je ne pus guère faire de réflexions. Sophie m'interrompait : mais je trouvais qu'elle ne me dérangeait pas encore assez souvent. J'allais moi-même la chercher ; et comme le plaisir de la voir et de l'entendre était toujours aussi vif, je n'avais aucune inégalité d'humeur : je portais toujours auprès d'elle l'agréable empreinte du plaisir. J'étais empressé, complaisant ; je volais au-devant de tous ses désirs, sans le vouloir : c'était pour moi un plaisir plus vif de faire ce qui lui était agréable, que si elle m'eût accordé les plus précieuses faveurs. Cette conduite me gagna absolument son cœur; elle devint avec moi moins vive et plus tendre : de sorte que le second mois de notre familiarité fut encore plus délicieux que le premier. Mais nos plaisirs, faibles mortels! sont bornés comme nos organes!

Dès le troisième mois, je sentis, mais imperceptiblement encore, que Sophie me distrayait un peu trop : je ne lui en savais pourtant pas mauvais gré, au contraire, mais c'était un sentiment, une perception, si vous voulez, que je n'avais pas eu les deux premiers mois. Sa mère qui nous observait exactement, à notre insu, vit ce changement léger : mais elle l'avait prévu, et elle savait qu'il était naturel ; aussi ne m'en fit-elle point un crime : elle se contenta de donner à sa fille de nouvelles instructions, relatives à cette disposition de mon cœur. On aurait dit que cette bonne et sage mère cherchait à faire naître les maladies du cœur, pour les guérir ensuite, et en détruire jusqu'au germe, à peu près comme prétendent faire les inoculateurs.

Sophie, conduite par sa mère, me montra insensiblement plus de fierté ; elle se fit désirer, de façon néanmoins, que lorsque nous étions ensemble, et en bonne intelligence, elle était la même qu'auparavant. Cette conduite me ranima pour quelque temps, et je parvins au sixième mois, sans avoir éprouvé une diminution notable de tendresse par l'habitude. Il est vrai qu'il y avait dans notre essai un grand point de différence avec le mariage; je ne possédais pas; et la possession blase furieusement! mais j'avais tout le reste, c'était beaucoup!

Depuis le huitième jusqu'au dixième mois, ce fut autre chose ; Sophie m'inspira de violents désirs : cette crise nouvelle indiquait une diminution considérable dans ma délicatesse : j'étais d'abord heureux par ma tendresse et la familiarité charmante de Sophie;

mais ensuite cela ne me suffisait plus ; je l'aimais donc moins. Ce fut la réflexion de madame Saint-Eusèbe : elle s'y était encore attendue : c'était la marche naturelle : elle avait résolu de ne me donner Sophie, que lorsque toutes ces crises seraient passées, et que mon amour épuré serait un sentiment de tendresse et d'estime, qui rechercherait les plaisirs physiques comme le complément, mais non comme le but de l'amour. — Car, pensait-elle à part, il ne s'agit pas ici, de suivre la nature, mais au contraire de dénaturer l'amour, de le rendre factice, et tel qu'il est nécessaire de l'avoir dans le mariage indissoluble, qui n'est pas un état naturel, loin de là! mais une situation absolument contre nature. — Vous voyez que j'avais affaire à la plus excellente des femmes, à celle qui était le plus en état de me conduire au bonheur avec et par sa fille. Sophie n'était pas de marbre : elle m'aimait ; j'étais ardent, audacieux : elle aurait peut-être succombé, sans néanmoins être coupable, eu égard à la position singulière où nous étions ensemble. Sa mère s'en aperçut ; elle la laissa aller jusqu'au terme de ses forces exclusivement, et vint à son secours lorsqu'elle la vit prête à céder. Ce fut en l'avertissant qu'elle était témoin secret de tous nos entretiens. Sophie fut un peu honteuse. Mais sa mère l'embrassa, en lui disant : — Crois-tu donc, ma chère enfant, que je te fisse un mérite d'être une froide statue ? non, non ; la vie, la douce chaleur de la vie est infiniment au-dessus de la langueur de l'insensibilité. J'aurais eu mauvaise opinion de toi si tu n'avais pas été tentée d'être faible. Mais, ma chère fille, il ne faut pas succomber : les sentiments de ton mari en souffriraient quelque altération. Il sera pourtant bon qu'il sache un jour que tu l'aimais assez tendrement pour lui tout sacrifier ; que j'en ai seule empêché : ce qui lui sera révélé suivant les dispositions où il se trouvera, et s'il mérite cet aveu : ce que j'espère : car je crois le connaître parfaitement.

Sophie embrassa mille fois une si bonne mère, et, fortifiée par ce qu'elle venait de lui dire, elle fut d'autant plus tendre avec moi qu'elle me craignait moins. En effet, il lui devenait fort aisé d'éloigner un triomphe de ma part, qu'il était impossible qu'elle m'accordât : un *maman me voit*, est un furieux principe de vertu dans une jeune fille !

Il arriva de cette conduite de Sophie, que je fus persuadé de sa tendresse pour moi, en même temps que j'eus de sa sagesse et de la solidité de ses principes la plus haute opinion. Une tendre estime succéda à ma première ivresse ; et ce fut alors que moi-même je crus aimer Sophie véritablement et d'une manière digne d'elle.

L'intimité qui s'établit en conséquence entre nous deux, fut beaucoup plus maritale, sans être moins charmante. Sophie devint plus libre avec moi, en me voyant ralentir mes attaques. Sa conduite fut véritablement celle d'une épouse. Nous étions au commencement de la seconde année de notre épreuve. Je passai les trois premiers mois dans une situation délicieuse. Je le dis à madame Saint-Eusèbe, et je la priai sérieusement d'abréger notre essai. — Il est à peine commencé ! me dit-elle ; vous êtes tous deux d'un si heureux caractère, que je n'ai encore rien vu de vous de ce que je voulais voir. Il faudrait un point, que ni la décence, ni les lois ne me permettent pas d'employer ; si ce point était en usage et que les choses fussent comme elles sont, je me rendrais sur-le-champ : mais ne pouvant employer ce moyen-là, il faut le remplacer par des équivalents, qui sont beaucoup plus longs. Ainsi, prenez patience, mon cher.

Ce langage n'était pas obscur pour moi. J'avouerai, à ma honte, que je résolus tacitement d'employer ce moyen, qui devait abréger mon attente.

A la première entrevue que j'eus avec Sophie, j'eus soin de disposer nos alentours pour une victoire certaine. J'avais écarté tout le monde. Restait la maman, qui sans doute me vit faire mes petites dispositions. Pour une prude, ou une dévote, ç'aurait été un crime irrémissible : mais les gens sensés, et qui ont une véritable philosophie, savent distinguer entre les actions qui sont moralement mauvaises, comme l'envie de nuire ; et celles qui ne sont que socialement mauvaises, comme celle que je projetais : madame Saint-Eusèbe savait que les premières influent sur la conduite, sur les sentiments, et qu'elles vicient absolument et celle-là et ceux-ci, mais que les secondes ne touchent qu'à l'écorce de l'âme, et n'en affectent pas le fond. Voilà pourquoi les moralistes, qui, pour décrier ces actions conditionnellement mauvaises, enflent leur bouche de vent, et tâchent de les faire regarder comme pires que les véritablement vicieuses, ne font que de l'eau claire, et ne persuadent personne, pas même ceux qui croient penser comme eux ; à tout moment la conduite dément la prétendue opinion. Ainsi, les galanteries, les courses de la nuit, les sérénades, les danses, etc., dont les curés de campagne font tant de bruit, tout cela ne fait qu'une impression bien légère sur les jeunes gens des deux sexes, et quoique les pasteurs aient socialement et politiquement quelque raison, la nature est la plus forte, et l'emporte toujours. Mais je disserte.

Madame Saint-Eusèbe ne s'embarrassa pas de mes dispositions pour attaquer sa fille, et ne m'en voulut pas non plus ; tout cela était naturel : et quant aux précautions que j'employais, elle savait bien que je ne pouvais prendre la plus essentielle, celle de l'écarter elle-même. Elle eut pitié de moi et parut se renfermer dans son appartement. Me voilà donc tranquille de tous côtés. L'innocente Sophie vint à son ordinaire me trouver : elle entre en riant, vient droit à ma chaise, s'appuie sur le dossier, m'arrache ma plume, en disant : — Il ne faut plus travailler, mon ami ; causons, jouons. Je me retournai à demi, je la pris dans mes bras, et la mis sur mes genoux, en lui disant : — Vous viendrez donc toujours me déranger, lorsque je suis le plus occupé ! vous me l'allez payer, mademoiselle. — Et je l'embrassai tendrement plusieurs fois de suite. — Vous dire que vos caresses me font de la peine, dit

Sophie, ce serait mentir, et vous ne me croiriez pas : je vois en vous le mari que maman me destine, et que mon cœur aurait choisi : mais vous êtes quelquefois bien vif! et je ne voudrais pas tant de vivacité. — Non, belle Sophie, lui dis-je en me mettant à ses genoux, et lui baisant les mains, non, je ne serai pas vif aujourd'hui, je ne veux être que tendre; mais bien tendre, plus tendre que jamais. — Voilà donc comme vous punissez, quand on vous interrompt? ah! le bon mari que j'ai là! je veux qu'il soit aimé comme on ne le fut jamais. Et elle se pencha sur mon visage. Je lui pris un délicieux baiser, qu'elle me rendit, en me disant : — Mon cher *Saintpreux!* que je vous aime. Elle me fit asseoir à côté d'elle sur une chaise longue, et passa un bras autour de mon cou. Un feu dévorant circulait; mes mains rendaient des étincelles, et ma bouche exhalait des flammes. Avec la vertu d'un ange, mes passions ainsi émues, j'aurais été audacieux. Je voulus l'être. Sophie, qui n'en put douter, à une liberté fort décisive qui m'échappa, me repoussa légèrement, et prit un regard si majestueux, que j'en ressens encore l'impression :

— Saintpreux, me dit-elle, je vous estime trop pour vous céder : vous êtes ivre ; je vous pardonne... Je te pardonne, mon cher mari ; mais crains une résistance que tu serais désespéré d'avoir nécessitée : je ne ménagerai rien : tes fréquents écarts, toujours pardonnés, m'ont instruite dans l'art de la défense : mais, mon ami, que je te doive ma vertu. Non, non, je ne veux point avoir d'avantage sur toi ; j'abhorre tous ceux que j'aurais à tes dépens, ou qui te causeraient quelque confusion. La vertu même, la pudeur, tout essentielles qu'elles sont à mon sexe, cessent d'avoir des charmes pour moi, s'il faut les défendre contre un homme que j'aime plus que ma vie. N'es-tu pas mon guide, mon appui, Saintpreux? N'es-tu pas aussi intéressé que moi à ce que je sois sans tache? que me demandes-tu donc? que je te donne une épouse méprisable?... Je crois que je le serais, si une femme méprisable pouvait te rendre heureux : mais c'est l'impossible. Revenez à vous-même, Saintpreux! vivons dans l'innocence; et si vous les connaissez, prenez les moyens qui peuvent réaliser un mariage décidé, mais que maman a des raisons de différer. Dès que je pourrai combler vos désirs, sans vous avilir dans la personne de votre épouse, sans vous rendre coupable vous-même; vous me verrez aussi complaisante que je suis réservée. J'ai une mère sage, elle m'instruit indirectement; ce sont les entretiens que j'ai souvent avec elle, qui m'ont suggéré tout ce que je viens de vous dire, quoique elle ne me l'ait pas dicté nommément : c'est d'elle aussi que j'apprends, dès à présent, l'art de me conduire lorsque je serai en ménage. Elle veut que je vous adore; mais elle veut que femme, je sois encore fille les deux tiers du temps, et aussi réservée que je le suis à présent même, quoique, dans d'autres instants, j'aie été la plus tendre et la plus complaisante des épouses. Mais elle ne veut pas que ce soit le caprice qui décide de mes rigueurs : elle me dit qu'il faut refuser encore plus tendrement que je n'accorderai; elle m'assure que c'est là le plus difficile, et presque le plus important de mes devoirs.

En parlant ainsi, ma Sophie me tenait les deux mains. J'étais dans une situation pour laquelle il n'y a pas de termes; si jamais je l'ai adorée, c'est en ce moment, mais les désirs étaient d'une violence extrême. — Sophie! lui dis-je, belle Sophie, tout ce que tu me dis est dicté par la sagesse même, c'est Minerve, ou ta mère, qui parle par ta bouche; mais, ma divine épouse, je ne saurais commander à mon amour : il y va de ma vie ; je s ns que je ne puis résister, si tu continues d'être cruelle : sauve ton époux, chère Sophie! Vois mon égarement, mon ivresse, ma langueur... Et je tombai dans ses bras; elle m'y pressa. Ranimé par ce contact délicieux, je retrouvai des forces inconcevables. Je l'enlevai. La tendre victime ne poussait que des soupirs ; quelques mots sans suite me réprimaient cependant : prête à succomber, elle me dit : — Mon ami, peux-tu faire ce chagrin à maman ! Ah ! si tu savais comme elle t'estime !... Je ne parle pas de moi... je t'appartiens... Ces mots prononcés avec une douceur angélique firent sur moi une impression subite. Je m'arrêtai : je tombai aux genoux de Sophie, et, cachant mon visage dans mes mains : — Non, non, m'écriai-je, non, ma Sophie, je n'abuserai pas de sa confiance ! non, ma céleste amie ! mille fois plutôt mourir !... Je connais mon cœur ; je sens, chère épouse, que, malgré mon audace, il n'est pas coupable envers toi ; mais je le serais envers ta digne mère : plutôt mourir !

J'achevais à peine ces paroles que madame Saint-Eusèbe entra. Son air était demi-grave et demi-tendre. Elle tendit la main à sa fille, qui me quitta pour aller se jeter dans ses bras. Elle la caressa quelque temps sans me parler. Mais, prenant ensuite un air de dignité, elle me dit :

— L'épreuve où je viens de vous mettre décide votre sort, monsieur : si vous n'aviez pas eu égard à la dernière prière de ma fille, peut-être allais-je rompre avec vous pour toujours... Cependant j'aurais voulu connaître à fond les motifs qui vous auraient fait agir : mais, quelques plaintes que j'aie à faire de votre conduite avec votre *petite femme*, ce qui vient de terminer votre entreprise contre sa vertu, me fait tout oublier. Vous êtes vertueux, Saintpreux, mais vous avez des sens, et les passions vives ; je n'ai pas prétendu donner à ma fille un homme extrait d'un bloc de marbre, mais j'ai prétendu avoir un gendre vertueux. Vous l'êtes : cela me suffit. Il ne reste plus qu'une chose, c'est de savoir quel sera sur vous l'effet de l'accomplissement de tous vos désirs. Depuis quelque temps, j'y réfléchis. Si ma fille vous avait cédé, elle aurait manqué de vertu. Mais si... je... vous la donnais, elle ne serait qu'obéissante... Alors, je verrais parfaitement ce que vous êtes, et ce que vous valez... Ce n'est pas que je n'aie réfléchi à tous les inconvénients de ce parti : d'abord, je diminue réellement la valeur de ma fille, je puis porter quelque atteinte à ses mœurs, comme à sa beauté : mais tout cela n'est pas à comparer aux inconvénients d'un mariage malheureux. Une femme liée, dont un mari est dégoûté, condamnée à mener une vie triste et languissante, ou à se jeter dans des intrigues criminelles ; une pareille femme est un million de fois plus malheureuse que ne peut l'être ma fille, quelque chose qu'il arrive, en prenant le parti que je propose. Nous verrons, monsieur, lorsque Sophie sera tout à fait votre femme, ce que vous deviendrez : je lirai dans votre cœur mieux que vous-même, soyez-en sûr. Vous ne vous engagez à rien. Si votre *petite femme* cesse de vous plaire, vous vous retirerez, et de tout ce que nous vous aurons donné, nous ne regretterons que notre estime, que vous n'emporterez pas avec vous.

Je fus pétrifié de ce langage inattendu. — Quoi ! madame, vous me proposez !... Me préserve le ciel d'accepter jamais une offre pareille ! — Voilà bien les hommes, ma chère Sophie (et un peu les femmes), ils veulent bien ravir ; ils ne veulent plus, quand on leur donne ! — Mais, madame, la décence, la vertu, la vertu de votre adorable fille ! — Voilà ma proposition, monsieur, refusez ou acceptez. Il me faut cet essai ; non pour ma fille, mais pour vous ; et comme vos intérêts seront inséparables, je ne puis rien en rabattre : car j'aime ma fille par-dessus tout au monde. — Plus que l'honneur et la vertu ? — Eh ! sans doute, monsieur ! mon bonheur et ma vertu, c'est de rendre ma fille heureuse. La refusez-vous ? — Moi ! madame ! la refuser !... Belle Sophie, vous êtes la moitié de mon âme, je ne puis pas plus vous quitter, que me quitter moi-même. J'en passe par tout ce que vous voulez, madame : vous me faites la loi, puisque mon bonheur dépend de vous. — Sophie, dit madame Saint-Eusèbe à sa fille, je vous donne à votre mari : ne lui opposez plus rien, que ce qu'une femme comme vous devez l'être lui opposerait : de ce moment, je ne gêne plus votre liberté ; si votre mari est un méchant homme, le mal ne sera pas sans remède. Je t'aime si tendrement, ma Sophie, que je te sacrifie mon honneur ; on dirait dans le monde (si par l'événement ton mari n'était pas ce que nous espérons), c'est la mère qui est une malheureuse ; la fille était trop jeune pour être coupable, etc. ; tout le blâme tomberait sur moi. Mais j'aurais fait mon devoir, en me sacrifiant pour ma fille. Aimable Sophie ! les hommes sont des tigres ; voilà un des plus doux, tâche de l'apprivoiser ; notre bonheur à toutes deux en dépend. Elle embrassa sa fille, les larmes aux yeux, et l'arrachant, pour ainsi dire de ses bras, elle la remit dans les miens et se retira.

Nous restâmes d'abord dans le silence, Sophie et moi. Ma jeune maîtresse tenait ses beaux yeux baissés ; son visage était couvert d'une rougeur aimable, et elle semblait attendre que je parlasse. — Quelle mère ! m'écriai-je enfin, et combien elle m'étonne ! O ma Sophie ! c'est donc moi, moi seul, qui suis le gardien de ta pudicité !... Fille adorable ? tu verras ce que je suis pour toi : tu le verras ; oui, mon cœur tressaille de ne pouvoir te donner une preuve non équivoque de mes sentiments respectueux !... Ma Sophie ! ma chère Sophie ! tu es à moi ! quel trésor ! Viens, ma fille, viens avec ton père (je veux l'être jusqu'à ce que je sois ton mari) ; viens, fille adorable ; ne crains plus mes caresses, elles seront celles d'un père. O Sophie ! que tu m'es chère ! que tu m'es sacrée !... Non, je ne chercherai plus à te ravir des baisers ; non, je n'oserai plus te baiser la main ; ta mère a trouvé le secret de faire taire tous mes désirs, en augmentant ma tendresse pour toi... Mais, mon ange, feignons de faire ce qu'elle a permis... Je ne t'en dirai pas davantage, de peur de blesser ta pudeur... c'est le seul moyen d'avancer notre mariage. Oh ! quand viendra cet heureux jour ! — Mon ami (me dit Sophie, voyant que je gardais le silence) le parti que tu prends me comble de joie. Je t'avouerai que ce discours de maman m'avait effrayée ; mais tu me rassures. Cher ami, ne te démens pas ! obligée de vivre avec toi, tu me verras à tous les instants : que j'aie cette preuve de ton attachement sincère, que tu n'entreprendras jamais rien qui puisse m'humilier pour le reste de mes jours.

Je me sentis transporté de tendresse ; élevé au-dessus de moi-même par ce discours de Sophie, je pris un ton de dignité, et levant les mains vers le ciel, je lui dis : — Je vous jure, Sophie, de respecter toujours votre vertu, à présent votre pudicité, toute ma vie, même lorsque vous serez ma femme, votre pudeur ; c'est en homme, plutôt qu'en amant que je vous le jure ; je suis votre mari, et je veux en prendre la dignité. La tendre Sophie me baisa une main qu'elle saisit, et je sentis qu'elle la mouillait de ses larmes. Mon cœur bondit. — Sophie ! Sophie ! lui dis-je ; mon ange ! assez ! vous m'attendrissez trop, et l'émotion ne se peut supporter ! En effet, si mes larmes n'eussent coulé, je suffoquais. Quel moment délicieux !

Sophie, en sortant de mes bras, alla auprès de sa mère, qui avait été témoin secret de tout ce que nous avions dit. J'ai su depuis, qu'elle lui tint ce discours :

— J'ai tout vu : Félicite-moi, ma Sophie, car je crois que j'ai assuré ton bonheur ; félicite ton heureuse mère, ma chère fille ! Je m'attendais, je l'avoue, à ce que je viens de voir : mais ma joie n'en est pas moins vive. Tu es véritablement aimée ; ces violentes secousses attachent vos âmes au delà de toute expression. Tu lui seras toujours chère, j'oserais en répondre ; précisément parce qu'il vient d'avoir de la générosité à ton égard. Et ça été le but de ma démarche extraordinaire, qui sûrement ne serait pas approuvée si elle était connue : car on ne saurait pas comme je l'ai préparée, comme je l'ai amenée, et que je ne l'ai faite que certaine du succès (1).

(1) Une chose qu'on n'a jamais dite à M. Saintpreux, et que je tiens de madame Saint-Eusèbe elle-même, c'est que cette dame n'aurait pas souffert ce qu'elle paraissait avoir presque ordonné. Mais comme elle aurait occasionné un choc des passions aussi fort, elle n'en aurait pas puni l'amant de sa fille : elle les aurait unis sur-le-champ (Dulis).

Demeuré seul, je tombai dans une rêverie profonde, occasionnée par tout ce qui venait de se passer. Je brûlais d'envie de posséder Sophie ; mais, d'un autre côté, elle m'était trop chère pour lui ôter la plus belle fleur de la couronne de beauté. Je me confirmai dans mes résolutions, et j'imposai silence aux désirs tumultueux, qui souvent criaient très haut, au point que j'entendais à peine la voix de la raison. Ils la faisaient même parler quelquefois pour eux ; ils sollicitaient la nature, et l'engageaient à faire cause commune. Je surmontai tout parce que j'aimais réellement, et j'eus la satisfaction de sentir que je ne devais la force que j'avais sur moi-même, qu'à celle de mon amour. Je vécus donc avec ma Sophie dans la plus grande intimité. Sa mère crut, ou plutôt feignit de croire que j'avais profité du don qu'elle m'avait fait. Comme ma conduite devint encore plus tendre qu'auparavant, elle en fut comblée, et se plaisait, me disait-elle souvent, à voir sa conduite extraordinaire couronnée par le succès.

— Mais ce n'est pas encore bien là ce que je désire, me dit-elle un jour : je voudrais vous voir dans l'opinion que vous êtes engagés par des liens indissolubles, qui ne le seraient pas, pour savoir comment vous vous en tireriez, et si votre conduite serait encore la même ? — Pour celui-là, répondis-je, c'est l'impossible. — Peut-être, reprit-elle : enfin, il faudrait ce dernier essai, pour me satisfaire entièrement. — Je le ferais volontiers, si je pouvais m'en imposer à moi-même, répondis-je.

Il ne fut plus question de cet essai. Mais au bout d'un mois environ (c'était le deuxième de mon séjour absolu chez madame Saint-Eusèbe, je n'y couchais pas auparavant) elle me proposa de conclure. Je répondis à cette proposition, avec tous les transports d'un amant qui adore sa maîtresse, qui la connaît parfaitement, et qui est sûr d'être heureux avec elle. Les préparatifs se firent : mais madame Saint-Eusèbe ne voulut ni noce, ni festin, et quoique durant les quatre mois qui restaient pour compléter les deux années d'essai, elle fit pour sa fille des dépenses considérables, néanmoins notre mariage prochain resta secret pour tout le monde. Il fut enfin célébré, un lundi 12 avril, à quatre heures du matin. Il n'y eut aucun changement dans l'emploi de la journée : à la vérité les domestiques, au nombre de trois, y compris le mien, avaient assisté à la célébration ; mais ils avaient ordre de garder le silence. De retour à la maison, je dis à Sophie : — Je ne sais trop ce que prétend notre maman : croit-elle par là me persuader un jour que notre mariage n'est pas indissoluble ? Il est fait par un prêtre de la paroisse ; les bans ont été publiés... En tout cas, nous sommes époux, mon adorable Sophie, et rien ne saurait plus nous séparer que la mort. J'usai de tous mes droits sans scrupule, et ma Sophie elle-même ne m'opposa plus d'obstacles. Notre bonheur n'eut peut-être jamais d'égal dans le monde. Je possédais Sophie, je l'adorais ; j'en étais adoré : la perfection de ses appas égalait celle de son charmant caractère : point de défauts cachés, qui se découvrissent après le mariage : elle ne s'était jamais déguisée ; et ses divines qualités lui étaient aussi naturelles que la respiration. Je m'étais aussi montré tel que j'étais, si ce n'est que j'avais un peu contraint mon excessive tendresse ; et je la contraignis même encore après le mariage; autrement l'adorable Sophie ne serait pas sortie de mes bras.

Voilà comment nous vécûmes durant deux nouvelles années. Madame Saint-Eusèbe me paraissait la plus heureuse des mères : elle nous le disait, et son air de santé, de gaieté, nous le prouvait également. A ce terme, elle changea tout à coup : elle devint triste, mélancolique, rêveuse. Nous nous empressâmes autour d'elle, sans pouvoir rien obtenir. Sa tristesse influa sur nous ; et quoique notre bonheur fût toujours le même, par notre mutuel attachement, nous parûmes refroidis. Cette fausse apparence lui en imposa. Comme nous contraignions, surtout devant elle, les marques de notre tendresse, elle se crut certaine de sa diminution. D'après cette idée, elle employa son dernier moyen. Un jour elle me fit appeler dans son appartement : — Monsieur, me dit-elle, j'ai une étrange nouvelle à vous apprendre : je passe pour veuve, mais je ne le suis pas : mon mari, avec lequel j'ai constamment été malheureuse, à l'exception de la première année de notre mariage, est passé aux Indes, pour s'éloigner davantage de moi. Je n'ai pas absolument ignoré la conduite qu'il y a tenue ; il s'y est donné pour garçon, afin de pouvoir épouser une riche héritière. J'ai des principes différents de ceux des autres femmes ; l'envie d'augmenter la fortune de ma fille ne me fera pas attaquer mon mari et perdre des enfants innocents : je me regarderais comme leur assassin, en tenant une pareille conduite. Je veux que le crime d'un mari, qui au fond est peut-être excusable (je puis avoir eu des torts), je veux que sa conduite demeure ensevelie dans un éternel secret. Il faut, pour votre part, que vous m'en fassiez la promesse sur votre honneur ! — Je vous le jure, ma mère. — Ce n'est pas tout : des raisons d'intérêt, peut-être ses remords, lui ont fait désirer de marier richement Sophie : il m'a écrit. J'ai répondu qu'elle était mariée. Sa réplique a été qu'il ferait casser le mariage : il ajoute, que depuis ma lettre, il a appris que je l'ai fait célébrer sans avis de parents et que, même, je n'y ai appelé personne. Voyez, monsieur ? il parait que vous êtes un peu refroidi pour votre femme : évitons l'éclat, et donnons-lui satisfaction? — Sans doute, ma mère, que si je m'y refuse, vous ne m'y forcerez pas. — Pourquoi vous y refuser? Sophie n'a plus pour vous le charme de la nouveauté ? — Ah ! ma mère ! que vous lisez mal dans nos cœurs et surtout dans le mien ! Plutôt la mort que de me séparer de ma Sophie !... Et soyez bien sûre qu'elle pense de même... Notre prétendu refroidissement n'est que le respect que nous devions à votre douleur. J'adore Sophie comme le premier jour, et je suis certain d'en être tendrement aimé. Je m'attache à elle, je ne la quitte plus d'un instant; on ne l'arrachera de mes bras qu'en me donnant la mort. — Prenez du temps pour faire vos réflexions : voyez si quelque autre objet ne vous plairait pas davantage? vous n'avez point encore d'enfants; ainsi... — Je n'ai point de réflexions à faire ; je vous ai dit, ma mère, ce que je penserai toute ma vie.

Elle fit appeler sa fille, et lui tint le même langage qu'à moi, à peu près, si ce n'est qu'elle ne lui parla pas de la bigamie de son père. Sophie se jeta dans mes bras, et peu s'en fallut qu'elle ne s'évanouît. Sa mère, qui l'adorait, fut obligée de la rassurer.

Elle nous dit ensuite qu'elle prendrait en tout notre défense, puisque nous nous aimions : mais que notre mariage ne tenait à rien, et que nous pouvions nous regarder comme étant maîtres de nous séparer, dès que nous le jugerions à propos. Elle nous fit voir les lettres de son mari, et le brouillon des réponses qu'elle y avait faites; enfin elle nous donna toutes les preuves possibles de l'existence et des dispositions de M. de Saint-Eusèbe.

Elle nous a laissé dix ans dans cette situation; nous répétant à chaque fois que nous l'interrogions : — Vous êtes les maîtres de vous séparer : mon mari est toujours dans les mêmes dispositions : certainement, je ne vous ôterai pas cette liberté, puisque le hasard vous l'a donnée. La naissance de quatre enfants, qui tous existent, ne la fit pas changer de conduite ni de langage.

Enfin, l'année dernière, elle apprit la nouvelle de la mort de son mari. Elle nous fit venir tous deux devant elle, Sophie et moi. — Mes enfants, nous dit-elle, votre mariage est enfin indissoluble, et il l'est devenu à l'instant où j'ai le bonheur d'être assurée de votre caractère, mon gendre, et même de celui de ma fille. Je n'ai rien aimé à l'égal de ma Sophie : elle a été tout pour moi ; j'aurais tout sacrifié pour faire son bonheur, comme j'y ai tout employé. Mes chers enfants, mon mari est mort : prenons le deuil : c'est le père de Sophie : d'ailleurs je ne l'ai jamais haï, malgré ses torts : pouvais-je haïr celui qui m'a rendue mère de Sophie, ma joie, ma gloire, ma félicité ! Il n'y eut jamais de fille comme elle, mon cher gendre ; plus tendre, plus soumise, plus dévouée à toutes mes volontés... — Ah ! ma chère maman, interrompit Sophie, il n'y avait pas grand mérite de ma part ; je savais que vous ne vouliez que mon bonheur ; et vous l'avez fait, chère maman. — Je vous disais qu'il n'y eut jamais de meilleure fille que la mienne ; je ne crois pas qu'il y ait de meilleure épouse, de plus tendre mère ; vous pouvez me démentir, mon cher Saintpreux ? (Je ne lui répondis qu'en pressant contre mon cœur ma femme et mes enfants, qui étaient avec nous.) — Cette réponse me satisfait ; c'est un charmant langage, que celui des caresses ! Je vous dirai que le père de Sophie, dans une lettre que voici, met sa seconde femme et ses enfants à la merci de sa femme, de sa fille et de son gendre, dont il reconnait le mariage : et pour nous laisser une marque de sa bonne volonté, il nous donne une somme considérable, de six cent mille livres, qui est environ la moitié de sa fortune personnelle, indépendamment de celle de sa femme. J'ai accepté pour moi et pour vous : cependant, à présent qu'il n'est plus, je désirerais que nous consolassions cette veuve non coupable et ces pauvres enfants, en leur donnant, par un écrit signé de nous trois, des assurances de notre bonne volonté. — De tout mon cœur ! m'écriai-je. Sophie en dit autant, et l'écrit fut signé : il partit le même jour.

— Allez, mes enfants, reprit madame Saint-Eusèbe, et lorsque je ne serai plus, rappelez-vous mon souvenir, en vous disant l'un à l'autre : nous avions une mère qui n'était heureuse que de notre félicité, et qui prit pour la faire, des moyens inconnus, mais efficaces... Nous lui baisâmes la main, et nous nous retirâmes pénétrés.

Elle est morte il y a trois mois, cette excellente femme.

Nous avons trouvé dans ses papiers un écrit assez curieux, dont je vais faire la lecture :

« Je n'ai qu'une fille, fruit unique d'un mariage mal» heureux : elle évitera mon sort, si je puis ; au moins, » n'y épargnerai-je rien ; me proposant à cet effet » de fouler aux pieds tous les préjugés. Le plus grand » des maux, c'est le mariage, lorsqu'il a enchaîné deux » êtres qui se haïssent, et veulent se fuir : tous les » autres maux ne sont pas comparables à celui-là ; je » le sais par expérience, et mon infortuné mari doit le » savoir encore mieux, puisqu'il me hait, et que je ne » le hais point. Je ne veux lier ma Sophie qu'à coup » sûr. Elle perdra tout ce qu'elle pourra perdre, hors » sa liberté. Je sais bien que si je consultais quelqu'un » là-dessus, on me désapprouverait, on me traiterait » de folle, et peut-être même aurait-on recours à » l'autorité, pour m'empêcher de travailler au bonheur » de ma fille : aussi ne m'ouvrirai-je absolument à » personne, ce qui bien me fâche ! attendu que lors» qu'on agit de sa tête, on fait ordinairement toujours » quelque bévue : mais pourvu que je ne fasse pas » la bévue essentielle de rendre ma fille malheureuse, » je me consolerai de tous les autres.

» Mon dessein est de voir, parmi nos connaissances, » si je découvrirai l'homme qu'il me faut. Je veux qu'il » soit aimable de figure : un laid a rarement une belle » âme. J'examinerai surtout ses yeux : c'est l'organe » de l'esprit et du cœur, que l'œil : je ne m'y suis pas » trompée à mon mari, toute jeune que j'étais ; mon » mari est bon, mais il est inconstant et léger, et je » vis tout cela dans ses yeux : mais je me croyais » assez de charmes pour le captiver toujours : c'est » l'erreur commune à presque toutes les filles à marier, » mêmes aux laides, tant la présomption est une pas» sion naturelle, hélas ! c'est un adoucissement que la

» bienfaisante nature donne à chacun de nous, plutôt
» qu'un vice; si nous nous trouvions souvent ce que
» les autres nous trouvent, ne serions-nous pas trop
» malheureux? Je veux encore que l'homme que je
» choisirai, soit aimable, pour satisfaire les sens de ma
» Sophie. Comme je n'aurai que peu d'égard à la for-
» tune, ma fille étant riche, il me sera bien permis
» d'insister sur les qualités et les dons naturels. D'ail-
» leurs, la figure, la forme, la taille, l'agrément réels
» dans les traits et dans l'esprit, sont une sorte de pa-
» trimoine à laisser à la postérité, qui n'est pas d'une
» petite considération. Mon mari était beau : Sophie
» lui ressemble, avec un petit mélange de mes traits;
» ce qui en fait une charmante enfant; n'est-il pas
» plus agréable pour moi, et pour elle, d'avoir cette
» aimable figure, cette douceur touchante dans les
» yeux, cette mignardise dans le rire, que si elle res-
» semblait aux enfants de M. A... Du P... qui m'avait
» d'abord demandée en mariage? En vérité, je pré-
» fère mon malheur même avec la figure de ma fille,
» telle qu'elle l'a, au bonheur même avec A... Du P...
» Cependant, il faut bien prendre garde aux mœurs!
» un beau, ou une belle qui sont vicieux, et se livrent
» à leur passion avec des dispositions libertines, effré-
» nées, ont des enfants qui portent sur leur visage,
» l'expression de ce désordre de l'âme d'un ou des
» deux auteurs de leurs jours; et ce désordre produit
» à nos yeux dans les traits, ce que nous nommons la
» laideur: tout ce qu'il y a de laid dans l'espèce hu-
» maine vient de là: c'est ce qui fait qu'ordinairement
» les nations sauvages méchantes et cruelles sont
» laides; et qu'au contraire les nations douces, inno-
» centes,ayant des mœurs pures, sont belles. Il faudra
» donc que je fasse encore plus attention aux mœurs
» qu'à la figure: car je suis sûre que si j'avais eu Sophie
» après les désordres de mon mari, elle serait ou
» laide, ou beaucoup moins jolie qu'elle ne l'est.

» Je veux aussi que ce soit un homme, par la force
» et la dignité des sentiments, et non un efféminé, un

» dameret. Car je veux qu'il soit maître, sans que ma
» fille soit esclave. Je veux qu'il soit d'un tempéra-
» ment vigoureux, par bien des raisons : la santé, la
» force, sont les plus belles roses du jardin de beauté;
» ensuite les enfants en valent mieux. A la vérité la
» femme d'un mari vigoureux a des grossesses plus
» pénibles, l'être vivace qu'elle porte l'épuisant da-
» vantage, que si elle avait un mari plus faible qu'elle :
» mais c'est un inconvénient dont la mère est bien
» aise un jour. Enfin un mari vigoureux est plus aimé
» de sa femme; il lui suffit; il la rend plus heureuse,
» il lui inspire une sorte de mépris pour l'hommage
» des autres hommes.

» Lorsque j'aurai trouvé l'homme que je veux, je ne
» lui donnerai pas ma fille sur-le-champ, je ferai des
» essais. Mais, outre que j'ai formé ma fille pour
» qu'elle puisse les supporter sans danger, c'est que je
» ne l'abandonnerai pas d'un instant. Au reste, j'ai-
» merais mieux que Sophie, trompée, de la manière
» que j'entends, et d'après un essai, fît un enfant sans
» être mariée, que de la voir malheureuse sans remède
» avec un mari. Cela est contraire aux mœurs, dira-
» t-on! Moi, je n'ai qu'un principe en morale, c'est
» qu'elle nous doit rendre heureux. On n'est heureux
» que par la vertu : je le sais : aussi ma Sophie n'en
» manquera-t-elle jamais, et si elle était victime des
» circonstances, ce serait un malheur, toujours moindre
» que celui que je veux éviter. J'ai ouï dire, ou je l'ai
» lu, qu'il y avait un pays en Afrique, dont la reine
» essayait les plus beaux jeunes gens de son royaume,
» avant que de se donner un mari : je n'approuve pas
» cela : d'abord parce qu'on n'a que le physique en
» vue par cet usage africain; ensuite, parce que rien
» n'est plus aisé que d'abuser de ce moyen. Je suis
» bien éloignée de rien concevoir qui approche de
» cela : mon essai ne sera que pour les mœurs, le ca-
» ractère. Je voudrais voir aussi, néanmoins, si
» l'homme à qui tout serait permis, userait de cette
» permission : s'il en était tenté, certainement je ne le

» permettrais pas, et je viendrais au secours de ma » fille. Mais mon but le plus sûr à atteindre, c'est que » la conduite que je veux observer, tiendra l'amour » de mon gendre en haleine, par toutes mes singula- » rités, et que je rendrai ma fille heureuse par le ma- » riage, ce grand ennemi du bonheur. »

Il y avait ensuite une apostille.

« J'ai le bonheur d'avoir réussi : j'ai trouvé l'homme » que je cherchais : ma conduite a été celle que con- » tient cet écrit, et tout va bien. Ce 28 septembre » 1779. »

— Voilà, continua le narrateur, une histoire bien réelle; et comme c'est la mienne, je consens que vous en fassiez usage : à condition, néanmoins, que vous en substituerez les noms que voici, aux véritables dont je viens de me servir.

Les noms qu'il me donna sont les mêmes qui sont employés.

P. S. M. De Saintpreux ayant lu cette *Nouvelle*, lorsque la *première édition* a paru, il a prié l'Éditeur d'ajouter à la *seconde* les détails suivants :

« Nous avons fait venir des Indes les enfants du » père de Sophie, pour leur donner une éducation » française, et qu'ils se sentent de leur origine. Ces » jeunes Asiatiques ont tous les préjugés de leur » pays, au sujet des femmes : leurs raisonnements et » leur manière de voir nous amusent infiniment. Un » jour l'aîné d'entre eux disait à ma fille aînée dans un

» français barbare : — Si j'étais le mari à toi, moi te
» faire la grâce te pas donner une sœur ; te pas empê-
» cher rire, causer, sortir au jardin, et voir les oiseaux,
» même chanter fort, quand homme te pouvoir en-
» tendre : et si moi beaucoup pourtant jaloux toi. —
» Je ne saurais être votre femme, mon oncle ! — Oh !
» que le pouvoir ! Toi jolie, moi amoureux ; toi le
» pouvoir, et moi le vouloir bien : c'est une beaucoup
» belle action épouser parente, ou sœur ! — Non, pas
» ici, mon oncle ! — Ah ! ici, tout mal, tout mal ! mon
» père mal avoir épousé ma mère ; et si pas ne l'avoir
» épousée, moi, mes frères n'être pas venus au so-
» leil, etc. »

Nous sommes riches : peut-être ferons-nous ce mariage, lorsque le jeune Indien sera plus formé. C'est à quoi je m'applique. Ce mariage, d'ailleurs, comblerait de joie le père de Sophie, s'il vivait, et nous voulons porter la piété filiale envers lui au delà du tombeau : ce motif sera le seul qui me déterminera.

LE JOLI PIED

Dans une maison de Paris, dont une nouvelle précédente a fait l'histoire, il y avait une jeune personne de la plus aimable figure : c'était mademoiselle *Victoire De la Grange*. Elle avait seize ans, lorsqu'elle fit naître une passion aussi singulière que violente.

Un jeune inconnu, qui n'était pas de la société qu'on admettait dans la maison, s'éprit pour Victoire, sans la connaître, et presque sans l'avoir vue. Il se nommait *De Saintepallaie*. C'était un jeune savant, plein de connaissances et de mérite, vivant seul et concentré, quoiqu'il n'eût que vingt-cinq ans, et se promenant presque toujours seul les soirs, après avoir donné la journée à l'étude. Saintepallaie avait des mœurs pures, avec des sens neufs et pleins d'énergie : il aimait beaucoup les femmes ; mais il les craignait et les fuyait, autant faute d'usage, que par sagesse. Il n'y avait peut-être pas d'homme au monde sur qui la beauté fit une impression plus vive ; une belle femme le ravissait ; mais il réfléchissait ensuite aux inconvénients de l'amour et d'une liaison ; il trouvait la force de fuir, sans doute, parce qu'il n'avait pas encore rencontré la femme qui devait le subjuguer.

Saintepallaie avait un goût particulier, et tous les charmes ne faisaient pas sur lui une égale impression : une jolie figure, et partout, hors en Espagne, une belle gorge a son prix : une taille svelte et légère, une belle main flattait son goût : mais le charme auquel il était le plus sensible, celui qui lui causait ce frémissement involontaire et délicieux qui remue toutes les fibres, c'était un joli pied : rien dans la nature ne lui paraissait au-dessus de ce charme séduisant, qui semble en effet annoncer la délicatesse et la perfection de tous les autres appas. D'ailleurs, ce goût n'était pas dans le jeune Saintepallaie un effet du raisonnement ; c'était un instinct qui s'était manifesté dès son enfance : il ne pouvait, sans tressaillir, apercevoir une jolie chaussure de femme ; lorsqu'il en rencontrait quelques-unes qui n'étaient pas jolies, mais chaussées avec goût, il semblait que ce charme seul les rendit aimables.

Un soir d'été, il passait dans la rue *Dauphine* : une jolie marchande, dont le pied était mignon, et qui le savait à merveille, était assise sur sa porte, les jambes croisées et découvertes jusqu'au dessus de la cheville : elle montrait ainsi le bas d'une jambe fine, terminée par un pied chaussé en blanc, mais si petit, si bien fait, si propre, que les plus indifférents ne pouvaient s'empêcher de l'admirer. Saintepallaie en la voyant, resta immobile de surprise et d'émotion : cependant la réflexion l'ayant rendu honteux, il continua sa route : il ne fut pas à six maisons, qu'il revint : il repassa de la sorte, tant que le joli pied fut visible. La marchande rentra, et le joli pied disparut : mais Saintepallaie en avait été trop frappé pour l'oublier ; il revint tous les soirs, jusqu'à ce qu'un autre objet plus charmant encore l'attirât.

Un autre jour, sur les onze heures, il passait par la rue *Saint-Denis* : une jeune dame qui sortait de chez elle pour aller à l'église du *Sépulcre*, parut jolie à Saintepallaie: après un coup d'œil rapide donné au minois le plus séduisant, le jeune homme chercha des yeux l'appas favori. La nature s'était épuisée en faveur de madame Lev... : dans une jolie mule brodée en argent, était un petit pied qui paraissait celui d'une poupée : celle à laquelle il appartenait avait une marche légère et voluptueuse : Saintepallaie ébloui, enchanté, ravi, suivit la Déesse ; il ne put l'abandonner, mais enfin elle rentra chez elle. Il remarqua sa demeure, et ne manqua pas de revenir tous les jours pour voir ce pied vainqueur. Enchanté, sans être amoureux, il fit une pièce de vers que je n'ai pu me procurer : c'était une jolie parodie d'une ancienne Épître de M. *Arnauld au C. de M.*, qu'il envoya sans se nommer. Cette Épître fut mal reçue de la part d'un inconnu ; et Saintepallaie se sentit un peu refroidi.

Une autre fois ayant affaire pour une commission fort de son goût, chez un cordonnier de la rue des Vieux-Augustins, il y vit une chaussure si agréable, si bien faite, qu'il s'informa pour qui elle était ? On lui répondit que c'était pour la Marquise *de M-gnt*. Saintepallaie n'eut pas repos qu'il n'eût vu cette dame : il la trouva charmante, mais elle était mariée, et le jeune homme, naturellement vertueux, ne voulait s'attacher qu'à une personne qu'il pût épouser. Cependant, par une petite faiblesse humaine, il revint prier le cordonnier de lui faire un plaisir ; c'était de rendre la chaussure à la belle dame, et de la rapporter après qu'elle l'aurait essayée, sous prétexte de quelque chose à y faire. Saintepallaie l'accompagna en garçon, pour être sûr de l'inauguration de la jolie chaussure ; il la paya ensuite généreusement, et le cordonnier en refit une pareille. Saintepallaie conserva précieusement ces reliques.

Un soir, passant dans la rue de l'*Arbre-Sec*, il aperçut une jeune et jolie personne, à peu près dans la situation de la marchande de la rue *Dauphine*. C'était une mule qu'elle avait, et son joli pied passait absolument en dehors. Saintepallaie s'arrêta sur la porte d'à côté, sans être vu : au bout de quelques minutes de contemplation, il passa pour voir la jolie personne : elle sommeillait, nonchalamment étendue sur sa chaise. Pour le coup, il fut tenté de s'emparer du séduisant bijou qui s'offrait à sa vue : il avança la main adroitement, et tira la mule du joli pied ; il serra aussitôt ce trésor, et s'éloigna de quelques pas. La belle s'éveilla : elle chercha du pied la mule qui lui manquait, et, ne la trouvant pas, elle fit un petit cri de surprise et d'effroi. Elle appela sa maman. — Qu'est-ce ?... — On m'a pris... — Quoi ? — Ma mule. — Qui ? — Je ne sais. — A votre pied ? — Eh oui, maman ! — Voilà une grande insolence ! La maman gronda sa fille, parce qu'enfin il fallait bien gronder quelqu'un. Le lendemain, Saintepallaie repassa dans la journée pour voir la belle : il la trouva charmante. — Si je l'épousais ? pensa-t-il : je ferais son bonheur, à ce qu'il me semble, en faisant le mien ? Elle me paraît bien élevée, quoique d'une condition commune ; elle est pétrie de grâces. Voyons cela... Il réfléchit en effet tout le jour. Le soir, à la même heure que la veille, il revint dans le quartier, et s'approcha de la porte de la jeune beauté. Elle y vint un instant après, et s'assit, dans la même attitude que la veille. — Mettez-vous là, Julien, dit-elle à un garçon de boutique ; nous verrons s'il reviendra. Saintepallaie, qui s'était caché dans l'allée voisine, entendait ce discours. Au bout d'un moment, M. Julien répondit : — Ce ne peut-être qu'un rival, mademoiselle Agathe : je ne trouve pas mauvais qu'on vous aime ; vous êtes si aimable, qu'on ne saurait s'en empêcher ; mais je tremble que celui qui a pris votre mule, n'ait été encouragé... — Vous êtes un visionnaire, un jaloux ; quand je vous dis que je ne le connais pas, et que je ne l'ai jamais vu !... Je dormais à demi : j'ai bien senti quelque chose ; mais je n'allais pas imaginer... — Il fallait donc crier tout de suite ! — Que savais-je, moi ? J'ai d'abord pensé que c'était le voisin. — Ah ! voilà ce que c'est ! — Que voulez-vous dire ? vous cherchez à vous faire haïr, monsieur Julien !

— Promettez-moi de n'aimer jamais que moi ! — Je vous l'ai promis cent fois, et cela ne sert de rien ! — C'est que vous êtes si jolie, que rien ne me rassure tout à fait. — Eh bien, je vous assure que je vous préférerais à un prince : Êtes-vous content? — Oui, oui, belle Agathe ! — Ah ! que je voudrais ravoir... Je saurai si c'est le voisin... — Non, je vous assure ; c'est un inconnu.

En cet endroit de l'entretien, Saintepallaie sortit de l'allée et s'approcha des deux amants : — Je ne veux pas troubler votre mutuelle tendresse, leur dit-il : c'est moi qui ai fait le petit larcin qui donne de la jalousie à M. Julien ; je lui remets ce bijou, belle Agathe. Si je n'avais pas appris votre amour, soyez persuadée que jamais je n'eusse renoncé aux sentiments que vous m'avez inspirés. Mais je me retire : ne soyez plus jaloux, monsieur Julien ; je n'ai jamais parlé à mademoiselle, qu'en ce moment. Je vous salue, et vous souhaite à tous deux le bonheur ! Il se retira, sans que les deux amants eussent la force de lui dire une parole. Au bout de quelques minutes, Julien, inquiet, alla voir dans l'allée, et, n'y trouvant personne, il en ferma la porte et revint auprès de sa maîtresse. Saintepallaie, qui avait prévu sa démarche, s'était caché : il rouvrit la porte dès que Julien fut sorti. — C'est un fort aimable jeune homme ! disait Agathe. — Oui : mais il est bien hardi ! — Vous devez être content ! ce n'est pas le voisin. — Je crois que j'aimerais mieux que ce fût lui... Dieu veuille que celui-ci ne revienne plus ! — Ne craignez rien, monsieur Julien : je vous répète que je vous préférerais à un prince. — Je compte sur votre parole, mademoiselle ; car vous m'êtes si chère, que j'en mourrais, s'il fallait renoncer à vous. — Il était dans l'allée... Il nous a donc entendus ! — C'est un fin matois ! — Mais il faudra prendre garde comme nous parlerons à présent. — Ah ! j'y aurai l'œil, à l'allée traîtresse !... C'est de là qu'il vous guettait hier, tenez ! En ce moment, on appela Julien. Saintepallaie, voyant Agathe seule, se rapprocha doucement : — L'aimez-vous? lui dit-il ! —

Oui, monsieur. — En ce cas, belle Agathe, vous ne me verrez plus; je respecte vos sentiments. Adieu, mademoiselle. Il lui baisa la main, et partit. Il y a beaucoup d'apparence qu'avec un peu d'opiniâtreté, il l'aurait emporté sur Julien, sans être prince : mais il avait des principes. Il se priva du plaisir de revoir cette jolie personne, afin de ne pas avoir à se reprocher la mort du pauvre Julien, qui paraissait un bon garçon, et d'avoir rendu parjure une amante aussi tendre qu'Agathe. Il se félicita bientôt de n'avoir pas suivi cette intrigue, qui n'aurait pu que nuire à sa fortune.

Un jour qu'il se promenait sur le *Boulevard du Temple*, il aperçut dans un jardin une jeune personne ravissante; la délicatesse de ses traits, l'élégance de sa taille, marquée par une robe à la lévite, et surtout la perfection du charme favori de Saintepallaie le ravirent d'admiration. Son cœur fut ici plus intéressé que ses sens : il ne pouvait s'éloigner; il n'osait fixer la jeune beauté; il ne la regardait qu'à la dérobée. Après avoir fait quelques tours dans les allées, elle vint dans la barrière qui régnait devant le jardin. Elle s'assit, et posa son joli pied sur une chaise, de sorte qu'on le voyait en entier. Rien de si charmant dans la nature, par sa petitesse, par la grâce et l'élégance de la chaussure : c'était un soulier de couleur puce brodé et garni d'un cordonnet en argent sur les coutures; le talon mince était assez haut, mais placé de manière qu'il ne faisait pas refouler le pied; la forme par devant était la plus mignonne qu'on puisse voir. Saintepallaie était hors de lui-même : il alla et revint cent fois sur ses pas, pour jeter à la dérobée un coup d'œil sur le joli pied : quelquefois il levait les yeux plus haut pour admirer la figure ravissante de celle qui possédait cet appas vainqueur. *Victoire de la Grange* (on est prévenu sur cette jeune personne) se mit à lire : l'attention qu'elle donnait à son livre favorisa Saintepallaie : si par hasard, dans ses différentes attitudes, elle venait à dérober son pied aux avides regards de son adorateur, il lui semblait que la nature se couvrait d'un nuage, et perdait tout son éclat : le remontrait-elle, tout paraissait ranimé par ce charme puissant. Saintepallaie resta dans l'admiration jusqu'à l'instant où Victoire fut abordée par sa belle-mère, son frère et ses trois sœurs. Elle se leva pour lors, et vint avec sa compagnie faire quelques tours sur le boulevard. Le jeune homme la suivit pas à pas, et ne perdit aucun de ses mouvements. On rentra : et l'amoureux Saintepallaie sentit, à l'émotion de son cœur, que ce n'était pas un simple goût, mais l'amour même que venait de lui inspirer la belle au joli pied.

Depuis ce moment, tous les autres objets de son admiration ne furent plus rien : la belle du boulevard les éclipsait tous... Mais comment se procurer une entrée auprès d'elle, ou chez ses parents ! Il ne connaissait personne qui fût en relation avec eux ; et le nom de M. de la Grange, qu'il se fit dire, ne l'avança guère. En attendant, il revenait tous les jours, et il avait souvent le plaisir de voir l'objet de son enthousiasme. A chaque fois sa passion prenait de nouvelles forces, et, au bout de six semaines, elle était portée au point de troubler sa tranquillité. Enfin, il fut aperçu de Victoire ; elle lui trouva un air qui lui convenait, et, sans le connaître encore, elle fut flattée de son attention : elle le fit remarquer le lendemain à sa belle-mère, comme un jeune homme qui la regardait sans cesse, et qui se promenait tous les jours devant leur maison. Madame de la Grange parut ne pas faire attention à ce que lui disait sa belle-fille : mais elle rentra aussitôt, et chargea un vieux domestique de confiance de savoir qui était ce jeune homme qu'elle lui montra. Le domestique suivit de Saintepallaie pas à pas, observa toutes ses démarches, le vit rentrer chez lui, s'informa de son nom, de sa condition, de sa fortune, de ses mœurs, et revint, bien instruit, rendre compte de tout cela à sa maîtresse.

Le lendemain, Saintepallaie parut à l'heure accoutumée. Victoire était seule dans le jardin (elle y venait un peu plus régulièrement, sans y penser sans doute).

Dès qu'elle l'aperçut, elle s'approcha sans affectation, entra dans la barrière, et l'examina autant qu'il lui fut possible : il semblait qu'il l'intéressât. En effet, Saintepallaie ne la regardait qu'avec une admiration si vive, qu'elle animait tous les traits de son visage, et surtout ses yeux : ce que Victoire avait souvent occasion de remarquer, parce que le jeune homme portant sans cesse les yeux sur son joli pied, elle avait des intervalles pour le regarder à son aise. Elle alla ensuite trouver madame de la Grange, pour l'avertir que l'inconnu était sur le boulevard. — Mais, maman, j'ai fait une singulière remarque; il ne regarde que mes pieds! — Cela est singulier, en effet! Voyons!... Elle vint dans la barrière avec sa belle-fille, et elle eut occasion de faire la même remarque. Elles rentrèrent ensuite dans le jardin, où madame de la Grange, prenant un air enjoué, elle dit à Victoire : Ce jeune homme s'appelle M. de Saintepallaie; il est riche, maître de lui-même; il possède une charge honorable qu'il remplit dignement; il a des mœurs sans reproches : s'il t'aime, il faut l'attendre venir. — Ah! maman, vous le connaissez! — Je sais tout ce que je te viens de dire; mais restons-en là. — Vous avez raison! Il serait peu décent que je m'occupasse d'un inconnu. Cependant, depuis cet entretien, Victoire fit encore plus d'attention qu'auparavant à son admirateur : et, de son côté, madame de la Grange continua de s'instruire de toutes ses démarches.

Ce fut dans ces circonstances, qui durèrent environ trois mois, qu'arriva ce que je vais raconter dans un moment. Depuis quelque temps, Victoire s'apercevait que son cordonnier se surpassait pour l'élégance et la richesse dans ses chaussures; elle en était surprise : une autre remarque qu'elle fit encore, c'est qu'elle en avait plus souvent des neuves qu'à l'ordinaire, sans que néanmoins on payât davantage. Elle fit part de ces remarques à sa belle-mère, qui sourit. — Nous verrons cela, dit-elle..... Hortense (on se rappelle que c'est le nom de la belle-mère) fit venir le cordonnier de la maison (c'était celui de la rue des *Vieux-Augustins*, dont il a été question); mais ce fut en particulier qu'elle lui parla : elle exigea de lui qu'il lui avouât la vérité. — Il est vrai, madame, répondit cet homme, que je fournis plus de chaussures qu'on ne m'en commande chez vous : un jeune monsieur, fort aimable, qui m'a assuré qu'il espérait épouser mademoiselle de la Grange l'aînée, m'en prescrit la forme, la couleur, et me les paye. — Mais vous avez donc quelqu'un ici d'intelligence avec vous ? — Comme il n'y a pas de mal à cela, madame, j'ai fait entendre à mademoiselle *Marguerite* (la femme de chambre), qu'elle pouvait m'obliger, et me faire gagner, sans nuire à personne ; qu'il ne s'agissait que de changer les chaussures que mademoiselle avait déjà mises, pour d'autres toutes neuves ; elle n'a pas vu non plus de mal à cela, et elle l'a fait pour m'obliger. — Sans intérêt ? — Oui, madame, sans aucun intérêt ; elle me rendait celles qu'elle ôtait, et moi je les remettais à ce généreux monsieur. Oh ! si vous voyiez chez lui, madame ! il a rangé sur des rayons tout ce qu'a porté mademoiselle ; cela est couvert d'une gaze comme celle qu'on met sur les pendules, de peur que la poussière ne les gâte ; et il regarde tout cela avec un respect qui m'a touché, moi, madame. Hortense, instruite, renvoya le cordonnier, en lui défendant de rien dire à sa fille, ni même à la femme de chambre. Elle n'ajouta rien sur la continuation de son travail ; ce qui fit qu'il se comporta comme à l'ordinaire sans en parler à Saintepallaie, de peur qu'il ne blâmât son peu de fermeté.

Cependant Victoire, de son côté, apporta tant d'attention à ses chaussures, que si elle ne put empêcher l'introduction des nouvelles, au moins fit-elle en sorte qu'on ne pût lui reprendre celles qui lui avaient déjà servi. Saintepallaie avait fait faire des souliers d'un joli goût ; ils étaient rose moiré, à talon vert, ainsi que les languettes et richement brodés : il fit porter cette chaussure à mademoiselle de la Grange, espérant de la ravoir bientôt, et il vint en admirer l'effet le lendemain. Effectivement, Victoire qui avait trouvé ces souliers du meilleur goût, n'avait pas manqué de les mettre : il semblait qu'ils rendissent son pied encore plus mignon. Mais lorsque Saintepallaie voulut les ravoir, on lui dit qu'il n'était plus possible ; que la jeune demoiselle enfermait ses chaussures. Le jeune amant ne fut que plus enflammé par ces difficultés ; il promit une récompense au cordonnier, s'il pouvait parvenir à changer la dernière paire qu'il avait livrée. Tout fut inutile ; Marguerite perdit ses peines et de Saintepallaie, bien fâché de ce contretemps, qui dérangeait la suite de sa collection, ne sut comment faire pour s'emparer d'un trésor, auquel le pied de l'objet de ses adorations donnait tant de prix.

Il se promena plusieurs jours sur le boulevard, sans voir à Victoire les charmants souliers. Enfin, le quatrième ou cinquième jour, elle les avait pour la seconde fois : nouveaux désirs de la part de Saintepallaie, qui furent satisfaits en partie.

Victoire vint s'asseoir dans la *barrière* ; c'était sur les sept heures, au mois de septembre, et elle appuya son pied sur la traverse : Saintepallaie prit son plan d'après cette attitude : il se baissa, caché par un arbre : — Amour! dit-il, permets ce larcin ! et saisissant un des souliers par le talon, il parvint sans effort à lui faire quitter le joli pied qu'il ornait. Victoire fit un petit cri, croyant d'abord que c'était un polisson qui lui jouait ce tour pour avoir une très belle boucle à pierre : mais ayant aperçu son admirateur, qui se retirait à pas précipités, elle lui en voulut un peu de son inconsidération, sans pourtant être absolument en colère : elle alla, en boitant, conter cette nouvelle singularité à madame de la Grange, qui en parut fort surprise. D'un autre côté, le vieux domestique chargé d'observer Saintepallaie lui avait vu faire son coup ; il le joignit au bout de la rue *du Temple*, où il lui dit : — Monsieur, je vous prie de me dire ce que vous voulez faire du soulier de notre demoiselle ? — Ah! mon ami, lui répondit le jeune homme, je ne le rendrai qu'à elle : il est si joli, que je veux auparavant le donner pour modèle. Vous connaissez le cordonnier de votre maîtresse ; venez-y avec moi. Le domestique fit des difficultés ; Saintepallaie, ennuyé, profita d'un embarras de voitures, jeta sa bourse dans le chapeau de cet homme et disparut.

Le lendemain, il écrivit la lettre suivante :

A MADEMOISELLE DE LA GRANGE L'AINÉE.

Mademoiselle,

A ma témérité d'hier, j'en ajoute une nouvelle aujourd'hui : mais pardonnez-les toutes deux, si vous ne voulez pas réduire au désespoir un homme qui ne respire que pour vous adorer. Le motif des deux actions dont je vous fais excuse, est un sentiment trop vif et trop respectueux, pour qu'il doive vous offenser. Sa vivacité m'ôte la réflexion ; et le respect qui l'accompagne, le dévouement absolu qui en fait partie, peuvent le faire pardonner. J'ai vingt-six ans : je jouis d'une fortune honnête ; j'ai une charge honorable : je demande à me présenter, pour que vous jugiez si mon extérieur vous convient : car, pour mes sentiments, mademoiselle, ils sont dignes de vous. Quant à ma conduite extraordinaire, prenez-vous-en au charme inexprimable qui m'a subjugué, d'où vient est-il si parfait en vous? me ferez-vous un crime de sentir plus vivement que personne l'effet de vos appas? Je n'ai pu y résister : il fallait un soulagement à mon cœur; il le fallait absolument.

Je suis, Mademoiselle, avec le plus profond respect, votre très humble et obéissant serviteur,

D.-L.-C.- De-Saintepallaie.

(Adresse.)

A Madame De-la-Grange, rue... proche le Boulevard du Temple.

Apostille.

Madame,

J'ose vous adresser cette lettre, vous suppliant de m'accorder un moment d'audience : vous êtes une mère tendre, et j'adore votre fille : je mérite du moins d'être entendu de vous.

Je suis avec le plus profond respect, Madame,

D.-L.-C. De Saintepallaie.

Hortense, après avoir lu cette lettre, et avant de la montrer à sa belle-fille, répondit un mot, qu'elle donna au laquais de l'amant de Victoire :

RÉPONSE DE MADAME DE LA GRANGE.

Je consens à vous voir, Monsieur : je n'ai rien à vous dire de plus, et vous en sentez la raison. Je vous attends.

Je suis très parfaitement, Monsieur,

Votre servante Hortense De-Fouchy,

f. De la Grange.

De Saintepallaie trouva le billet un peu sec, et il ne sut qu'en penser; il se rendit néanmoins chez madame de la Grange. Le vieux domestique, dont il était connu, l'introduisit sur-le-champ. — Je viens à vos ordres, madame. — Nous allons un peu causer, monsieur..... Vous aimez mademoiselle de la Grange, à ce qu'il paraît ? — Je l'adore, madame. — Le bonheur de cette jeune personne, monsieur, fait mon étude depuis dix ans que j'ai épousé son père : elle m'est aussi chère que si elle était sortie de mes entrailles, et pour le faire, voici les moyens que j'ai pris. Je rassemble ici une aimable jeunesse à qui je procure des divertissements honnêtes et piquants : je n'ai pour but que d'éclairer Victoire, ses sœurs, et leur jeune frère, sur le choix à faire pour être solidement heureux dans le mariage. J'y allais réussir pour Victoire, lorsque vous avez commencé de vous faire remarquer autour de notre maison, par une conduite assez extraordinaire (vous ne trouvez pas l'expression trop dure, monsieur ?). Le jeune homme sur lequel je comptais que Victoire pourrait jeter les yeux (car, monsieur, j'entends que le choix vienne d'elle, et non de moi), est riche, aimable, de mœurs exemplaires ; son caractère, son esprit, son cœur, tout est excellent ; surtout sa manière de penser rendrait une femme heureuse : il est solide ; ce n'est point un étourdi, que ses sens entraînent : si vous vous croyez, monsieur, un meilleur parti que lui pour ma belle-fille, parlez ; je me réglerai sur ce que vous allez me dire : mais je vous préviens que ce ne sera rien encore que mon suffrage ; il faudra être préféré de Victoire, en être aimé, bien réellement, pour l'obtenir.

— Ce langage, tout raisonnable qu'il est, étonne ma résolution, madame ! il me rend timide ! Comment oserai-je vous dire que j'ai plus de vertus que celui dont vous venez de me faire un portrait si magnifique ! Mais, madame, j'ose vous jurer, qu'avec des mœurs aussi pures que celles de ce jeune homme, j'ai plus d'amour un million de fois. Mademoiselle votre belle-fille est à mes yeux une créature céleste ; elle occupe toutes mes facultés : je voudrais..... adorer tout ce qui l'environne ; tout ce qui l'a touchée est un trésor pour moi. Ah ! madame, il y va de ma vie d'en être aimé ; je ne pourrais, sans mourir, voir passer dans les bras d'un autre l'objet de mon culte et de mon attachement. Comment vous exprimer, madame, tout ce qu'elle m'inspire ! non, je ne réussirais pas à vous peindre un seul de mes sentiments pour elle ; aucun des termes connus ne peut le rendre. Si j'avais le bonheur de l'obtenir, elle serait adorée comme jamais femme ne le fût par un homme. Ma tendresse immortelle répandrait autour de ma divinité le charme qu'éprouve mon cœur; ce charme inexprimable que je sens si bien, et que je peins si mal !..... Lorsque je pense à elle, mon âme se fond dans un délicieux épanchement de tendresse ; si je me figure que je l'ai obtenue, mon imagination échauffée par mon cœur me suggère mille tendres et charmantes choses que je lui dis ; je serais heureux d'un mot, d'un sourire. Me haït-elle (je le suppose quelquefois), mon âme sensible l'adorerait encore ; oui, j'adorerais son injustice, sa cruauté ; je saurais la toucher, et l'en faire revenir. Elle abuserait de son pouvoir, de ma tendresse, que je ne serais pas malheureux ; je la verrais, je l'idolâtrerais (c'est la même chose), elle serait à moi ; ah ! que me feraient quelques torts légers !

— Vous êtes dans l'ivresse, interrompit en riant madame de la Grange, et cet état ne mérite pas beaucoup de confiance. — Pardon, madame ; mais c'est l'impossibilité de vous peindre mes sentiments, qui m'a fait tenir ce langage. — Ces maris si tendres sont quelquefois des espèces de tyrans, monsieur? — Madame, tout ce que je dirais pour vous prouver que je ne le serai pas, vous paraîtrait faible : mais pourtant soyez en sûre, je m'en garderais bien ! ce serait me rendre incommode ! — Ce qui me consolerait pour votre épouse future, quelle qu'elle soit, c'est que ce feu si vif ne dure pas. — Toute ma vie, madame, pour la belle Victoire. — Nous nous reverrons, monsieur ; vous allez saluer ma belle-fille : je vous prie de modérer les expressions avec elle ; il n'est pas temps de lui montrer de l'amour. — J'obéirai, madame, comme je pourrai.....

Madame de la Grange demanda Victoire. Elle vint : en apercevant de Saintepallaie, elle rougit, et parut interdite. — Ma bonne amie, lui dit sa belle-mère, monsieur nous a écrit à toutes deux : voici sa lettre : j'ai répondu, et sa visite est la suite de ma réponse. Lis.

Tandis que Victoire lisait, madame de la Grange dit à de Saintepallaie : — Ma fille n'avait pas encore entendu parler de votre lettre, monsieur ; j'attendais, pour la lui montrer, que je vous eusse entretenu : vous voyez ma franchise : c'est devant vous qu'elle la lit. Je vous invite à venir à nos assemblées ; nous ferons ainsi connaissance : jusqu'à ce qu'elle soit parfaite, il ne sera question de rien : voilà mademoiselle de la Grange qui lit votre déclaration ; il serait inutile de la lui faire de bouche : elle sait que vous l'aimez ; c'est à elle à présent à consulter son cœur ; c'est à vous à vous montrer tel que vous êtes : car si vous vous déguisiez, vous imaginez que ma bonne amie m'est trop chère, pour que je n'emploie pas tous les moyens possibles de vous connaître par d'autres... Elle a fini... Laissez-nous : nous vous attendons ce soir, et tous les jours. Saintepallaie fut obligé de se retirer ; car il vit bien que madame de la Grange voulait sauver à Victoire l'embarras d'une réponse de vive voix à sa lettre.

Lorsqu'il fut parti, Hortense dit à sa belle-fille : — Eh bien, ma bonne amie ? qu'en dis-tu ? — Je le connaissais de vue : me voilà instruite de ses sentiments ; que dois-je faire, maman ? — Il faut étudier son caractère, tandis que moi, je ferai les informations extérieures ; ensuite, s'il te convient, tu consulteras ton cœur. Je ne te dirai rien sur sa passion, sur sa manière d'aimer, ni sur tout le reste, que tu ne sois décidée : il faut que ce soit le cœur seul qui fasse ton choix... Cependant, si j'apprenais des choses absolument mauvaises, je t'en avertirais sur-le-champ. — Ah ! je le crois, madame ! — Sa figure ? — Elle est fort bien. — Il te paraît aimable ? — Mais oui ! je voudrais..... Tu sais comme je suis sincère avec toi, petite maman ? je voudrais qu'un homme qui paraît si épris, méritât d'être préféré. — Nous verrons : je te parlerai quelque jour. En attendant, examinons-le avec soin ; surtout à présent, que ne le connaissant pas, nous sommes encore sans partialité : car si nous attendions, et qu'un petit traître vint à nous mettre son bandeau sur les yeux, nous n'y verrions plus.

Le soir, de Saintepallaie ne manqua pas de venir à l'assemblée. Mais concentré par sa passion, il se divertit peu. Il fit sa cour à madame de la Grange, et ses yeux néanmoins ne quittaient pas Victoire. Il dansa un menuet avec elle. Mais dès le lendemain il prit un rôle, pour faire dans le ballet du *Jugement de Pâris*, celui qu'avait rempli jusqu'alors le jeune De-la-Grange. Les répétitions firent qu'il rendit deux visites par jour, afin de se concerter : On sait que Victoire faisait *Vénus*; Saintepallaie se chargea du rôle de *Pâris*.

La maxime qu'il faut aimer pour l'être ne tarda pas à se vérifier : Saintepallaie aimait avec enthousiasme; il avait un mérite réel : Victoire sentit que son cœur s'intéressait pour lui, et madame de la Grange s'en aperçut peut-être avant elle. Dès que cette excellente femme en fut assurée, elle prit sa belle-fille en particulier. — Comment trouves-tu ton singulier amant, ma bonne amie? — Mais, aimable, qu'en dis-tu? — Je le trouve aimable aussi. — Effectivement, il l'est beaucoup! — Crois-tu l'aimer assez, pour te répondre de l'aimer toujours? — Je puis te répondre, belle maman, que je le préfère. — C'est quelque chose : mais pour épouser, pour engager sa liberté à un homme, lui sacrifier tout ce qu'une femme sacrifie à un mari, ce n'est pas assez; il faut un goût vif, bien décidé, qui fasse un dieu de l'amant; en es-tu là? — O mon Dieu non! — Attendons. — Certainement, il faut attendre... — Mais, c'est qu'il me presse? — M. de Saintepallaie te presse, maman? — Mais beaucoup!..... Il m'a chargé de sonder tes sentiments à son sujet! — A parler vrai..... maman, je crois que je l'aime!..... Mais ce n'est pas comme vous dites. — Quant à lui, chère fille, il t'aime comme je dis : ma chère bonne amie, tu seras heureuse comme je l'ai toujours désiré : oui, tu le seras; je le vois à la manière dont tu es aimée. Tu es belle, tu es plus que belle, car tu es charmante! mais, chère fille, combien de belles femmes sont négligées! C'est qu'elles ont épousé des automates, qui ne savent apprécier ni la beauté, ni la grâce, ni même le mérite : (c'est aussi quelquefois la faute des femmes). Mais ton adorateur sent tout ce que tu vaux; il ne parle qu'avec transport du moindre de tes attraits : rien ne lui échappe; il a tout examiné, tout saisi, tout admiré, tout adoré. Ce goût singulier, tu vois bien? qui lui a fait séduire ton cordonnier, et commettre l'indiscrétion qui a occasionné sa lettre! ce goût, ma chère fille, marque une extrême délicatesse dans les organes : il marque un homme capable d'un sentiment profond, quoique violent. Un autre avantage, c'est que ce goût porté au point où il l'a, te fournit un moyen facile de lui plaire toujours; quelle ressource, au contraire, une femme a-t-elle avec une brute, qui n'est sensible à rien? Tu ne saurais croire combien ce goût singulier de ton amant m'a bien disposée en sa faveur? si bien disposée, que dès le premier jour que tu m'en parlas, je le fis suivre, et voulus le connaître. Ne néglige jamais ce précieux avantage, ma chère fille; et pour ne pas déformer ce pied, dont la beauté sera peut-être l'unique source de ton bonheur, emploie les moyens que tu me vois pratiquer, et que je vous ai fait mettre en usage, sans que vous en sussiez le motif, ni toi, ni tes sœurs. Une chaussure bien faite, bien juste, non gênante; jamais de souliers à la maison, toujours des mules; la plus grande attention à prévenir les effets de la gêne la plus légère : au moyen du soin que j'y ai donné, vous avez toutes le pied aussi parfait que si vous n'aviez porté que de ces jolis sabots dont vous faites usage en hiver; car le froid aux pieds les déforme. Je n'aurais pas connu le prix de cet avantage sans mon mari; son goût est à peu près celui de M. de Saintepallaie; et la nature m'ayant favorisée de ce côté-là, je n'ai rien oublié pour que l'âge ne fît pas sur moi l'effet désagréable qu'il opère sur le pied de tant de femmes. Ainsi, ma chère fille, c'est d'après l'expérience que je te réponds du bonheur ; et c'est par comparaison, autant que d'après l'examen que j'ai fait de ton amant, que je prévois sa conduite future à ton égard. Mais, chère amie, les gens qui ont ce goût sont extrêmement susceptibles dans tout ce qui regarde la propreté : comme rien ne leur est indifférent, rien ne leur échappe de ce que nous valons; mais aussi la moindre négligence est remarquée, et leur cause une sensation désagréable : il faut, pour maintenir l'illusion, qu'une femme leur paraisse un ange ; il faut leur dérober, avec une scrupuleuse attention, tous les assujettissements de la nature qui peuvent faire une impression repoussante : la propreté de la chaussure doit être pour eux le symbole de celle du corps et de tout le reste de l'habillement. Si ce qui touche la terre est si propre, pensent-ils ordinairement, comment doit être le reste? Tout ce que nous sommes doit être pour eux un objet appétissant, et la propreté du corps doit désigner la pureté de notre âme. Je t'ai donné là-dessus des leçons de pratique, et nous souffririons toutes deux, moi, à te les répéter, toi à les entendre ; il suffit que tu saches ce que je veux dire : une femme devrait faire autant d'ablutions que les dévotes musulmanes..... Mais je reviens à ton amant : je lui donne ma voix. — Et moi, chère maman, je la lui donne aussi : ce que vous venez de me dire achève de me déterminer. — Il faut que ce soit ton goût seul qui te détermine? — Ce l'est, chère belle-maman. Si vous saviez tout ce qu'il me dit chaque jour de gracieux, de tendre ! comme par un mot il me peint son amour ! Hier, nous étions assis après la danse : j'avais chaud; j'ôtai mes gants; et par inattention, je les mis sur lui. Un instant après j'y songeai, et j'avançai la main pour les reprendre : je sentis la sienne comme frémir. — Qu'avez-vous lui dis-je? — C'est l'effet de vos gants : ils m'ont donné la fièvre d'amour : touchez ma main, fille adorable, et vous allez sentir que mon cœur bat jusqu'au bout de mes doigts. — Plus cet amour est capable de te rendre heureuse, chère fille, plus il faudra que tu apportes de soins à le conserver. Ne sois pas comme ces femmes qui se fient sur ce qu'elles sont aimées, et qui négligent les moyens de l'être encore davantage; il ne faut jamais trouver que c'est assez; il faut tout employer pour attacher un cœur qui l'est déjà; tous les sentiments doivent nous servir à cet effet : l'estime, le respect, la reconnaissance, l'admiration : il faut même faire en sorte que l'habitude tourne en notre faveur : il faut nous rendre nécessaires; il faut que notre mari trouve le séjour de sa maison le plus aimable, le plus tranquille, et même le plus amusant, s'il est possible : ç'a été un des principaux motifs des ballets que tu m'as vu donner. En l'attachant, tu t'attacheras davantage à lui par tes soins mêmes; tu t'amuseras en te faisant une affaire de son amusement et de le captiver : vois, ma fille (car je puis te citer mon exemple), comme je m'y suis prise avec ton père : il m'aimait en m'épousant : mais dès que j'ai été son épouse, j'ai étudié tous les moyens d'en être aimée davantage. Je ne vous connaissais pas, je ne pouvais donc vous aimer. Cependant le premier moyen qui s'est présenté à mon esprit d'être plus aimée, plus estimée de cet honnête homme, a été de vous chérir et d'être chérie de vous : le succès a surpassé mes espérances, parce que j'ai trouvé d'excellents enfants, dignes de la double source où ils ont puisé la vie; car votre mère était une respectable femme!..... Chère Victoire, que j'aime ta sensibilité! adore sa mémoire, par ces larmes honorables..... — Ah! maman, elles coulent pour elle et pour vous : vous m'attendrissez toutes deux également en ce moment, et je bénis le ciel, qui m'ayant ôté ma mère, m'en a conservé le cœur en vous!..... — Je n'ai désiré que ton bonheur, ma fille, mais il y avait un peu d'égoïsme de ma part; c'est que j'en ai fait dépendre le mien.

Après cette conversation, madame de la Grange, sûre que sa belle-fille aimait assez de Saintepallaie pour devenir sa femme sans danger, s'occupa des préparatifs. Il est inutile de prévenir qu'elle n'agissait que de l'aveu de M. de la Grange; mais cet honnête homme lui laissait une liberté absolue; il savait l'usage qu'elle devait en faire. Le lendemain, madame de la Grange eut soin que Saintepallaie eût un entretien avec elle, avant de voir sa belle-fille. — Vous êtes toujours pressé (lui dit-elle, lorsqu'il lui témoigna une impatience plus vive que jamais d'être bientôt le mari de Victoire): eh bien! dans six mois. — Ah! madame, un terme si long!... — Dans trois. — Ce seront trois siècles. — Dans un. — Je n'ose plus me plaindre : mais si j'en étais le maître, ce serait demain, ce soir. — Dans un mois, c'est mon dernier mot; encore y vais-je mettre une condition : il me faut une preuve sans réplique que vous êtes aimé; un aveu bien tendre... Vous voyez que je ne ressemble pas autres mères : j'ai un singulier système; je ne connais que deux moyens pour marier les filles : le premier, c'est celui que j'emploie, il faut qu'elles aiment, qu'elles chérissent, et qu'il n'y ait pas à en douter; le second, c'est de ne pas les consulter du tout; de ne pas souffrir qu'elles disent un mot à leur prétendu, avant le mariage, afin qu'il n'y ait ni amour ni haine; la raison de cela c'est qu'après le mariage, la fille, liée par la nécessité, si elle est raisonnable, devrait s'être attendue à pire que tout ce qu'elle éprouve de la part de son mari; et par conséquent tout excuser, tout bien interpréter, enfin se trouver heureuse, pour peu qu'elle soit moins mal qu'elle ne l'avait imaginé... Je ne badine pas, monsieur, il n'y a que ces deux moyens : j'ai choisi le premier pour ma bonne amie : mais je veux qu'il soit bien rempli; car ce n'est pas une petite tâche que vous vous êtes donnée, de prétendre vous faire aimer, et d'avoir promis un bonheur au delà de celui qu'une femme peut naturellement attendre de son mari! J'en suis un peu inquiète pour vous. — Mais aussi, madame, quelle félicité, si je parviens à remplir votre espérance, à la condition que vous venez d'exiger! — Allez-y travailler. Elle le fit entrer par son appartement dans celui de sa belle-fille. Victoire était absente, madame de la Grange le savait bien : il y avait d'étalées sur un sofa, diverses choses qui servaient à sa parure, et, surtout, des chaussures mignonnes qu'elle avait essayées ; Saintepallaie se trouvant seul regarda ces jolis objets : mais il faut dire que madame de la Grange, qui voulait faire une épreuve, alla prendre sa belle-fille pour la rendre témoin de ce qui allait se passer.

Cependant Saintepallaie se trouvant encore seul dans le temple de la beauté qu'il adore, porta d'avides regards sur tout ce qui servait à son culte ; bientôt ses mains tremblantes de plaisir s'en emparèrent; il baisa la robe aux endroits où elle devait avoir touché une gorge mutine, des épaules et des bras de lis : il réservait pour le dernier son objet favori, et la chaussure eut bientôt son tour; il l'admira ; il y porta la bouche ; ensuite, ne pouvant contenir le feu qui le consumait, il dit avec transport : Adorable fille ! ah ! tout ce qui vous touche participe du charme divin qui vous environne !..: Témoins inanimés du plus ardent amour ! j'envie votre sort! je voudrais... un seul instant, avoir votre forme et votre destination ! être foulé par ce pied mignon, l'abrégé de toutes les grâces... j'en sentirais davantage mon existence délicieuse... Des larmes coulèrent de ses yeux : il demeurait immobile, la délicate chaussure à la main... — Belle Victoire, reprit-il, que ne pouvez-vous lire dans mon âme ! y voir comme je vous adore... quel excès de tendresse j'éprouve !... Car c'est de la tendresse, plutôt que des désirs; tout violents qu'ils sont, la tendresse les surpasse !... Il se mit à genoux. — Fille charmante, s'écria-t-il, je t'adore ! oui, je sens que tu es ma divinité !... Ah ! si tu fais mon bonheur, que je te devrai de reconnaissance !... Parure qu'elle embellit, reçois mes hommages !... Il se leva dans un égarement de tendresse... Madame de la Grange, qui peut-être devina son dessein, entra sur-le-champ avec sa belle-fille : Saintepallaie, ému, hors de lui-même, se précipita aux genoux de Victoire : — Je vous adore, je vous aime, comme on n'aima jamais, un mot de votre belle bouche va décider de mon sort :

prononcez-le devant cette mère qui vous chérit. — Je suis sensible à votre tendresse, monsieur, dit Victoire en rougissant... croyez, maman, que j'y suis sensible. — Ah Dieu!... (Il l'enveloppa dans ses bras, et l'obligea, par ce mouvement, à s'asseoir sur le sofa)... Voyez à vos pieds l'homme que vous rendez heureux!... Et ayant aperçu un pied charmant, que la position de Victoire découvrait, il osa y appliquer ses lèvres, en ajoutant : un amour sans bornes adore tout! — Dans un mois, monsieur Saintepallaie, dit madame de la Grange, ou dans quinze jours : je vous donne ma parole : venez recevoir celle de M. de la Grange... Elle voulait donner à Victoire, trop émue par la liberté que venait de prendre son amant, le temps de se remettre.

Ce mariage se fit au bout de la quinzaine. On ne peut rien imaginer de si galant ni de si riche que la chaussure de la mariée : c'était un soulier de nacre de perle, avec une fleur en diamants : les bordures étaient garnies de brillants, ainsi que le talon, qui, malgré cet ornement, était fort délié : cette chaussure coûta deux mille écus, sans compter les diamants de la fleur qui valaient trois ou quatre fois cette somme; c'était un présent de Saintepallaie. Le soir, lorsqu'il fut dans la chambre nuptiale avec sa charmante épouse, il se mit à genoux, et ce fut sa main amoureuse qui ôta ce beau soulier du pied mignon qu'il chaussait : une mule, non moins galante, mais moins riche, lui succéda : les souliers furent déposés dans un petit temple transparent, dont la pièce du milieu formait une rotonde environnée de colonnes de cristal, à chapiteaux dorés, d'ordre ionique : c'est là qu'ils sont conservés, comme les types et les gages d'un amour qui ne doit jamais s'éteindre : il y a dix ans que ce mariage est fait, et ils ont été mis dix fois; c'est-à-dire, chaque année au jour anniversaire du mariage.

Soit que ce culte que Saintepallaie rend à son épouse maintienne son amour; soit que Victoire, aidée des conseils de son excellente belle-mère, sache employer des moyens efficaces, inconnus au reste des femmes soit enfin que les hommes du goût de Saintepallaie, soient en effet plus tendres, ou qu'il soit plus facile d'entretenir le charme avec eux, l'amour de ce jeune époux est toujours le même. Madame de la Grange, à qui j'en ai parlé, m'a dit que les quatre causes dont je viens de parler, y contribuaient. Le mari de la belle Victoire, quoique très occupé, et ne négligeant aucun de ses devoirs, se fait une affaire de la parure de sa femme; c'est lui qui choisit, et toujours Victoire trouve qu'il choisit bien. La première année, le cordonnier a eu ordre d'apporter tous les jours une paire de souliers dont la couleur et la broderie étaient ordonnées par Saintepallaie : c'était à lui qu'on les remettait; son épouse les portait un jour; il les reprenait ensuite, et les serrait dans des rayons vitrés. La seconde année, il ne fit faire que les chaussures blanches : son épouse remettait, par ordre, les souliers qu'elle n'avait portés qu'une fois, et quelques-uns de ceux que son mari s'était appropriés, lorsqu'elle était fille. Cette attention tenait Saintepallaie toujours occupé de sa femme et de ses grâces : elle était son idole, sa déesse, et les soins qu'il prenait pour elle étaient le culte *extérieur*. Dix années viennent de s'écouler ainsi. Trois enfants aimables, en prenant toute la beauté de leur mère, ne lui en ont cependant presque rien ôté : le contentement d'esprit, le bonheur parfait dont elle jouit, conservent dans leur fraicheur les roses de sa jeunesse.

— Eh bien! bonne amie fille, lui disait un de ces jours madame de la Grange, ne te l'avais-je pas prédit, que les maris adorateurs savent aimer beaucoup plus longtemps que les autres, quand on les seconde par les moyens que tu as employés? — Oui, maman, tu avais raison : mais te doutes-tu à quel point je suis heureuse? — Voyons, ma belle-fille, dis-moi cela? après je te répondrai vrai, si je m'en doutais ou non. — Ma belle-maman, il n'est pas, je crois, de situation comme la mienne : sûre que tout ce que j'ai plait à mon mari, puisqu'il choisit tout; sûre que les dons que je tiens de la nature, l'enchantent; que toutes mes actions, tous mes pas déploient à ses yeux une grâce nouvelle, je n'ai pas éprouvé depuis dix années un sentiment relatif à lui qui ne fût agréable. C'est là, belle-maman, une charmante situation ! Il me semble que ce qui lui plait en moi, me soit aussi cher qu'à lui ; vous ne sauriez croire combien j'ai de plaisir à ma toilette ; combien tous les soins que j'y prends pour m'embellir ont de charmes ! comme j'attends son premier regard, lorsqu'il m'aborde ! Son œil me parcourt de la tête aux pieds ; mais c'est d'un air d'extase qui m'enchante ! Il loue ensuite tous les détails, il admire toutes mes grâces ; rien n'est perdu, pas la moindre petite attention que j'ai prise. Quelquefois il me prie de marcher ; il me regarde avec transport et court à moi ; il me prend dans ses bras ; il me donne mille noms charmants, et autant de baisers, que je lui rends, belle-maman, tous, je t'en assure... Et puis il regarde cet attrait favori... Mon Dieu ! maman, qu'il est flatteur d'entendre si fort louer une chose à laquelle tant d'autres hommes ne font presque aucune attention ! Comme cela marque, dans mon mari, une passion vive et adoratrice, ainsi que vous le dites quelquefois !... Si je voulais, il me rendrait les services les plus bas : mais je n'ai garde ! Je me souviens de ce que vous me dites un jour. Je ne me repose pas sur l'excès de son amour, et je me comporte avec le plus empressé, le plus tendre des maris, comme s'il en était le plus dédaigneux. J'ai suivi à la lettre votre conseil. Mon mari ne sait pas encore, par le témoignage de ses sens, si je suis une mortelle sujette à mille petites choses désagréables : je les lui cache avec autant d'attention que des crimes : à peine ai-je voulu qu'il fût auprès de moi dans mes couches, et encore pas toujours ; je me contraignais en sa présence ; un sourire accompagnait mes plus vives douleurs. Il fondait en larmes, vous le savez ; il me baisait les mains ; je l'éloignais alors, pour ne plus le revoir que dans le moment de la joie. Maman, je l'éprouve, en s'attachant à trouver tout ce qui peut conserver l'amour d'un mari, on conserve le sien à soi-même : et comme l'amour est le plus grand des biens, on conserve le bonheur!... Eh bien, maman, imaginais-tu ma félicité telle qu'elle est? — Oui, chère fille... Bonne enfant, je puis te le dire aujourd'hui, nous avons eu le même sort. Adorée de ton père, j'ai mis mon bonheur à faire le sien... — Et le nôtre, belle-maman, à tous... Tu es la raison même; car je sens effectivement qu'avec les maris qui ont des goûts vifs et d'un genre... comme celui de mon bon ami, on a bien plus de ressources !.. Avec quelques attentions, on conserve ce charme jusque dans la vieillesse, et il remue encore leur cœur, lorsque tous les autres sont éclipsés. — Il est vrai, ma belle-fille, que je suis encore aussi jeune par là qu'à quinze ans. — Je le vois, belle-maman : vous êtes chaussée comme moi, et je n'y trouve pas la moindre différence. Ce talon élevé a une grâce particulière; sa hauteur contribue à rendre la jambe fine, et tout le pied moins matériel, moins lourd; je ne comprends pas pourquoi les femmes viennent d'adopter les talons bas, d'après deux sottes invitations du *Journal de Paris?* Cela leur rend le pied pataud, la jambe fournie et mal faite, sans que leur marche y ait gagné de la légèreté; au contraire, elle est devenue plus gauche. — Je suis de ton avis, ma belle-fille...

Cet entretien fut interrompu par de Saintepallaie qui rentrait. Il vint pour embrasser sa femme. — Maman, cachons-nous, dit-elle : je veux faire un essai! Elles s'enveloppèrent toutes deux dans un rideau de croisée qui tombait jusqu'à terre : mais chacune montrait un pied; Victoire le droit, madame de la Grange le gauche, de façon qu'ils paraissaient appartenir à la même personne. — Mon ami, dit Victoire, devine ta femme? — Oui, je la devinerai au charme séduisant que j'aperçois. — Eh bien, devine donc? — J'y suis embarrassé!... le cœur me guidera mieux que les yeux ; c'est lui que je veux écouter... (*touchant le droit*) voici madame de Saintepallaie ; (*touchant le gauche*) et voici madame de la Grange. — Il m'a reconnue! s'écria

Victoire. — Oui, par le cœur; mais les yeux s'y tromperaient, mon amie. — Elles sortirent toutes deux et Saintepallaie leur dit : — A quelle occasion ce jeu enfantin? Peut-on le savoir? — Non, lui dit sa femme, c'est le secret de mon sexe; il ne doit pas être divulgué. — Je le respecterai donc. — Mon ami, reprit Victoire, je puis cependant t'avouer que dans tous les entretiens que j'ai avec ma belle-maman, nous ne traitons que des moyens de te plaire davantage et de te rendre plus heureux : par exemple, tout à l'heure nous avions une de ces conversations favorites. Je rendais compte à maman des moyens que j'employais; elle m'a félicitée, moins du mérite de mes soins, que du prix que ton charmant caractère sait y donner. Elle m'a ensuite avoué qu'elle avait suivi la même route, et que le caractère heureux de son mari avait produit ce que fait le tien avec moi. Là-dessus, nous nous sommes trouvé des ressemblances. Nous avons voulu voir si l'âge apportait des différences à certain charme que tu aimes ; tu t'es fait entendre et j'ai proposé mon essai. — Je remercie maman de ses bons offices, dit Saintepallaie, en baisant la main de madame de la Grange, et je crois pouvoir l'assurer qu'elle est encore aussi jeune que ma femme par ce charme séduisant; grâce à son bon goût, et à la forme à laquelle elle se tient, malgré une mode éphémère : pour lui marquer ma reconnaissance, je prétends rendre célèbres son mérite, ses grâces et ses vertus; je vais envoyer son histoire et la nôtre à l'auteur des *Contemporaines* ; la première sera intitulée la *Bonne belle-mère*, et la seconde, *le Joli pied*. Tout le royaume saura qu'il y a au monde une *Hortense* et une *Victoire*, toutes deux adorables, et toutes deux adorées de leurs maris.

LA RELIGIEUSE PAR FORCE

On se rappelle que, dans la XXIIe *Nouvelle*, il est parlé d'une mère de famille dont le mari, à son retour d'Amérique, aussi pauvre qu'on l'avait cru riche, trouva moyen de marier six filles et un garçon à d'excellents partis. Cette dame avait une sœur aînée, aussi belle, et de complexion encore plus amoureuse que sa cadette : leur père, avocat célèbre, avait un clerc nommé *de Brone*, fort beau garçon, dont mademoiselle *Eustoquie Grasset* devint éperdument amoureuse. Il n'était guère à présumer que les parents consentissent à ce mariage : aussi, l'amoureuse Eustoquie eut recours au moyen qu'emploient, en ce cas, les filles aussi peu délicates que peu respectueuses, lorsqu'elles veulent épouser leur galant en dépit des auteurs de leurs jours. Ceux d'Eustoquie, pleins d'honneur et de religion, furent accablés de douleur. Mais, le mal étant fait, il fallut une réparation qui le diminuât ; le mariage seul pouvait l'opérer ; ils donnèrent Eustoquie à de Brone.

Une fille fut le fruit malheureux de cette première passion. Tout ce que la mère aurait dû sentir de repentir, de honte, de regret et même de remords, à cause des chagrins qu'elle avait donnés à ses parents, se changea en haine contre l'innocente *Éléonore*. Elle fut repoussée du sein maternel dès son enfance, et reléguée jusqu'à cinq ans chez sa nourrice. Le but de madame de Brone était d'empêcher que personne de sa famille, et surtout son mari, ne s'attachassent à la petite Éléonore. Elle la fit revenir à cinq ans, sans avoir eu la précaution de l'aller voir, ne doutant pas que l'abord rustique de cette enfant ne dégoûtât d'elle, et que sa mère ne fût autorisée à la reléguer dans quelque couvent. Mais qu'elle fut loin de compte, la barbare ! Éléonore était un bijou, son innocence et sa candeur brillaient davantage par sa naïveté paysanne ; elle n'eut qu'à paraître, pour être chérie de son père, de son aïeul, de sa grand'mère et de sa tante encore fort jeune ; madame de Brone en frémit de rage ; mais il fallut alors céder. Éléonore grandit chez son aïeul, qui l'avait prise chez lui, s'apercevant bien que la mère ne l'aimait pas, mais excusant en quelque sorte cette haine injuste, comme une marque de pudeur et de repentir. Au bout de quelques années, Éléonore devint ravissante ; c'était ce que la nature peut produire de plus touchant et de plus beau.

Madame de Brone avait eu un fils l'année suivante ; on a déjà vu que dans la famille d'où sortaient mesdames de Brone et Linars, les enfants ressemblaient à leur mère, et que c'était le plus beau sang du monde. Ajoutez à cela que le mari de l'aînée était bel homme. Le jeune de Brone fut donc aussi bien en homme, que sa sœur en fille. Cet enfant devint l'idole de sa mère ; et telle fut la destinée funeste de ces deux premiers fruits de l'amour et du mariage, que madame de Brone les perdit tous d'eux, l'une par sa barbarie, l'autre par une indulgence peut-être encore plus criminelle. Ce frère d'Éléonore s'attacha dès son enfance à sa sœur ; il l'aima... dirai-je tendrement ? Non, jamais la tendresse n'est entrée dans un cœur gâté, qui sembla respirer le vice avec le premier air qui dilata ses poumons ; il aima sa sœur en forcené, et ce fatal attachement augmenta le malheur de la plus douce et de la plus aimable des créatures.

Le but du grand-père et de la grand'mère d'Eléonore était de la marier de bonne heure, pour la soustraire à la haine de sa mère, qu'ils n'avaient garde d'imaginer aussi violente qu'elle était. Ils se proposaient encore de lui faire une fortune indépendante qui lui procurât un parti avantageux. Malheureusement, l'aïeul fut emporté par une maladie aiguë en quelques jours, et sa veuve ne lui survécut que peu de temps. Elle disposa par testament ; mais ayant confondu, dans les biens qu'elle donnait, des *propres* de son mari avec les siens, le testament fut déclaré nul à la simple inspection. Eléonore se vit ainsi plongée dans tous les malheurs dont ses respectables antécédents avaient voulu la préserver.

Revenue chez sa mère, la haine de madame de Brone ne put se contraindre un seul jour ; dès le soir du premier, elle déclara vivement à son mari qu'elle ne pouvait vivre avec sa fille. Il est bon d'observer qu'elle avait alors trois autres enfants, tous garçons, et que M. de Brone, qui ne voyait que cette fille, s'y était fort attaché. Mais qui peut résister à une furie domestique ? Il fallut céder, il fallut mettre la fille dans un couvent. Il espéra quelque repos après ce sacrifice. Mais à peine madame de Brone vit-elle sa fille enfermée qu'elle sollicita les religieuses d'employer toutes sortes de moyens pour la déterminer à prendre le voile. Eléonore, il faut le dire, était déjà sensible ; sa grand'mère lui avait elle-même fait contracter l'habitude d'appeler un jeune homme, fils d'un confrère de son aïeul, son petit mari. On avait dessein d'unir ces deux enfants. Elle refusa donc de prendre le voile. Ce fut alors que madame de Brone signifia sans détour à son mari qu'elle entendait qu'il employât son autorité pour forcer Eléonore à se faire religieuse. De Brone résista d'abord avec la vigueur qui caractérise l'homme ferme et le bon père ; mais il ne tint qu'environ deux ans ; sa vie était abreuvée de fiel ; tous les jours c'étaient des humeurs, des querelles... Et nos lois, nos lois barbares n'ont apporté aucun remède à ce crime des femmes !

loin de là, ces lois injustes punissent dans ce cas un simple soufflet, par une séparation de biens, et en ôtant au mari l'administration de ceux de sa femme. O Romains ! O Grecs, mille fois plus sages que nous ! vous donniez aux époux le droit de vie et de mort ; la femme, accusée par son mari offensé, tyrannisé, était traduite devant les deux familles assemblées, et si personne ne pouvait la justifier, le mari prononçait son arrêt. Je vous invoque, loi salutaire ! venez, venez réprimer les abus, les crimes, les turpitudes, la malice, les noirceurs des Françaises, gâtées par nos philosophistes, par ces hommes vils qui ne cessent de leur crier qu'elles sont aussi des hommes !... Mais, où m'égaré-je ? Hélas ! je ne serai pas entendu, je ne serai pas compris ! et un A.., ou le vil auteur du *Journal de Nanci*, me calomnieront encore. Bornons-nous à des vœux inutiles...

De Brone acheta la paix de sa maison en immolant sa fille. Il écrivit et signa une lettre que sa femme lui dicta pour la supérieure du couvent. Depuis cette lettre, de Brone fut tranquille ; mais sa malheureuse fille fut abandonnée aux furies du monastère. Ferai-je le tableau des persécutions, des finesses, des piéges, des faussetés, des mensonges qu'on employa pour déterminer sa vocation ? Hélas ! non ; je me contenterai de rapporter le discours que fit un jour à Eléonore celle des recluses qu'on lui donnait pour être la plus sage et la plus heureuse d'entre elles.

« Ma chère sœur, dit-elle à Eléonore (car ceux qui n'ont ni pères, ni mères, ni enfants, ni frères, ni sœurs, traitent tout le monde de *frère* et de *sœur*, et se font appeler par tout le monde *mon père* et *ma mère*, quoique l'Évangile le défende), « vous vous perdriez dans » le monde ; plus vous avez d'avantages terrestres et » charnels, plus votre perte serait inévitable. Plus » vous êtes belle, plus le sacrifice que vous faites de » vous-même à Dieu lui sera agréable. Vous savez » combien le salut est exposé dans le monde ; il est » presque impossible de s'y sauver, surtout dans le

» mariage. Une femme a un mari : eh ! que de choses
» n'a-t-elle pas à souffrir contre la pureté, sans pou-
» voir s'en défendre. La chasteté est recommandée
» par notre divin Sauveur ; nous sommes donc sûres
» d'avoir choisi la meilleure part, comme il le dit lui-
» même à Marthe, en parlant de Magdeleine, qui se
» tenait à ses pieds à l'écouter, sans s'agiter des tracas
» du monde. Ainsi, ma chère sœur, c'est votre bien
» que veulent vos dignes parents ; ils vous aiment
» d'une manière bien plus solide et bien plus heu-
» reuse pour vous que votre grand-père et votre grand'-
» mère qui ne vous aimaient que charnellement, et
» qui peut-être eussent été cause de votre damnation.
» Prenez donc courage, très chère sœur ; ce n'est pas
» un sacrifice bien dur que Dieu demande de vous,
» c'est que vous daigniez seulement être heureuse aux
» pieds de ses saints autels, comme nous le sommes
» toutes... Dès que vous aurez prononcé les vœux qui
» vous lieront irrévocablement au Seigneur, vous
» n'envisagerez plus le monde qu'avec cet effroi qu'a
» un homme échappé au naufrage, ou à la gueule
» d'une bête féroce. Le monde est l'ennemi de Dieu et
» l'a toujours été ; si vous voulez avoir une véritable
» image du monde, et de la vie que nous menons ici,
» je vous la ferai voir dans un petit livre que je vous
» prêterai ; c'est le *Pasteur spirituel*, par le bienheureux
» Dom Jean de Palafox, évêque d'Osma : ce livre
» utile achèvera de vous convaincre (1). Très chère
» sœur, ne fermez pas les yeux à la lumière : vous êtes
» née heureuse, puisque le Ciel vous a conduite comme
» par la main dans cette sainte maison, en vous enle-
» vant tous ceux qui vous pouvaient retenir dans le
» monde et en changeant le cœur de votre père, qui
» vous aimait d'abord trop charnellement, s'étant
» opposé à votre sainte vocation. Hélas ! qu'il était
» aveugle !... Soyez flattée, très chère sœur, de votre

(1) Quand anéantira-t-on ces ridicules et tristes rêveries des imaginations creuses !

» destination ; vous serez comme une hostie sainte, » qui étant chaque jour immolée à Dieu par nos saints » exercices, attirerez sur votre famille les grâces d'en » haut. Vous avez des frères ; que de fautes ils feront » dans le monde ! eh bien, chère sœur ! vous serez » l'instrument et la cause de leur salut par vos » ardentes prières ; Dieu ne pourra vous refuser vos » demandes ; vous serez leur députée auprès de lui ; » quel glorieux emploi ! c'est vous seule qui les arra- » cherez de la gueule du malin ; et un jour vous les » présenterez tous, père, mère, frères, vous les présen- » terez triomphante, au pied du trône de l'Éternel, » en lui disant : Seigneur mon Dieu, voilà ceux pour » qui je vous ai si souvent conjuré avec larmes !... et » la divine Majesté, la bienheureuse Vierge, le saint » précurseur, les apôtres, tous les saints, souriront à » votre demande ; ils les admettront tous, auprès de » vous, dans la gloire éternelle. » En achevant ce discours, sœur *Dorothée* pleurait à chaudes larmes, ce qui toucha Eléonore ; mais elle avait l'esprit trop solide pour être ainsi persuadée.

La supérieure, qui avait dicté ce discours à la sœur Dorothée, celle de toutes ses religieuses qui avait le son de voix le plus agréable, le ton le plus pathétique, et le plus de sensibilité dans l'âme, était aux écoutes : la religieuse le savait, mais Éléonore ne s'en doutait pas. Elle voulait répondre : la religieuse lui mit la main sur la bouche et la fit taire. La supérieure trouva son discours si beau qu'elle en envoya copie dans une lettre à madame de Brone, ajoutant : « Qu'elle s'en » était déjà servie avec cinq ou six jeunes personnes, » qu'elle avait *terrassées* par là. » Madame de Brone laissa par hasard cette lettre sur sa table : son fils aîné dont il est dit un mot en commençant, la trouva, la lut, et frémit de rage. La lettre à la main, il courut à sa mère, qui était seule alors : — Votre projet, madame, lui dit-il avec emportement, est donc que ma sœur soit religieuse ? — Je n'ai pas de compte à vous rendre, monsieur. — Vous en avez, madame. Je suis votre fils aîné; vous me devez compte de la bonté de votre âme, de vos sentiments maternels : si vous êtes une mère barbare, je ne vous connais plus, et je vous abhorre. — Mon fils !... Ingrat, que j'ai trop aimé ! — Aimez-moi moins, et donnez à ma sœur la part qui lui est due. — Monsieur de Brone, vous vous oubliez, vous me manquez de respect ! — Je ne veux point de la tendresse que vous ôtez à ma sœur; je participerais à votre injustice, et je serais aussi criminel, aussi barbare que vous. — Mon fils, vous êtes un monstre ! — A ces traits, reconnaissez-moi pour votre fils... c'est par cela que je vous ressemble, si vous accomplissez vos odieux projets... C'est donc avec ces *gaudés*, ces platitudes, qu'on prétend outrager la nature, enfermer dans le cloître, condamner au célibat une fille bien constituée, faite pour aimer, pour jouir, mettre au monde de beaux garçons comme moi et des filles charmantes comme elle !..... Madame, je n'ai qu'un mot à dire : ou ma sœur sera libre, ou je mets le feu au couvent; j'y entre avec dix ou douze bons gaillards, et... (il faut supprimer le reste de la menace de ce fils, bien digne de sa mère) !

Madame de Brone suffoquait de colère : mais telle était sa faiblesse pour ce fils gâté, son idole, qu'elle le laissa sortir d'auprès d'elle, remplie d'inquiétude pour lui seul, et qu'elle n'ouvrit pas la bouche à son mari de la scène qui venait de se passer. Cependant de Brone emporta la lettre de la supérieure, en fit faire des copies par tous ses amis, et la rendit aussi publique que s'il l'eût fait imprimer. Elle excita l'indignation de tous les honnêtes gens; et madame de Brone reçut des reproches de toutes parts : mais celle qui n'avait pas cédé à son fils gâté aurait eu la force de résister à tout l'univers.

On demandera comment il se pouvait qu'un fils parlât à sa mère comme vient de le faire le jeune de Brone ? Pour répondre à cette question, il faut exposer la conduite de la mère avec ce fils indiscipliné ! Il avait alors dix-huit ans, et sa sœur dix-neuf : mais il y en avait au moins deux qu'il avait mis la complaisance de sa mère aux plus rudes épreuves. On ne s'arrêtera pas à rapporter les traits ordinaires d'une mère subjuguée par un polisson qui s'en prévaut : madame de Brone, si cruelle pour sa fille, riait des désobéissances des manques de respect, des affronts sanglants que lui faisait quelquefois son fils : il lui reprocha un jour, devant une compagnie nombreuse, qu'elle haïssait sa sœur, parce que... Tout le monde s'éleva d'indignation. La mère l'excusa sur sa vivacité, sa pétulance, son sang bouillant, qu'il n'était pas maître, disait-elle, de modérer. Elle en donnait pour raison les impatiences auxquelles elle avait été sujette durant sa grossesse : — Puisqu'il tient de moi ses défauts, ajouta-t-elle, ne dois-je pas les supporter; et mon fils n'est-il pas assez malheureux que je lui aie fait ce présent ? Mais voici l'épreuve où, dès l'âge de seize ans, il avait mis la complaisance de sa mère : quand le personnage sera connu, rien ne surprendra plus de sa part.

Il y avait chez M. et madame de Brone une cuisinière aussi ancienne dans la maison que leur mariage. Comme elle était leur unique domestique, elle était surchargée d'ouvrage. Elle proposa enfin à sa maîtresse de prendre sa nièce avec elle. Ce qui lui fut accordé : madame de Brone étant bien aise que sa bonne domestique eût avec elle une personne sur qui elle eût un droit naturel de commandement (meilleure maîtresse que bonne mère; c'est ainsi que le cœur humain est inexplicable)! Cette nièce était très jolie : lorsqu'elle eut demeuré quelques mois à la ville, que sa tante l'eut habillée proprement, que la petite personne eut pris un peu de goût, elle devint réellement appétissante. Ce fut alors que le jeune de Brone, qui avait passé quelques mois à la campagne avec son père, revint à la maison. La vue de *Jeannette* le frappa : il mit dans sa tête de la séduire ou d'employer la violence : cela lui était à peu près égal. Quoique beau garçon, il était trop impérieux, trop pétulant, pour avoir l'art de séduire. Il ne réussit donc pas auprès de Jeannette.

Les difficultés irritèrent sa passion toute brutale. Il dissimula, feignit de ne plus faire attention à Jeannette, et guetta l'occasion favorable. Elle se présenta un jour de fête, que tout le monde devait sortir. On le croyait sorti lui-même, sans quoi la tante n'aurait pas quitté sa nièce ! Jeannette, dans une sécurité profonde, profita de son loisir pour faire une toilette : elle chantait, la porte de sa chambre étant ouverte. Lorsqu'elle fut presque nue, de Brone, qui l'observait, s'élança comme un tigre sur sa proie ! Sa vue, son action, la connaissance qu'elle avait de son caractère, saisirent la jeune fille; elle tomba sans force. Le féroce de Brone ne s'en étonna pas ; il la déshonora... Revenue à elle-même, Jeannette fut au désespoir. Elle fondit en larmes; et voyant son cruel ennemi rire de ses pleurs, et annoncer par ses regards de nouveaux attentats, elle lui embrassa les genoux, en le suppliant de l'épargner. Mais la douleur et les larmes étaient un assaisonnement pour de Brone ; il exigea qu'elle se soumît une fois volontairement à ses désirs, promettant qu'après il la laisserait libre. Il joignit les plus horribles menaces à cette proposition : Jeannette, craignant pour sa vie, céda enfin, et subit toutes les humiliations que peut imaginer un libertin de cet âge, déjà corrompu... On revint. La première personne qui rentra, ce fut madame de Brone : ayant besoin du service de Jeannette, elle l'appela. Cette fille ne répondant point, elle alla jusqu'à sa chambre, où elle la trouva échevelée, tout en sang, de Brone lui ayant donné quelques violents soufflets, qui l'avaient fait saigner du nez, demi-mourante et ne répondant à ce qu'elle lui disait que par de longs soupirs. Madame de Brone, ignorant que son fils fût à la maison, fut effrayée, et crut que des voleurs étaient entrés ; mais Jeannette eut la force de lui nommer son fils. Il faut convenir que madame de Brone pleura de l'état de cette enfant ; elle alla chercher son fils, et le trouva, fredonnant un air, occupé à déguiser quelques égratignures avec de petites mouches de taffetas d'Angleterre. Elle lui parla avec une fermeté qu'elle ne lui avait pas encore montrée : mais l'insolent rit au nez de sa faible mère, et alla même jusqu'à lui dire en goguenardant, que les femmes, en ces occasions, n'étaient pas aussi fâchées qu'elles voulaient le paraître : — J'en appelle à vous-même, ajouta-t-il avec une horrible effronterie. Madame de Brone allait lui donner un soufflet, lorsque la tante de Jeannette, instruite par sa nièce de ce qui s'était passé, du nom de l'auteur, et de la manière, entra comme une Furie dans la chambre. Elle se jeta sur de Brone, qui ne s'y attendait pas; le terrassa; et sans faire attention aux cris et aux défenses d'une mère... digne d'un pareil fils, elle le mit dans un état approchant de celui de Jeannette. L'infâme hurlait comme une bête féroce; mais l'implacable tante ne l'écoutait pas et repoussait sa maîtresse, assurant qu'elle le voulait assommer. Dans ce vacarme, arriva M. de Brone le père : il ne put être instruit. Il sépara sa domestique de son fils; mais ne doutant pas que ce dernier n'eût tort, il le renferma dans sa chambre, et secourut sa femme presque évanouie. Revenue à elle, son premier soin, même avant que son mari pût parler à la tante de Jeannette, fut d'aller trouver cette femme, qui était auprès de sa malheureuse nièce; elle leur défendit à toutes deux, sous peine de la vengeance la plus éclatante, de découvrir la vérité à son mari; leur promettant d'ailleurs tous les dédommagements possibles, même de punir son fils, et de pardonner à la tante tous les mauvais traitements qu'elle lui avait faits... Mais, qu'imagine-t-on qui arriva ensuite? Tout ce qu'on peut attendre de la complaisance criminelle d'une mère capable de perdre sa fille par une haine barbare. La nature outragée se venge sur elle, en lui donnant des faiblesses indignes pour un autre de ses enfants. De Brone feignit le désespoir; il feignit de tomber dans l'état du jeune Antiochus amoureux de Stratonice; il allait mourir d'amour (tout en se portant à merveille) : sa mère, sa... faible mère eut la basse complaisance de solliciter elle-même sa domestique de consentir à un commerce secret entre de Brone et sa nièce : elle employa les bienfaits, les prières, les larmes, et réussit enfin... Nous n'arrêterons pas notre imagination sur cette infamie doublement criminelle, car Jeannette a perdu par là toute sa vertu; aujourd'hui cette infortunée, après avoir étonné la capitale par son luxe, languit dans une maison de force, où l'a fait secrètement renfermer un évêque, oncle de son dernier amant.

On connaît à présent de Brone, et on le croit capable d'exécuter la menace de mettre le feu au couvent, avec dix à douze de ses amis, d'en tirer sa sœur et même d'en traiter comme Jeannette tout ce qu'il y trouverait ayant quelque beauté.

Cependant Éléonore, après les menaces de son frère, n'en était que plus persécutée par les religieuses pour prendre l'habit et entrer au noviciat. Depuis l'entretien qu'elle avait eu avec la sœur Dorothée, elle n'avait pas revu cette religieuse en particulier. Mais un jour, par un concours fortuit de circonstances, elles se trouvèrent ensemble au jardin, dont l'enceinte est fort vaste. La religieuse était malade, et on ne comptait pas qu'elle sortirait : voilà ce qui occasionna une rencontre qu'on redoutait avec raison. En l'apercevant, Éléonore qui s'attendait encore à un sermon comme celui que la jeune religieuse lui avait débité, fit un mouvement pour l'éviter. — « Ne me fuyez pas, Éléonore,
» lui cria Dorothée d'une voix presque éteinte : je me
» meurs, et c'est vous que je cherche : je ne veux pas
» mourir en me reprochant d'avoir contribué à votre
» malheur par un discours dicté, que la supérieure
» écoutait. Victime, comme vous, de la haine d'une
» mère injuste, je me trouve condamnée au plus hor-
» rible des supplices, à celui d'un anéantissement
» anticipé. Douée de tout ce qu'il fallait pour faire une
» femme, une épouse; adorée d'un jeune amant que je
» chérissais, je me suis vue enlevée de la maison pater-
» nelle, et précipitée dans cette maison odieuse, où, sous
» prétexte de nous consacrer à Dieu, on outrage la Di-

» vinité, en nous forçant de fausser la destination de
» la nature. Plus vous êtes belle, nous dit-on, plus
» vous êtes sensible, plus vous êtes digne de Dieu!
» Quel horrible blasphème! et comment ces malheu-
» reuses ne sentent-elles pas qu'elles font de Dieu un
» tyran comme elles! Ce Dieu juste ne veut que
» l'exercice de nos facultés; il ne fait pas consister la
» perfection dans l'inaction et l'inutilité : tout action
» lui-même, il a fait l'homme à son image. Quel incon-
» cevable renversement d'idées les temps d'ignorance
» ont produit! et pourquoi? ah! pourquoi cette lumi-
» neuse philosophie qui a commencé dans notre siècle,
» ne régnait-elle pas déjà il y a huit cents ans (1)! Vous
» et moi nous ne serions pas des victimes dévouées!
» Que les hommes barbares qui regardent avec indif-
» férence notre situation, ne s'y trouvent-ils seulement
» un jour! ils verraient si c'est une chose indifférente
» que des milliers de femmes malheureuses en France,
» en Espagne, en Italie, et dans tout ce qui est ca-
» tholique!.... Non, ma chère Éléonore, ce ne sont
» point mes sentiments que je vous ai exposés : la pro-
» fession religieuse forcée est un crime horrible de la
» part de nos parents : elle n'est pas même inno-
» cente, lorsqu'elle est de notre choix. Personne, à
» moins d'infirmité, ne doit secouer le joug des devoirs
» imposés par la nature, devoirs qui ne sont point
» ceux qu'impose un despote, mais une mère chérie ;
» elle les accompagne de délices, de douceurs, de
» plaisirs. Voyez comme nous regardent les femmes,
» celles mêmes qui nous forcent à nous ensevelir
» comme des êtres inutiles : voyez la différence qu'elles
» mettent entre nous et une digne mère de famille!
» Voyez comme cette dernière est importante dans la

(1) Qui peut nombrer les biens qu'a faits la philosophie! O Voltaire! grand homme que des pygmées outragent, c'est à toi que le siècle doit ses lumières :

Deus nobis hæc otia fecit.

» société, considérée, honorée! Pour nous, hélas! » mortes dès le jour de notre profession, même par les » lois humaines, nous végétons tristement, vil fardeau » de la terre; et notre mort naturelle ne cause qu'un » sentiment de joie à ceux qui nous avaient anéanties » depuis si longtemps! Me voilà donc, ma chère sœur, » moi, infortunée! me voilà! je suis venue au monde » par un concours fortuit de causes; et je ne dois, dans » le vaste océan de l'éternité, occuper qu'un point, » qu'un instant : on l'a trouvé trop long encore : la » tigresse qui m'a donné la vie, me l'ôte, m'empêche » de me reproduire dans mes enfants; elle m'anéantit » tout entière, autant qu'elle le peut : le rare, l'inestimable bienfait de la vie est rendu nul pour moi!... » ah! je suis au désespoir!... Je ne puis briser mes » chaînes : je ne puis franchir ces murs!... oh! que ne » les ai-je franchis, lorsque j'étais encore saine et vigoureuse! que ne les ai-je franchis avec le dernier » des manœuvres! que je ne me suis-je faite sa compagne! que n'ai-je souffert avec lui le froid, le chaud, » le travail! que ne me vois-je entourée de ses enfants » et des miens! j'aurais rempli le but de la nature; » quelqu'un de ces pauvres enfants aurait fait son chemin dans le monde... Mais que dis-je? je ne le désire » pas; car un jour, peut-être, quelqu'une de mes filles » aurait eu mon sort! Voyez mon désespoir, ma chère » Éléonore! qu'il vous serve de leçon : plutôt... tous » les tourments que de vous lier... Jamais, jamais ne » prononcez de vœux : votre furie de mère peut mourir... et quand la mienne mourrait à présent, la barbare dirait toujours au fond de son cœur dur et féroce : — L'objet de ma haine ne me survit pas, il est » mort... il ne formera que d'inutiles désirs.

» Oh! que les mères cruelles sont des monstres » odieux!... Pardon, saint auteur de la nature; tu » m'ordonnes d'aimer mon père et ma mère; mais je » ne vois pas de commandement qui m'oblige à aimer » mon assassin... Quand le pernicieux abus qui m'anéantit cessera-t-il? Quand verra-t-on que les sa-

» crifices affreux ordonnés pour Molok, sont l'origine » de ceux qui se font de nos jours ?... Comment, comment des prélats éclairés les souffrent-ils? Ah! j'en » vois la raison tout humaine! Ils veulent avoir plus » de sujets : leur empire est plus entier sur nous ; et la » soif de commander, l'orgueil enfin, est la source de » tous nos malheurs! »

En achevant ces mots, Dorothée tomba en faiblesse dans les bras d'Eléonore qui, tout effrayée, appela du secours : on vint : on emporta l'infortunée dans sa cellule. Revenue à elle-même, et sentant sa fin certaine, elle ramassa toutes ses forces, arracha son bandeau, déchira son voile, éloigna tous les symboles de son état qu'elle put atteindre, et dit : « Que je ne paraisse pas devant vous, grand Dieu! avec les marques de ma réprobation! » Ces mots furent entendus de toutes les novices et de toutes les pensionnaires, ce qui mortifia beaucoup la supérieure et les anciennes. Elle expira un instant après. On fit courir le bruit qu'elle avait perdu la tête avant sa mort : mais Eléonore qui lui avait entendu tenir un discours sage, sensé, vrai, fut épouvantée de l'excès du désespoir de l'infortunée victime.

Cette mort fit quelque bruit, et elle accéléra l'audacieuse entreprise du jeune de Brone. Dès le lendemain soir, vers les onze heures, il s'approcha du monastère avec quelques amis tous masqués : ils escaladèrent les murs du jardin, pénétrèrent dans la maison, forcèrent la première cellule et mettant le poignard sous la gorge de la religieuse qu'ils y trouvèrent, ils la forcèrent de les conduire dans le quartier des pensionnaires. Ils en enlevèrent quatre des plus jolies, dont la vocation était également forcée. De Brone le voulut ainsi pour donner le change, et empêcher qu'on ne vît trop clairement que l'entreprise n'était faite que pour sa sœur : quatre chaises de poste les attendaient; ils partirent sur-le-champ sans faire d'autre mal dans la maison. Le lendemain, ce fut un scandale horrible. Les gens sensés frémirent : les sots crièrent comme des forcenés, à la profanation, au sacrilège! les parents des jeunes personnes enlevées sollicitèrent des ordres, et volèrent à la poursuite des ravisseurs. On croyait bien les connaître. Mais la surprise fut grande dans toute la ville, lorsqu'on vit paraître le soir les jeunes gens soupçonnés, qui venaient de faire une partie de plaisir à une demi-lieue, dans une maison de campagne! Ils le prouvèrent aisément; et comme ils étaient une vingtaine, les quatre qui avaient conduit les jeunes pensionnaires dans une ferme isolée, étaient confondus avec les autres, de façon que le témoignage des gens de l'endroit où ils s'étaient divertis fut uniforme pour tous. Les quatre filles avaient été habillées en hommes, immédiatement après leur sortie du couvent : chacun des jeunes gens avait fourni plus qu'il ne fallait pour cela. Elles étaient sous le même habit dans la ferme : ainsi le fermier et ses gens, s'ils parlaient d'elles à quelqu'un, ne les désignaient que comme de jeunes hommes.

Après le premier emportement, les familles à qui appartenaient les filles enlevées demeurèrent dans un silence profond, et les jeunes libertins parurent tranquilles. Il faut observer que tout le monde désirait de les trouver innocents, et que les mères des quatre jeunes personnes n'étaient pas absolument fâchées de cet événement, qui les allait autoriser à disposer de leurs filles avec toute la cruauté de leur mauvais cœur. Il devrait être permis de les nommer, pour livrer leurs noms infâmes au mépris public : mais telle est la délicatesse de notre siècle corrompu, qu'on ne veut pas que le vice soit forcé dans ses derniers retranchements; une main étrangère effacerait ces noms; ou si elle les laissait, l'Éditeur serait cité, condamné, pour avoir fait une action moins vigoureuse que juste.

Ce qui doit étonner, dans cette histoire, c'est que vingt jeunes gens, dépositaires du même secret, aient gardé le silence; mais ces vingt jeunes gens étaient des libertins, et il n'y en avait pas un qui n'eût des prétentions sur les quatre pensionnaires enlevées. Ainsi, dès qu'ils purent s'absenter sans conséquence, ils se rendirent au nombre de dix à la ferme, de Brone à leur tête ; ils transportèrent leur proie dans une autre retraite, au milieu des bois. Leurs camarades l'ayant appris, ils présumèrent que les jeunes personnes n'avaient pas fait les cruelles : quatre d'entre eux coururent au nouvel asile, s'enfermèrent avec elles et osèrent faire des propositions conformes à l'objet de leur voyage. Ils furent repoussés. Ils employèrent la violence avec aussi peu de succès... Les dix qui les avaient transférées, instruits à temps de la démarche de leurs camarades, accoururent au secours des jeunes filles ; mais quel secours ?... Les gens de la maison n'avaient osé se ranger du parti de leurs hôtes, dont ils ne connaissaient pas le sexe ; ils rendirent compte, en deux mots, du vacarme épouvantable qui se faisait depuis plus de trois heures dans la chambre où les nouveaux venus s'étaient renfermés avec les premiers. Les dix, de Brone toujours à leur tête, enfoncèrent la porte ; et voyant le désordre où les quatre avaient mis les pensionnaires, ils se précipitèrent sur eux ; ils les voulaient tuer. Ils en furent empêchés par les jeunes personnes elles-mêmes, qui firent entrevoir à ces furieux les suites de leur crime. Mais de Brone ouvrit l'idée d'une autre espèce de vengeance : ce fut que les belles accorderaient volontiers ce que les autres avaient voulu leur arracher... Quelle situation pour des filles, vertueuses au fond, et qui n'étaient que malheureuses ! La sœur de de Brone lui fit des représentations : mais il lui répondit qu'il l'exceptait. Il avait des vues plus criminelles encore, qu'il faut taire... Ils ne vinrent pas à bout de leur dessein. Les jeunes personnes se défendirent ; la nuit arriva, et elles voulurent s'échapper : mais elles furent reprises par de Brone et trois autres, qui les enfermèrent dans une maison encore plus écartée, où ils furent obligés de les laisser, pour aller se remontrer à la ville. Les quatorze jeunes gens, tant les battants que les battus, s'y rendirent ensemble ; et s'étant réconciliés en route, ils convinrent de garder le silence.

Cependant Éléonore, et ses trois compagnes, ne pouvaient envisager sans effroi le sort que leur préparaient vingt jeunes forcenés, qui ne se proposaient rien moins que de les faire servir à assouvir une passion brutale, pour les mettre ensuite au rang des plus viles créatures : elles avaient au fond de leur cœur la consolation de n'avoir pas provoqué leur enlèvement ; ainsi, elles résolurent, sur la proposition qu'en fit Éléonore, d'écrire leur situation aux parents de l'une d'elles avec la signature des trois autres. On en chargea Éléonore, qui fit une lettre adressée à son père où elle rendait compte de tout ce qui s'était passé, du danger qu'elles couraient, et du prompt secours dont elles avaient besoin. Cette lettre fut remise, par une fenêtre grillée, à un valet d'écurie, qui montant à cheval sur-le-champ, la porta la nuit même à M. de Brone. — Infortunées, dit-il en la lisant, vous n'avez donc que le choix des malheurs ! Il hésita sur ce qu'il avait à faire : mais enfin, il crut devoir avertir les autres pères, en leur conseillant de garder le secret avec leurs femmes, de partir tous quatre, et de remettre les jeunes personnes sans bruit dans un autre couvent. Ils y consentirent ; mais au moment du départ, un d'eux eut la faiblesse d'avouer à sa femme le sujet de son voyage. Cependant les quatre pères arrivèrent au lieu de la scène : ils y trouvèrent de Brone et ses camarades, qui se livraient aux mêmes excès que la veille. La vue des pères glaça de crainte cette jeunesse effrénée : tels on dit qu'autrefois les Mèdes domptèrent avec des fouets leurs esclaves révoltés. Ils disparurent tous, de Brone le dernier, jetant sur son père des regards de fureur : mais, dès que ce père irrité levait les yeux sur lui, il baissait la vue. On emmena les quatre filles. Les pères allaient exécuter leur dessein, lorsqu'à demi-lieue de la ville, ils aperçurent quatre bacchantes à cheval qui venaient à eux. Les filles étaient en croupe derrière leurs pères. Les bacchantes leur firent mettre pied à terre, se jetèrent sur elles, et les auraient étranglées sans leurs maris. Tout ce que ceux-ci purent dire, en montrant la lettre d'Eléonore, fut inutile : elles les obligèrent de monter devant elles, et leur firent ainsi traverser la ville, malgré leurs maris, pour les couvrir de honte et d'opprobre. On ne sait qui l'on doit regarder comme plus coupables, ou de ces mères atroces, ou de ces pères faibles qui ne les punirent pas, et ne montrèrent pas qu'ils étaient hommes ; ou des jeunes libertins : les premières indignent davantage. Après cette indécente cavalcade, elles allèrent les enfermer dans le même couvent... Siècles de barbarie, vous n'offrez point de pareilles mégères ; surtout, vous n'offrez point d'hommes si lâches (1).

C'est ainsi qu'Eléonore fut rendue à son premier sort, et qu'elle comprit que l'amitié d'un frère aussi vicieux que le sien, ne pouvait qu'augmenter ses malheurs. Dès la semaine suivante, on força les quatre fugitives à prendre le voile : la résistance fut inutile ; on les dépouilla, et on ne leur laissa que les habits odieux qu'elles refusaient. Une d'entre elles se mit au lit et se laissa mourir faute d'aliments. Les trois autres cédèrent, surtout Eléonore, qui ne se fit presser qu'autant qu'il le fallait, pour montrer qu'elle était contrainte. Il arrive mille scènes de ce genre dans les couvents ; mais les parents n'ont garde de les divulguer, et les religieuses les cachent avec encore plus de soin. On pourrait s'en procurer la preuve par ces lettres circulaires, que les *Visitandines*, entre autres, font imprimer à la mort de chacun de leurs sujets.

Mais si Eléonore parut se résigner, elle n'en était pas moins consumée par le plus affreux désespoir. Son amant, dont on n'a dit qu'un mot, cet amant qui lui était destiné pour époux par son aïeul et sa grand'-mère, trouva moyen de lui faire parvenir une lettre. Il

(1) Si fait, si fait! l'infortunée Bazine, fille de Chilpéric et d'Audovaire, fut violée par les domestiques de Frédégonde, sa belle-mère, au su du roi ; et après que ces monstres en furent rassasiés ils la rasèrent, et allèrent la renfermer dans un couvent de Poitiers.

lui marquait, qu'il la priait de l'instruire s'il pouvait se flatter que sa pudeur n'eût pas reçu le dernier outrage. Il l'assurait que, dans ce cas, il était toujours disposé à l'épouser, et qu'elle comptât là-dessus. Eléonore lui répondit :

J'ai tout perdu ; c'est là-dessus qu'il faut régler vos sentiments : je ne suis plus digne de vous ; je ne désire que la mort.

Cette généreuse fille écrivait de la sorte pour que son amant l'oubliât plus aisément. Qu'il est rare de s'immoler soi-même au repos d'un autre !

Ce fut à l'occasion de l'enlèvement de sa sœur, que de Brone fut éloigné de la maison paternelle par sa mère elle-même. Il fut envoyé à Paris, où il se plongea dans la plus crapuleuse débauche : mais elle eut pour lui des suites cruelles ! Sa mère ayant appris qu'il vivait avec une fille perdue, accourut pour la faire enlever. Elle trouva cette fille au lit avec son fils, qui, se voyant surpris par les gens que sa mère amenait avec elle, et sans défense, lui fit une réponse encore célèbre dans toute la Province : « Quoi ! mon fils ! vous vivez avec une malheureuse, ramassée dans la fange ! — Madame, elle m'est fidèle, depuis que je l'ai : elle m'est soumise ; elle m'a donné une fille qu'elle aime tendrement ; *elle est plus honnête femme que vous.* » C'est ainsi que cette indigne mère fut punie par son propre fils : il n'en était pas moins coupable ; mais que la punition était juste !

La fille fut renfermée, malgré les fureurs de son amant, qui lui était d'autant plus attaché, qu'elle avait moins de ce qui fait les honnêtes femmes : mais madame de Brone avait-elle donc le droit de disposer ainsi de l'existence de cette infortunée ?

Quant à Eléonore, dont le noviciat avançait, elle n'envisageait ce terme qu'avec horreur : elle n'avait cependant plus d'espoir; la publicité que sa mère avait donnée à son retour; les bruits infâmes que les quatre mauvaises mères répandaient contre leurs filles, qu'elles représentaient comme ayant été livrées à vingt jeunes gens, malgré le désaveu de ces derniers; tout cela lui avait fait dire douloureusement : — *Je suis perdue; il n'y a plus de monde pour moi, et voici mon tombeau.* Mais le sacrifice n'en était pas moins désespérant.

Il arriva enfin ce moment redouté. Eléonore en vit stupidement les apprêts : elle se laissa parer suivant un ridicule et barbare usage. On l'amena, elle troisième, au pied des autels : elle se retourna et vit ses deux compagnes fondant en larmes. Elle jeta ensuite un coup d'œil sur les familles assemblées; elle vit les quatre mères ; car celle de la morte venait jouir du sacrifice qu'aurait fait sa fille.

Elle les fixa fièrement, comme si elle eût voulu leur dire : Vous voilà au bout de votre rôle de fureur, que nous ferez-vous demain ? Tandis qu'elle tenait sa vue fixée du côté de sa famille, elle aperçut son amant, les larmes aux yeux, qui l'observait caché dans un angle : elle lui fit un signe de tête, et lui sourit légèrement. Sa mère, sa barbare mère en frémit. Ses deux compagnes passèrent avant elle : son tour venu, le prêtre lut la formule ; et sur la demande, si elle ne se consacrait pas à Dieu de bon cœur ; elle répondit : — Oui, et le sacrifice est plus entier qu'on ne pense... La formule achevée, on allait commencer à lui ôter ses ornements, pour la revêtir de l'habit qui fait la honte de la raison humaine. — Non, dit-elle ; laissez-moi... un moment. Et, se retournant vers ses deux compagnes demi-mortes de désespoir), elle leur dit : — Imitez-moi : à quoi sert une douleur puérile? nous avons des mères barbares ; elles ne nous ont donné que la vie ; n'ayons plus rien à elles. En achevant ces mots, elle leva la main qu'elle tenait fermée, la rabattit avec force contre son sein, et se perça le cœur avec un stylet. Elle ne fit qu'un soupir, qui fut le dernier.

Ses deux compagnes n'eurent pas la force de l'imiter : car la surprise, la terreur générale, leur en laissaient le temps : elles furent couvertes du sang de leur compagne. Madame de Brone feignit de s'évanouir. Son mari poussa un cri de fureur ; et, au lieu de la secourir, il leva la main sur elle ; mais le coup demeura suspendu.

Ainsi finit la plus aimable, la plus douce et la plus méritante des filles. Ses charmes, qui n'ont embelli qu'un instant sa patrie, sont encore célèbres ; et il n'est pas une âme sensible qui ne lui ait donné des larmes. Sa mère, depuis la mort de cette fille aimable, et les débauches d'un fils perdu de vices, mène une vie que le remords et la honte empoisonnent. Objet d'effroi pour tout ce qui la connaît, les mères du commun n'osent l'injurier à cause du pouvoir que lui donne la richesse; mais elles font passer l'horreur qu'elle leur inspire dans l'âme tendre de leurs enfants ; plus d'une fois d'innocentes créatures de trois à quatre ans lui ont crié, en la voyant passer : *Bourrelle, la Bourrelle! Aga la Bourrelle de sa fille!* Juste punition, mais trop douce pour cette malheureuse.

Quant à son fils, à demi revenu, au bout de quelques années, de ses premiers égarements, on l'a revêtu d'une charge : il s'est marié... Tirons le voile sur le tableau hideux d'une jeune épouse, auparavant charmante, traînant une vie languissante, couverte d'ulcères qui la rendent un objet de pitié; sur des enfants morts au berceau, assassins de leurs nourrices. Enfin de Brone lui-même, à trente-deux ans, ne marche plus qu'avec des béquilles; l'impatiente fougue de cet homme n'ayant jamais permis de le traiter à fond... Vous êtes témoin de tous ces malheurs, coupable Eustoquie! et ils achèvent votre supplice!

A entendre certaine clique d'hypocrites intéressés, il semble que notre siècle est le seul qui se soit élevé contre les vœux ou forcés ou précoces : mais voici des vers sur cet abominable abus, datés de 1606, *dans les Muses Françaises*, t. II, pag. 43.

Stances sur les vœux précoces des religieuses.

Si nos intentions n'avaient jamais qu'un terme,
Et si nos volontés s'arrêtaient en un point,
Notre religion pourrait demeurer ferme,
Mais elle peut changer, ces choses n'étant point.

De là vient que le bien a le mal à sa suite,
Que le plus saint désir a l'imperfection,
Et que si la raison n'est toujours bien conduite,
La vertu cause enfin de la corruption.

Peut-on faire ici-bas rien de plus équitable
Que de se consacrer à la divinité?
Et peut-on lui vouer rien de plus agréable,
Qu'en lui offrant la vie et la virginité?

Toutefois nous voyons aujourd'hui le contraire,
Et sous un voile saint naître l'impiété,
Car nous voulons forcer ce qui est volontaire,
Abusant du grand Dieu pour notre utilité.

Mais afin d'assurer les âmes plus craintives,
Je veux montrer ici quels sont les fondements
De ces religions qu'on appelle votives,
Et combien nos abus y font de changements.

Nos pères qui vivaient en l'Église première
Voyant l'iniquité régner par l'Univers,
Dévouèrent à Dieu leur âme tout entière,
Et, délaissant le monde, ils vinrent aux déserts.

Ils savaient que la vue est un charme insensible,
Les biens un doux lien, la beauté un poison,
Et qu'il est malaisé de vivre incorruptible
Au milieu des plaisirs qui troublent la raison.

Puis afin que leurs sens perdissent l'espérance
De pouvoir quelquefois retourner au plaisir,
Ils firent ces trois vœux de rendre obéissance,
D'avoir la pauvreté et le chaste désir.

Ce sont les trois torrents qui sapent et qui noyent
L'avarice, l'orgueil et l'impudicité,
Ce sont ces deux éclairs qui tuent et foudroyent
Les violents efforts de la cupidité.

Je vois ces trois premiers en l'état monastique,
Un saint Paul, saint Machaire, un saint Hilarion,
Qui servirent de règle et mirent en pratique
Les austères rigueurs de leur religion.

Plusieurs en imitant ces trois grands personnages
Ont donné les moyens qui pouvaient rendre heureux ;
D'autres, se contentant de suivre les plus sages,
Ont tenu les sentiers qui conduisent aux cieux.

Mais pas un n'a changé par force ou par contrainte
Ni d'habit, ni de vie, ni pour aucun dessein ;
Ils se donnaient à Dieu franchement et sans feinte
Et n'avaient d'autre but que le souverain bien.

Maintenant on nous met dès la plus tendre enfance
Dans ces lieux renfermés contre notre vouloir,
Et nos cruels parents prêchant l'obéissance
Disent qu'ils ont sur nous un souverain pouvoir.

Mais quand l'âge plus mûr nous donne connaissance
De l'état et du lieu où nous sommes réduits,
Au lieu de se vouer à cette pénitence
On maudit souvent ceux qui nous y ont conduits.

Toutefois on nous fait contre toute justice,
Sans y avoir le cœur ni la dévotion,
Proférer les trois vœux, donnant comme un supplice
Ce qu'on doit recevoir avec l'affection?

Bref cette sainteté leur sert comme d'amorce
Pour mieux nous attirer à leur intention ;
Las! comment pourrions-nous résister à la force,
Tenant notre vouloir en leur sujetion.

L'on dit à son enfant qu'il n'est pas assez riche,
Ou bien qu'à cet état il est prédestiné,
L'un pour ne l'aimer point, ou pour être trop chiche,
Et l'autre pour vouloir avancer son aîné.

Pour nous persuader ils disent qu'en ce monde
On n'a jamais que mal : mais qui vit en ce lieu
Qu'ils croyent, disent-ils, que la grâce y abonde,
Et que tout bonheur suit l'âme qui sert à Dieu.

Mais c'est dire autrement qu'ils n'ont en la pensée
S'aidant du général pour leur particulier,
C'est de nous voir chez eux qu'ils ont l'âme offensée,
La fin de leurs discours ne tend qu'à nous lier.

Les hommes ont voulu qu'au plus petit office
L'âge y fût compétent avant que l'exercer ;
Mais ceux-ci de nos cœurs ont fait un sacrifice,
Avant que d'avoir su ce qu'il fallait penser.

Encor si l'on pouvait quelquefois se dédire
Et demeurer au lieu qu'on aimerait le mieux;
Mais ils ont une loi qu'on n'ose contredire,
C'est que la seule mort nous doit rompre nos vœux.

De là viennent les maux que la plupart commettent
Se voyant confinés à perpétuité,
Car n'ayant pas les dons que ceux-ci leur promettent
Ils sont enfin noyés dedans la volupté.

Nous confessons, Seigneur, que la plus sainte vie
Est celle qui contemple et n'aime rien que vous,
Mais quoi ? chacun n'est pas touché de cette envie,
C'est un présent du ciel quand elle règne en nous.

Ne permettez donc pas que ce nom vénérable
Que l'on ne doit jamais jurer ni prendre en vain,
Serve dorénavant de prétexte et de fable,
A ceux qui pour le bien n'aiment que notre fin.

Et puisqu'il est ainsi que par votre loi sainte
Vous désirez de nous un cœur plein de bonté,
Otez donc s'il vous plaît l'artifice et la feinte
Et faites que nos vœux soient en la volonté.

LA MORTE VIVANTE

Une femme méritante, encore belle, mariée à un honnête homme, mais un peu galant, se mit à l'âge de trente-deux ans tant de jalousie dans la tête, qu'elle en devint très malheureuse elle-même, en voulant tourmenter son mari. Cependant, comme elle était d'ailleurs raisonnable, elle fit *différents efforts* pour surmonter l'odieuse passion qui empoisonnait sa vie : tout fut inutile : au contraire, il lui semblait que l'instant où elle venait de prendre davantage sur elle, était toujours celui où son mari se montrait plus empressé envers les autres femmes. Une jeune personne surtout excitait la jalousie de madame *d'Iranci* : c'était une fille de seize ans, grande, faite au tour, d'une figure noble et sérieuse, un peu pâle, mais n'en devant être que plus belle lorsqu'elle était animée par le plaisir ou la pudeur. Cette fille occupait un petit appartement vis-à-vis les fenêtres de M. d'Iranci. Avec l'attention la plus exacte, la jalouse ne put s'assurer de la chose qu'elle redoutait le plus : la jeune *Faustine* gardait la plus grande réserve dans ses fréquents tête-à-tête avec M. d'Iranci ; elle le quittait même quelquefois toute en larmes. Mais l'épouse n'en était que plus soupçonneuse, et l'obscurité qui environnait Faustine, loin de refroidir l'impression qui tourmentait madame d'Iranci, ne servait qu'à l'animer davantage. Elle n'y put absolument tenir : mais elle se garda bien de s'adresser à son mari ! Ce fut au parti le plus extraordinaire, et le plus assuré, qu'elle eut recours.

Elle avait une femme de chambre, qui lui était fort attachée : elles avaient été élevées ensemble : *Pétronille* était de l'âge de sa maîtresse, auprès de laquelle on l'avait mise lorsque celle-ci était encore fille : madame d'Iranci l'avait ensuite mariée à un homme chargé de l'exploitation des bois de son mari : ainsi, Pétronille devait tout à sa maîtresse. Ce fut à cette femme que madame d'Iranci s'ouvrit de son dessein. — Je suis trahie ! lui dit-elle un jour : mon mari me néglige, depuis que je ne suis plus dans la première fleur de la jeunesse. Cette grande fille, qui vient de je ne sais où, qui appartient à je ne sais qui, m'a enlevé son cœur dès le premier instant qu'elle a paru. Je suis persuadée qu'il désire ma mort, afin de l'épouser. Si je le savais !... Mais il faut m'en assurer... je me porte bien : je vais feindre une maladie ; toi seule sauras ce qui en est, tu me donneras ce dont j'aurai besoin, et tu jetteras au feu toutes les drogues que m'ordonneront ces benêts de médecins : peu à peu je paraîtrai m'affaiblir ; je mourrai en apparence ; tu me nourriras dans le petit appartement que j'ai fait arranger secrètement là-haut à côté de ta chambre : tous les soirs, après ma mort, je descendrai déguisée, et si le traître épouse sa maîtresse, tu verras comme je la tourmenterai ! Je me ferai connaître ensuite, je les séparerai ; j'accablerai ma rivale de honte, et je l'obligerai de se cacher dans un couvent pour le reste de ses jours. Ah ! comme je traiterai mon perfide ! J'étais belle, tu le sais ; et. . (*se regardant*) je le serais encore sans les chagrins qu'il me donne !... car j'ai les joues creusées : mes yeux sont encore vifs ; mais il n'ont plus cette douceur qu'ils avaient autrefois. — Vous vous trompez, madame ; vous êtes toujours belle ; votre mari est encore pour vous le même : on voit qu'il vous adore : observez comme il chérit vos deux enfants! c'est un bon père, un bon mari! — J'aime à t'entendre parler de la sorte, (dit en pleurant madame d'Iranci) et j'approuve tes motifs : mais il faut m'obéir à la lettre. — Vous pouvez compter sur moi, madame, etc.

En conséquence, madame d'Iranci tomba malade, et elle empira de jour en jour. Son mari qui l'aimait tendrement ne pouvait la quitter ; mais elle le renvoyait durement : enfin elle mourut. Pétronille ensevelit à sa place, après que la famille l'eut vue expirer, une pauvre fille de sa connaissance morte de la veille, et sa maîtresse, qui s'était fatiguée à jouer son rôle, alla se reposer dans le petit appartement qu'elle avait fait préparer. On la pleura; on prit le deuil : témoin de tout, la morte jouissait à demi des regrets qu'elle occasionnait : car elle ne les croyait pas réels; à tout moment elle attendait que son mari se démasquât.

Les deux enfants qu'elle avait, garçon et fille, étaient fort jeunes; ils avaient cinq ou six ans. M. D'Iranci, après avoir perdu son épouse, ne crut pouvoir mieux faire que de prendre Faustine chez lui pour les élever. Il lui donna l'appartement de sa femme, et lui remit ses deux enfants. « Voilà ce que j'ai de plus précieux, ma chère Faustine, dit-il à la jeune personne; ce sont les enfants d'une épouse que j'ai tendrement aimée, et que je regretterai toute ma vie : elle a eu quelques inégalités d'humeur; mais loin qu'elles aient nui à ma félicité, je les ai au contraire toujours regardées comme une assurance que je possédais son cœur; le motif en était trop flatteur pour qu'elles me fatiguassent; la jalousie de ma chère femme était une qualité pour moi... Vous êtes leur sœur aînée, aimez-les en conséquence... Et vous, mes chers enfants, regardez cette aimable personne comme une seconde mère; elle est aussi ma fille; c'est une autre moi-même à votre égard. Mes chers enfants! consolez tous trois votre père! il a fait une grande perte! mais il voit en vous tout ce qui peut la lui faire supporter. »

Ce discours fut entendu de la jalouse : et loin de le

prendre dans son véritable sens, elle n'y vit au contraire que les apparences d'un prochain mariage. Elle en frémit : mais il entrait dans son plan de le laisser consommer. Quel supplice, cependant! il faut avoir été jaloux, pour s'en former une juste idée!... Elle passait les journées aux écoutes, et à se faire répéter par Pétronille ce qu'elle voyait et ce qu'elle entendait. — Ne te l'avais-je pas bien dit! mais il a encore fait pis que je ne m'attendais! Il a pris sa maitresse chez lui dès le lendemain de mon enterrement! Oh! que je le hais! c'est un monstre! — Je vous assure, madame, que la conduite de la demoiselle est très décente! elle aime vos enfants; elle ne voit monsieur votre mari qu'avec eux. — Tu crois? va, va, ils savent se cacher... Mais il faut que tu me laisses faire quelques-unes de tes fonctions auprès de cette belle demoiselle-là.

Le soir, à l'heure où l'on se met au lit, Pétronille se retira, et laissa madame d'Iranci à sa place. Celle-ci feignit de ranger dans l'appartement; elle donna des soins réels à son fils et à sa fille déjà endormis, et satisfit ainsi sa tendresse. Cependant Faustine, dont le cœur jouissait du calme heureux de l'innocence, venait de s'endormir. Madame d'Iranci, après avoir éteint les lumières, s'approcha de ses rideaux qu'elle entr'ouvrit, et lui dit d'une voix sépulcrale : « Je suis » l'épouse infortunée dont tu vas usurper les droits! » prends garde, malheureuse! attachée sur tes pas » comme une furie, je te tourmenterai; je te punirai... » Je suis madame d'Iranci! (s'écria-t-elle très fort) que » tu as fait mourir de douleur! » En même temps elle tira les rideaux avec bruit, et les referma de même. Faustine qui l'avait entendue à demi, et comme si c'eût été un songe, s'éveilla effrayée. « Qui est-ce, qui est-ce? dit-elle.» La prétendue morte s'éloigna doucement, et regagna sa chambre. Faustine sonna. Pétronille accourut : la jeune personne la pria de regarder partout, et elle y regarda avec elle. Ne voyant rien, elle rit de sa frayeur, se remit au lit, renvoya Pétronille, et dormit tranquillement.

Le lendemain elle raconta son prétendu songe à M. d'Iranci, qui n'y vit rien d'extraordinaire. Cependant, il crut devoir conseiller à Faustine de faire coucher avec elle la fille aînée de Pétronille, âgée de dix à onze ans. Ceci désorienta un peu la jalouse, qui ne laissa pas d'en être charmée ; elle fut au moins rassurée pour ce temps-là : mais sa jalousie ne diminua pas. Elle était sans cesse aux aguets, au moyen de certaines ouvertures qu'elle s'était ménagées, pour voir dans l'appartement de son mari, et dans celui qu'elle avait abandonné pour faire la morte. Un jour, elle entendit parler dans ce dernier, et précisément dans la pièce où elle pouvait commodément tout voir. C'était M. d'Iranci, Faustine, et la petite *Angélique*. Cette enfant était chérie de son père qui la caressait la larme à l'œil. Son frère, qui était dans l'autre pièce, occupé à jouer, l'appela : — Va, mon ange, dit le père à sa fille, va jouer, d'Iranci t'appelle : profitez de l'âge heureux où vous n'êtes pas encore exposés aux cruels chagrins de la vie! » La petite courut où elle était appelée ; M. d'Iranci et Faustine se trouvèrent seuls. La première action de Faustine fut d'aller embrasser l'homme qui l'avait prise chez elle. Il lui rendit ses caresses, et la fit asseoir sur ses genoux : il la tint pressée contre sa poitrine, et lui dit fort bas des choses apparemment tendres, que la jalouse n'entendait pas. Quel supplice pour elle! convaincue, à ce qu'elle croyait, par ses propres yeux, elle étouffait de rage! elle ne put se contenir entièrement : elle poussa un profond soupir. Faustine surprise, presque effrayée, le fit remarquer à M. d'Iranci. — Ce n'est rien, ma bonne amie, lui répondit-il. Un soupir plus marqué, plus gémissant encore, se fit entendre. Pour le coup M. d'Iranci n'en put douter. Mais il était trop raisonnable pour s'effrayer. — C'est Pétronille, dit-il à Faustine; cette pauvre fille pleure tous les jours sa maîtresse ; et pour t'en convaincre, je vais l'appeler. Il sonna : Pétronille parut, et sur la question de son maître, elle répondit, que c'était elle qui venait de soupirer. Ainsi Faustine fut pleinement rassurée.

Mais la nuit suivante, à l'instant où la jeune personne venait de s'endormir, la morte vivante lui tint ce discours : « — Prends garde... à toi !... Je t'ai » vue... aujourd'hui... faire de criminelles caresses... à » l'infidèle mari... qui m'a causé... le désespoir... et... » la mort ! » En même temps elle lui imprima, sur un des pieds qu'elle lui avait découverts, une sorte de cachet, gravé à la manière des tailles douces, représentant un homme qui caressait une jeune fille ; tandis qu'une autre femme échevelée paraissait au désespoir. Le cachet, noirci à la fumée de la lanterne sourde, était encore chaud, il fut senti par Faustine : ce qui l'éveilla, et lui fit pousser un cri. Elle voulut faire lever la petite qui était couchée avec elle, pour avoir de la lumière. La jeune fille, qui avait entendu les paroles, était glacée de frayeur ; elle assura que c'était la voix de madame d'Iranci, et qu'elle l'avait parfaitement reconnue ; priant Faustine de la dispenser de se lever ; se cachant, et se serrant contre elle. La jeune personne ne crut pas que ce fût madame d'Iranci : mais elle fut réellement effrayée : elle sonna de toutes ses forces à deux sonnettes différentes, dont l'une répondait au lit de Pétronille, et l'autre chez M. d'Iranci. Ce dernier qui veillait pour quelques affaires vint sur-le-champ. — Eh bien, qu'est-ce, ma chère amie ? — Je vous assure, cher papa, qu'il y a ici quelque chose de bien extraordinaire ! On m'a fait une brûlure au pied, et la petite assure avoir entendu parler. — Oui, monsieur ; je vous assure que j'ai entendu, *Prends garde... à toi !... je t'ai vue... aujourd'hui... faire de charnelles... caresses... à le... mari... qui m'a causé un désespoir... de la mort !...* mais très bien entendu, monsieur ; comme je vous entends, quand vous me parlez. — Pétronille entra dans ce moment. M. d'Iranci lui dit de regarder aux pieds de Faustine. — Ce n'est rien, monsieur, dit cette femme, en cherchant à effacer l'impression. Mais M. d'Iranci l'avait aperçue ; il l'en empêcha. Sa surprise fut inconcevable ! et quoiqu'il n'eût pas le moindre doute du vrai, il vit là quelque chose d'extraordinaire :

il visita l'appartement de Faustine; et n'ayant rien trouvé, il y fit mettre le lit de Pétronille elle-même; plaça deux de ses gens à la porte en dehors, avec ordre d'entrer au moindre bruit : il fit allumer plusieurs bougies, et donna ordre qu'on l'éveillât dès qu'on entendrait quelque chose.

M. d'Iranci craignait que Faustine ne s'effrayât, et quoiqu'il ne comprit rien à ce qu'il venait de voir, il soupçonnait quelque espièglerie, dont il se promettait de découvrir et de punir l'auteur. Il rentra chez lui, et se déshabilla pour se mettre au lit. Dès que les lumières furent éteintes, il entendit un profond soupir. — Qui est-ce ? s'écria-t-il : qui êtes-vous ? — Ton épouse. — Ah ! plût à Dieu ! — Infidèle ! — Qu'entends-je : on me répond ! Un soupir. — Parlez encore ? — Non ! Il sonna pour avoir de la lumière : on fureta partout, mais on ne trouva rien : une ouverture pratiquée derrière un médaillon, du côté de la chambre à coucher, et cachée par un grand tableau d'histoire dans le salon voisin, servait à faire passer la voix, comme si on eût été dans la chambre même. Pour comprendre ce mécanisme, il faut savoir que, derrière le grand tableau, madame d'Iranci, avant l'exécution de son dessein, avait fait pratiquer secrètement une sorte de niche dans l'épaisseur du mur, où elle se logeait pour faire ses lutineries. Il y avait quelque chose de pis dans cette conduite ; mais aussi, la jalousie portée à un certain excès n'est-elle pas une folie ? Elle passait la plus grande partie des jours à dormir, surtout lorsque M. d'Iranci était à ses affaires, et toutes les nuits, elle lutinait, pour troubler le prétendu bonheur de son mari et de Faustine.

Cependant, elle attendait impatiemment quelque chose de décisif ; et quoiqu'elle le craignît plus que la mort, elle s'abusait elle-même au point de croire le désirer. C'était surtout un mariage qu'elle s'imaginait souhaiter, afin de faire bisquer Faustine en lui ôtant son mari. Elle se proposait ensuite de laisser ce dernier sans femme en se retirant elle-même dans un couvent. Mais ce mariage n'arrivait pas : M. d'Iranci renouvelait souvent la scène des caresses avec Faustine ; mais ces caresses demeuraient toujours dans les bornes de la plus grande décence.

Il s'écoula quelques mois sans que les choses changeassent de situation. Enfin, un jour, la jalouse entendit M. d'Iranci parler de mariage à Faustine. La jeune personne l'écoutait modestement les yeux baissés, et lorsqu'il eut fini de parler, elle l'assura de son obéissance. A ce mot, un profond soupir se fit entendre. — Mais qu'est-ce que tout cela ! dit avec quelque impatience M. d'Iranci : Pétronille n'est pas là ?... (il ne voulut pas ajouter qu'on lui avait parlé à lui-même). Je suis sûr, ajouta-t-il, que toutes les idées de nos gens, au sujet de l'épouse, que je pleure n'ont aucun fondement : hélas ! elle est morte ! — *Peut-être !* (répondit une voix.) Faustine effrayée se jeta dans les bras de M. d'Iranci. — *Ce que je vois m'irrite* (ajouta la voix.) — Mais qui est-ce qui nous joue ces tours-là ? (s'écria M. d'Iranci fort en colère) je le découvrirai, et je jure d'en faire faire une justice exemplaire. Il chercha encore partout, et fit chercher par ses gens, qui tremblaient comme la feuille. M. d'Iranci s'occupa ensuite à rassurer Faustine, et à la fortifier contre les chimères des revenants, auxquelles elle n'avait jamais cru : mais on a beau être aguerri, surtout les femmes, qui ont l'imagination vive et facile à effaroucher, on ne peut entendre, sans effroi, un être invisible. Car n'y eût-il à redouter qu'un être capable de s'introduire ainsi dans les appartements, c'en est assez pour effrayer une jeune personne, et on le serait à beaucoup moins ! Cependant Faustine parut calmée.

D'un autre côté, Pétronille, sûre que son maître n'avait pas d'intrigue, cherchait à guérir l'esprit de sa maîtresse, en la laissant se convaincre par elle-même du peu de fondement de ses soupçons : elle découvrit aisément que le mariage, dont il était question pour Faustine, n'était pas avec M. d'Iranci, mais avec un fort aimable jeune homme, dont le prétendu veuf s'é-

tait depuis quelque temps fait un ami. Les préparatifs avançaient. Pétronille en rendait compte à sa maîtresse, afin de porter ainsi au comble cette malheureuse jalousie, qui la tourmentait, et faire en sorte qu'elle en rougît, en découvrant qu'elle s'était trompée. Cela était assez bien vu : aussi Pétronille avait-elle consulté, sous le sceau du secret, un ecclésiastique de sa connaissance.

La veille du mariage de Faustine arriva enfin. Madame d'Iranci tâchait d'en montrer une joie de fureur. Elle dit à Pétronille qu'elle voulait en être témoin, et elle lui demanda son avis sur le déguisement le plus sûr. La femme de chambre, certaine que sa maîtresse ne pouvait que recevoir une confusion salutaire, si elle était découverte, lui dit qu'il fallait qu'elle se mît en pauvre femme, et qu'elle s'approchât pour exciter la charité des nouveaux époux. Cette idée plut à la jalouse, et même l'attendrit : elle laissa couler des larmes. — Oui ! je veux lui demander l'aumône : il verra, ajouta-t-elle, par cet emblème, combien il m'a rendue malheureuse !... Puis, se raffermissant tout d'un coup : — Mais le triomphe de ma rivale ne sera pas long !...

La jalouse, dans cette émotion qui précède un tort que va se donner l'ingrat qu'on aime encore, sentit son cœur parler pour ses enfants plus vivement que jamais. Elle dit à Pétronille de les amener jouer dans une pièce, où elle pourrait les voir facilement. Ils y vinrent : elle les regarda ; et songeant que leur père allait, dans ses idées, leur donner une marâtre, elle ne put commander à ses larmes ; elle en versa abondamment : ce qui la soulagea, comme toutes les femmes, et quelquefois les hommes. Dans un moment où son fils, en jouant à *cligne-mussette*, était venu se cacher fort près d'elle, il cria, suivant l'usage : — *Cligne, ma sœur, je vais me musser !* — *Je cligne*, répondit la petite, *fais ta mussette* ; *car je ne te vois pas* ! — *Cligne bien* ! — *Je cligne : crie donc, mussette* ! Le petit bonhomme, qui se voulait bien cacher, ou qui s'amusait un peu aux dépens de sa sœur, ne disait mot. Madame d'Iranci, enchantée de voir jouer ses enfants, fit une petite voix, et cria — *Mussette* ! Aussitôt, la petite cessa de cligner l'œil et courut pour chercher son frère. Celui-ci, qu'elle trouva sur-le-champ, se plaignit de ce qu'elle demandait et répondait elle-même ; il lui dit que c'était tricher. Sa sœur lui soutint qu'il avait répondu. — Eh bien ! je vous cède, ma sœur, dit le petit homme : mon papa dit que je le dois, parce qu'il faut que je respecte en vous l'image de maman, qu'il pleure tous les jours. — Je t'assure, mon bon ami, que tu as dit, *Mussette* : mais au reste, je pourrais m'être trompée. A ton tour, *cligne*, et je vais me *musser*. L'enfant cligna donc, tandis que sa sœur se cachait. Et comme il était fort impatient, il la pressait de parler. La mère répondit pour elle : — *Mussette*. Aussitôt d'Iranci courut, et vit sa sœur qui n'avait pas fini de s'arranger. Elle se plaignit, comme il avait fait, et cette seconde dispute fut un peu moins polie que la première : l'enfance revient aisément à la nature : le frère et la sœur allaient se fâcher, lorsque leur mère leur dit : — Mes chers enfants ! quoi ! vous vous querellez ! A ces mots bien articulés, ils demeurèrent interdits. — C'est maman ! dit la petite. — Elle est morte, répondit son frère. — Son âme parle, reprit la sœur, car elle vient de nous parler ; j'ai bien reconnu sa voix. Écoutons. — Oui, mes chers enfants, c'est moi-même. Aimez-vous : souvenez-vous de votre mère, qui vous aima si tendrement, et qui vous aime encore de tout son cœur. — Ah ! c'est maman ! s'écria de nouveau la petite. — Il est vrai, c'est maman. — O bonne maman ! montre-toi donc à ta fille, je t'en prie ! — Si vous êtes bien sage, bien obéissante ; que vous aimiez bien votre frère, je me montrerai dans quelque temps. Adieu, mes chers enfants : je vais cesser de vous parler ; mais je vous aurai toujours sous les yeux ; songez bien que je serai témoin de toutes vos actions ; comportez-vous en conséquence, et vous me rendrez heureuse dans le lieu où je suis. Les deux enfants se mirent à genoux, et, tendant leurs mains innocentes du côté d'où venait la voix, ils se mirent à pleurer, en suppliant leur maman de se montrer. Quelle tentation pour madame d'Iranci ! car elle était tendre mère. Elle sentit que si elle promettait de se montrer, les enfants n'auraient pas la discrétion de se taire, et qu'elle s'exposerait à se faire découvrir : elle prit le parti de paraître sur-le-champ, après en avoir prévenu Pétronille. Elle entra auprès de ses enfants encore à genoux. Ils volèrent à elle, se jetèrent dans ses bras, et l'accablèrent de leurs petites caresses. Ce moment fut délicieux... — Je te croyais morte pour toujours, lui disait sa fille ; ah ! maman ! que je suis aise que tu ne le sois plus !... Quittez ce crêpe, mon frère... — Non, non, dit le petit homme ; maman est toujours morte ; c'est son âme que Dieu nous envoie... Que je baise ton âme, maman ! Sans doute elle est en paradis ?... As-tu vu Dieu, les saints, mon Patron saint Irénée le martyr, dont j'ai lu la vie ? Comment est-il ? Lui as-tu parlé de moi ? — Mes chers enfants ! répondait la mère, que je vous aime !... Soyez bons ; soyez sages ; remplissez tous vos devoirs, votre mère vous en prie. — Nous te le promettons, âme de ma mère, dit le garçon. — Je ferai tout ce que tu voudras, ma chère maman, ajouta la petite. — Bon, mes chers enfants ! cela me contente. Laissez-moi ; il faut que je vous quitte. Mais je reviendrai vous donner mes avis, lorsque vous jouerez dans cette chambre, et que vous y serez absolument seuls. Ne dites pas que vous m'avez vue. Mais vous pouvez dire que je vous ai parlé. Adieu, adieu ! Elle les pressa contre son sein, et s'en étant débarrassée avec peine, elle les quitta, en fermant la porte par où elle sortait. Pétronille vint aussitôt la remplacer.

— Ah ! ma bonne ! dit la petite, nous avons entendu parler maman !... — Tu as bien fait, ma sœur ! interrompit son frère. — Elle vous a parlé, mademoiselle ! répondit Pétronille. — Oui ; et j'ai retenu tout ce qu'elle nous a dit (*elle le répéta*). Elle nous voit ; elle nous entend, à présent même, et nous sommes en sa présence : — Mes chers enfants ! c'est une tendre mère ! aimez-la bien ! elle vous en récompensera un jour. Mais il faut garder le silence là-dessus ; car on ne vous croirait pas. — Oh mais ! nous sommes bien sûrs de l'avoir vue, dit le petit bonhomme, et nous nous moquerons de ceux qui ne voudront pas nous croire. Il était impossible d'exiger le secret de ces enfants ; aussi Pétronille n'insista-t-elle plus, de peur de trahir sa maîtresse par des précautions déplacées.

Dès que les enfants virent leur père, ils s'empressèrent de lui dire qu'ils avaient entendu leur mère. Il les embrassa la larme à l'œil, sans leur répondre. Ils lui répétèrent à l'envi ses moindres paroles. M. d'Iranci n'en fut point ému : il crut ses enfants trompés par quelque domestique, auteur de tout ce qui était déjà arrivé. Cependant il fut très en colère qu'on cherchât à faire des impressions dangereuses sur l'esprit de ses enfants : mais comme il avait beaucoup d'affaires ce jour-là, à cause du mariage de Faustine, il ne fit aucune recherche.

Le soir on fiança. Pétronille dit simplement à sa maîtresse : — Madame, on a fiancé. Madame d'Iranci fit un profond soupir, et leva les yeux au ciel.

Enfin le lendemain fut ce jour impatiemment attendu. Madame d'Iranci fit la toilette qu'elle avait préméditée ; c'est-à-dire qu'elle se mit en pauvresse ; elle sortit de l'hôtel de son mari par une porte de derrière, et se rendit à l'église. Elle vit arriver tout le monde : son mari entra, conduisant Faustine : un jeune homme et sa famille les suivaient. On alla au pied de l'autel, et le prêtre commença la cérémonie sans que la jalouse fût éclairée. Ce fut en ce moment qu'elle s'approcha d'eux, et que, d'un son de voix assez fort, elle demanda l'aumône à son mari. Sans la regarder, M. d'Iranci lui donna un écu en lui disant : — Ma bonne, priez Dieu pour les nouveaux époux. — Oui répondit-elle : mais prends garde à qui tu fais l'aumône ! Ces paroles, le son de la voix, fixèrent l'attention du mari : mais pouvait-il reconnaître une épouse qu'il croyait morte, sous les habits d'une mendiante ! Il la prit pour une folle.

Cependant la cérémonie continuait. Madame d'Iranci, moins maîtresse d'elle-même qu'elle ne l'avait compté, se proposait en ce moment de ne pas la laisser achever. Trop préoccupée pour rien voir, elle ne s'était pas encore aperçu qu'il y avait un autre prétendu à côté de Faustine. Elle voulait s'approcher de la mariée; mais on la repoussait; on appela même le suisse pour la faire éloigner. Cet officier d'église leva sa hallebarde sur elle : mais la pauvresse lui résista. Tandis qu'elle se débattait contre lui, elle s'aperçut que le *oui* allait se prononcer: elle donna au suisse un violent soufflet, et s'élança jusqu'auprès de la jeune épouse : — Arrête! lui dit-elle, en la tirant par sa robe : avant de prendre mon mari, fais-toi du moins céder mes droits! A ces mots, tout le monde fut en rumeur. On la regardait; on se pressait. — Que voulez-vous, bonne femme? lui dit le prêtre. Elle saisit la main de son mari. — Ce n'est pas monsieur qui se marie. — Ce n'est pas!... La parole expira sur ses lèvres.

Cependant, M. d'Iranci examinait la pauvresse, et venait de la reconnaître pour sa femme. Il se rappela tout ce qui s'était passé chez lui, et ne doutant plus que la jalousie ne fût le motif de quelque chose d'extraordinaire de la part de son épouse, il tâcha de ne la point donner en spectacle. Il parut persuadé que c'était une folle; et cependant, il la fit emmener par Pétronille, à laquelle il la recommanda. Le mariage de Faustine s'acheva donc, tandis que madame d'Iranci s'en retournait chez elle un peu confuse, et, ne se croyant pas reconnue de son mari, elle demanda conseil à Pétronille? — Je crois, madame, répondit cette femme, qu'il faut vous assurer des dispositions de M. d'Iranci, et comment il prendra tout ce qui s'est passé. Rien n'est plus facile : je lui demanderai un entretien particulier dans la pièce où jouaient hier vos enfants, et vous vous réglerez d'après ce que vous allez entendre. Ce conseil parut admirable à madame d'Iranci, et elle remit ses intérêts entre les mains de sa fidèle femme de chambre. Celle-ci alla prévenir M. d'Iranci, par un récit bien circonstancié : elle n'oublia pas ses motifs pour s'être prêtée à seconder sa maîtresse. — Vous pouvez, monsieur, ajouta-t-elle, me parler en conséquence; car elle va nous entendre. Cet honnête mari loua les intentions de Pétronille : il la suivit aussitôt dans la pièce où elle le conduisit, et là, il marqua pour son épouse la tendresse la plus vive. — Eh! si elle vivait? dit la femme de chambre. — Je serais le plus heureux des hommes. La jeune personne qui lui a donné tant de jalousie est ma fille; c'est une enfant que j'ai eue d'une demoiselle, morte plus de six ans avant mon mariage : Faustine de *** était une fille peu riche; mes parents se fussent opposés à notre union : j'attendais une circonstance favorable, lorsque la petite vérole me l'enleva. Ma fille avait six ans. Je connus ma femme quelque temps après : je lui trouvai tout ce que je pouvais désirer, et j'adorais madame d'Iranci en l'épousant : ma tendresse ne m'a jamais permis de lui confier l'existence de ma fille, de peur d'alarmer sa délicatesse. Voilà quelle a été la raison de ma conduite avec Faustine, que je viens de marier aujourd'hui. Avant que je revoie une épouse chérie, que sa jalousie même rend plus intéressante à mon cœur, instruisez-la, ma chère Pétronille : j'achèverai de lui prouver tout ce qu'elle voudra qui le soit, après notre réunion.

A l'instant où Pétronille allait se retirer, madame d'Iranci entra, habillée de blanc, avec une certaine élégance : elle se jeta dans les bras de son mari, en lui disant : — J'ai tout entendu, mon cher mari! pardonnez-moi une jalousie aussi mal fondée!... Mais, pourquoi ne m'avoir pas avoué que c'était votre fille?... Elle sera la mienne, soyez-en sûr, et que je l'aimerai comme ma petite Sophie! Ah! Dieu! cette jeune infortunée est assez malheureuse d'avoir perdu sa mère!

et je serais une barbare de vouloir lui ravir votre tendresse, ou d'être jalouse de celle qui n'est plus ! Son mari lui rendit ses caresses. Ensuite on convint qu'on ensevelirait cette aventure dans l'oubli et que madame d'Iranci ne paraîtrait pas durant les noces. Elle fut heureuse pendant quelques jours, et elle s'amusa beaucoup avec ses enfants, à qui elle parlait, en se tenant invisible. Mais elle n'était pas absolument guérie : à peine les noces furent-elles achevées, qu'elle demanda les preuves de la naissance de Faustine. On les lui donna très claires : et cependant, presque tous les mois, son mari a de nouveaux doutes à dissiper à ce sujet.

LA FILLE DE TROIS COULEURS

Il arrive dans la capitale des traits si extraordinaires, qu'ils en ont l'air fabuleux. Tel est celui qui va faire le sujet de cette *Nouvelle*. Cependant, quelque invraisemblable qu'il soit, je puis assurer que j'ai vu son pendant, et qu'une fille que j'ai particulièrement connue, passait dans un quartier de Paris pour brune, tandis qu'on la voyait constamment blonde dans l'autre.

Voici comme la mère de la *Jolie Courtière* (l'héroïne de la *Nouvelle* suivante) raconta l'histoire de la Fille de trois couleurs à cette jeune personne, pour l'engager à seconder ses vues.

Il y avait à Paris, dans la rue du *Fouarre*, une grande fille, qui était aimée de trois hommes, qui tous trois avaient un goût différent, et qui, bien qu'ils se connussent, ne savaient pas qu'ils étaient rivaux. La fille avait su adroitement ce qui plaisait davantage à chacun : le premier aimait les brunes ; il voulait que sa maîtresse fût en blanc, presque toujours en déshabillé, coiffée en grisette, mais avec un certain goût exquis, dont il cita un modèle ; qu'elle eût une chaussure mignonne, mais à talons bas et minces, et qu'elle fût presque toujours en mules blanches. Le second aimait les blondes : il demandait une grande mise, un air de langueur ; une coiffure en cheveux, et la frisure la plus chargée ; il avait une passion pour la couleur rose ; il souhaitait que les robes, les chaussures fussent de cette couleur favorite ; que le soulier de sa belle et ses mules eussent un talon de six pouces, arqué, mince, et qu'elle pût à peine se soutenir en marchant ; il était au comble de ses vœux à chaque faux pas qui la jetait dans ses bras, et l'obligeait à s'appuyer sur lui ; il disait que les femmes ne sont pas faites pour courir, et qu'on ne peut trop gêner leur marche : mais je crois que sa passion seule et son goût particulier lui faisaient tenir ce langage. Enfin, le troisième avait souvent témoigné à ses amis qu'il aurait adoré une jolie rousse, qui n'aurait eu aucune mauvaise odeur. Mais son goût particulier, pour la parure, était le vert, et quant à la hauteur de la chaussure, il tenait justement le milieu entre les deux autres.

La jeune coquette, nommée *Virginie*, ayant su tout cela, de la manière que je vais conter, elle entreprit de captiver ces trois hommes, et de les satisfaire également. Elle était blonde : elle allait, sous sa forme naturelle, dans un jardin public, où celui qui aimait les blondes se promenait tous les jours, et l'y voyait parée comme il désirait. Elle le charma facilement, et avec un peu d'adresse, elle lui laissa faire connaissance. Il lui proposa d'amener ses amis chez elle, pour faire des parties de petits soupers : — Je suis fort jaloux ! (ajouta-t-il) ; mais je n'ai rien à craindre d'eux ; nous avons un goût absolument différent. L'un n'aime que les brunes, et une parure de grisette, mais propre ; l'autre... le dirai-je ? n'a du goût que pour les rousses ! Cela est heureux ! nous réunirons souvent nos maîtresses, quand ils auront trouvé ce qui leur faut, et nous serons en sûreté les uns contre les autres. Ce langage donna de grandes idées à Virginie ! Elle se prétendit fort gênée par sa mère, et fit en sorte de persuader à son amant qu'elle ne pouvait le voir que tous les trois jours ; mais c'était pour faire la conquête des deux autres. Dès le lendemain, elle se mit à portée d'être aperçue de celui qui aimait les brunes : une poudre noire lui donna des cheveux d'ébène ; elle se noircit les sourcils, et parut la fille la plus brune de France : elle fit donc cette seconde conquête, au moyen de toutes les autres choses qu'il aimait dans la mise. Enfin, elle rechercha les occasions d'être remarquée de l'amateur des rousses ; elle avait les cheveux couleur de safran vif, ainsi que les sourcils : de sorte qu'à l'aide de beaucoup de poudre *à la maréchale*, et d'une certaine teinture, elle charma ce troisième adorateur.

Ainsi fournie de trois amants, elle mit toute son étude à les conserver, et elle y réussit à merveille ; parce qu'étant très intéressée, elle était aussi très complaisante.

Or, ce n'était pas une petite adresse que de conserver trois hommes qui se connaissaient ! Le premier, qui aimait les blondes, dit un jour à son ami, qui aimait les brunes : — J'ai une jolie maîtresse : c'est une grande fille, faite au tour, qui se nomme *Virginie.* — Virginie ! Parbleu, j'ai aussi une jolie maîtresse, faite au tour, qui se nomme *Virginie.* — La mienne est toujours mise du dernier goût, en rose : elle a surtout un tact pour sa chaussure, que rien n'égale ; elle trébuche à chaque pas qu'elle fait de la manière la plus voluptueuse. — A la bonne heure : la mienne est chaussée très bas ; elle a une marche facile, dégagée, et pleine de volupté. Elle est brune et blanche de peau comme lis. — Bon ! la mienne est blonde : ainsi, nos maîtresses n'ont de commun que le nom.

Comme ils en étaient là, ils virent arriver leur troisième ami, celui qui aimait les rousses. — Je suis charmé de vous voir, leur dit-il : je me trouve très heureux depuis que je ne vous ai vus, j'ai une maltresse charmante, grande, faite au tour, et qui a le plus beau nom ; elle se nomme *Virginie*. Les deux autres éclatèrent de rire. — Parbleu, voilà une singulière aventure, dit l'un d'eux. Nous avons chacun une maîtresse grande et bien faite, qui se nomme *Virginie* !... — Sous quel poil est la tienne ? — Comme je le demande : la nature semble me l'avoir faite exprès ; elle est du roux doré le plus agréable. — Nous voilà frères (dit le blondiste), autant par le nom de nos maîtresses que par notre amitié. Il faut les réunir, et faire une partie avec ces trois beautés, que nous lierons par l'amitié comme nous le sommes. Et leur mise se ressemble-t-elle ? La mienne n'aime que le blanc ! — La mienne, que le rose. — La mienne, que le vert. — La mienne aime les talons bas. — La mienne, les talons élevés. — La mienne évite les deux extrêmes ; et elle se chausse toujours en vert. — La mienne, toujours en blanc. — La mienne, toujours en rose. Tout lui va. — Tout va de même à ma Virginie ! s'écrièrent les deux autres. — Quel jour prendrons-nous ? — Le lundi, ou le jeudi. — Cela ne se peut pas, pour la mienne : elle ne peut sortir, et je ne la vois jamais que les mardis et vendredis. — Et moi, la mienne, que les mercredis et les samedis, jamais le dimanche. — Ni la mienne ! dirent les deux autres. — Il faut renoncer à les réunir, à moins d'obtenir une exception. — Nous verrons cela.

Ils le virent en effet ; et comme ils dirent la raison du changement qu'ils désiraient, Virginie n'eut garde de consentir à changer le jour d'aucun, ni de donner le dimanche à l'un des trois : les deux autres étant libres ce jour-là, ils auraient pu se trouver avec lui !

Il s'écoula plusieurs années de la sorte : mais enfin, quand il n'y a pas certains arrangements mieux combinés que l'était celui de Virginie, tout se découvre à la fin. Les trois amis voulurent absolument se montrer leur maîtresse. Ils en formèrent la résolution en soupant ensemble, et ils s'étonnèrent de ne s'y être pas entêtés plus tôt. Chacun se promettant de faire admirer la sienne aux deux autres, et de les forcer de convenir qu'elle l'emportait en beauté.

Celui qui avait le jour le plus proche était le *bruniste*. Il fit cacher ses deux amis dans la chambre où il voyait Virginie; et comme une des conditions de cette fille était qu'elle ne serait jamais vue de personne, il fut convenu que les deux amis ne se montreraient pas. Lorsqu'elle parut, ni l'un ni l'autre des deux rivaux cachés ne reconnut sa maîtresse : ils s'accordèrent à la trouver très aimable, quoique inférieure, dirent-ils, à celle qu'ils aimaient. Mais lorsqu'elle parla, tous deux furent également étonnés de reconnaître le son de sa voix, pour celui, l'un de sa blonde, l'autre de sa rousse. — C'est la voix de la mienne ! — C'est la voix de la mienne ! se dirent-ils en même temps. Tous les autres détails convenaient également aux trois Virginies. Ce qui ne faisait qu'accroître leur surprise ! Elle s'en alla ; et les deux cachés vinrent communiquer leur étonnement à leur ami. — Parbleu ! nous verrons cela demain ! leur dit-il.

Le lendemain était le tour du *blondiste*. Virginie arriva sur ses hauts talons, et parut beaucoup plus grande aux deux cachés. — Ce n'est pas la même ! dirent-ils ensemble. — C'est une jolie blonde ! elle est plus grande que ma brune. — Elle l'est aussi un peu plus que ma rousse. Tandis qu'ils chuchotaient ainsi ensemble, Virginie parla. — C'est la voix de la mienne ! se dirent les deux cachés. Cependant ils prirent patience jusqu'à ce qu'elle fût partie. — Voilà qui est singulier, se dirent-ils tous trois ! il faudra éclaircir ceci !

Le lendemain, le *roussiste* fit cacher à son tour ses deux amis. Virginie arriva, rousse comme une vache. — Fi donc ! ce n'est pas là ma Virginie ! dirent les deux cachés. Mais à ses manières c'était déjà la même chose. Enfin, elle parla. Pour le coup ils perdirent patience, et se montrèrent. Virginie, en les voyant, ne se déconcerta pas : elle se plaignit seulement à son amant le *roussiste* de ce qu'il la divulguait. Les deux autres l'examinèrent; mais toute leur attention ne pouvait leur faire reconnaître autre chose que sa voix, lorsqu'un d'eux s'avisa de dire : — Mais où demeurez-vous, mademoiselle? Rue du *Chantre*. — La mienne demeure rue des *Bons Enfants*. — La mienne rue *Champfleuri*. — Parbleu! il est bien singulier qu'une même personne réunisse tant de ressemblances et de dissemblances tout à la fois! — Vous mériteriez, monsieur, dit Virginie à son amant, que je rompisse avec vous, pour m'exposer à tout ce que j'entends et à tout ce que je vois: mais je vous aime, et vous en abusez. Adieu. — Un mot, mademoiselle, dit le bruniste. Il ne serait pas impossible que vous connussiez mon amie : elle se nomme comme vous et elle demeure rue des *Bons Enfants*, au second, maison d'un limonadier. — Oui, monsieur, je la connais; c'est une fille charmante, d'une conduite exemplaire, et je vous félicite d'en être aimé: car elle vous adore : mais elle est bien gênée! elle a une mère terrible!... C'est ma bonne amie, et nous avons toutes les manières l'une de l'autre; ainsi qu'une troisième, qui demeure rue *Champfleuri*, tout à l'entrée, qui se nomme *Manette*. — Manette! (dit le blondiste)! — Oui, quoique avec son amant elle porte mon nom, qu'elle a trouvé plus agréable que le sien. — Et quel est le nom de votre autre amie? — *Françoise*, ou *Fanchette* : mais nous sommes convenues toutes trois, pour embarrasser nos mères, en cas de découverte de l'une de nos aventures, de porter toutes trois, avec nos amants, le nom de Virginie: aussi, jamais nous ne voulons nous trouver ensemble avec eux, parce que cela détruirait l'effet de nos précautions. — Voilà ce que c'est! s'écrièrent les trois hommes: l'aventure est unique, mais charmante! — Nous nous sommes étudiées à nous donner non seulement les mêmes manières, mais encore le même son de voix: l'attention et l'habitude font tout. — Cela est merveilleux! car enfin, ce n'est pas une fable! nous connaissons trois filles de couleur différente, et qui se ressemblent pour tout le reste!

Ils laissèrent partir Virginie la rousse, enchantés de leur bonheur, d'avoir pour maîtresses trois jeunes personnes si tendres et si spirituelles, et qui étaient trois amies comme ils étaient eux-mêmes trois amis. Ils s'attachèrent plus fortement que jamais à Virginie, et ils lui firent des présents multipliés qui l'enrichirent triplement.

A le bien prendre, elle leur était fidèle à chacun : sa conduite était réservée avec tout le monde ; et si elle avait pu se tripler, comme elle changeait de couleur, elle n'aurait eu rien à se reprocher à leur égard.

Mais à la fin, il arriva qu'elle devint mère de deux enfants d'une seule couche. Comme elle était grande, elle pouvait cacher longtemps sa situation : ce fut ce qu'elle fit avec l'un de ses trois amants : elle le dit tout uniment à l'un des deux autres ; et quant au troisième, elle lui annonça qu'elle était dans une situation douteuse, et se confia pour l'événement à son bonheur accoutumé. Il aurait été assez maladroit qu'elle eût permis à l'un de ses amants d'assister à ses couches : aussi les éloigna-t-elle absolument tous deux. Lorsqu'on lui annonça qu'elle avait deux enfants, elle en fut ravie, surtout quand elle sut que c'était garçon et fille. Elle fit chercher les meilleures nourrices, et en prit tant de soin qu'elle les conserva. Un seul fut baptisé, sous le nom du bruniste et celui de Virginie ; la fille fut secrètement réservée... Mais il faut reprendre ici la conduite des trois amants, où le fil en a été interrompu.

Lorsque Virginie s'était vue grosse, le bruniste à qui elle l'avoua le premier en avertit ses deux amis. — Parbleu, j'en suis charmé, dit le roussiste : nous verrons un peu si nos trois maîtresses ont le secret de tout faire de même ! Dès qu'il vit la sienne, il s'informa. Elle l'assura qu'elle était dans une situation différente de son amie la brune ; le blondiste, de son côté, en fit autant : même réponse. Ce ne fut que plus de trois mois après, que Virginie la blonde lui dit qu'elle doutait de sa situation. Cette différence était suffisante.

Tous les jours les trois amis s'interrogeaient. — La mienne avance. — La mienne doute toujours. — La mienne n'a rien encore. Voilà pourtant une différence enfin, s'écrièrent-ils tous trois !

Quand Virginie accoucha, elle sut donner encore un temps différent à la naissance des jumeaux ; elle n'avoua que le fils au bruniste, parce que le garçon était brun comme son père ; elle assura sa grossesse au blondiste, et elle ne lui parla en son temps, que de la fille dont elle feignit d'accoucher, et qu'elle fit baptiser sous le nom du blondiste et de Manette. Il n'y eut rien pour le troisième. Les trois amants s'étant réunis, le bruniste dit aux deux autres : — Ma Virginie est heureusement accouchée d'un beau garçon. — La mienne est prête d'en faire autant, dit le blondiste. — La mienne fait toujours la fille, dit le roussiste. Le garçon fut envoyé avec sa nourrice chez le bruniste, qui le fit voir à ses deux amis. Quelques mois après, Virginie fit avertir le blondiste qu'il était père d'une fille. Il courut trouver ses amis : — Je suis père, et c'est une fille. — Parbleu ! les trois amies savent différer quand elles veulent, dit le roussiste : n'aurai-je donc pas le même bonheur que vous ? Les autres le raillèrent sur la stérilité de sa maîtresse ; car ils étaient transportés de joie de leur paternité. Le pauvre roussiste fut très fâché, surtout lorsqu'il vit la fille de son ami, qui lui fut apportée par la nourrice : c'était la plus jolie petite créature qu'on puisse voir ; elle souriait déjà ; ce qui parut d'un bon augure à de vieux célibataires, qui ne savaient pas comme est un enfant le jour de sa naissance. Le roussiste enrageait encore davantage : mais il fallut bien qu'il prît patience environ six mois, que Virginie accouchât une seconde fois d'une fille presque rousse. Il est inutile de dire qu'elle avait caché sa seconde grossesse aux deux autres, et qu'elle ne l'avait avouée qu'au roussiste, qui en avait été assez fier. Mais en se voyant une fille rousse, la tête pensa lui tourner de joie.

Voilà donc les trois amis également heureux ; et

Virginie si riche, qu'elle possédait plus de soixante mille livres de rente, chacun de ses trois amants, tous dans la finance, lui ayant fourni les fonds pour vingt ou vingt-cinq. Elle en est là : nous verrons si elle saura se conserver dans une passe si heureuse.

(*Quelque temps après, la mère de la* jolie courtière *acheva, dans une circonstance très critique, et devant trois hommes, l'histoire qu'elle avait commencé seule à seule à sa fille, en ces termes*) :

Virginie eut ensuite le même sort que moi ; car la vérité vient de se découvrir, comme vous allez voir.

Ses trois galants avaient eu mille occasions de concevoir des soupçons à son sujet, qui devenaient plus forts de jour en jour, parce qu'aimant beaucoup moins deux d'entre eux, elle s'occupait davantage à conserver le bruniste : elle sortait souvent avec lui, par complaisance.

Un jour donc le bruniste engagea la belle à venir dîner avec lui dans une maison qu'il lui nomma et qu'elle connaissait : il lui donna la liste de tous les convives en l'assurant qu'il n'y en aurait point d'autres. Il était de bonne foi, et il ne la trompait pas. On se mit à table, et le dîner se passa tranquillement. Mais, vers la fin du repas, un domestique vint annoncer le blondiste par un nom inconnu à Virginie : le maître de la maison lui fit dire d'entrer : mais il pria qu'on l'en dispensât, ajoutant qu'il attendrait dans le salon auprès du feu. Un instant après, on annonça le roussiste, aussi par un nom que Virginie ne savait pas, et il fit comme le premier. Le dîner achevé, on passa auprès du feu. La surprise de Virginie fut extrême, en voyant ses trois amants réunis dans une même maison ; cependant elle ne se déconcerta point : elle s'était déjà trouvée dans une pareille circonstance, et elle s'était tirée avec honneur de ce mauvais pas. Elle prit un air aisé, riant, et parla sans se gêner. Le bruniste, qui vit ses deux amis, se douta de quelque chose. Il tâcha de leur dire un mot en particulier. Ils lui avouèrent que l'un d'eux (le blondiste), ayant aperçu Virginie monter en voiture avec lui, ils l'avaient fait suivre dans la résolution d'éclaircir une bonne fois leurs doutes à son sujet. — Nous nous sommes accordés ; nous avons été chacun demander notre maîtresse ; on nous a répondu qu'elle était sortie, sans nous dire où elle était allée : comme nous savions où vous diniez, nous avons envoyé chercher nos enfants, la sage-femme et les nourrices : tout cela doit arriver, et paraîtra, s'il est nécessaire, lorsque nous aurons encore observé notre commune. — Ce n'est pas mon avis, dit le bruniste, que nous fassions un éclat dans cette maison : si vous voulez m'en croire, vous renverrez tout votre monde chez ma Virginie, rue *des Blancs Manteaux*, où elle demeure depuis quelque temps, et là nous découvrirons la vérité. Les deux amis suivirent le conseil du troisième : ils continuèrent d'examiner Virginie ; ils lui adressèrent la parole, ils rirent, ils causèrent avec elle. Elle s'y prêta de bonne grâce, et avec tant d'enjouement, qu'ils eurent quelquefois des doutes : mais, à la fin, ils la reconnurent parfaitement, à une infinité de marques. Ils n'en firent pas semblant. A l'heure du départ, ils la laissèrent, et sortirent un instant avant elle. Les enfants, les nourrices et la sage-femme étaient déjà chez la Virginie des *Blancs Manteaux* : ainsi, lorsqu'elle arriva, elle trouva dans son appartement trois enfants, trois nourrices, la sage-femme et ses trois amants. On ne dit rien autre chose à la sage-femme, sinon : — Madame, voilà les enfants que vous avez reçus ; ils sont charmants ! En voilà deux jumeaux, qui sont aussi bien venus que s'ils avaient été seuls ! — Il est vrai, monsieur, répondit-elle au blondiste, qui l'interrogeait : mais ils ont la plus jolie et la meilleure des mères ! Je ne saurais vous exprimer combien elle fut joyeuse de se voir ces deux jumeaux ! elle ne pouvait se le persuader, et elle disait sans cesse : Ne me trompe-t-on pas ! quel bonheur !... Elle n'a pas été moins satisfaite à la naissance de la troisième, surtout de ce qu'elle était rousse : ce qui vient, je crois, de ce que madame a toujours été poudrée en rousse en la portant. Après avoir reçu ces lumières, on fit un présent à la sage-femme, et on la renvoya très contente. On fit ensuite reconnaître leur mère à chacun des enfants ; ce qui ne fut pas difficile : tous trois l'appelèrent maman, en lui faisant de petites caresses, qu'elle ne put repousser. On les renvoya aussi.

Restés seuls avec elle, les trois amants regardèrent Virginie : — Eh ! bien, mademoiselle? dit le blondiste. — Eh ! bien, perfide? dit le roussiste. — Que nous direz-vous? s'écria le bruniste en riant. — Que vous êtes des fous qui avez cherché à détruire votre bonheur que je me tuais à faire. N'étiez-vous pas heureux ? Que vous manquait-il? Vous n'avez plus rien à présent ! Applaudissez-vous de votre finesse ! les effets en sont admirables ! Pour moi, je renonce à tous trois ; je ne veux, je ne puis, ni vous voir, ni vous parler. Ingrats ! je suis sûre que vous croyez avoir à vous plaindre de moi ! mais ne vous plaignez que de vous-mêmes et de votre folie. Je vous avoue que je me croyais reconnue, depuis la dernière rencontre où vous me vîtes tous trois ensemble : je vous prêtais des idées assez raisonnables, pour croire que vous consentiez d'être heureux d'une manière aussi flatteuse pour votre amitié que pour l'amour : je me suis trompée : vous n'êtes que des hommes ordinaires ; de cet instant je vous abhorre. Mais je garderai, j'aimerai mes enfants : les dons que vous leur avez faits serviront à les élever... Adieu, cruels ennemis de vous-mêmes !... Les trois hommes furent si surpris de ce langage, qu'ils en demeurèrent immobiles. Enfin le bruniste présenta la main à Virginie. — Distingue-moi des coupables, lui dit-il, je ne le suis pas, et c'est malgré moi qu'ils ont agi. — Non, mon cher *des Rosiers*, lui répondit-elle : vous n'êtes pas le premier de mes amants ; je n'aurais jamais eu que vous, si vous aviez commencé : d'ailleurs ce n'est pas ma couleur naturelle que vous aimez : je suis réellement blonde, comme vous le verrez quand il vous plaira ; je ne veux plus être fausse. — Je t'aimerai blonde ; ce n'est plus ta couleur, c'est toi que j'aimerai...

Que vous dirai-je, messieurs ? Chacun des amants tint le même langage, et peu s'en fallut que Virginie ne continuât de les avoir tous trois. Mais elle a refusé ; elle n'en reçoit plus aucun que comme amis ! encore veut-elle qu'ils soient tous les trois ensemble : c'est le tempérament qu'elle a pris, pour conserver amis, ceux qu'elle avait trompés comme amants.

On parle souvent des tours que jouent les jeunes Parisiennes à leurs amants : elles donnent (dit-on) des espérances à trois ou quatre, que l'immensité de la ville empêche de se connaître. Je le crois et j'en ai vu plusieurs exemples. C'est pour avertir les hommes qui les recherchent de se tenir en garde, que j'ai rapporté le trait de la *Fille de trois couleurs*, qui, tout rare qu'il est, remplit mon but, de montrer l'astuce des filles de la capitale.

NOTES

POUR LES CONTEMPORAINES MÊLÉES

P. 111. *Note.* L'affaire de la chapelière dont il est question ici a été racontée par Restif lui-même dans *Monsieur Nicolas*, et il a placé les lettres y relatives à la suite du XXIIe volume de la seconde édition des *Contemporaines*. C'est là qu'on trouvera la lettre de Beaumarchais, lettre pleine d'amabilité d'ailleurs. Nous ne voulons pas insister sur ce sujet, nous ferons remarquer seulement que Restif, dans ce cas, s'était montré plus imprudent que jamais, et qu'il n'avait pas même pris la peine de modifier le nom et l'adresse de l'héroïne à laquelle il prêtait une aventure que l'enquête démontra fausse. On s'expliquera mieux son imprudence quand on saura de quelle façon il s'y prenait pour rassembler les matériaux que son propre fonds ne lui fournissait pas. Nous trouvons ce renseignement dans les *Mémoires du comte Alexandre de Tilly*, un autre aventurier, mais de la classe des roués, et qui, après avoir comme Restif sacrifié toute sa vie à l'étude expérimentale des femmes, mais sans la même naïveté et la même étendue que lui, a fini par le suicide.

Voici ce que raconte Tilly : nous étendons la citation un peu au delà de ce qui serait strictement nécessaire pour le but que nous marquons à cette note, mais un jugement de plus sur Restif ne peut pas être déplacé ici, et, s'il en amène un second, on nous pardonnera encore, nous l'espérons. Les éminents contemporains ne sont jamais à mépriser.

« Un matin, à ma grande surprise, arriva chez moi M. Restif de la Bretonne, que je ne croyais pas connaître, et avec qui je ne me trouvais dans aucun rapport. Il me rappela m'avoir vu chez la comtesse de Beauharnais, qui tenait ce qu'on a nommé fort mal à propos un bureau d'esprit; mais il s'y rassemblait bonne compagnie en hommes du monde, et en gens de lettres d'un mérite fort inégal ; j'y avais été moi-même deux ou trois fois. Mais autant j'aime l'esprit, autant j'en hais les apprêts : je n'y étais pas retourné. L'auteur du *Paysan perverti* me dit avoir beaucoup

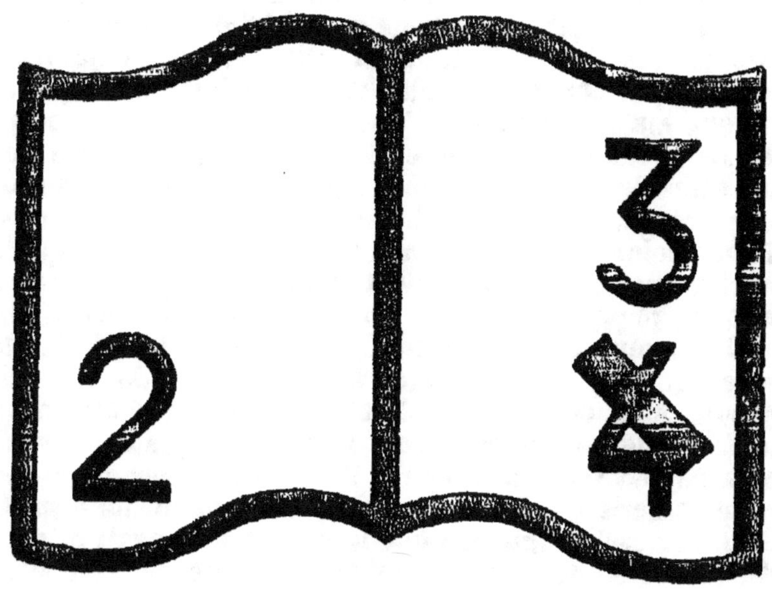

Pagination incorrecte — date incorrecte

NF Z 43-120-12

entendu parler de moi, qu'il était venu me demander *quelques anecdotes drolatiques de ma vie*, en un mot *quelques aventures marquantes* qui pussent occuper une place avantageuse dans un ouvrage de longue haleine qu'il méditait depuis longtemps, qu'il voulait écrire pour la postérité, et non pour des contemporains dont il était *las*. Il fallait rire de l'objet d'une telle visite; il eût été absurde de s'en fâcher; mais je l'assurai que ma vie avait été d'une stérilité effrayante, et que je le remerciais de son attention. Je le priai de me supposer assez de goût pour sentir que je manquais une occasion précieuse de percer chez nos neveux, de me réserver sa bonne volonté et ses pinceaux pour de meilleurs temps, et de croire que, puisqu'il m'avait jugé un sujet de quelque espérance, je pouvais un jour concourir utilement à son plan en lui communiquant, dans un avenir que j'espérais, des anecdotes dignes de ses couleurs si neuves et de sa touche originale. Mes compliments le charmèrent : il était encore plus enchanté de ses ouvrages. Il n'hésita pas à m'avouer que le *Paysan perverti* était un livre du premier ordre, qui durerait autant que la langue qu'il avait enhardie à *parler de tout*, et aussi longtemps que la nature qu'il avait prise au *pied-levé*. Il se félicita d'avoir été méconnu par un siècle *fade* et *rapetissé*; les calomnies des journalistes et des académiciens, qui n'avaient pas sa mesure, étaient ses premiers titres à l'immortalité.

» Je réponds à tout. « C'est juste ». Je lui fis la révérence : il s'en alla.

» Quoi qu'il en soit, c'est un homme difficile à juger : on se compromettrait en le louant beaucoup, et il est pourtant aisé d'être injuste envers lui. Quelques-unes de ses productions semblent être celles d'un écrivain en délire; il est inintelligible pour ses lecteurs et pour lui-même. Ailleurs vous le retrouverez original et piquant, avec le cachet d'un esprit qui manque de goût, et qui par cela même en est plus près de ressembler au génie. On a de la peine à se résoudre à le lire quand on a parcouru ses ouvrages au hasard, mais il n'en est presque aucun qu'on n'achève quand on l'a commencé : il y a des pages, souvent si extraordinaires (dans l'acception favorable de ce terme), des passages quelquefois si remarquables, qu'il nourrit jusqu'au bout votre espoir qui souvent est déçu. Il traite des sujets presque toujours ignobles, et s'il les traitait supérieurement, ce serait un genre, et sa justification; mais le reproche capital dont on ne peut l'absoudre, c'est qu'il est presque toujours graveleux et indécent, qu'il se complaît dans des tableaux qui blessent souvent la pudeur et la délicatesse, autant que la vraisemblance et la raison. Quoiqu'il ait une invention féconde et variée, je ne ferai pas l'éloge de son imagination, parce qu'il est facile d'en montrer lorsqu'on lui ouvre un champ sans limites.

» Mais, dussé-je faire sourire quelques esprits délicats et trop difficiles, j'ai eu le courage de lire à peu près tout ce qu'il a composé, et de traverser tout le fatras et quelquefois toutes les ordures qui le séparent d'un lecteur difficile, et je confesse que si j'ai souvent haussé les épaules de pitié, il m'a fait aussi rire, frémir et pleurer.

» Certes, le *Paysan perverti* est l'ouvrage d'un homme fort! Toute la vigueur d'un génie mâle, mais désordonné, y domine; toute la fertilité d'une imagination démesurée, mais riche, vit dans ces tableaux, que peu de mains auraient choisi de tracer, se déploie dans ces cadres que le goût et la délicatesse peuvent réprouver, mais où il faut admirer l'art énergique qui les a remplis : c'est le Teniers du roman, son livre est les *Liaisons dangereuses* du peuple. »

Puisque nous sommes sur la pente, laissons-nous glisser et donnons — c'est le dernier — le sentiment d'une femme sur ces ouvrages tant discutés et si discutables. Cette femme n'est pas la première venue, c'est mademoiselle de Lespinasse. (Voir l'excellente édition de ses *Lettres* que vient de donner M. Isambert dans la collection Jannet-Picard.)

« Je viens de finir le premier volume du *Paysan perverti*. Cette dernière page ne vous a pas ravi; vous n'avez pas eu besoin de m'en parler, de me la lire! âme de glace! C'est le bonheur, c'est le langage du ciel. Et la mort de *Manon*, et sa passion et ses remords, et ces mots douloureux et passionnés qu'elle emploie! Ah, mon Dieu! nous avons passé hier la soirée ensemble; le livre était là, vous l'avez lu et vous ne m'en disiez mot! Mon ami, il y a un petit coin de votre âme, et une grande partie de votre conduite qui pouvaient sans folie et sans injustice faire faire un rapprochement qui ne vous plairait pas. Oui, oui, il y a un peu d'*Edmond* dans votre affaire : vous ne lui ressemblez pas de face, mais un peu de profil. Mon ami, ce livre, ce mauvais livre qui manque de goût, de délicatesse, de bon sens même, ce livre, ou je me trompe fort, est fait avec le reste de passion et de chaleur qui animait Saint-Preux et Julie. Oh! il y a des mots délicieux ! Si ce ne sont pas les dernières étincelles de ton génie, *Jean-Jacques ;* si ce ne sont pas les cendres mal éteintes de la passion qui animait ton âme, lis cet ouvrage, je t'en conjure, et ton cœur sera animé d'intérêt pour l'auteur, qui a mal conçu cet ouvrage, mais qui est certainement capable d'en faire un meilleur. Je vous punis, mon ami, je vous accable, mais vous vous tirerez d'affaire, comme de coutume, en ne le lisant point. *Edmond* en aurait bien fait autant, et il était moins occupé que vous. Mon ami, voici le titre, ou la note d'une lettre que j'aurais faite comme *Pierre l'Éditeur. Edmond à Manon. Comment peut-on marquer les mêmes sentiments à tant d'objets différents ? Le monde est un dangereux séjour pour quiconque a le cœur fait comme Edmond.* »

Page 144. *C'étaient surtout ceux de madame de Villedieu.* On pourra s'étonner de cette lecture des romans historiques d'une femme qui vécut sous Louis XIV et était morte cinquante ans avant la naissance de Restif. Les romanciers n'ont pas en général la postérité si indulgente. Mais il faut se dire que Restif lisait en province et sans doute l'édition de 1721 des *Œuvres complètes* de cette dame aujourd'hui si complètement oubliée.

Même page : (*Note*). Restif suppose que c'est un certain Timothée Joly qui publie ces *Nouvelles* recueillies par N.-E. R** D*-L* B***.

Page 147. *On peut aujourd'hui.* Ce qui suit appartient à la préface de la deuxième édition des premiers volumes des *Contemporaines.*

Page 148. Parmi les initiales qui masquent les noms des personnes auxquelles l'auteur dit devoir de la reconnaissance, on remarquera les dernières qui se rapportent à madame de Beauharnais, l'auteur de l'*Abeilard supposé*, l'amie de Dorat, l'Églé de cette épigramme :

> Églé, belle et poète, a deux petits travers,
> Elle fait son visage et ne fait pas ses vers.

Les lettres D. T. D. L. B. désignent un ami peu connu, M. Dutartre de la Bourdonné dont Restif disait :

« Il est le 4e de ceux dont on m'a toujours dit du mal et dans qui je n'ai trouvé que du bien. » Il est vrai qu'il s'était lié avec lui à cause de son enthousiasme pour le *Paysan perverti* et qu'il avait été profondément touché des louanges qu'il en avait reçues pour ce *mot de génie* : « la rosée, c'étaient mes larmes. »

Page 149. Le *Nouveau Pygmalion* est la première nouvelle du recueil. L'idée d'élever un enfant pour en faire sa femme a longtemps poursuivi Restif et il a traité ce sujet de plusieurs façons différentes. Il prétend (*Nuits de Paris*) que « l'histoire lui avait été racontée, mais qu'elle ne pouvait être publiée qu'avec de grands déguisements ».

Même page. La rue de la *Comédie française* est notre rue de l'Odéon et la rue des *Cordeliers* celle de l'École de Médecine.

Page 150. La rue *Percée* commençait rue de la Harpe à peu près en face de la rue Saint-Séverin. Ce quartier, celui de la place Maubert et les rues Montmartre, Saint-Denis, Saint-Martin, Saint-Honoré, sont, avec l'île Saint-Louis et la Cité, le théâtre ordinaire des aventures réelles ou imaginaires mises en scène par Restif.

Page 151. *Un corps souple*, un corset.

Page 151. *Et si je ne lui ai pas tout dit. Si*, comme dans Molière (*Bourgeois gentilhomme*) pour *cependant*.

Page 179. *L'Honneur éclipsé par l'amour*. Cette nouvelle est la septième et commence le second volume des *Contemporaines*. C'est l'une de celles que l'éditeur de la *Correspondance secrète* (t. IX, p. 385) a choisie pour donner une idée du livre à son correspondant. L'article débute ainsi : « La faim rend tout excusable; et voilà pourquoi tant de pitoyables brochures se multiplient. » On doit juger que la critique n'est pas tendre, et cependant il s'y trouve cet aveu : « Eh bien, monsieur, nous cherchons bien loin la bonne nature et la voilà trait pour trait. » C'est en effet sur le terre à terre de ces récits que portent surtout les objections du mécontent.

Dans les *Nuits de Paris*, Restif dit : « J'ai connu l'héroïne aux environs de la rue Planche Mibrai. »

Même page. *Gens de fortune;* parvenus, comme dans la locution *Officier de fortune*.

Page 180. *Mise*. Au temps de Restif, ce mot était un néologisme. Il est de ceux qui l'ont le plus employé et le plus défendu contre les attaques qu'il soulevait de la part des puristes.

Page 189. *Les vingt épouses des vingt associés*. Dixième nouvelle. Quoique cette nouvelle n'ait qu'un médiocre intérêt au point de vue romanesque, nous ne pouvions la négliger

C'est, en effet, le Restif réformateur, celui du *Pornographe* ; du *Mimographe*, de l'*Andrographe*, du *Thesmographe*, du *Gynographe*, du *Glossographe*. Cette fois, c'est la société qu'il veut refondre par l'association. Quoique ce soient les essais des Hernhuttes ou frères Moraves en Allemagne qui l'aient inspiré, il y a ajouté quelque chose de lui et il est surtout un des premiers qui ait mis en circulation l'idée parmi le populaire. C'est très probablement en se reportant à cette nouvelle que M. Émile de Girardin a pu dire (*Presse* du 28 septembre 1852) dans un article sur les *Révolutions et les réformes* : « Dans Law on trouve des idées sur le crédit et les banques de circulation, que beaucoup croient être nées d'hier. Dans Restif de la Bretonne, il y a des idées d'organisation sociale et d'association que Fourier s'est souvent appropriées. » Il y a d'autres rapports entre Fourier et Restif.

« Quatre jeunes gens de mes amis avaient conçu le projet des *Associés* comme je l'expose : quelques aventures que je rapporte en suspendirent l'exécution. » (*Nuits de Paris*).

Page 190. *Bourgillon* ; petit bourgeois.

Même page. *Révolution terrible* ; il y aurait là quelque chose comme une prédiction, si l'appréhension d'une revendication plébéienne contre l'aristocratie n'avait pas été générale à ce moment. Mais peut-être, le grief populaire n'a-t-il jamais alors (1780) été aussi brutalement exposé que dans cette page.

Même page (*Note*). Dans la *Découverte australe*, comme dans la *Physique de Monsieur Nicolas*, Restif se livre à des conjectures transformistes qui n'ont que le défaut de n'être établies sur aucune base vraiment scientifique. A cette époque, le *Telliamed* de Maillet, les livres de Robinet : de la *Nature* et *Vue philosophique de la gradation naturelle des formes de l'être* ou les *Essais de la nature qui apprend à faire l'homme*, avaient mis en mouvement bien des cervelles, mais il fallait attendre l'arrivée d'un véritable naturaliste comme Lamarck pour que ces simples vues de l'esprit devinssent une thèse soutenable. Restif pouvait seulement ébranler quelques vieux préjugés. C'est pourquoi il ne doit être compté que comme un infiniment petit parmi les précurseurs de Darwin et de Hæckel.

Page 191. *Noyers* ; petite ville du département de l'Yonne tout près du lieu de naissance de Restif.

Même page. *Clincailler*, ancienne et régulière orthographe de *quincaillier*. *Quincaille* a été dit pour *clinquaille*, lequel mot a la même étymologie que *clinquant* (*klinken*, résonner, faire du bruit).

Page 192. *Au—rois;* Auxerrois. Restif n'aimait pas les gens de ce pays. Il dit ailleurs dans une peinture qu'il fait des habitudes des jeunes Auxerrois avec les femmes: « C'est être un peu plus féroce que le tigre, mais c'est être Auxerrois. »

Même page. *Ça se reguingue:* on dit populairement se requinquer.

Page 233. *La***** (*La Fille du Bourreau*), quatorzième nouvelle. La lutte entre l'amour et un préjugé terrible qui fait le fonds de cette nouvelle nous y a paru peinte avec plus d'art dans les gradations que n'en emploie ordinairement Restif. « On m'a fait voir les deux jeunes personnes devenues heureuses. » (*Nuits de Paris*).

Même page. *Torré.* C'est un artificier qui fonda le Wauxhall en 1768, afin de faire concurrence aux frères Ruggieri. L'*Espion anglais* qui en parle assez longuement, tome II, dit que c'était vraiment « un homme de génie pour tout ce qu'on appelle fêtes pyriques ».

Page 245. *Rue du Bout du monde:* Depuis, rue du Cadran, et maintenant partie de la rue Saint-Sauveur attenant à la rue Montmartre. Il y a encore un café du Cadran. La rue du *Bout du monde* devait son nom à une enseigne-rébus composée d'un *os*, d'un *bouc*, d'un *duc* (chat-huant) et d'un *globe terrestre*.

Page 257. *La Fille séduite;* dix-neuvième nouvelle. Nous devions donner cette histoire qui est une de celles qui se représentent le plus souvent à l'esprit de Restif... naturellement. Il en a retourné l'idée de toutes les façons, et quelquefois avec moins de ménagements que dans cet exemple. C'étaient surtout ces sujets scabreux qu'il considérait comme les plus propres à inspirer l'horreur du vice et une salutaire terreur aux filles, en même temps qu'à éveiller la crainte et le remords dans l'esprit des hommes capables ou coupables du crime de séduction. La scène de la rencontre du père et de la fille dans un mauvais lieu, fait qu'il avait sans doute vu et qui l'avait beaucoup frappé, est à peu près la même que celle où il met dans le *Paysan Perverti* Edmond en présence d'Ursule. Il l'a racontée encore avec des variantes dans le degré de parenté. Il ne s'est pas trompé d'ailleurs sur l'effet naturel et ordinaire de la séduction dont les suites sont presque toujours chez les femmes le mépris des hommes et le désir de s'en venger, mais il n'était pas tout à fait sage en croyant que les jeunes ignorantes pouvaient lire ces peintures un peu vives sans danger.

« *La Fille séduite* est l'histoire trop réelle d'un libertin qui recevait chez lui un auteur sans principes » (*Nuits de Paris*). Nous ne serions pas étonné que Restif ait voulu désigner par les lettres L.-D.-M.-E., un de ses ennemis littéraires, La Dixmerie. Il dit en effet ailleurs : « Un Mtre ruemirp (imprimeur) avait une fille charmante que séduisit une certain Eiremxidal. »

Page 277. *Le Mari à l'essai* ; vingtième nouvelle, tirée comme la précédente des expériences réitérées de Restif sur les conditions qu'il croyait nécessaires au bonheur dans le mariage.

« L'histoire du *Mari à l'essai* est vraie à la lettre, ainsi que son épisode. » (*Nuits de Paris*).

Même page : *Les Mimographes*. Le véritable titre de l'ouvrage est *la Minographe* ; c'est un projet de réforme de l'*actricisme* par la suppression des actrices salariées et par plusieurs autres règlements dont nous nous occuperons dans notre étude sur *Restif écrivain*.

Même page. *Iphigénie en Tauride*. Il faut donc ranger Restif parmi les *Gluckistes*.

Page 284. *Inoculateurs*. C'était l'époque du grand combat qui se livrait autour de l'*inoculation* comme moyen préventif de la petite vérole, en attendant la découverte de la vaccine. Voir à ce sujet l'article de l'*Encyclopédie* qui est de Diderot (?) et de Tronchin.

Page 305. *Le joli Pied*. Trente-deuxième nouvelle. Le pied, pour Restif, est l'abrégé et l'indice de toutes les perfections chez la femme. Il se livre à ce sujet à des déductions qu'on ne peut guère reproduire. Il y a dans les *Contemporaines* un *Second joli pied*. Le premier ouvrage de Restif qui ait eu quelque succès est le *Pied de Fanchette*. Cette adoration du pied a commencé chez lui dès l'enfance si l'on en croit ces paroles qu'il met dans la bouche de la sœur Augustin, lorsqu'il était enfant de chœur à Bicêtre : « J'observe que vous regardez plutôt mon pied que mon visage ou ma gorge. — Ah ! que ce goût annonce de volupté !... Que cherchez-vous dans mon pied ?... Les femmes vous perdront, petit coquin ! Car avec ce goût-là toutes inspirent, laides et jolies. » C'est à peu près le même langage que tient dans cette *Nouvelle*, madame De la Grange. Pour madame Parangon ce fut aussi le pied qui décida de la passion de Restif. Avant « l'attentat », c'était à son soulier qu'il s'en prenait. A la fin de sa vie, une de ses plus grandes colères fut de voir les hommes s'avilir au point de porter des souliers pointus, souliers de femmes, et les femmes prendre des souliers à talons plats, comme les hommes.

Cette nouvelle fait partie d'une série dans laquelle madame de la Grange, la *Bonne belle-mère*, marie successivement au mieux ses belles-filles.

Page 307. *Madame Lev****. Madame Lévêque. C'est à elle que Restif dédia le *Pied de Fanchette*. La première édition porte le nom avec les astérisques comme ci-dessus, mais il paraît qu'il y avait un exemplaire tiré sur papier de Hollande avec le nom tout au long, ce qui indisposa la dame qui en fit « faire des reproches un peu vifs par un garçon-marchand ». Madame Lévêque, sous le nom de « madame Quêlve, fille d'un chirurgien en chef de l'Hôtel-Dieu » a sa place dans le fameux *Calendrier*, à la date du 21 septembre. « M'apercevant qu'elle était tendre, après les liqueurs et le café... »

Même page. *Épître de M. d'Arnauld au C. de M.* Cette épître qui porte simplement le titre : *A Manon*, et dont le contenu explique le supplément de dédicace rappelé ici par Restif ne se trouve que dans l'édition des œuvres de d'Arnauld Baculard, de 1751 ; 3 v. in-12. Berlin.

Même page. *La marquise de M—gni :* la marquise de Marigni. C'est l'héroïne des *Nuits de Paris*, à laquelle le *Hibou* ou le *Spectateur nocturne* vient raconter chaque soir ce qu'il a vu et entendu. Elle y est sous le nom de *la Vaporeuse*.

Page 312. *Elle vint dans la barrière :* Cette scène est expliquée par la gravure qui accompagne la Nouvelle. Les jardins des boulevards étaient séparés de la chaussée par des barrières composées de pieux équarris rejoints par des madriers massifs en pied et en tête. Cette menuiserie a disparu de Paris depuis une trentaine d'années. Il nous semble en avoir vu encore des échantillons aux Champs-Élysées et au bois de Boulogne.

Page 326. *C'était un soulier :* Nous recommandons cette merveille à nos cordonniers actuels. Peut-être n'égaleraient-ils pas le maître cordonnier de la rue des Vieux-Augustins. Il est vrai qu'ils n'ont plus à faire preuve de savoir-faire en produisant un *chef-d'œuvre* devant les juges de la corporation.

Page 331. *La religieuse par force*. Soixante-cinquième nouvelle. Dans l'édition du *Pied de Fanchette* de 1794, faussement datée de 1769, Restif donne à la fin des notes une autre histoire de religieuse malgré elle, qu'il termine ainsi : « Heureusement la Révolution nous met pour jamais à l'abri de ces horreurs. » Sur ces entrefaites parut le livre de Diderot: *la Religieuse* (1795). Il peut être curieux de savoir comment Restif jugea son concurrent. Il se borna à lui reprocher d'avoir écrit une fiction tandis que la réalité l'aurait beaucoup mieux servi. Quant à l'histoire qui fait le sujet de cette nouvelle, il dit qu'elle est arrivée à Auxerre, qu'il en a connu le personnage et que l'héroïne était charmante. (*Nuits de Paris*).

Page 337. *Gaudé*. Restif traduit lui-même ce mot par platitude. Il se rapproche de notre mot *godant*.

Page 351. *Aga :* regarde, en patois bourguignon ; impératif du verbe agarder suivant M. Mignard (*Vocabulaire bourguignon*).

Page 355. *La Morte vivante*, quatre-vingt-unième nouvelle. Pour celle-ci Restif n'a pas osé affirmer que c'était une aventure réelle. Il dit : « C'était la singulière histoire d'une femme universellement jalouse : c'est-à-dire qu'elle l'était de l'estime autant que de l'amour, de l'amitié de ses enfants, etlrst (*et le reste*, façon souvent employée par Restif pour traduire *et cætera*). Les détails que j'en donnai amusèrent la marquise (de Marigni) et sa petite société. » (*Nuits de Paris*).

Cette nouvelle a un pendant tout aussi peu vraisemblable intitulé : *Le Mort vivant*. Restif affectionnait les pendants.

Page 371. *La fille de trois couleurs*. Cent dixième nouvelle. Elle fait partie d'une suite d'histoires dont la *jolie Courtière* et sa mère sont les héroïnes. Ces histoires ont à peu près le même cachet d'invraisemblance avec un peu d'immoralité en plus... Restif affirme cependant non seulement en tête de cette nouvelle, mais à plusieurs reprises, qu'elle est vraie. Il la met dans *Monsieur Nicolas* sur le compte d'une fille Poline V. qu'il rencontra un jour et devant laquelle il s'exclama : *Quelle jolie coquine !* Dans son *Calendrier*, il l'appelle Pôline Julie, V. Marterei, et paraît en faire la même que la *Fille séduite* reproduite ci-dessus. Il attribue la même ruse encore à une autre fille qu'il nomme Virginie, comme dans cette Nouvelle.

RESTIF JUGÉ ET DÉFENDU PAR LUI-MÊME

On a pu voir dans ce volume le peu de cas que fait Restif des élégances du style et des exigences mêmes de la grammaire, ainsi que la désinvolture avec laquelle, quand un dialogue commencé tend à se prolonger, il l'abrège avec un *et cætera*. C'est que sa prétention n'est pas d'être un écrivain, mais un peintre et un homme à idées. Il a eu soin, à la fin de certains volumes des *Contemporaines*, de relever, comme on le fait encore de nos jours, les articles de journaux consacrés à le louer, mais, comme on ne le fait plus guère, il y a aussi placé les articles de critique du genre de celui qu'il reproche dans une des pages précédentes au *Journal de Nancy*. La lutte avec ce journal fut aussi acerbe qu'on peut le souhaiter. Nous ne pouvons en donner que des échantillons, l'article et les annotations remplissant une soixantaine de pages en petit texte; nous regretterions cependant de priver le lecteur de quelques-unes de ces gentillesses polémiques. Le morceau commence ainsi :

« Aux âmes honnêtes.

» Il y a longtemps sans doute que vous êtes indignées contre certains journalistes : mais peut-être jamais vous ne les avez vus parfaitement et clairement convaincus de mauvaise foi, de calomnie, d'atrocité : je veux vous donner ce spectacle. Lisez, lecteur honnête, cet *extrait* et mes *notes*. »

A propos du style, Restif répond d'abord : « Le style est simple et tel qu'il convient ici... Non, vous n'êtes pas un *puriste*, vous êtes un malhonnête homme, un faussaire... Pourquoi ce *pourtant* vous choque-t-il ? dites-le, je vous prie ? il n'est pas du style noble ? Allez, monsieur le journaliste de Nancy, je sais mieux le style qui convient à mes personnages qu'un homme tel que vous : *Io sono pittore*, et vous ne l'êtes pas... Et vous trouvez mauvaise cette expression familière et pittoresque ! Pauvre homme !... Ici vous triomphez ! car vous citez cet endroit comme une preuve que je ne sais pas ma langue. Je la sais mieux que vous, cela est sûr, ainsi que l'orthographe; je le prouverai dans peu. Oui, une femme du commun, en parlant de sa fille, peut dire : *Cela est douce, caressante*, et une princesse pourrait le dire de sa femme de chambre. Misérable ignorant, qui ne sait pas le langage du peuple et qui reprend l'auteur instruit qui le fait parler comme il doit s'exprimer !... *Oh ! que nenni* révolte le journaliste ! J'ai observé que nos fats de Paris, et plus souvent encore ceux de province, faisaient parler tout le monde sur le même ton ! je ne les imiterai pas.

» ... Qui jamais s'est avisé de critiquer Vadé quand il fait parler le peuple ? Je serais tenté de croire que l'auteur de cet article est un petit sot de Parisien, qui sort du collège... La remarque de l'idiot tombe sur le *peu* ; j'ai dit et voulu écrire *poumoniq* parce qu'on dit *poumon*. Il faut un *q* final ; et je lui déclare que j'écrirai toujours les masculins différemment des féminins sans m'embarrasser des remarques des ignorants... Un auteur qui touche au dénouement et qui s'amuserait à tout décrire, violerait une des règles du bon sens autant que de la composition... Que vous êtes aimable ! que vous avez d'esprit ! Je ne me fâche pas, lorsqu'on fait d'ingénieuses allusions, j'admire : car enfin, ce que vous dites-là est vrai. Je fus *prote* et Richardson aussi... Parlons sérieusement, monsieur de Nancy : on dit *la belle enfant*, *une belle enfant*, n'est-il pas mieux, plus clair d'étendre un peu votre indulgence, toutes les fois qu'en disant *une enfant*, *cette enfant*, on parlera d'une fille ? Je suis Français autant que vous, *y poco mas*, et je me crois en droit de décider pour toute la Lorraine, qu'enfant, dans notre langue, comme dans la nature, est masculin aussi souvent que féminin ; et je vous enjoins de vous y conformer. »

Passons à la défense de la moralité des nouvelles :

« Le livre est, de toutes les productions modernes, le plus utile au maintien des mœurs. Mais vous avez des mœurs ? vous, l'éditeur du journal ? Hélas ! en eussiez-vous d'aussi pures que celles du livre... La patience échappe ici ; la mère est une friponne, elle parle et doit parler en friponne... Pourquoi parlerait-elle décemment ? Est-elle décente ?... Je vis à Paris, monsieur de Nancy, et je suis plus que vous à portée de savoir l'effet de mes nouvelles : on me nomme ici l'Apôtre des bonnes mœurs ; il est des gens qui m'ont assuré (un journaliste l'a imprimé d'après des preuves) que j'opérais une révolution dans les mœurs en rendant les épouses plus soumises, plus occupées de leur ménage, de leurs maris, de leurs enfants, de leurs devoirs. En effet, dans toutes les *Contemporaines*, trouverez-vous une seule jouissance savoureuse ? Le désordre y est peint, comme le peindrait un orateur chrétion en chaire. Ce n'est pas que je tienne au purisme d'expression, j'en suis fort éloigné ! je voudrais au contraire qu'on fût moins chatouilleux, qu'on fît moins d'*affres* de l'amour et de la jouissance. Je suis persuadé, comme saint Paul l'écrivait aux Romains, que c'est ici la loi seule qui fait le péché... Grand Dieu ! à quelles épreuves cruelles se trouve exposé l'utile écrivain qui n'a mis la main à la plume que pour arrêter la corruption rapide des mœurs de son siècle ! Des gens sans mœurs l'attaquent, l'accusent de blesser les mœurs ! L'infâme libertinage caché sous le masque des pédants, prend la voix et les dehors de la vertu pour aboyer le défenseur de la morale ! Ce monstre fait entendre de toutes parts sa voix rauque et discordante ; il pousse des hurlements affreux capables d'épouvanter les âmes timides. Il s'avance comme un spectre : *Prenez garde ! Prenez garde ! ne lisez pas, ne lisez pas*, et la femme honnête et modeste retire timidement sa main ; elle n'ose prendre le livre salutaire qui l'eût instruite à repousser le célibataire séducteur ! O mon siècle ! je te plains ! mais puissé-je t'être utile et périr. »

FIN

TABLE DES MATIÈRES

CONTENUES DANS CE VOLUME

Vie de Restif 1
Restif écrivain, son œuvre et sa portée 47
Bibliographie raisonnée des ouvrages de Restif de la Bretonne 80
Les Contemporaines (introduction) 143
Le Nouveau Pygmalion 149
L'honneur éclipsé par l'amour 170
Les 20 épouses des 20 associés 180
La ***** (*qu'on devinera*). 232
La Fille séduite, ou *l'ami de la maison* 257
Le Mari à l'essai. 277
Le joli pied 303
La Religieuse par force 331
La Morte vivante 353
La Fille de trois couleurs 371
Notes. 383
Restif jugé et défendu par lui-même. 390

FIN DE LA TABLE DES MATIÈRES

F. Aureau. — Imprimerie de Lagny.

www.ingramcontent.com/pod-product-compliance
Lightning Source LLC
LaVergne TN
LVHW010533100826
845148LV00001B/175

* 9 7 8 2 0 1 2 5 7 4 6 4 9 *